다시찾는

우리역사

제 2 전 면 개 정 판

경세원

빗살무늬토기 신석기 시대, 서울 암사동 출토,
국립중앙박물관 소장

융기문토기 보물 597호
높이 12.0cm, 부산 영선동패총 출토
동아대학교 박물관 소장

홍산문화유물 紅山文化遺物

기원전 3,000년 전후 요서지방 우하량
의 홍산문화는 신석기시대임에도
옥玉으로 만든 조각품 규모가 큰 적석총,
신전, 성채 비슷한 마을이 형성되어
있어 국가규모를 보여주고 있다. 특히
돌이나 토기로 만든 여신상(웅녀, 熊女)과
곰의 발모양 토기가 여럿 발견됐다.

옥으로 만든 곰얼굴
요령성 우하량
출토

옥으로
만든 여신상
요령성 우하량 출토

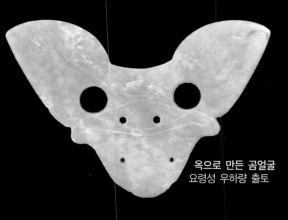

옥으로 만든 곰얼굴
요령성 우하량 출토

옥으로 만든 그릇
양 옆에 곰얼굴이 조각
요령성 우하량 출토

옥으로 만든 남자상
요령성 우하량 출토

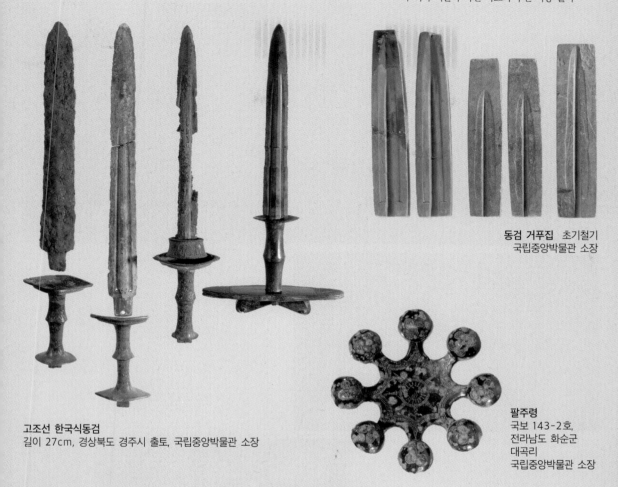

동검 거푸집 초기철기
국립중앙박물관 소장

고조선 한국식동검
길이 27cm, 경상북도 경주시 출토, 국립중앙박물관 소장

팔주령
국보 143-2호,
전라남도 화순군
대곡리
국립중앙박물관 소장

뼈피리
청동기시대,
길이 17.2cm,
함경북도
선봉군
굴포리

고창 고인돌 사적 391호, 2000년 UNESCO 세계문화유산 등록, 전북 고창군 죽림리 매산

대행렬도 안학 3호분 동쪽 벽면에 250명이
넘는 사람들로 구성된 대행렬도, 1948년 조사,
357년 축조설과 4세기설이 있음,
전체길이 10.13m, 높이 2.1m,
황해남도 안악군 오국리 소재

고구려 일월신선도
6세기 말~7세기 초, 여자 모습의 달신선,
남자모습의 태양신선이 하늘로 올라가는 모습.
고구려의 하늘 숭배·신선사상이 보인다.
지린성 지안시 대왕촌 오회분 4호묘 소재

장고를 두드리는 선인
지린성 지안시 대왕촌 오회분 4호묘

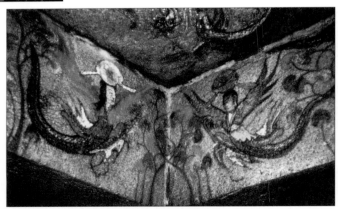

환도산성 무덤떼 집안시 일대에 12,000여기의 무덤떼
중의 일부. 중국 지린성 지안시(사진 서길수교수)

연가7년명 금동여래입상
고구려 539년
높이16.2cm,
경상남도 의령 출토
뒷면 46자 명문,
1,000불을 만들어
세상에 배포(일본, 중국포함)
29번째 부처상이다

광개토호태왕비
고구려 장수왕 2년(414)에 세움. 높이 6.39m 4면에 1,775자
중국 지린성 지안시(사진 서길수 교수)

연가7년명 금동일광삼존상
고구려 539년, 높이 32.7cm
뒷면 46자 명문,
평양 고구려왕궁터 출토
평양 조선중앙역사박물관 소장

세발까마귀(씨름무덤) 머리에는 공작형 벼슬을 달고
등에는 두꺼비 2마리가 입에서 화염을 뿜어내고 있다.
중국 지린성 지안시 소재

현무도(사신총)
거북과 뱀이 뿜어내는 기운으로
하늘의 구름도 좌우로 갈린다.
중국 지린성 지안시 소재

청룡도 6세기 중엽,
평안남도 강서군 강서면 우현리
강서대묘

고구려 백암성 석축길이 2.5km, 6세기경 축성, 고구려 성벽 가운데 가장 견고하고 웅장하다. 요령성 등탑현 서대묘항 관둔촌(사진 서길수 교수)

서산마애삼존불상 국보 84호, 백제 7세기, 높이 2.8m
충남 서산시 운산면 용현리

금동미륵보살반가사유상
국보 83호, 6세기 후반, 높이 93.5cm
국립중앙박물관 소장

목제미륵보살반가사유상
일본 국보 1호, 7세기, 높이 147cm
일본 교토 고류지 소장

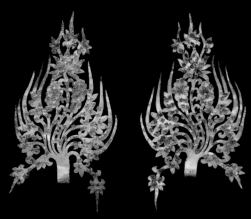

무령왕의 금제관장식 국보 154호,
1971년 충남 공주시 금성동 출토, 공주박물관 소장

무령왕비의 금제관장식 국보 155호,
1971년 충남 공주시 금성동 출토, 공주박물관 소장

백제 금동대향로
국보 287호, 7세기, 높이 64.0cm, 부여 능산리사지 출토
부여박물관 소장

미륵사지 석탑 사리구와 봉안기
백제 639년, 사리호 7.7×13.0cm, 국립문화재연구소

가야 모자모형 투구
높이 20.0cm. 고령 지산동 1 - 3호분 출토

가야 말얼굴가리개
길이 51.6cm, 부산 동래구 복천동 10호분 출토.
국립중앙박물관 소장

가야 판갑옷과 투구
높이 47.5cm, 고령 지산동 32호분 출토,
국립중앙박물관 소장

고구려 금은입사주머니형 발걸이마구
높이 24.4cm, 황해도 평산 출토, 국립중앙박물관 소장

발해 금동판 1988년 6월 발굴,
길이 41.5cm, 너비 18.5cm,
두께 0.3~0.5cm,
판독가능 113자,
함경남도 오매리 절골터 출토

발해의 불상 머리 1972년 발해 솔빈부.
연해주 우스리스크 보리소브카 절터 출토,
러시아 과학아카데미 시베리아 분소 고고민족학연구소 소장

발해 석등 1933년 출토, 높이 6.3m
상경성 제2절터

발해 영광탑 높이 13m, 5층 벽돌탑, 1984년 보수
중국 지린성 장백진 탑산(사진 서길수 교수)

석굴암 본존불 국보 24호, 8세기 중엽, 불상높이 345cm, 머리길이 117.5cm, 무릎너비 259cm, 어깨너비 167.5cm, 1995년에 유네스코 세계문화유산으로 지정. 경상북도 경주시 토함산 기슭

불국사 신라 경덕왕 10년(751)에 당시 재상이었던 김대성이 짓기 시작하여, 혜공왕 10년(774)에 완성. 이후 조선 선조 26년(1593)에 왜의 침입으로 대부분의 건물이 불타버렸다. 1995년에 유네스코 세계문화유산으로 지정. 경상북도 경주시 토함산 기슭

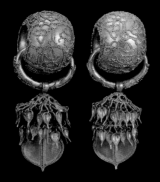

무구정광대다라니경(부분) 세계최초목판인쇄물, 통일신라 751년 이전, 6.7×648cm, 석가탑사리함에서 발견(1966), 불국사 소유, 국립중앙박물관 소장

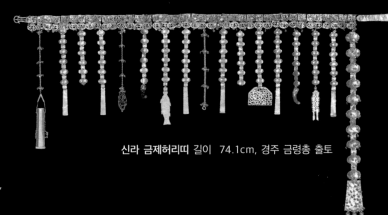

신라 금제허리띠 길이 74.1cm, 경주 금령총 출토

신라 금귀걸이 국보 90호, 길이 8.7cm,
경주 보문동 부부총 출토

광개토대왕명 청동그릇 높이 19.4cm,
廣開土地好太王(광개토지호태왕)이란
글씨로 보아 장수왕 3년(415)년
고구려에서 만들어졌다고 추측된다.
경주시 노서동 고분군 호우총 출토

천마도 국보 207호, 자작나무껍질에 채색,
53×75×0.6cm, 경상북도 경주시 천마총에서 출토된
신라시대의 말그림, 국립중앙박물관 소장

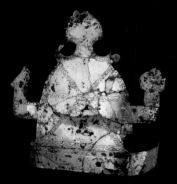

가야 금동관 높이 19.5cm,
고령 지산동 32호분 출토,
국립중앙박물관 소장

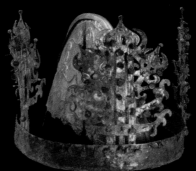

백제 금동관 높이 25.5cm.
전남 나주시 신촌리 9호분 출토,
국립중앙박물관 소장

대가야 금동관 국보 138호, 5~6세기,
높이 11.5cm, 너비 20.7cm
경북 고령 출토, 호암미술관 소장

신라 금관 높이 27.5cm
경주 황남대총 북분 출토
국립중앙박물관 소장

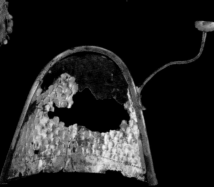

백제 관모
높이 13.7cm, 전북 익산 입점리 출토,
전주박물관 소장

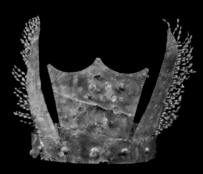

신라 은관 높이 20.5cm.
경주 황남대총 남분 출토
국립경주박물관 소장

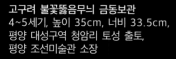

고구려 불꽃뚫음무늬 금동보관
4~5세기, 높이 35cm, 너비 33.5cm,
평양 대성구역 청암리 토성 출토,
평양 조선미술관 소장

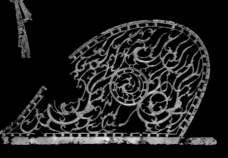

고구려 해뚫음무늬 금동장식품
4~5세기, 높이 15cm,
너비 22.8cm
평양 역포구역
진파리 7호무덤 출토.
평양 조선역사박물관 소장

고려 광주 서5층석탑 사리기
10세기, 전각 높이 15.7cm,
국립중앙박물관 소장

신라 경주 감은사 사리함 내함
보물 366호, 682년, 높이 16.5cm,
내함은 불단(佛壇)과 같은 수미산 구조로
기단부, 기단상부, 천개부로 구성되어 있고,
그 안에 수정으로 만든 사리병이 모셔져 있다.
1996년 경주 감은사 동쪽 3층 석탑에서 발견,
국립중앙박물관 소장

고려 은제소형 불함
12세기, 6.7×4.5cm,
다귀문 높이 4.8cm,
국립중앙박물관 소장

고려 수종사부도 사리구
보물 259호, 14세기,
높이(탑) 12.9cm, 은제감 17.4cm,
금탑신 무게 205.3g
금 83% 은 16% 동 1%
(2003. 12.12. 국립중앙박물관 발표)

육각부도형 은제사리기와
수정사리병
안치형식에 풍령이 달린
탑신이 화려하다.
경기도 남양주시 수종사 소장

용머리 모양으로 조각된 종을 매다는 걸개와 음관(상),
비천상(하)

신라 성덕대왕신종 국보 29호, 통일신라시대, 771년,
높이 330cm, 밑지름 227cm, 윗부분이 음관임.
경주 봉덕사지, 경주박물관 소장

청자 상감동채모란문 매병
보물 346호, 13세기, 높이 34.5cm,
입지름 5.8cm, 밑지름 13.2cm
국립중앙박물관 소장

고려 청동태안이년 장생사명 범종
1086년, 높이 50.6cm, 밑지름 30.0cm
전남 여천 여산리 출토, 광주박물관 소장

고려 나전금은상감 쌍조사자문 소병 10세기, 높이 4.8cm,
몸체지름 7.4cm, 구경 4.5cm, 국립중앙박물관 소장

나전대모국당초문 염주함　고려, 12세기,
높이 4.5cm, 직경 12.4cm, 일본 중요문화재,
일본 당마사 소장

화각함(쇠뿔장식함)　조선 말기, 나무·쇠뿔,
37.7×71.0cm×37.3cm
국립고궁박물관 소장

나전대모 칠 국화넝쿨함　고려, 12세기,
높이 4.9cm, 최대폭 9.5cm,
국립중앙박물관 소장

장조비 헌경왕후 책상자
조선, 1795년, 나무에 붉은칠,
24.0×33.5cm×34.5cm
국립고궁박물관 소장

영조임금 책상자
조선, 1721년,
나무에 옻칠,
26.8×41.0×
27.0cm
국립고궁박물관
소장

나전주칠 십장생 2층농
조선, 20세기 초, 높이 140.5cm, 폭 87.0×44.9cm
국립고궁박물관 소장

달마도
김명국, 조선,
83.0×57.0cm,
국립중앙박물관 소장

윤두서 자화상 국보 240호, 조선 17세기
38.5 X 20.5cm, 종이, 담채

화엄사 영산회상도 괘불
국보 301호, 조선(1653년),
7.76×11.95m,
삼베채색, 화엄사 소장

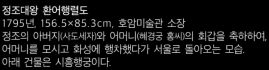

정조대왕 환어행렬도
1795년, 156.5×85.3cm, 호암미술관 소장
정조의 아버지(사도세자)와 어머니(혜경궁 홍씨)의 회갑을 축하하여,
어머니를 모시고 화성에 행차했다가 서울로 돌아오는 모습.
아래 건물은 시흥행궁이다.

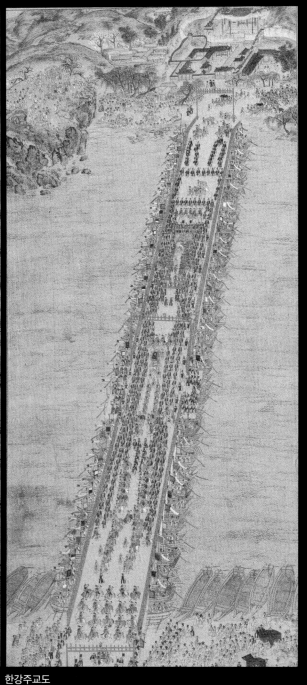

한강주교도
1795년(정조 19) 정조대왕이 화성에 가서 어머니의 회갑잔치를 벌이고
서울로 돌아오기 위해 한강에 배다리를 놓고 건너오는 모습.
노량진 명수대에 구경꾼이 인산인해를 이루고 있다.
지금의 한강대교 자리

다시찾는

우리역사

제 2 전 면 개 정 판

두 번째 개정판을 내면서

1997년에 발행된《다시찾는 우리역사》가 2004년에 전면적인 개정판이 나오고 또다시 10년이 흘렀다. 그동안 독자들의 뜨거운 성원에 힘입어 도합 51쇄가 간행되었고, 외국어본으로 영어, 일본어, 러시아어본이 간행되어 국내와 해외에서 대표적인 한국통사로 자리를 잡고 있다.

이렇게 독자들의 사랑과 관심이 커진다는 것은 필자로서는 더없는 광영이지만, 그만큼 책임감도 무겁다. 51쇄까지 간행하는 과정에서도 매판마다 부분적인 수정과 보완이 있었지만 그것도 이제는 한계에 이르렀다. 지난 10년간 국사학계의 새로운 연구업적이 늘어나고, 국내외 상황도 많이 바뀌었기 때문이다.

지금 대한민국은 정치, 경제, 대중문화, 스포츠 등 여러 분야에서 세계 중심국가 중 하나로 자리잡고 있으나 대외관계는 10년 전과 다르다. 이웃 중국이 G2에서 G1을 향해 급성장하고 있으며, 일본은 시대착오적인 100년 전의 군국주의로 치닫고 있다. 여기에 정치와 경제가 낙후된 북한이 핵에 매달려 평화를 위협하고 있다. 통일을 주도하면서 동아시아 평화를 지켜야할 우리의 책임이 그 어느 때보다도 크다.

우리의 입장에서 본다면 어떤 나라도 적이 될 수 없으나, 현실은 어떤 나라도 진실한 친구가 되기 어려운 상황에 놓여 있다. 하지만 상황이 이러할수록 국력을 더 키우면서 이웃과 평화공존의 가치를 공유하려는 노력이 필요하고, 균형외교의 길을 걸어야 할 것이다.

역사의식은 객관성을 생명으로 하고 있지만, 현실의 과제를 외면하기 어렵다. 객관적 진실을 찾으면서 그 진실이 현재와 미래를 밝게 풀어가는데 도움이 되는 접점을 찾을 필요가 있다. 그래서 객관적이면서도 미래지향적인 역사의식이 필요한 것이다.

지금 한국사를 바라보는 역사의식은 이른바 보수와 진보의 시각이 다르지만, 객관성과 미래지향적인 측면에서 모두 한계가 있다. 보수와 진보는 다같이 균형감각을 잃고 있을 뿐 아니라 지나치게 서구적 가치에 기울어져 있다. 이보다 더 높은 평화의 가치가 있고, 그 가치를 찾아서 한국인이 수천 년간 살아왔다는 것을 잘 모르고 있다.

그 가치는 바로 선비정신이고, 선비정신의 핵심은 공동체사상이다. 우주와 사람이 하나의 생명공동체이고, 사람과 사람이 홍익인간으로 또 하나의 생명공동체를 이루며 살아왔다. 그 공동체 속에 자유도 있고, 민주도 있고, 평화도 있고, 계급도 녹아 있다. 다만, 그 가치가 시대의 흐름 속에서 진화하고 발전해 왔으며, 미래에는 더욱 다듬어져서 세계인이 공유할 날이 올지도 모른다.

지금 역사의 큰 흐름은 동서양이 만나 새로운 문명의 가치를 창조할 때라고 본다. 여기에서 서양문명이 창조한 개체존중의 가치와 동양문명이 창조한 공동체존중의 가치가 높은 차원에서 융합된다면, 자유민주주의와 자본주의는 한층 더 따뜻해지고, 국제적 갈등은 한층 더 완화될지도 모른다.

한국사는 한국이라는 좁은 공간의 역사가 아니다. 영토를 기준으로 본다면 한국사는 매우 왜소하지만, 문화가치로 본다면 한국사는 크나큰 세계사와 맞닿아 있다. 세계화 시대에 한국사를 국제적 시야에서 보아야 한다는 논의가 무성하지만, 국제적 시야라는 것을 단순히 국제정치의 맥락에서 보아야 한다는 뜻으로 해석한다면 한국사는 수천 년간 군사강대국 역사의 종속적 존재로만 그치고 말 것이다. 이것은 한국인이 지켜온 문화가치와 주체성을 스스로 지워버리는 잘못을 저지르게 될 것이다.

우리는 역사상 한 번도 경제나 군사강국으로 세계사를 주도한 일이 없다. 주변 강대국의 압박과 영향을 크게 받은 것도 사실이다. 그러나 문화적으로는 세계 문화강국의 하나로 살아왔다. 한국인의 조상인 '아사달족'의 문화가 중국문화의 뿌리가 되었고, 아사달문화가 일본으로 전파되어 일본 고대문명을 꽃피웠다. 공자가 고조선을 '군자국君子國'이라 칭하면서 건너오고 싶다고 했고, 그 뒤에도 '동방예의지국東方禮義之國'이라 불린 이유도 여기에 있다. 역사적으로 중국문화를 다시 수용하여 문화를 살찌웠지만, '군자국'과 '동방예의지국'의 이미지만은 한국이 더 높았다. 그래서 동아시아문명의 중심에 한국이 있었다.

세계에서 가장 우수한 문자를 만든 것도 한국이고, 교육과 관련되는 금속활자와 인쇄술에서 세계 최첨단을 걸어온 것도 한국이며, 교육입국으로 나라를 키워온 것도 한국이다. 검소하고 겸손한 왕실문화를 바탕으로 백성을 끌어안고 철인정치哲人政治를 꽃피운 것도 한국이다. 물론, 기나긴 역사의 행로에 어두운 구석이 없지 않았지만, 그것이 한국사의 본질이었다면 어떻게 500년이나 1,000년의 사직을 이어갈 수 있었겠는가?

문화의 힘은 경제나 군사력보다도 큰 것이다. 그러기에 예수나 석가나 공자는 맨손으로 세계를 지배한 것이다. 한국에는 이런 인물은 없었지만, 이들의 가르침을 누가 모범적으로 실천했느냐를 따진다면 한국인은 아마도 우등생으로 꼽아야 할 것이다. 바로 이 점이 한국사의 진실한 모습이고, 바로 그것이 세계사 속에서 바라보는 한국사가 되어야 할 것이다.

그런데 안타깝게도 지금의 한국인이 '군자국'과 '동방예의지국'의 모범생으로 살아가고 있는지는 매우 의심스럽다. 아니 그 모습을 너무나 많이 잃었다. 그러기에 더욱 우리 역사를 소중하게 다루어야 한다고 믿는 것이다. 역사의 거울로 우리 몸에 묻은 때를 벗겨내야 할 것이다.

이 책은 처음부터 이런 시각에서 집필되었지만, 이번 개정판을 통하여 그 모습을 좀 더 새롭게 다듬었다. 그에 따라 새로운 사실이 많이 추가되었지만, 그것이 두 번째 개정판을 내는 근본적인 목표는 아니다. 독자들은 이 책에 담고자 하는 필자의 마음이 무엇인지를 먼저 헤아려 주시고 읽어 주기를 당부한다. 책의 부족한 부분을 깨우쳐 주신다면 더 없는 바람이다.

2014년 1월 관악산 호산재에서
한 영 우 씀

개정판을 내면서 (2004년 전면개정판 서문)

《다시찾는 우리역사》 초판이 1997년 봄에 발간되어 벌써 6년 여의 세월이 흘렀다. 그 사이 세기가 바뀌고, '문민정부'와 '국민의 정부'를 거쳐 '참여정부'가 등장했으며, 미국에서도 클린턴 정부가 끝나고 조지 부시 정부가 등장했다. 길지 않은 세월임에도 국내외 정세가 크게 바뀐 것이다.

정보통신산업의 발달로 문화계의 변화도 급한 물살을 타고 있다. 1년의 변화가 과거 100년의 변화보다 클지도 모른다. 이런 시기에 시대에 뒤지지 않는 역사를 쓴다는 것은 매우 어려운 일이다. 현대사를 신속하게 보완해야 하고, 역사서술방식이나 책의 편집도 새로운 감각을 잃지 않아야 한다.

이 책이 처음 나왔을 때 학계와 각종 언론매체로부터 신선하다는 평가를 받았던 기억이 새롭다. 그 결과 지난 6년간 중판을 거듭하면서 독자의 사랑을 받아온 것은 필자의 행운이 아닐 수 없다. 더욱이 국내뿐 아니라 외국에서도 한국사교재로 이용하는 사례가 갈수록 늘어나고 있으며, 이에 따라 외국어 번역본의 필요성이 점차로 커지고 있다. 일본어판이 동경대학 요시다吉田光男 교수에 의해 출간되었으며, 러시아어판이 모스크바대학 박미하일 교수에 의해 진행되고 있다. 영어판은 연세대학교 함재봉 교수에 의해 머지 않아 간행될 예정이다.

그러나 독자들의 성원이 클수록 필자의 어깨도 상대적으로 무거워질 수밖에 없다. 그래서 판을 거듭할 때마다 부분적인 수정을 수십 차례 거듭해 왔다. 컴퓨터의 이점을 최대로 활용한 셈이다. 하지만 일취월장하는 학계의 연구성과에 비추어 보거나 애독자들의 기대를 고려할 때 이러한 부분적인 수정으로는 부족하다는 것을 느꼈다. 그래서 이번에 전면적인 개정판을 내게 된 것이다.

이번 개정판에서도 역사해석의 큰 골격이 바뀐 것은 없다. 그러나 설명이 크게 보완되었다. 우선, 총설이 거의 두배로 늘어났다. 본문 중에서 가장 변화가 많은 것은 고대사와 고려사 부분으로 내용을 한층 자세하게 보완했다. 특히 고대 한일관계사에 새로운 연구성과를 많이 수용했다. 조선시대 이후의 역사도 새로운 학설을 반영하려고 노력했고, 특히 대한제국의 근대국가로서의 위상을 한층 분명하게 부각시키고, 현대사에서는 '국민의 정부'에서 '참여정부'에 이르는 과정을 새로 넣었다. 최근에 발행된 참고문헌도 물론 추가되었다.

이 책의 주요 특징의 하나인 도판圖版도 새로운 것으로 많이 바꾸었다. 전체적으로 근현대사 서술과 문화사의 비중이 높은 것이 이 책의 특징으로 평가되어 왔는데, 그 특징을 이번 개정판에서도 최대로 살리려고 노력한 셈이다.

돌이켜 보면, 초판을 내고 나서 필자는 회갑을 맞이했고, 이번 개정판은 정년과 시기가

6

맞아서 또다른 감회가 깊다. 그동안 과분한 성원을 보내주신 애독자 여러분들께 진심으로 감사의 뜻을 전하고 싶다. 그리고 판마다 번거로운 수정을 기꺼이 받아주고, 이번에 전면개정을 흔쾌하게 허락해주신 경세원 김영준 사장의 호의와 정성에도 경의를 드린다.

필자는 앞으로도 체력과 시간이 허용하는 한 이 책을 계속적으로 보완해 갈 것이다. 독자 여러분의 배전의 성원과 애정어린 질책을 기대한다.

2003년 2월

봉천동 호산재에서
저자 한 영 우 씀

책을 펴내면서 - 잃어버린 역사를 찾아서 (초판 서문)

사람은 자신을 사랑하면서 자신의 약점을 반성할 때 성장한다. 과거를 아름답게 추억할 수 있는 사람이 자신을 사랑할 수 있다. 그리고 현재에 만족하지 않는 사람이 반성할 줄을 안다.

동서고금을 통하여 발전하는 시대에는 반드시 옛것을 숭상하면서 현재를 고쳐나갔다. 서양의 근대가 그리스·로마 문명을 고전古典으로 부활시키면서 열렸다는 것은 다 아는 사실이다. 중국인은 하夏·은殷·주周 삼대三代의 문명을 고전古典으로 내세우고 혁신을 거듭해 갔으며, 우리나라는 중국의 삼대를 숭상하면서 동시에 고조선이나 그밖의 고대국가를 이상시대理想時代로 그리면서 왕조를 세웠다. 옛날을 사랑하면서 현재를 극복해 가는 자세가 서로 다름이 없다. 이를 서양사람들은 '르네상스'라고 불렀고, 동양인은 온고지신溫故知新 혹은 법고창신法古創新이라고 했다.

지금 20세기가 저물어가고 있다. 세기가 바뀔 뿐 아니라 천년대가 바뀌는 역사의 대전환기임에 틀림없다. 그러면 이렇듯 중대한 시기에 우리는 지금 얼마나 우리 자신을 사랑하고, 현재를 얼마나 반성하면서 살아가고 있는 것일까. 이미 미래의 세계가 우리에게 반드시 밝지만은 않을 것이라는 조짐이 여러 가지로 나타나고 있다. 세계무역기구의 발족이 경제적으로 무한경쟁의 시대를 열어 놓았다. 이미 그것은 20세기와는 다른 모습의 경제전쟁을 예고하는 것이다. 지난날 패권주의 시대의 아름답지 못한 추억이 되살아나고 있다.

그렇다면 우리는 어떻게 해야 하는가. 약육강식의 논리를 따라서 강자의 길을 가야 하는가. 아니면 약자와 강자가 함께 사는 공생공영의 길로 가야 하는가. 일방적으로 힘을 키우느냐, 아니면 도덕을 바탕으로 힘을 키우느냐. 지금 그 기로에 서 있고, 신중한 선택이 필요하다. 만약 우리가 힘의 길을 간다면, 아마도 그 길의 끝은 평화의 파괴로 이어질지도 모른다. 인간의 생존에 있어서 힘은 절대 필요한 것이지만, 힘을 과도하게 믿는 사람은 오히려 힘 때문에 파멸할 수도 있다. 그것이 역사의 가르침이다.

여기서 우리가 선택할 길은 공생공영의 인도적 사회라는 것이 자명해진다. 사실, 지난 20세기는 공생공영을 고민하기보다는 외형적 힘을 키우는 데 주력하였다 해도 과언이 아니다. 외세로부터의 해방을 위해서, 남북분단의 대결구도에서 우위를 점하기 위해 지속적으로 힘을 키워 왔다. 그 결과 지금 세계 12대 경제대국으로 도약했고, 일인당 1만 달러의 국민소득을 누리는 부국대열에 끼게 되었다. 그리고 그 힘을 키우기 위해 인권이니, 도덕이니, 문화니, 복지니 하는 것은 뒷전으로 밀어놓았다.

민주주의가 문민정치文民政治라는 것을 알면서도, 문민정치를 해 본 일이 없다. 그 결과 인간으로서 품위를 잃었고, 도덕과 기강이 제대로 잡히지 않은 혼돈의 경제대국을 만든 것이다.

8

이러한 결과가 끊임없는 사건·사고로 이어지고, 잘 나가던 경제마저 침체의 늪으로 빠져들고 있는 것이다. 경제도 사람이 하는 것이라면, 사람이 일류가 되지 않으면서 경제만 일류가 되기는 어려운 일이다.

우리가 열어가야 할 사회가 진정 문민시대라면, 진정한 문민문화를 만들어야 할 것이다. 그렇다면 그 문민의 모델은 어디에 있는가. 물론 서양도 문민의 모델이 될 수 있다. 그러나 그 모델을 우리역사 속에서 찾을 수 있다면 그 이상 좋은 일은 없다. 그것은 바로 우리 자신을 믿을 수 있고 사랑할 수 있게 하기 때문이다.

우리는 우리역사에서 문민전통을 애써 외면해 왔다 해도 과언이 아니다. 문민문화가 절정에 다다랐던 조선왕조를 문약文弱에 빠져서 망했다고 흔히 말해 왔던 것이다. 바로 이러한 해석이 힘을 숭상하는 발상에서 나온 것이다. 유교입국의 조선왕조가 고도의 문민정치를 하였기 때문에 519년의 장수를 누렸다는 사실은 보지 못하고 있는 것이다. 마치 강포한 도적은 탓하지 않고 도적맞은 선량한 주인만을 탓하는 것과 다름없다. 패권주의시대에 패권을 쥐고 흔들었던 일본과 독일도 불과 반세기 만에 연합국에 망하지 않았던가. 그런데도 불구하고 그동안 우리는 패권을 거부했던 조선왕조만을 원망하는 역사의식을 가지고 살아왔다. 물론 지난날의 근대화 과정에서 서양을 배우지 않을 수 없었고, 생존을 위한 힘의 축적이 절실했던 것도 부인할 수 없다. 그러나 과거의 선택이 반드시 미래에도 정당하다고 볼 수는 없을 것이다.

우리역사를 어떻게 해석하느냐는 우리의 미래를 어떻게 열 것인가의 문제와 직결되어 있다. 비단 조선왕조뿐만 아니라, 수천 년의 민족사를 어떤 시각에서 보느냐는 21세기를 맞이하기 전에 반드시 정리하고 넘어가야 할 과제다. 힘을 중심에 놓고 보면, 아마도 만주를 끌어안았던 고구려가 얼핏 빛나게 보일 것이다. 그러나 고구려 멸망의 원인이 지나치게 힘을 숭상하고 전쟁을 선호한 데 있었다는 것도 잊어서는 안 된다. 이렇게 볼 때, 우리역사는 새롭게 쓰여져야 할 대목이 너무나 많다.

나는 20세기를 60년간 살아왔다. 유년기에 태평양전쟁을 경험했고, 소년기에 6·25 전쟁을 만났으며, 청장년기를 최루탄 가스 속에서 살아왔다. 크건 작건 간에 모두가 전쟁이다. 이것은 우리 국민 다수의 경험이기도 하다. 나는 우리역사를 공부하면서 나의 삶의 체험과 역사의 과거 사이를 무수히 오가면서 대화를 나누었다. 우리역사는 무엇인가. 왜 우리역사와 문화는 국제적으로 알려져 있지 않은가. 그것이 우리역사와 문화의 약점 때문인가, 아니면 우리 자신이 우리를 멸시하기 때문인가.

우리역사와 대화를 하면서 내가 얻은 결론은 '숨겨진 보석'을 우리 자신이 너무 모르고 있다는 사실이다. 우리가 모르는데 남이 알아 주기를 바랄 수 있는가. 솔직하게 고백하자면 나는 역사를 공부하면서 남모르는 행복을 누리고 살아왔다. 더욱이 최근 규장각 도서를 관리하면서 나의 행복감은 절정에 달했다. '잃어버린 역사'와 '숨겨진 보석'을 되찾는다면 우리의 생존능력은 몇 배로 커질 것이라는 것이 나의 확신이다. 역사에서 자신감을 찾고, 그 자신감을 가지고 21세기를 연다면 두려울 것이 있겠는가.

세계화시대가 되었다고 해서 밖으로만 관심을 갖는 것은 어리석은 일이다. 균형감각을 갖춘 지식은 지피知彼나 지기知己의 어느 한편에 치우치지 않는다. 그래서 '지피지기면 백전불태百戰不殆'라는 손자孫子의 가르침도 있지 아니한가. 모든 지식은 자기 역사에 뿌리를 두고 남을 이해할 때 주체성과 실효성을 갖게 되는 것이다. 편협한 국수주의와 주체성이 없는 세계주의는 모두가 위험하다.

내가 우리나라 통사通史를 쓰게 된 것은 바로 이와 같은 소신에서 출발한 것이다. 아마 이 책은 그러한 정서에서 쓰였다는 것을 독자들은 금방 이해하게 될 것이다. 역사에 대한 애정이 없었다면 나는 역사를 공부하지 않았을 것이며, 이 책을 쓰지도 않았을 것이다. 특히 이 책의 앞머리에 실은 '총설'은 나의 그러한 시각이 정리되어 있다는 것을 이해하여 주기 바란다. 특히 조선왕조의 문민전통을 새롭게 보는 시각에 따라 전반적으로 시대구분 방식이 통념과는 달라 졌음을 밝혀두는 바이다.

이 책을 쓰면서 각별히 신경을 쓴 것은 전문가를 위한 통사通史가 아니라, 일반국민을 위한 통사를 만들겠다는 것이다. 최근 우리의 고적을 찾고 전통을 사랑하는 시민들이 부쩍 늘고 있으나, 평이하고 친절한 역사책이 별로 없다. 권위 있는 학자들이 이러한 작업을 피해 온 것이다. 그래서 이 책에서는 한자를 병기하여 중학생 이상이면 읽을 수 있도록 하였고, 많은 지도와 도판을 넣어 시각적 효과를 높이고자 하였다. 특히 문화재와 관련된 지도와 그림을 되도록 많이 넣으려고 애썼다. 그러면서도 최근의 학문적 성과를 가능한 한 수용하여, 대학생이나 그 이상의 전문가들에게도 참고가 될 수 있도록 배려하였다.

각주脚註를 최대로 활용한 것도 이 책의 특색이다. 본문에 넣기는 곤란하지만, 좀 더 깊은 정보를 얻고자 하는 이들을 위한 배려에서이다. 그리고 최근 국민의 관심이 문화와 생활 그리고 지방사 쪽으로 흐르고 있는 것을 고려하여 이 방면의 서술에 적지 않은 비중을 두었다.

이 책은 조선시대 이후의 서술에 많은 지면을 할애하였다. 역사는 가까운 시대일수록 중요하다는 원칙을 존중하기 위함이다. 해방 이후의 현대사도 1996년 말까지 다루었다. 다만 현재 진행되고 있는 사건이나 현존하는 인물에 대해서는 엄밀한 평가를 유보하고 사건을 객관적으로 소개하는 데 치중하였다. 특히 북한의 역사는 정보 부족 등 여러 어려움이 있었지만, 엄연한 민족사의 일부로서 가능한 한 편견 없이 쓰려고 노력하였다. 남한과 북한은 외형상 대립관계에 있었지만 내면적으로는 서로 깊은 인과관계 속에서 전개되어 왔음을 유념하였다.

이 책은 여러 면에서 새로운 시각과 형식을 시도하였기 때문에 집필과 편집에도 우여곡절이 많았다. 원래 집필에 착수한 것은 14년 전이다. 그러나 그동안 많은 시간을 다른 일에 빼앗겨 작업이 지속적으로 진행되지 못했다. 더욱이 새로운 자료와 연구성과가 속속 등장하고, 주변환경이 바뀜에 따라 개고를 거듭하였다. 그러나 미흡한 점이 많은 대로 우선 세상에 내놓기로 하였다. 이 책이 독자의 기대에 얼마나 부응할지는 모르겠으나 개성이 살아 있는 통사, 국민에게 다가서는 통사, 시대의 고민을 담아 보려는 통사로 이해된다면 그것으로 만족하고자 한다.

그동안 이 책이 나오기까지 많은 동료 교수와 후학들이 격려를 보내고 도움을 주었다. 특히 서울대 송기호 교수는 발해관계 서술에 자료와 조언을 주었으며, 배우성 박사는 편집에 따르는 갖가지 수고를 아끼지 않았다. 원고의 교정은 강석화(규장각 학예사, 박사), 고경석(강사), 김문식(규장각 학예사, 박사), 나희라(강사), 도면회(강사), 박재우(강사), 박태균(강사), 신병주(규장각 조교), 연갑수(강

10

사, 윤경진(강사), 윤선태(강사), 윤해동(강사), 최연식(강사) 등 여러분이 분담해서 맡아 주었다. 그러나 이 책의 잘못이 있다면 그것은 전적으로 나의 책임이다. 또한 이 책을 아담하게 꾸며준 것은 경세원의 김영준金英準 사장님 및 편집부 고현석 부장님, 편집부원 여러분의 헌신적인 노력이 있었음을 밝혀두고자 한다. 이 자리를 빌어 평소 필자를 격려해 주고 도와 준 모든 분들에게 진심으로 고마운 뜻을 전한다.

1997년 1월
신림동 서재에서
저자 씀

차 례

제2권 조선시대

14

부록

제1권 **고대·고려**

제3권 **근대·현대**

총설
한국사란 무엇인가

《산경표》에 의거한 산맥지도

보 기

백두대간
장백정간
13정맥

초판(1997. 2. 20.)부터 수록(이우형씨 작성)
국토연구원산맥지도(2005. 1. 6 발표)

총설 – 한국사란 무엇인가

1. 국토와 자연환경

1) 명당이 많은 국토

인간의 삶은 터 잡고 있는 땅과 자연환경의 영향을 크게 받는다. 산이 많은가 평야가 많은가, 날씨가 더운가 추운가, 비가 많은가 적은가, 자연재난이 많은가 적은가, 이런 요소들이 삶의 모습과 생각에 영향을 주고, 역사와 문화의 특성이 달라지게 할 수 있다. 한국인의 역사와 문화를 이해하기에 앞서 한국인이 살아온 국토와 자연환경의 특성을 알 필요가 여기에 있다.

우리 민족이 국가를 형성해온 지역은 한반도와 중국의 산동지역, 요서지역, 요동지역, 그리고 길림성지역 등을 포괄하는 중국 동북부지역에 걸쳐 있었다. 한반도로 터전이 좁아진 것은 신라의 삼국 통일 이후의 일이다. 이 지역은 황해와 발해를 중심에 두고 말발굽 형태로 에워싸고 있는데, 연안지역이 평야로 되어 있어서 중국과 한반도의 강물이 대부분 황해로 흘러들어가 서로 만난다. 교통이 편리하여 사람과 물자의 교류가 신속하게 이루어지면서 일찍부터 농업위주의 동방문명이 꽃피었다. 이 문명을 중국인들은 '동이문명권東夷文明圈'이라 부르지만, 한국인의 시각에서는 '아사달문명권阿斯達文明圈'으로 부르기로 한다.

동아시아 문명사에서 황해가 갖는 의미는 마치 로마문명이 지중해와 에게해를 사이에 두고 남유럽과 북아프리카, 서아프리카 지역에서 형성된 것과 비슷하다. 황해는 동양의 지중해라고 할 수 있으며, 한국과 중국이 역사적으로 긴밀한 유대관계를 가지면서 동아시아문명의 중심권으로 떠오른 이유도 여기에 있다. 이 지역이 동아시아문명의 발상지가 된 것은 수로교통이 편하고, 농토가 비옥하며, 적당한 비가 내려 농업생산력이 높을 뿐 아니라, 사계절이 뚜렷한 온대의 기후를 가지고 있으며, 높지 않은 산들이 주변을 에워싸고 있어서 공기가 맑고 쾌적한 생활환경을 갖추고 있기 때문이다.

특히 한반도는 아사달문명권 가운데서도 지리적 환경이 뛰어나다. 국토의 70%가 산이지만, 거의 대부분 1,000m 미만의 구릉지에 가까울 뿐 아니라 곳곳에 맑은 계곡물이 흐르고, 공기가 깨끗하며, 산맥의 끝자락이 역Y자형으로 끝나는 지점이 많아 주거환경이 매우 좋다. 나지막한 산을 등지고 앞에는 물이 흐르는 지형을 배산임수背山臨水라 하여 풍수가들이 명당明堂으로 부르는데, 금닭이 두 날개를 펴고 알을 품고 있는 모습으로 비유되기도 한다.

한반도에서 최고의 명당으로 알려진 서울을 놓고 명당조건을 알아보기로 한다. 명당의 혈穴에 해당하는 곳이 경복궁景福宮이고, 그 북쪽 백악산白岳山은 서울의 주인 노릇 하는 주산主山

이다. 여기서 서쪽에 날개를 편 인왕산仁王山이 우백호右白虎, 동쪽으로 날개를 편 낙산駱山이 좌청룡左靑龍, 주산主山 앞에 책상처럼 생긴 남산木覓山이 안산案山, 주산 뒤에 할아버지처럼 밀어주고 있는 북한산北漢山이 조산祖山, 남쪽 멀리 엎드려 절하고 있는 관악산冠岳山이 조산朝山을 이루고 있다. 여기에 주산과 안산 사이에 청계천이 있고, 안산 남쪽에 한강漢江이 S자형으로 동서로 흐른다. 서울이 예부터 명당으로 지목된 것은 이런 명당조건을 잘 갖추고 있기 때문이다.

명당에는 땅 속에 들어 있는 생명의 기氣가 많이 모여 인간에게 행복을 가져다준다고 믿었다. 한반도에는 이런 명당이 많고, 이런 곳에 마을과 도시 또는 무덤을 만들고 살아왔다. 동양에서는 장수를 기원하는 종교로 도교道敎가 발생했는데, 중국인은 단약丹藥을 만들어 먹는 것을 추구하고 한국인은 산속에 들어가 맑은 공기를 마시는 단전丹田 호흡을 선호했다.

풍수가들은 한반도의 모습을 중국을 향해 두 팔을 벌리고 있는 사람의 모습에 비유하기도 했다. 백두산은 사람의 머리요, 거기서 동해안을 따라 남쪽으로 뻗어내린 마천령산맥, 낭림산맥, 태백산맥을 척추로 보아 백두대간白頭大幹약 1,500km]이라 불렀으며, 백두대간 끝에서 전라도 쪽으로 갈라진 소백산맥과 부산 쪽으로 내려온 산맥을 두 개의 다리로 이해했다. 제주도와 대마도는 두 다리에 붙은 두 개의 발로 보았다. 그래서 조선시대 제작한 고지도를 보면 백두산을 장엄하게 그리고, 제주도와 대마도[쓰시마]를 반드시 그려 넣었다. '쓰시마'라는 지명은 원래 '두 섬'이라는 우리말이다.

한편, 백두대간에서 서쪽으로 13개의 작은 산맥들이 뻗어 있는데, 이를 정맥正脈으로 부르고, 갈비뼈에 비유했다. 함경도에서 동서로 뻗은 산맥을 장백정간長白正幹이라 부르고 어깨에 비유했다. 정맥과 정맥 사이에 서쪽으로 흐르고 있는 강들은 혈관에 비유했으며, 평안도와 황해도가 서쪽을 향해 돌출한 모양을 두 팔을 벌리고 중국을 얼싸안은 모습으로 상상했다.

한반도의 동남쪽에 길게 뻗은 일본열도도 한반도인의 생활과 밀접하게 연결되어 있었다. 그런데 일본열도의 지형은 서쪽에 큰 산맥이 있고 동쪽에 태평양을 향해 평야가 펼쳐져 있어 강물이 동해에서 서로 만나지 않았다. 다만, 대마도를 징검다리로 하여 규슈九州지방과 가깝게 연결되어 있어 이 지역과의 교류가 가장 빈번했으며, 한반도문화는 대마도와 규슈를 거쳐 다시 오사카大阪, 교토京都, 나라奈良지방으로 북상하면서 흘러들어갔다. 지금 이 지역에 한반도에서 전파된 문화유적이 즐비하게 발견되고, 일본 고대국가가 규슈에서 먼저 일어나 교토와 나라에서 번성한 이유가 여기에 있다.

2) 기후와 재난

한반도의 기후는 4계절이 비교적 뚜렷한 온대溫帶에 속하지만, 겨울에는 한대寒帶, 여름에는 열대熱帶 기후의 일교차를 경험하면서 살기 때문에 인간과 동식물이 강인한 생명력을 지니고 있다.

한국인의 의식주 문화는 계절에 따라 다양하게 바뀐다. 추위를 이기기 위해 따뜻한 북방식 온돌방을 만들고, 더위를 이기기 위해 시원한 남방식 마루를 만들어 두 공간을 주기적으로 바꾸면서 생활한다. 황토와 나무를 사용한 한옥은 숨을 쉬는 집이 되었으며, 우리나라의 갓은 매우 가벼우면서도 햇빛을 효율적으로 막아주는 매력이 있다.

음식도 계절에 따라 바뀌어 종류가 다양하고 계절의 진미珍味가 생겨났다. 김치, 된장, 고추장 등 발효식품을 즐겨 먹었다. 채소요리도 매우 다양하다. 서양은 과일주가 포도주밖에 없지만 한국인은 다양한 과일주를 개발했다. 건강에 좋은 온돌과 발효식품은 세계인의 관심과 사랑을 받고 있으며 우리의 김장 문화는 2013년 유네스코 무형문화재로 등재되었다.

한반도의 강수량은 많은 편은 아니지만, 특히 7~8월에 집중적으로 내려 이를 장마라고 부른다. 장마는 때로는 홍수를 일으켜 피해를 주기도 하지만, 땅을 비옥하게 만드는 효과가 있고, 농사에 필요한 물을 확보할 수 있는 기회이기도 했다. 곳곳에 보洑를 만들어 저장했는데 물을 쉽게 흡수해버리는 석회암이 적어 저수하기에 편리했다. 가을에는 비가 적고 일조량이 많아 벼농사에 적합하다. 석회암이 많고 일조량이 적어 벼농사가 어려운 유럽과 대비된다.

한국의 벼농사는 1년에 2모작 또는 3모작이 가능한 동남아지역에 비해서는 힘들다. 물을 저수하고, 수로를 만들고, 모내기, 풀 뽑기, 수확 등에 많은 노동력이 필요하여 일찍부터 공동체적인 협동작업을 중시해 왔다. 농업이 어려웠던 서양인과 북방의 유목민은 일찍부터 상업을 일차적인 생업수단으로 삼아 개인주의와 기동력을 발달시켜 왔다. 유럽인은 배를 잘 이용하고, 유목민들은 낙타와 말을 이용하여 기동력을 키워왔으나, 동아시아세계는 정착된 농경생활에 의존하면서 공동체적 협동정신을 키워왔다. 이것이 서양인의 눈에는 전체주의로 비쳐지기도 했지만, 근본정신은 협동에 있었다. 한국인을 비롯한 동아시아인이 하늘을 특별히 공경하고, 자연과 인간을 하나의 통합된 생명체로 보는 우주관을 가지고 살아온 이유도 자연에 대한 의존도가 높은 농경문화의 특성이다.

그러면 한반도와 동아시아세계의 자연재난은 어떠했는가? 자연재난은 크게 세 가지가 있다. 첫째, 지진이다. 지진은 잘 알려진 일이지만 일본 열도가 가장 심하고, 중국 내륙도 마찬가지다. 그에 비한다면 한국은 상대적으로 안전한 편이다. 물론 16세기 중엽의 중종 대와 명종 대에는 한 달 이상 지진이 계속되어 서울시민들이 집에 들어가지 못한 일도 있고, 이 때문에 그 책임을 둘러싸고 훈신과 사림이 크게 갈등을 일으켰으며, 불안한 국민정서를 틈탄 임꺽정 일당 같은 도적이 나타나기도 했다.

두 번째 큰 재난은 태풍으로 보통 필리핀 부근에서 발생하여 북상하다가 대체로 제주도 부근에서 오른쪽으로 진로를 바꿔 일본열도를 강타하였다. 원나라가 고려와 연합하여 규슈를 치다가 실패한 이유도 태풍 때문이었다.

세 번째는 홍수이다. 동양 삼국이 7~8월에는 장마철을 맞이하는데, 홍수로 인한 피해를 가장 크게 받는 나라는 중국이다. 특히 황하의 범람이 심각하다. 이 지역은 내몽고 사막지역에서 흘러온 붉은 황토물이 하류에 쌓이면서 비옥한 충적토를 만들어 일찍부터 농경문화가 발생했지만, 황하의 하상河床이 육지보다도 높아 심각한 홍수피해를 입었다. 그래서 이 지역에서 발생한 나라들은 황하에 높은 둑을 쌓아 홍수피해를 줄이는 일이 가장 중요했으며, 치수治水를 잘하는 정치지도자를 성인聖人으로 받들었다. 요堯임금과 순舜임금이 성인이 된 이유가 여기에 있었다. 중국에 비하면 한반도는 홍수피해가 적은 편이다.

한반도의 쾌적한 자연환경은 예부터 중국인의 피난지로 떠올랐다. 중국 북방의 넓은 초원에서 살던 유목민들이 주기적으로 식량을 구하기 위해 뛰어난 기마술을 이용하여 중국을 압박하면, 중국 동북지역에서 아사달문명, 농경문화를 공유하던 지배층은 난리를 피하여 한반도로 이주해왔다. 이런 일이 수천 년간 반복되면서 한반도의 아사달문명도 급속하게 발전되어 갔다. 그러나 북방 유목민도 농경문화를 동경하면서 아사달사회로 이주하여 한반도에는 유목민문화와 농경문화가 뒤섞이게 된 것이다. 특히 만주지역에서 일어난 부여와 고구려는 유목민문화의 영향을 더 크게 받았다. 고구려인이 말을 잘 타고 전쟁에 능한 이유가 여기에 있었다.

대륙의 지배층 이주민들이 한반도로 이주하면서 새로운 국가가 건설되고, 문화가 성장한 것은 사실이지만, 다른 한편으로는 이주민 사이의 국가 간 경쟁이 치열해지면서 전쟁을 피해 일본열도로 들어가 그곳에 새로운 고대국가를 건설한 것이 일본 역사의 시작이다. 특히 백제와 가야의 지배층이 고대국가 건설의 주역을 맡았는데, 한반도가 신라에 의해 통일되면서 사이가 벌어지기 시작했다. 그 후 한국계 일본인들 가운데 산악이 많은 대마도와 규슈지역, 그리고 동해안지역에 살던 주민들은 식량부족을 타개하기 위해 한반도에 들어와 식량을 약탈하는 일이 많았는데, 이들을 왜구倭寇라고 불렀다. 그리고 왜구의 연장선상에서 대규모 군대를 이용한 침략전쟁이 임진왜란이고, 더 나아가 한반도를 무력으로 강탈한 것이 일제강점시대이다.

한국과 중국의 관계는 고구려와 수隋, 당唐과의 전쟁을 제외하고는 역사적으로 우호친선 관계가 오랫동안 유지되었는데, 이는 중국이 서쪽으로 영토를 확장하면서 대국으로 발전하여 한반도에 대한 집착이 적었기 때문이다. 일본과의 관계가 불편한 것은 섬나라라는 지리적 특성상 확장할 공간이 없었기에 원래의 터전이었던 한반도와 대륙으로 되돌아가고자 하는 욕망이 침략의 형태로 이어져 왔기 때문이다. 따라서 한국, 중국, 일본이 평화관계를 유지하려면 누구보다도 일본이 오랜 침략의 관습에서 벗어나는 일이 중요하다.

2. 한국문화의 특성 - 선비문화

1) 언어와 문자

한국문화의 뿌리는 황해와 발해를 끼고 동, 서, 북으로 연결된 말발굽형태의 지역에서 형성된 아사달문명이다. 중국의 산동지방, 요서지방, 요동지방, 길림성 일대, 그리고 한반도가 공통된 아사달문명을 가지고 있었다.

아사달문명권에 속해 있던 종족은 한국인만이 아니라 선비족鮮卑族, 오환족烏桓族, 말갈족靺鞨族, 여진족女眞族, 거란족契丹族, 일본족 등이 모두 포함되는데, 중국은 아사달족을 자신의 화하족華夏族과 구별하여 '동이東夷'라고 불렀다. '이夷'라는 글자는 대大와 궁弓을 합친 것으로[1] '큰 활을 가진 사람' 또는 '활 잘 쏘는 사람'이라는 뜻이다. 중국은 북방족을 짐승에 비유하여 북적北狄, 남방족은 벌레에 비유하여 남만南蠻, 서방족은 무기에 비유하여 서융西戎으로 불러 멸시감을 표했

---

1) 중국 최초의 한자옥편은 후한 때 허신許愼이 만든 《설문해자說文解字》인데, 이 책은 이자夷字를 대大와 궁弓이 합쳐진 뜻으로 풀이했다.

는데, 동방족인 동이에 대한 호칭은 좋은 뜻을 지니고 있다.

중국이 동이족으로 부른 아사달족은 지나 – 티베트어를 쓰는 중국과 달리 알타이어를 썼다. 알타이어의 가장 큰 특징은 '주어 – 목적어 – 동사'의 순으로 되어 있는데, 이는 '주어 – 동사 – 목적어'의 순서로 되어 있는 중국어와 다르다. 예를 들면 '나는 너를 사랑한다'고 말하는 것이 알타이어라면 '나는 사랑한다, 너를'이라고 말하는 것이 중국어다.

아사달족은 언어만 중국과 다른 것이 아니라 문자도 독자적인 것을 만들었다. 은殷商나라 때 만든 갑골문자甲骨文字는 그 지역의 아사달족이 만든 최초의 상형문자이다. 중국인은 뒤에 이를 발전시켜 한자漢字를 만들었는데, 아사달족이 다시 한자를 받아들여 사용한 것이다. 그러므로 한자는 아사달족과 중국인이 함께 만들고 발전시킨 문자라고 할 수 있다. 다만, 한자로 글을 지을 때에는 중국어와 우리말의 어순語順이 다르기 때문에, 우리 어순에 맞게 쓰는 방법을 고안한 것이 이두吏讀이다. 이밖에 아사달족은 천지인天地人을 상징하는 원圓 ○, 방方 □, 각角 △ 도형을 즐겨 사용했는데, 이 도형을 발전시켜 새로운 문자를 만든 것이 훈민정음訓民正音이다. 한편, 일본인은 한자의 획劃을 응용하여 '가나假名'라는 문자를 만들었다.

2) 종교 – 단군신화

아사달족의 종교는 한 마디로 하늘과 태양을 조상으로 생각하는 무교巫敎이다. 그 무교의 우주관을 보여주는 글이 《삼국유사三國遺事》에 실린 '단군신화檀君神話'이다. 단군신화와 관련된 유적은 한반도의 황해도 문화현 구월산九月山, 강화도 마니산 참성단塹城壇 등이 있지만, 중국의 요서지방과 산동지방에도 보인다. 산동지방의 곡부曲阜는 공자孔子가 탄생한 곳인데, 바로 이곳 무씨사당武氏祠堂에 단군신화의 이야기를 그린 벽화가 있다. 요서지방의 우하량牛河梁에서는 곰 발바닥을 조각한 토기와 웅녀熊女를 연상시키는 여신상女神像 조각 등이 출토되어 이 지역에도 단군신화의 전통이 있었음을 알 수 있다.

'단군신화'에 담긴 우주관의 특징은 다음과 같다. 첫째, 단군이 도읍을 정한 곳이 아사달阿斯達이다. 아사달은 순수한 우리말로 '해가 떠오르는 동방의 땅'을 의미한다. 아사달은 한 곳이 아니라, 자신들이 살고 있는 땅을 모두 아사달이라고 불렀다. 단군이 나라를 세워 국호를 '조선朝鮮'이라고 했는데, '조선'도 '아침이 빛나는 땅'으로 '아사달'을 한자漢字로 훈역訓譯한 것에 지나지 않는다. 아사달은 '박달'로도 불렀다. '박달'은 '해가 뜨는 밝은 땅'이라는 뜻이다. 지금 요서지방에는 조양朝陽, 적봉赤峰이라는 도시가 있는데, 그 이름도 아사달과 다름이 없다. 황해도 문화현의 '구월산九月山'도 '아사달'을 한자로 훈역한 이름이다. '서라벌'도 비슷하다. 한국인은 동쪽에서 부는 바람을 '샛바람'이라고 하는데, '새'는 '동방'을 가리키므로 '서라벌'은 바로 '동방의 땅'이라는 뜻이다. '서울'은 '서라벌'을 줄인 말이다. 한국인이 즐겨 쓰는 '동국東國', '단국檀國', '서라벌徐羅伐', '서울'은 물론이요, '일본日本'도 '아사달'과 뜻이 같다.

아사달족은 이렇게 하늘과 태양을 숭배하여 선사시대에는 사람이 죽으면 해가 뜨는 동쪽에 머리를 두고 매장했으며, 동쪽에 있는 큰 동굴에 하느님의 위패와 조각상을 모셔놓고 제사를 지냈다. 고구려의 동맹東盟이 바로 그것이다. 고구려 시조를 동명성왕東明聖王으로 부른 것도 '동방의 태양왕'이라는 뜻이다.

아사달족의 초기 무덤은 고인돌이다. 네모난 돌방 위에 둥근 덮개를 얹은 것으로 둥근 덮개는 태양을 상징하고, 네모난 돌방은 땅을 상징한다. 그 속에 사람을 묻으면 죽은 사람이 땅에서 하늘로 올라간다고 생각했다. 삼국시대 이후로는 고인돌이 변하여 네모난 돌방 위에 둥근 봉분封墳을 덮었는데, 둥근 하늘을 상징하기는 마찬가지다. 부처님의 무덤으로 만든 석굴암石窟庵의 모습도 네모난 방을 앞에 두고, 둥근 방을 뒤에 두어 그 안에 부처님을 모셨는데, 이것도 부처님이 땅에서 하늘나라로 올라간 모습을 형상화한 것이다. 단군이 하늘에 제사를 지낸 곳으로 알려진 강화도 마니산 참성단塹城壇도 둥근 하늘과 네모난 땅의 모습으로 제단을 만들었다. 하늘은 둥근 원圓[○]으로, 땅은 네모진 방方[□]으로, 사람은 세모난 각角[△]으로 생각하여 이 도형을 무덤에 적용한 것이다. 이것이 바로 아사달족의 원방각圓方角[○□△] 문화이다.

둘째, '단군신화'에 담긴 우주관에는 하늘, 땅, 사람이 셋이면서 하나라는 통일적 우주관이 담겨 있다. 단군신화의 이야기 속에는 '삼三'이라는 숫자가 반복해서 보인다. 환인桓因은 천신天神, 환인의 아들 환웅桓雄은 지신地神, 환웅이 웅녀熊女와 결혼하여 낳은 단군檀君은 인신人神으로, 이를 '삼신三神'으로 부른다. 그런데 삼신은 합치면 일신一神으로 보고, 삼신을 여성으로 생각하여 '삼신할머니'라는 말이 생겼다.

'단군신화'를 보면 환웅은 인간을 널리 도와주는 일을 하기 위해, 다시 말해 '홍익인간弘益人間'을 위해서 하늘에서 지구로 내려왔다. '홍익인간' 정신 가운데 가장 중요한 다섯 가지는 생명을 창조하고, 곡식을 제공하고, 질병을 고쳐주고, 선악善惡을 판별하고, 악한 자를 징벌하는 것이 그것이다.

한국의 전래 풍속 가운데에는 삼신과 관련된 것이 많다. 아기를 낳을 때 삼신할머니에게 치성을 드리고, 엉덩이 푸른 반점을 삼신반점으로 부른다. 가을에 햇곡식을 거두면 삼신께 감사의 표시로 삼신주머니 또는 업주가리[신주단지神主壇地라고도 한다]를 만들어 마루나 안방의 선반에 정성스레 모신다. 우리 속담에 '신주단지 모시듯 한다'는 말이 여기서 생겼다. 삼신이 선악을 판별하고 악한 자를 징벌할 때에는 무서운 도깨비로 변신한다. 그리고 도깨비 모습을 문고리나 막새기와에 새겨 넣으면 악귀가 집에 들어오지 못한다고 믿었다. 그 도깨비 모습이 바로 중국인의 조상인 황제黃帝[헌원씨軒轅氏]]와 치열하게 전쟁을 하여 군신軍神으로 추앙받은 아사달 장군 치우씨蚩尤氏 얼굴과 같다고 믿어 군기軍旗로도 사용했다.

'단군신화'에는 환웅이 하늘에서 내려 올 때 천부인天符印[2] 세 개를 가지고 왔으며, 바람, 비, 구름을 부리는 세 사람의 신하[風伯, 雨師, 雲師]와 3천 명의 무리를 데리고 왔다고 한다. 여기서 셋과 삼천을 강조한 것은 몇 개와 몇 천이라는 뜻인데, 셋이 천지인을 상징하는 숫자이기 때문에 일부러 셋, 삼천이라고 쓴 것이다. 곰과 호랑이가 인간이 되기 위해 동굴에 들어가서 쑥과 마늘을 먹으면서 삼칠일三七日 간 햇빛을 보지 않은 결과 곰이 여자로 변신했다고 하는데, 여기서 삼칠일은 21일을 말한다. 일부러 셋을 넣어 '21일'을 '삼칠일'이라고 한 것이다.

---

2) 천부인 세 개는 칼, 거울, 옥을 말하는 것으로 보인다. 칼은 삼신께서 악한 자를 응징하는 수단이고, 거울은 삼신의 모습을 비춰보는 도구이고, 옥玉은 삼신의 소리를 내는 돌이라고 믿었다. 옥 대신 방울도 삼신의 소리를 낸다고 한다. 무당이 굿을 할 때에도 이런 도구를 사용하면서 삼신과 대화를 한다.

'단군신화'에서 이렇게 셋을 가지고 신화를 만든 것은 하늘과 땅과 인간이 하나로 합쳐지기를 바라는 마음이 담겨있다. 천지인天地人이 하나가 되면 인간에게 행복이 온다고 믿었기 때문이다. 그러면 왜 천지인이 하나가 되는 것이 중요한가? 그것은 생명을 탄생시키고 성장시키는 음양陰陽과 오행五行[수화목금토]이 하늘, 땅, 사람에게 두루 있어서 생명의 기氣가 우주 만물에 가득 차 있다고 보기 때문이다. 그래서 천지인이 하나로 조화를 이루면 생명의 기가 커지고, 에너지가 증폭한다. 이를 '신바람이 난다', '신명 난다' 또는 '흥'이라고 표현한다. 신바람은 무당의 굿을 통해서도 생기고, 아름다운 대자연 속에 살면서 저절로 생기기도 한다.

신바람이 생기면 춤, 노래, 해학, 미소가 터져 나오는데 이것이 바로 낙천성樂天性이다. 예부터 중국인은 아사달족이 춤과 노래를 즐기고, 귀신 섬기기를 좋아한다고 했는데, 바로 아사달족의 신바람 문화의 특성을 지적한 것이다.

'단군신화'에 곰이 여자로 변한 뒤 환웅과 혼인하여 단군을 낳았다고 하여 허무맹랑한 이야기로 보는 것은 잘못이다. 곰과 호랑이 이야기는 곰을 조상으로 섬기는 족속과 호랑이를 조상으로 섬기는 두 족속이 하늘[태양]을 조상으로 섬기는 족속과 혼인하기 위해 서로 경쟁했다는 뜻을 담고 있다. 그러니까 한국인의 조상은 태양토템족과 곰토템족의 결합으로 생긴 것이다.

'단군신화'에 담긴 우주관을 삼국시대와 고려시대에는 '선교仙敎'라고 불렀고, 조선시대에는 '신교神敎'라고 불렀으며, 근대에 와서는 '무교巫敎'(샤머니즘)로 불렀다. 그런데 '선仙'은 순수한 우리 말로 '선비'라고 한다. 그러므로 '단군신화'는 곧 선비정신의 뿌리가 된다.

삼국시대 이후 불교佛敎가 들어오고 유교儒敎가 들어왔지만 그 바탕에는 선비정신이 깔려 있어 유불선儒佛仙이 서로 융합하면서 발전했으며, 근대 이후에 들어온 서양의 기독교문명도 선비정신과 융합하여 오늘날 한국인의 종교적 심성을 형성하게 되었다. 이런 연유로 한국의 불교, 유교, 기독교 등은 한국적 특성을 지니고 있으며, 결코 외국사상을 교조적으로 모방하는 문화가 아니다. 개화기 어느 서양인이 한국인의 종교행위를 설명하면서 조정에 나가면 유학자가 되고, 집에 들어오면 아내를 따라 사찰에 가고, 죽을 병이 들면 무당을 찾아간다고 말한 것이 흥미롭다.

3) 윤리-홍익인간

'단군신화'에는 한국인의 원초적 윤리관이 보이는데, 그것이 '홍익인간弘益人間'이다. 환인[하느님]의 아들 환웅은 삼위태백三危太白으로 내려와 신시神市를 건설하고 '홍익인간'이란 이념으로 인간을 다스렸는데, 이곳을 선택한 것은 농사에 적합한 지역이기 때문이었다. '단군신화'에 쑥과 마늘이 등장하고, 바람, 비, 구름을 부리는 신하를 데리고 왔다고 한 것도 농사를 도와주기 위함이었다. 이렇게 환경이 좋은 땅에서 모든 인간을 골고루 잘 살게 하려는 정신이 '홍익인간'이다. 이 정신을 가지고 신시神市를 세우고, 그 아들 단군이 '조선'이라는 나라를 세웠으므로 '홍익인간'은 조선의 건국이념이 되었다.

그런데 환웅이 만약 하느님의 독생자獨生子였다면 다른 종교에 대하여 배타성을 띠었을 것이다. 다른 종교는 하느님의 사생아가 만든 종교가 되기 때문이다. 하지만 '단군신화'에서는 환웅이 하느님의 여러 아들 가운데 한 사람이었으므로 다른 아들이 만든 종교도 포용할 수 있다는 여지를 보여주고 있다. 그래서 '홍익인간'에는 인류평등사상과 공동체정신이 담겨 있다. 이런 정신이 바로 아사달족의 철학이요 윤리다. 한국인은 '나'보다는 '우리'라는 공동체를 중요시하고, 다른 사람을 존중하고, 생명을 아끼고 사랑하며, 어려운 사람을 서로 도와주는 미풍양속을 지니고 살아왔다. 중국인들은 아사달족의 이런 풍속을 보고 '군자국君子國'이라고 불렀다.

조선을 '군자국'이라고 처음 말한 사람은 유교儒敎를 창시한 공자孔子였다. 춘추시대인 기원전 6세기에 노魯 나라 사람이었던 공자는 자신의 가르침을 제후들이 받아들이지 않은 것에 실망하여 뗏목을 타고 '구이九夷'의 나라로 가서 살고 싶다고 제자들에게 말했다. '구이'의 나라가 누추하지 않겠느냐고 제자들이 걱정하자 공자는 그곳은 누추한 곳이 아니고, 군자가 사는 나라라고 말했다. 이런 말이 《논어論語》에 실려 있는데, 후세 중국인들은 공자가 가고 싶어했던 '구이'는 바로 '조선'을 가리킨다고 해석했다. 공자가 만든 유교도 산동지방에 살던 아사달족과 고조선 사람의 도덕성에 감동을 받아 이론화시킨 것에 지나지 않는다. 한국인이 중국인보다도 더 열심히 유교를 실천한 것은 유교 자체가 본래 한국인의 일상생활 속에서 실천해오던 생활철학이었기 때문이었다.

조선을 군자국으로 칭송한 기록은 공자 이후에도 계속하여 나타난다. 중국 고대의 지리책인 《산해경山海經》이나 동방삭東方朔이 지은 《신이경神異經》, 그리고 《후한서後漢書》 등에 그런 기록이 보인다.[3] 이 책들에서 아사달족은 성품이 착하고, 서로 존중하고 싸우지 않으며, 생명을 아끼고, 근심스러운 일을 당한 사람을 보면 제 목숨을 던져 구하며, 또 죽지 않는 나라라고 한다. 여기서 아사달 사람들이 죽지 않는다는 말은 실제로 죽지 않는다는 뜻이 아니다. 오래 살 뿐 아니라, 죽음을 하늘로 돌아간다고 믿었다는 뜻이다. 실제로 한국인들은 지금도 사람이 죽으면 '돌아가셨다'고 말한다. 이는 '하늘에서 와서 하늘로 돌아갔다'는 뜻이다. '단군신화'에는 단군이 하느님의 후손으로 태어나 1,500년간 나라를 다스리고 아사달에 들어가서 산신山神이 되었다고도 하고, 1,908년간 살았다고도 한다. 또 다른 기록을 보면 단군은 백두산 연못가에서 하늘로 돌아가셨다고 한다. 그래서 그 연못을 '조천지朝天池' 또는 '천지天池'로 부르게 된 것이다.

단군뿐 아니라 고구려 시조 고주몽高朱蒙도 하느님의 후손으로 태어나 대동강가의 바위에서 기린을 타고 하늘로 돌아가셨다고 하는데, 이 바위를 '조천석朝天石'이라 불렀다. 신라 시조 박혁거세朴赫居世도 하느님의 후손으로, 죽어서 육신은 땅에 떨어지고 혼魂은 승천昇天했다고 한다. 이렇게 한국인은 하늘의 후손으로 태어나 부모이자 고향인 하늘로 돌아간다고 믿어 하늘에 대한 제사를 '효孝'라고 생각했다.

한국인의 가슴에 새겨진 천손의식天孫意識은 우리가 중국인이 아니라는 주체성을 심어주어 민족의식의 바탕이 되었으며, 민족이 위기에 처할 때마다 단군신앙이 드높아지면서 정체성

---

3) 《산해경》에는 "동방에 군자국君子國이 있는데, 그곳 사람들은 죽지 않는다"(有君子之國 有不死之民)라 했고, 《신이경》에는 "동방 사람들은 항상 공손히 앉아서 서로 싸우지 아니하며, 서로 존경하여 헐뜯지 않으며, 다른 사람이 근심스러운 일을 당하면 목숨을 던져 구해준다. 그래서 군자국이라고 한다"(恒恭坐而不相犯 相譽而不相毀 見人有患 投死救之 曰君子國)라고 했다. 또 《후한서》〈동이전〉에는 "사람들이 착하고 생명을 아껴주며, 타고난 성품이 부드럽고 온순하여 도道를 가지고 다스리기 쉽다. 그래서 군자의 나라, 죽지 않는 나라이다"(仁而好生 天性柔順 易以道御 有君子不死之國)라고 한다.

을 유지해 왔다. 몽고간섭기와 왜란·호란 후, 그리고 일제강점기에 단군신앙이 고조된 이유가 여기에 있다.

홍익인간의 전통은 삼국, 고려, 조선시대로 이어지면서 중국인들을 감동시켰다. 당唐나라, 송宋나라, 명明나라는 우리나라를 가리켜 '동방예의지국東方禮義之國' 또는 '소중화小中華'로 불렀다. 예의가 바를 뿐 아니라 문화수준이 중국과 대등한 국가라는 뜻이다. 중국에서 사신을 보낼 때는 특별히 우수한 인재를 뽑아 보냈으며, 우리나라 사신이 중국에 가면 다른 나라 사신보다 특별히 우대했다. 송나라는 고려에서 온 사신을 '조공사朝貢使'로 부르지 않고 '국신사國信使'로 높여 불렀다. 고려를 송나라와 대등한 위치에서 바라본 것이다.

4) 음악과 춤

한국의 음악, 그림, 조각, 건축, 춤 등 모든 예술에는 한국적 특성이 담겨 있다. 그 특성은 바로 '신바람'이다. 하늘, 땅, 인간은 모두 살아 있는 생명체로서, 그 생명체가 발산하는 기氣가 조화롭게 융합되어 생기는 에너지가 '신바람'이다. '단군신화'에 그런 정서가 담겨 있음을 이미 설명했다.

한국을 대표하는 악기는 사찰의 범종梵鐘이다. 그런데 범종에는 중국과 일본 종에 보이지 않는 독특한 장치가 있다. 걸개 옆에 음관音管이 달려 있어 하늘의 소리를 담고, 종 아래에는 움푹 파인 음통音筒이 있어서 땅의 소리를 담는다. 종을 치는 것은 사람이 한다. 한국 범종은 하늘과 땅과 사람이 함께 연주하는 악기로 볼 수 있다. 실제로 음관과 음통이 있는 종소리와 그렇지 않은 종소리는 음색이 다르다. 쇠로 만든 추가 종벽을 때리는 서양 종의 소리는 하나의 음가音價를 내고 있지만 한국 종은 한 번 때려도 여러 음가를 동시에 내면서 신비스런 음색을 자아낸다. 그 소리는 중국이나 일본의 종소리와도 다르다. 프랑스에서는 심리치료에 한국 종소리를 활용하기도 한다.

현악기인 거문고와 가야금, 가죽악기인 장고와 북, 금속악기인 꽹과리와 징도 독특하다. 우리의 악기는 음양과 천지의 조화를 통해 신바람을 일으킨다. 높은 음과 낮은 음은 음양과 천지를 상징한다. 한 개의 악기에도 음양을 동시에 갖추고 있지만, 다른 악기와 어울려 음양을 연출하기도 한다. 꽹과리가 여성적[음]이라면 징은 남성적[양]이다. 징, 꽹과리, 북, 장고가 어울리는 사물놀이는 신바람 음악의 극치를 보여준다.

판소리와 민요는 대자연의 바람소리, 물소리, 새소리 등과 어울리면서 신바람을 연출하는 노래이다. 음폭이 넓어서 국악을 한 사람은 서양노래도 잘 하지만, 서양노래를 배운 사람이 국악을 하기는 어렵다. 〈아리랑〉, 〈노들강변〉, 〈천안삼거리〉 등 우리 민요는 대부분 3박자로 이루어져 있는데, 이것은 천지인을 상징한다.

판소리와 민요에는 슬픔과 즐거움과 해학이 동시에 들어 있어 웃다가 울고, 울다가 웃게 만든다. 한국 문학과 예술의 특징을 '한恨'으로 보는 견해가 있으나, 이는 '한恨' 속에 '낙樂'이 있는 것을 간과한 해석이다.

한국의 춤은 새가 날개를 펴고 하늘로 승천하는 모습을 연상시킨다. 어깨춤이 절로 난다

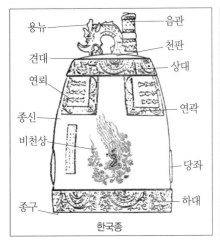

한국종

중국종

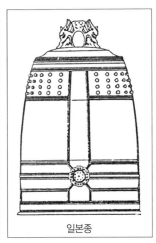

일본종

는 말이 있다. 어깨에 달린 팔을 날개처럼 휘저으면서 다리를 오므렸다 폈다를 반복하는데, 이를 오금질이라고 한다. 새가 날 때의 동작 그대로이다. 고구려 고분 벽화를 보면 무덤의 주인공이 어깨에 날개를 달고 춤추며 하늘로 올라가는 그림이 많다. 범종에도 신선이 옥피리를 불면서 하늘로 올라가는 비천상飛天像이 조각되어 있는데, 이 또한 하늘과 하나가 되려는 신바람의 동작이다. 봉덕사 신종神鐘이 그렇고, 상원사 동종에도 비천상이 있다. 고려시대 종도 마찬가지다.

한국의 춤에는 춤꾼들이 둥근 원을 그리면서 맴도는 원무圓舞가 많고, 때로는 태극모양의 동선을 따르기도 한다. 둥근 원은 바로 하늘을 상징한다.

한국에서 춤은 즐거울 때도 추고, 슬플 때도 춘다. 죽음은 하늘로 돌아가는 것을 의미하므로 하늘과 하나가 된다는 것은 슬픔인 동시에 즐거움이다. 장례식이나 제사를 지낼 때 추는 제례악춤이 있다. 한국인에게 슬픔과 즐거움은 하나이다.

5) 그림과 조각

한국의 그림은 크게 인물화, 산수화, 풍속화, 화조도花鳥圖로 나눌 수 있다. 고구려와 백제의 고분 벽화는 무덤의 주인공이 전생에 살아온 모습과 내세의 모습을 그린 풍속화이기도 하다. 고분에 이렇게 다양한 풍속화를 남긴 것은 세계적으로 드물다. 벽화에 보이는 우주관은 바로 땅에서의 전생과 하늘나라에서의 내세를 함께 묶어 천지인이 하나가 되는 종교적 심성을 표현하고 있다.

세 발 달린 삼족오三足烏가 자주 보이는 것도 천지인 합일 사상을 보여준다. 까마귀는 태양 속에서도 살고 땅에서도 살면서 하늘과 땅과 사람을 연결해주는 새이다. 그래서 다리를 세 개로 그린 것이다. 우리 민속에 까마귀가 울면 누가 하늘로 돌아갔다고 생각하는 이유가 여기에 있다. 까마귀는 흉조凶鳥라기 보다는 길조吉鳥이다.

고분 벽화에는 무교와 불교가 혼합되어 있고, 음양오행사상도 들어 있다. 특히 [좌]청룡靑龍,

[위]백호白虎, [남]주작朱雀, [북]현무玄武를 그린 사
신도四神圖[또는 사수도(四獸圖)]는 오행사상을 표출
한 것이다. 무덤에 이렇게 사수도[사신도]를 그
리는 전통은 조선시대에도 그대로 이어져 왕
실의 장례식 때 시신을 모신 찬궁欑宮의 네 벽
에도 그려 넣었다.

　　조선시대의 풍속화는 내세보다는 현세
를 주로 그리고 있는데, 자연과 사람이 서로
만나 즐기는 모습이 주를 이뤘다. 이 역시 신
바람의 에너지를 표현한 것이다. 김홍도金弘道,
신윤복申潤福, 김득신金得臣 등의 풍속화가 그러
하다. 한국 그림에는 해학이 풍부하여 웃음을
자아내는 것이 특징인데 그것이 바로 낙천성
이다.

　　산수화도 자연만을 그리는 경우는 매우
드물고, 아름다운 대자연 속에서 사람이 하나
가 되어 신바람을 느끼는 감정을 그려내고 있
다. 특히 진경산수眞景山水의 대가인 겸재 정선
謙齋 鄭敾의 그림이 그렇다. 그가 그린 산수화
는 금강산, 박연폭포, 삼부연폭포, 인왕산 등
우리나라 자연이지만, 있는 그대로의 풍경을
사실적으로 그리기보다는 그 풍경에 담긴 음

《정조대왕 국장도감의궤》에 실린 찬궁의 사신도

양의 생명력을 강조하고, 그 속에서 구경하는 사람이 받고 있는 감동과 신바람의 흥을 함께
표현하는 데 역점을 두고 있다. 바로 이 점이 있는 그대로의 자연만을 그리는 서양의 풍경화
와 다르다.

　　한국의 인물화는 사람의 육체적 비율이 갖는 균형의 아름다움을 찾아서 그리지 않고, 얼
굴과 눈에서 보이는 생명의 기氣를 강조하여 그린다. 외형적 균형과 비례에서 아름다움을 추구
하는 서양화와는 다르다. 우리의 아름다움은 천지인이 하나가 되는 데서 발생하는 생명의 기를
의미한다. 송강 정철松江 鄭澈이 선조를 '미인美人'으로 간주하여 쓴 〈사미인곡思美人曲〉에서 임금
을 미인으로 본 것은 팔등신의 미인을 말하는 것이 아니고, 천지인의 이치를 하나로 합하여 정
치를 하고 있다는 뜻의 미인이다.

　　한국인은 몸매나 얼굴이 아름다울 경우 미인이라 부르기보다는 곱다, 예쁘다, 늘씬하다,
요염하다는 표현을 주로 쓴다. 지금 간송미술관에 있는 신윤복의 '미인도'는 신윤복이 쓴 표현
이 아니고 후대의 소장자가 붙인 이름이다. 신윤복 자신이 쓴 화제畵題를 보면 이 여인이 풍기
는 색정色情에 감동을 받아 그렸다고 한다. 그러니까 기생으로 보이는 이 여인을 팔등신 미인으
로 본 것이 아니라 이 여인이 발산하는 생명의 에너지를 그린 것이다. 그러니까 신윤복이 포착

한 것은 육체가 아니라 생명의 기氣다.

조선시대 임금이나 대신의 초상화를 그릴 때 가장 역점을 둔 것은 눈동자의 표현이다. 눈에 생명의 기가 담겨 있기 때문이다.

조각은 주로 불교와 관련된 불상佛像이나 보살상菩薩像, 또는 나한상羅漢像, 천왕상天王像 그리고 불탑佛塔 등이다. 여기서도 강조되는 것은 몸매가 아니고, 얼굴과 눈이다. 석굴암의 부처는 너무 비대하고, 미륵보살반가사유상彌勒菩薩半跏思惟像은 너무 가냘프다. 그럼에도 불구하고 이것이 한국을 대표하는 조각상으로 인정받고, 많은 사람들에게 감동을 주는 것은 얼굴의 표정 때문이다. 이렇게 편안한 얼굴의 표정은 쉽게 찾기 어렵다. 일본 국보 1호인 교토 고류지廣隆寺의 나무로 만들어진 미륵보살반가사유상은 백제인이 만든 것으로 독일의 실존철학자 칼 야스퍼스Karl Jaspers(1883~1969)가 보고 세계 최고의 미술품으로 격찬하는 등 세계적인 명품으로 인정받고 있다. 이 작품과 한국의 국보인 금동미륵보살반가사유상은 재료만 다르고 형태가 굉장히 유사하다. 이 작품들이 보여주는 감동은 바로 인자함이 풍기는 생명에 대한 사랑 곧 신바람이다.

조선시대 화조도花鳥圖의 특징도 음양의 조화에서 오는 생명감이다. 꽃을 그리면 나비나 새도 함께 그려 꽃이 살아 있음을 보여준다. 죽은 꽃을 그리는 서양의 정물화와는 이 점이 다르다. 나비나 새를 그릴 때에도 반드시 암수가 짝을 이루어 음양의 조화를 표현한다. 짐승을 그리는 경우도 마찬가지다.

6) 도자기와 공예

한국의 도자기는 고려시대에서 조선시대에 걸쳐 가장 발달했다. 고려자기는 송나라 도자기와 비슷하면서도 다른 점이 있다. 첫째, 색채가 대부분 밝은 비취색을 띠고 있는데 이는 하늘색을 닮았다. 둘째, 형태가 매우 다양한데 참외, 표주박, 복숭아와 같은 과일이나 원숭이, 해태, 오리, 새 등과 같은 짐승의 모습을 가진 것이 많다. 연꽃 무늬 받침대 위에 둥근 투각을 얹은 향로는 둥근 하늘을 상징한다. 대자연의 생명체 모습을 그대로 담은 것이다. 셋째로 표면에 문양을 칼로 새기고 그 안에 백토나 자토를 넣은 다음 유약을 바르는 상감수법象嵌手法은 매우 독특하다. 넷째, 표면에 새겨 넣은 문양도 꽃이나 나무, 또는 구름과 학鶴을 넣어 대자연과 가까워지려는 마음을 담고 있다. 특히 구름과 학 무늬가 많은 것은 하늘로 올라가려는 승천의 꿈이 엿보인다.

고려자기의 매력에 빠진 송나라 서긍徐兢은 《고려도경高麗圖經》에서 고려자기의 종류와 색채, 형태 등을 자세히 소개하면서 '천하제일'이라는 평을 내렸다.

송나라 도자기는 당나라 도자기의 특색인 당삼채唐三彩의 영향을 받아 황색, 녹색, 갈색을 함께 넣은 것이 많고, 색채가 다양하여 화려한 느낌을 주지만 고려자기처럼 자연물의 형상을 따른 것은 거의 없다. 무늬도 꽃이나 용을 주로 선호한다. 이에 비해 고려자기는 화려하지 않으면서 우아하고 자연스런 친근감을 자아내고 있는 것이 특색이다.

자연친화적인 도자기 전통은 조선시대에도 그대로 이어지고 있다. 조선 초기의 백자白磁, 16세기의 분청사기粉靑沙器, 조선 후기의 청화백자靑華白磁와 철화백자鐵花白磁, 진사백자辰砂白磁 등 시대에 따라 변화가 있지만, 소박하면서도 우아한 정취는 그대로 이어진다. 다만, 조선시대 자기는 고려자기에서 보이는 비취색의 관상용 그릇은 거의 사라지고, 음식을 담거나, 문방구로 쓰는 등 실용적인 도자기가 주류를 이룬다. 도자기에 넣은 그림은 대나무, 난초, 매화, 국화 등 사군자四君子를 비롯하여 소나무, 포도, 모란, 새, 물고기 등 살아 있는 자연물을 주로 담고 있다. 이는 선비들의 깨끗한 절개와 자연 사랑을 상징한다.

조선시대 자기에서 가장 한국적인 특색을 보여주는 것은 18세기에 만들어진 달항아리다. 마치 중천에 뜬 보름달이나 태양을 연상시키는 달항아리는 세계 어느 나라에서도 찾아볼 수 없는 조선자기의 걸작인 동시에 하늘을 사랑하는 마음을 여지없이 보여주고 있다.

조선시대의 공예는 주로 가구와 문방구류 등 생활용품에서 특색을 발휘했다. 나무공예품의 경우는 가능한 한 나이테의 아름다움을 그대로 살리려고 노력하고, 오래도록 자주 사용하는 가구는 옻칠을 두껍게 하여 수명이 오래 가도록 배려했다. 옻칠가구 가운데 조개껍질을 잘라 넣어 그림을 만든 나전칠기螺鈿漆器와 쇠뿔을 잘라 넣어 그림을 만든 화각공예華角工藝도 일품이다. 나전칠기는 고려시대 작품이 한층 더 예술적이지만 대부분 국내보다는 일본으로 가 있는 것이 아쉽다.

조선의 도자기 문화가 임진왜란 때 일본으로 납치되어 간 이삼평李參平, 심당길沈當吉(沈壽官의 조상) 등의 도공陶工에 의해 규슈지역에서 발전하여 일본 도자기의 비조鼻祖가 된 것은 잘 알려진 사실이다.

7) 건축과 정원

한국의 건축에도 천지인합일의 신바람이 담겨 있다. 한국의 초가집 지붕은 완만한 원형을 띠고 있는데, 이것은 하늘의 곡선을 빌린 것이고, 기와집의 지붕은 둥글지는 않지만, 새가 날개를 편 모양을 닮았다. 고대에는 용마루 끝에 얹은 막새기와 모습을 '치미鴟尾'라고 불렀는데, 이는 새의 꼬리(혹은 주둥이)를 닮았다는 뜻이다. 조선시대 왕궁의 지붕에 보이는 막새기와는 용머리 모습을 하고 있다. 용은 임금을 상징하기도 하지만 새처럼 하늘로 올라가는 짐승이기도 하다.

기와집이나 초가집이나 내부구조는 온돌방과 마루가 조화를 이루어 막힌 공간과 터진 공간이 공존하는데, 온돌은 겨울에는 따뜻하고 여름에는 시원하다. 마루는 바람이 밑으로 통하도록 배려하고, 벽도 숨을 쉬도록 황토와 짚이나 수숫대를 섞어서 발랐다. 가난의 상징으로 여겼던 황토집이나 초가집이 오늘날에는 건강에 좋은 미래의 가옥으로 각광받고 있다. 한옥은 숨을 쉬는 집이다.

한국의 정자亭子도 매우 아름답다. 나지막한 언덕 위에 올라앉은 정자는 대부분 면적이 매우 작지만, 동서남북이 툭 터져 있어 드넓은 대자연을 안아 들이고 있다. 평양의 연광정鍊光亭, 부여의 백화정百花亭, 경복궁의 향원정香遠亭, 창덕궁의 부용정芙蓉亭, 전라도 담양의 소쇄원瀟灑園과 식영정息詠亭, 강릉 선교장의 활래정活來亭 등이 대표적인 정자이다.

한국의 연못은 천원지방天圓地方의 모습을 따랐다. 네모난 연못 가운데 둥근 섬을 넣어 땅과 하늘을 상징하고, 그 가운데 조각배를 띄우고 사람이 노닌다. 경복궁의 향원지香遠池, 창덕궁의 부용지芙蓉池, 경주의 안압지雁鴨池, 부여의 궁남지宮南池 등이 그런 모습이다. 연못에서도 천지인 합일의 신바람이 담겨 있는 것이다.

한국의 정원은 가능한 한 인공적인 아름다움을 더하지 않는다. 한국의 자연환경은 그 자체가 최고의 예술품이기 때문이다. 나무도 자르거나 비틀지 않고 그대로 자라게 한다. 한국의 정원문화를 대표하는 곳은 창덕궁 후원後苑이다. 응봉鷹峰에서 뻗어내린 나지막한 산비탈에 폭포가 있고, 계곡이 있고, 바위가 있고, 연못이 있고, 울창한 수림이 있다. 그곳에 날아갈 듯 아담한 정자를 곳곳에 세워 쉼터를 만들고 자연의 품속에서 자연과 대화를 나눌 수 있도록 조성한 것이다. 한국의 자연친화적인 정원 문화는 인공을 가미하여 기하학적인 아름다움을 추구하는 서양이나 중국 그리고 일본의 정원과 다르다.

8) 자연관 - 음양오행사상

한국인은 우주자연을 모두 살아 있는 생명체로 바라보았다. 현대과학에서 생물과 무생물로 나누어 보는 것과는 다르다. 우주가 모두 살아 있다는 생각은 음양陰陽, 오행사상五行思想의 영향이다. 음양과 오행이 서로 만나면 생명이 탄생하고 성장, 발전한다고 본 것이다.

그러므로 하늘에는 태양과 달이 양과 음이고, 수성水星, 목성木星, 화성火星, 토성土星, 금성金星이 오행을 이루고 있어 하늘은 살아 있다. 땅에도 강江이 음이고 산山이 양이고, 물[水], 불[火], 나무[木], 금속[金], 흙[土] 등 오행을 지니고 있으므로 땅도 살아 있다. 하늘을 생명체로 보는 이론이 천문학이고, 땅을 생명체로 보는 이론이 풍수지리학風水地理學이다. 사람도 음양과 오행이 있다. 남자가 양이고 여자가 음이며, 몸 속에 있는 오장五臟[심장, 폐장, 간장, 신장, 비장]이 오행이다. 그래서 사람은 생명체이다.

하늘, 땅, 사람은 이렇게 살아 있으므로 우주도 생명체이고, 생명체는 서로 돕고 사는 한 몸이다. 그래서 천지인天地人은 셋이면서 하나요, 하나이면서 셋으로 본다. 하늘의 이치, 땅의 이치, 사람의 이치가 따로 있는 것이 아니라 똑같은 이치로 살아가야 한다. 이런 생각은 오늘의 시각에서 보면 자연을 사랑하고 존중하는 친환경 사상이다.

그런데 음양과 오행이 생명을 낳고 키우는 데는 일정한 법칙이 있다. 그 법칙은 상생相生과 상극相克이다. 오행은 서로 탄생시키면서 서로 이긴다는 뜻이다. 상생相生이란 물이 나무를 낳고[水生木], 나무가 불을 낳고[木生火], 불이 흙을 낳고[火生土], 흙이 금을 낳고[土生金], 금이 물을 낳는다[金生水]는 것이다. 상극相克이란 물이 불을 이기고[水克火], 불이 금을 이기고[火克金], 금이 나무를 이기고[金克木], 나무가 흙을 이기고[木克土], 흙이 물을 이긴다[土克水]는 것이다. 상생이 평화적인 관계라면 상극은 갈등관계를 말한다.

음양오행 사상은 '단군신화'에도 있지만, 이를 발전시킨 것은 춘추시대 산동지방의 아사달족 출신 추연鄒衍이다. 훗날 중국인도 이 사상을 받아들였는데, 중국인은 상생보다 상극을 더 존중하였고 한국인은 상극보다 상생을 더 존중하였다. 중국인은 왕조가 바뀔 때 뒤 왕조가 앞 왕조를 이겼다는 상극설을 가지고 설명하지만, 우리는 앞 왕조가 뒤 왕조를 낳았다는 상생설로 해석하는 차이가 있다. 예를 들면 신라新羅는 금덕金德을 가진 왕조로서 수덕水德을 가진 고려高麗

를 낳았고, 고려는 목덕木德을 가진 조선朝鮮을 낳았다고 본다.

이렇게 중국과 한국이 다른 생각을 갖게 된 것은 중국의 왕조교체는 북방 민족과 중화족이 서로 정복하여 교대하는 과정이었는데 반해, 한국의 왕조교체는 같은 민족끼리 권력을 교체했기 때문이다.

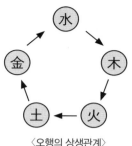

〈오행의 상생관계〉

한국인은 사람이 태어나는 것도 오행의 상생과정으로 보고 이름의 항렬行列을 짓는다. 그래서 할아버지가 물[水] 항렬이면, 아버지는 나무[木], 아들은 불[火], 손자는 흙[土], 증손자는 금[金] 항렬을 따른다. 이렇게 항렬을 따라 이름을 짓는 나라는 한국밖에 없다.

오행은 또 고유의 숫자를 가지고 있다고 믿었는데 흙은 5, 물은 6, 불은 7, 나무는 8, 금은 9로 본다. 그래서 금덕을 가진 신라는 9자를 선호하여 전국을 9 주로 나누고, 황룡사에 9층탑을 세웠고, 수덕을 가진 고려는 6을 선호하여 전국을 5도+양계로 나누고, 서경西京으로 도읍을 옮기면 36국이 조공을 바치게 된 다고 묘청妙淸이 주장했다. 목덕을 가진 조선은 목자木子 곧 이李씨가 임금이 된 다고 선전하고, 8자를 선호하여 전국을 8도로 나누고, 한양에 도읍을 두면 8백 년 왕업이 이어진다고 믿었다. 그러나 조선 중기 이후로 나라가 어지러워지자 이제는 목덕木德의 시대가 끝나고 화덕火德의 시대가 오는데 화덕을 가진 성씨는

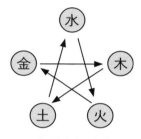

〈오행의 상극관계〉

정씨鄭氏라고 보고 정씨 성姓을 가진 인물이 나타나 새로운 세상을 연다는 예언서를 퍼뜨리고, 반란을 자주 일으키기도 했으나 끝내 정씨왕조를 세우지는 못했다.《정감록鄭鑑錄》이라는 예언 서가 널리 유행하고, 선조 때 정여립鄭女立의 반란, 영조 때 정희량鄭希亮의 반란이 일어난 것 등 이 그런 것이다.

오행은 각각 덕德을 가지고 있다고 믿었다. 물은 지智, 불은 예禮, 나무는 인仁, 금은 의義, 흙 은 신信을 가지고 있다는 것이다. 공자孔子가 말하기를 "어진 사람은 산을 좋아하고, 지혜로운 사람은 물을 좋아한다"(仁者樂山 智者樂水)고 말했는데, 바로 오행의 덕을 알고서 한 말이다.

오행은 방위方位와도 관계가 있는데, 북쪽은 물, 남쪽은 불, 동쪽은 나무, 서쪽은 금, 중앙 은 흙이다. 오행은 각각 색깔을 가지고 있는데, 물은 어둠침침하고[玄], 불은 붉고[赤], 나무는 푸 르고[靑], 금은 희고[白], 흙은 누렇다[黃]고 본다. 이 5가지 색깔을 오방색五方色이라고 한다. 한국인 은 오방색을 매우 사랑하여 음식, 의복 등에 오방색을 적용했다. 비빔밥의 색깔이 그렇고, 색동 옷이 그렇다. 심지어 한반도 지도를 그릴 때에도 오방색을 사용하여 경기도는 노란색, 강원도 는 푸른색, 황해도는 흰색, 충청, 전라, 경상도는 붉은색, 평안도와 함경도는 어두운 색으로 칠했 다. 이렇게 오방색으로 지도를 그린 나라는 한국뿐이다.

음양도 색깔이 있는데, 양은 붉은색, 음은 푸른색으로 본다. 태극기의 색깔이 바로 이렇게 되어 있는데, 남녀를 상징하는 빛깔도 홍청紅靑으로 보아 결혼할 때 붉은빛과 푸른빛의 옷을 입 는다. 태극太極을 국기國旗로 정한 것은 한국인이 예로부터 음양오행 사상을 사랑한 결과로 조선 시대에도 태극기를 국기처럼 사용했다가 개화기에 국기로 확정하였다.

오행은 신령스런 짐승으로도 보았다. 거북[武]은 북방이므로 어둠침침한 색이고, 용龍은 동 방이므로 푸른색[靑龍], 호랑이는 서방이므로 흰색[白虎], 공작孔雀은 남방이므로 붉은색[朱雀], 중앙

에 있는 용은 노란색이다[黃龍]. 그 가운데 중앙의 황룡黃龍이 가장 권위가 높다.

사람 몸 안에 있는 다섯 개의 장기臟器도 오행으로 본다. 심장心臟은 불이고, 간장肝臟은 나무이고, 신장腎臟은 물이고, 폐장肺臟은 금이고, 비장脾臟은 흙이다. 오장五臟뿐 아니라 다섯 개의 감각기관[五官]도 오행으로 설명한다. 피부는 물과 연결되어 있고, 귀는 불, 눈은 나무, 코는 금, 입은 흙과 연결되어 있다. 이상 오행사상을 표로 만들면 다음과 같다.

음양오행사상

5행行	5방方	5색色	5수數	5덕德	5방신方神	계절	5장臟	5관管	자모음	6조曹	왕조	4대문
수水	북	흑黑(玄)	6	지智	현무	겨울	신장	피부	ㅇ	工=冬	고려	炤智門
화火	남	적赤(朱)	7	예禮	주작	여름	심장	귀	ㄴ	兵=夏	정감록	崇禮門
목木	동	청青	8	인仁	청룡	봄	간장	눈	ㄱ	禮=春	조선	興仁之門
금金	서	백白	9	의義	백호	가을	폐장	코	ㅅ	刑=秋	신라	敦義門
토土	중앙	황黃	5	신信	황룡	여름~가을	비장	입	ㅁ	黃閣	?	普信閣
									ㅏㅗ(양)	吏=天		
									ㅓㅜ(음)	戶=地		

그런데 음양오행 사상은 여기서 그치지 않는다. 조선시대 한양의 네 도성문[都城門]인 흥인지문興仁之門, 돈의문敦義門, 숭례문崇禮門, 소지문炤智門[숙정문(肅靖門)]의 이름과 종로의 보신각普信閣도 오행의 인의예지신仁義禮智信을 따라 지은 것이다.

한국인이 얼마나 음양오행 사상을 선호했는지를 말해주는 대표적인 문화재는 훈민정음訓民正音이다. 다섯 개의 기본 자음 ㄱ,ㄴ,ㅁ,ㅅ,ㅇ은 오행의 모습과 천지인을 상징하는 ○□△의 모습을 참고한 것이다. 한편 훈민정음의 모음도 양모음은 땅[ㅡ] 위에 태양[ㅇ]이 있거나 사람[ㅣ]의 동쪽에 태양[ㅇ]이 있는 모습이고, 음모음은 땅 아래에 태양이 있거나 사람의 서쪽에 태양이 있는 모습이다. 참으로 절묘한 문자가 아닐 수 없다.

지금까지 설명한 것으로 보더라도 음양오행 사상이 동아시아세계의 공통된 사상이라고 하지만, 특히 한국이 가장 철저하게 실천했다는 것을 알 수 있다.

9) 공동체문화

한국인은 '홍익인간'의 정신을 가지고 고조선을 세웠다는 것을 앞에서 설명했는데, 홍익인간은 바로 공동체정신을 말한다. 이미 고대부터 한국인들이 농경생활의 필요에서 공동체생활을 하면서 착하게 서로 돕고, 서로 존경하고, 생명을 아끼는 풍습을 지니고 살았다는 것을 중국의 여러 책이 지적한 바 있다. 그래서 중국인들이 한국을 가리켜 '군자국', '동방예의지국', '소중화' 등으로 불렀던 것이다.

한국인의 공동체는 시대가 지나면서 여러 형태로 발전해갔다. 첫째, 마을공동체이다. 이를 고대에는 '향도香徒'라 부르다가, 고려~조선시대에는 '두레'로 부르고 한자로 '사社'라고 썼는데, '두레모임'이 바로 '사회社會'(society)이다. '두레'는 농사에 필요한 일을 서로 도와주는 것이 가장 중요한 목적이지만, 사람이 죽으면 장례를 함께 치러주고, 자연재난을 당했을 때 힘을 모아 구제해주고, 가을에는 무리를 지어 함께 춤과 음악을 즐기면서 하늘에 제사를 지내기도 했다. 지금 '두레패'로 불리는 농악대農樂隊가 바로 그런 전통에서 생긴 것이다. 그리고 국가가 침략을 당하면 앞장서서 의병義兵을 만들어 전장에 나가 싸웠다. 우리 속담에 '이웃사촌'이라는 말이 있는데, 비록 남남이라도 서로 이웃하여 도와주는 힘이 피붙이인 사촌보다도 더 낫다는 뜻이다.

한국은 역사적으로 다른 민족의 침략을 많이 당했는데, 그때마다 관군官軍보다는 항상 민병대民兵隊 즉 의병들이 적극적으로 참여하여 승리를 거두었다. 고구려와 수, 당과의 전쟁, 고려의 거란과의 전쟁, 몽고와의 전쟁, 조선시대 임진왜란, 일제강점기의 항일운동 등에서 승리를 거둔 힘이 모두 여기서 나왔다. 삼국통일의 원동력이 된 신라의 화랑도花郞徒 조직도 바로 이런 공동체를 말한다. 고구려와 백제도 이런 조직이 있었다. '두레'는 말하자면 평상시에는 생산공동체요, 종교공동체요, 오락공동체이지만 국가 유사시에는 군사공동체로 변하여 나라를 지켜왔다.

조선시대에 들어와서는 '두레' 말고도 '향약鄕約'으로 불리는 공동체가 새로 생겼다. '향약'은 남자 중심의 공동체로서 도덕과 예의, 경제적 상부상조, 국가에 대한 책무 등을 부과하고, 죄를 지은 자에게 벌도 내리는 공동체로써 사회질서를 안정시키는 것을 목표로 했다. '두레'가 남녀노소와 계층을 가리지 않고 함께 춤추고 노래하기도 하는 공동체이기 때문에 사회질서를 어지럽히는 문제점이 제기되어 그 대안으로 만든 것이 '향약'이었다. '향약'은 송나라 주희朱熹가 만든 송나라 향약을 모델로 삼아 시행했지만,[4] 한국의 향약은 계契라는 재원財源을 만들어 경제적 상부상조를 추구한 것이 중국과 달랐다.

공동체의 두 번째 형태는 가족공동체와 친족공동체이다. 가족공동체를 위한 윤리는 '삼강오륜三綱五倫'[5] 속에 들어 있는데, 부모에 대한 효孝와 부부 사이의 구별을 매우 강조했다. 효는 부모를 봉양하고 부모가 죽은 뒤에는 제사를 잘 지내고, 부모의 뜻을 존중하며 따르는 것이나, 부모가 잘못을 하는 경우에는 비판하면서 만류하는 것도 효로 보았다. 부부 사이의 구별은 남편이 바깥일 곧 사회생활을 하고 아내는 집안일을 하는 것을 말한다. 여자의 사회활동을 막은 것은 여성에 대한 차별을 의미하지만 가정 안에서 여성의 지위는 다른나라에 비해 높았다.

모계제母系制 전통이 강한 한국에서는 딸이 부모의 재산을 아들과 똑같이 상속받는 제도가 내려오다가 17세기 이후로 아들 중심으로 바뀌어가기 시작했지만, 남녀평등 상속제도의 전통은 완전히 없어지지 않았다. 한편 조선시대 첩妾 제도가 생기면서 서자가 차별을 받기 시작했지만, 오히려 본처本妻의 지위는 전보다 높아졌으며, 벼슬아치가 본처를 소박하는 경우에는 엄중한 벌로 다스렸다. 흔히 조선시대 '칠거지악七去之惡'[6]으로 여성이 이혼당하는 경우가 있는 것

---

4) 향약鄕約에서는 크게 네 가지 강목을 실천했다. (1) 덕업상권德業相勸, (2) 예속상교禮俗相交, (3) 과실상규過失相規, (4) 환난상휼患難相恤이다. 덕업상권은 도덕적인 행동을 서로 권장하는 것, 예속상교는 서로 사귈 때 예의를 지키는 것, 과실상규는 죄를 지은 사람을 논의하여 벌을 주는 것, 환난상휼은 경제적으로 어려운 사람을 서로 도와주는 것이다.

5) 삼강三綱은 군위신강君爲臣綱, 부위자강父爲子綱, 부위부강夫爲婦綱을 말한다. 임금은 신하의 벼리요, 부모는 자식의 벼리요, 남편은 아내의 벼리라는 뜻이다. 여기서 '벼리'는 그물을 잡아당기는 굵은 줄을 말한다. 오륜五倫은 군신유의君臣有義, 부자유친父子有親, 부부유별夫婦有別, 장유유서長幼有序, 붕우유신朋友有信을 말한다. 즉 임금과 신하 사이에는 의義가 있어야 하고, 부모와 자식 사이에는 친함이 있어야 하고, 부부 간에는 구별이 있어야 하고, 나이가 많고 적은 사람 사이에는 순서가 있어야 하고, 친구 사이에는 믿음이 있어야 한다는 것이다.

6) 칠거지악七去之惡은 아내를 내쫓을 수 있는 일곱 가지 조건을 말하는데, (1) 시부모에 공손하지 못함, (2) 아들을 낳지 못함, (3) 나쁜 유전병, (4) 다른 남자와 부정한 행동, (5) 질투, (6) 말이 많은 것, (7) 도둑질이다.

처럼 오해하지만, 그런 일은 거의 없었다. '삼불거'[7]가 있어서 '칠거지악'은 무의미했다.

한국의 친족제도는 남자 쪽 친족만이 아니라 여성 쪽 친족도 똑같이 존중한 것이 특징이다. 과거제도에서 응시자의 신분을 따질 때에도 외할아버지 이름을 반드시 쓰도록 하여 남자 쪽 친족이 낮더라도 외가 쪽 신분이 높으면 이를 존중했다. 조선 전기의 《족보》는 딸과 사위 이름까지도 기록하여 외가, 처가, 사위 집안까지 함께 존중하는 관습이 있었다. 이런 사례는 다른 나라에는 없다.

가족공동체와 친족공동체를 존중하는 전통이 때로는 다른 가문에 대한 배타성으로 나타나기도 했지만, 후손들에게 가문에 대한 자부심을 심어주어 정체성과 경쟁심을 잃지 않도록 분발시키는 순기능이 컸다. 일제강점기의 창씨개명創氏改名은 이러한 한국인의 가문에 대한 자부심을 잃게 만들어 일본인으로 동화시키려는 정책이었다.

한국인의 공동체정신은 지역이나, 가족 또는 친족공동체에만 머문 것은 아니다. 국가공동체에 대한 사랑도 남달랐다. 요즘 말로 하자면 애국심이지만, 옛날 표현으로는 나라에 대한 충성忠誠이다. 나라에 대한 충忠과 부모에 대한 효孝는 똑같은 비중으로 중요했다. 이런 충성심으로 국가가 위험에 처하면 일치단결하여 도와주는 전통이 있었다. 군사적 위험이 클 때에는 의병義兵으로 나가서 싸우고, 경제적으로 위험할 때에는 사재를 털어 국가에 헌금하기도 했다. 대한제국 때 일본에 진 빚을 갚기 위해 국채보상國債補償 운동을 벌이고, 1997년에 외환위기가 오자 전 국민이 금 모으기 운동을 전개하여 세계를 놀라게 한 일도 있다.

8·15 광복 후 서양의 개인주의가 들어오면서 한국인의 공동체정신이 많이 흔들리고 개인의 자유와 권리를 찾으려는 풍조가 커졌다. 이는 개인의 발전을 위해 좋은 점도 있지만, 지나친 개인주의는 공동체 정신을 해칠 수도 있다. 개인의 자유와 권리보다는 개인의 인격완성을 통한 공동체의 안정을 추구한 전통시대의 가치를 개인주의와 접목시킬 필요가 있을 것이다. 인격완성을 소홀히 하는 개인주의는 사회갈등을 증폭시킬 위험이 있다.

10) 교육열

한국의 전통문화 가운데 세계적으로 인정받고 있는 것 가운데 하나는 높은 교육열과 수준높은 기록 문화이다. 공자孔子는 《논어論語》의 첫머리에서 "배움을 때에 맞추어 실천하면 기쁘지 아니한가"라고 말했다. 공부가 인생의 최고 즐거움이라는 것을 깨우쳐 준 것이다. 이러한 공자의 가르침을 한국인은 모범적으로 실천했다.

한국인의 높은 교육열은 유교의 가르침도 있지만, 역사적으로 대륙에서 교육수준이 높은 지배층이 전란을 피해 파상적으로 망명해 온 데다가, 과거제도로 "배워야 출세한다"는 통념이 형성되고, 생산노동은 노비가 맡아주는 등 여러 요인이 결합된 결과이다. 한국의 정치를 이끌어온 주체는 교육수준이 높은 학자 – 지식인층이었으며, 이 점은 과거제도 자체가 없고, 무사층

---

7) 삼불거三不去는 여자를 내쫓을 수 없는 세 가지 조건을 말한다. (1) 시집와서 부모의 3년 상을 지낸 경우, (2) 시집온 뒤로 시댁이 부귀가 높아진 경우, (3) 쫓아내면 의지할 곳이 없는 경우가 그것이다. 요즘의 여성보호법보다도 더 여성을 보호하고 있다.

武士層이 대대로 정치를 주도해온 일본의 정치 전통과는 매우 다르다.

한국의 교육열이 얼마나 높은가를 상징적으로 보여주는 문화재가 바로 금속활자이다. 세계 최초의 금속활자로 펴낸 책은 고려시대의 제도사를 정리한 《상정고금례詳定古今禮》(1234~1241)라는 책인데 이 책은 지금 남아 있지 않지만 독일의 구텐베르크가 1454년에 마인츠에서 금속활자로 찍은 《42행성서》보다 약 220년이 앞선다. 지금 남아 있는 가장 오래된 금속활자본은 1377년(우왕 3)에 청주의 흥덕사에서 간행한 《직지심체요절直指心體要節》이라는 불교서적인데, 이것도 서양보다는 77년이 앞선다. 불행히도 이 책은 국내에 남아 있지 않고, 지금 프랑스국립도서관에 보관되어 있는데, 세계 최초의 금속활자본으로 인정받고 있다.

금속활자는 목판인쇄에 비해 시간과 비용이 크게 절감되어 여러 종류의 책을 신속하게 간행하는데 크게 기여했으며, 조선 초기에는 활자와 인쇄술이 계속 개량되었고, 국립출판소인 교서관校書館에서는 150여 명의 인쇄 기술자들이 책을 발간하여 "출판되지 않은 책이 없고, 독서하지 않는 사람이 없다"는 말이 나올 정도로 출판활동이 왕성했다.

책과 관련된 종이 생산도 발달하여 아시아에서 가장 우수한 종이생산국이 되었고, 중국과 교류하는 물품 가운데 종이가 인삼, 강화 화문석花紋席꽃무늬 돗자리과 더불어 3대 품목이 되었다. 조선 종이는 중국 황실과 화가들의 애용품으로 인기를 끌었는데, 가죽처럼 질겨서 등피지等皮紙라고도 하고, 거울처럼 반질반질하여 경면지鏡面紙라고도 불렸다. 한국 종이는 수명이 길어 천년지千年紙라고도 불렸는데, 실제로 약 2천 년간 보존이 가능하다.

교육기관인 학교는 국립과 사립 모두 발달했다. 고려시대에는 국립대학인 국자감國子監이 개성에 있고, 지방에는 주요 군현에 향학鄕學이 있었으며, 벼슬을 그만둔 고관들이 세운 사립학교가 고려 중기에는 12개나 있어서 개성의 거리마다 글 읽는 소리가 들렸다. 인종 때 송나라 사신으로 온 서긍徐兢의 《고려도경高麗圖經》을 보면 골목마다 학교가 있고, 궁중에는 수만 권의 책을 보관한 도서관이 있는 것에 놀라움을 표하고 있다. 당시 송나라에 없는 책도 고려에는 있어서 수천 권을 필사해 가기도 했다.

조선시대에는 국립대학으로 성균관이 있고, 한양에는 네 곳의 부部에 부학部學이 있으며, 지방의 350여 개 군현마다 향교鄕校가 있었다. 사립학교로는 지방 유지가 세운 서원書院이 수백 개에 이르고, 마을마다 초등교육기관인 서당書堂이 수만 개를 헤아렸다. 여성에겐 학교 입학이 허용되지 않았지만 양반여성은 가정교육을 통해 교양을 쌓아, 대학자 율곡을 가르친 어머니 사임당 신씨師任堂申氏(1504~1551), 허균許筠의 누이이자 시인이었던 허난설헌許蘭雪軒(1563~1589), 임성주任聖周의 여동생으로 《문집文集》을 낸 윤지당 임씨允摯堂任氏(1721~1793) 같은 걸출한 여성지식인이 속출했다.

19세기 후반 개화기에는 "아는 것이 힘이다"라는 구호를 내걸고 수많은 신식학교를 세워 근대교육과 여성교육을 시작했는데, 여기서 배출된 인재들이 근대 한국을 이끈 지도층이 되었다.

한국인의 치열한 교육열에 외국인들도 감동하여 정한론征韓論을 주장한 일본 근대화의 아버지 후쿠자와 유키치福澤諭吉 조차도 집집마다 글을 읽고 있는 조선을 배우자고 말했으며, 1866년 병인양요 때 강화도를 점령한 프랑스 군인도 농촌 가옥마다 책이 있고, 독서열이 높은 조선인에 감동을 받은 보고서를 본국에 보내면서 자존심이 상한다고 했다. 최근 미국 오바마 대통령은 기회가 있을 때마다 한국의 교육을 배우자고 말하고 있는데, 이는 우연한 일이 아니다.

광복 후 대한민국의 발전을 일컬어 '한강의 기적'이라고 부르는데, 그 힘은 바로 치열한 교육열에 있다고 할 수 있다. 한국은 자연자원은 빈약하지만 인적자원만은 풍부한 나라이다.

11) 기록문화

지금 유네스코에서는 해마다 세계기록문화유산을 선정하고 있는데, 2017년 현재 한국은 13종, 중국이 10종, 일본은 5종을 올려놓고 있다. 독일이 21종으로 가장 많지만, 그 내용을 보면 지방 수도원의 일기라든가, 베토벤이 쓴 악보 등 개인 또는 지역의 기록이 대부분이다. 이에 반해 한국의 기록문화유산은 거의 대부분이 국가 차원에서 만든 것으로 분량도 매우 많다. 13종을 소개하면 다음과 같다.

1) 고려대장경高麗大藏經   6) 훈민정음해례訓民正音解例   11) 새마을운동자료
2) 직지심체요절直指心體要節   7) 허준의 동의보감東醫寶鑑   12) 한국의 유교책판
3) 조선왕조실록朝鮮王朝實錄   8) 조선왕조의궤朝鮮王朝儀軌   13) KBS특별생방송 '이산가
4) 승정원일기承政院日記   9) 이순신의 난중일기亂中日記   족을 찾습니다' 기록물
5) 일성록日省錄   10) 5·18 민주화운동 기록물

《고려대장경》은 가장 우수한 동양불교문화 백과사전에 해당하는 문화재이고,《직지심체요절》은 세계에서 가장 오래된 금속활자본 불교이론서이며, 이 둘은 고려시대에 제작된 기록물이다.

그 다음 8종은 조선시대의 기록문화로《조선왕조실록朝鮮王朝實錄》은 조선왕조 500년간의 통치기록으로써 중국의《명청실록明清實錄》을 능가하는 자료적 가치를 지니고 있다.

《실록》은 임금이 세상을 떠난 뒤 다음 왕대에 수백 명의 편찬위원이 공동작업으로 편찬하는데, 국무회의 속기록인《사초史草》[8], 각 관청의 업무일지를 모은《시정기時政記》[9],《승정원일기》, 승정원에서 발행한 관보官報인《조보朝報》[10] 등에서 자료를 뽑아 날짜 순으로 기록하는데, 4건을 활자로 발간하여 서울에 1건, 지방에 3건을 분산 보관했다.[11] 하지만 지금 남아 있

---

8) 《사초史草》는 예문관藝文館에서 파견된 한림翰林(7~9품에 해당하는 奉敎, 待敎, 檢閱을 말한다. 이들을 사관史官으로도 부른다) 이 2명씩 임금의 좌우에 앉아 임금과 신하의 말과 행동을 각각 기록하는데, 이 속기록을《사초》라고 한다. 사초는 임금도 볼 수 없도록 사관이 자기 집에 보관했다가《실록》을 편찬할 때 국가에 바쳤다.

9) 시정기時政記는 춘추관에서 매년 작성하는데, 각 관청의 업무일지인《등록謄錄》을 모아 날짜별로 통합한 자료이다. 그러니까 〈사초〉가 국무회의 기록이라면 〈시정기〉는 행정일지에 해당한다.

10) 조보朝報는 국가의 중요 인사이동과 주요정책을 서울과 지방의 관료들에게 알려주기 위해 만든 관보이다.

11) 임진왜란 이전에는 서울의 춘추관에 1건을 보관하고, 지방에는 충청도 충주忠州, 전라도 전주全州, 경상도 성주星州에 각각 1건씩 보관했는데, 임진왜란 때 전주실록만 남고 나머지는 모두 불타버렸다. 왜란 후 전주실록을 가지고 다시 4건을 만들어 서울 춘추관, 영주 태백산築太白山, 무주 적상산茂朱赤裳山, 평창 오대산平昌五臺山 등 깊은 산속에 보관하고, 전주실록은 강화도 정족산鼎足山에 보관했다. 그런데 춘추관 실록은 인조 대 이괄의 난 때 불타 없어지고, 나머지 실록 중에서 오대산실록은 일제강점기에 동경제국대학으로 가져가고, 적상산실록

는 《실록》은 한국에 2건[정족산실록(전주실록)과 태백산실록], 북한에 1건[적상산실록] 뿐이다. 춘추관실록은 인조 때 이괄의 난으로 왕궁이 불타면서 소실되었고, 오대산실록은 일제강점기에 동경제국대학으로 유출되었는데, 1923년 관동대지진 때 대부분 불타버렸으며, 타다 남은 몇십 부 실록은 몇 년 전에 서울대학으로 돌아왔다.

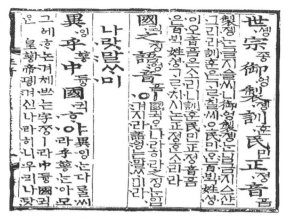

훈민정음 언해본

　《승정원일기》는 국왕비서실인 승정원의 일기인데 조선 전기의 《승정원일기》는 왜란 때 없어지고 지금 남아 있는 것은 조선 후기 기록뿐이지만, 분량은 《실록》보다도 더 방대하다. 《일성록》은 18세기 중엽 정조正祖가 세손 시절부터 기록하기 시작한 일기로 왕조가 끝날 때까지 이어진 임금의 일기다. 매일매일 정치를 반성한다는 뜻에서 《일성록》이라는 이름을 붙였다. 전 세계에서 임금이 방대한 일기를 200년 이상 기록하여 남긴 나라는 한국뿐인데, 그 내용은 임금이 읽은 책의 페이지, 외출할 때 입은 옷과 모자, 가마, 그리고 동선動線까지 기록하는 등 분량도 《실록》보다 많다.

　《실록》, 《승정원일기》, 《일성록》이 정치에 관한 자료라면 《훈민정음해례》와 《동의보감》은 문화에 관한 자료다. 전자는 훈민정음訓民正音을 제작한 원리를 당시에 설명한 책으로 전 세계에서 문자에 대한 해설서는 이 책이 유일하다. 허준許浚(1546~1615)이 지은 《동의보감》은 뛰어난 의학서로 중국에도 크게 영향을 미친 책이다. 《조선왕조의궤》는 조선시대 왕실의 혼례, 장례, 제사, 행차, 잔치, 책봉 등 국가의식에 관한 실행 보고서로 행사의 주요장면과 주요도구를 원색으로 그려넣어 현장감을 생생하게 보여줄 뿐 아니라, 행사의 절차, 비용, 참가자의 이름 등을 상세하게 기록하고, 책의 장정 또한 아름다우며 크기도 보통 책의 두 배가 넘는 등 예술적 가치까지 지니고 있어 기록문화의 꽃으로 불린다. 전 세계에 《의궤儀軌》를 남긴 나라는 한국뿐이며, 책의 분량도 수천 권에 이른다.

　이순신 장군이 임진왜란 중 전쟁상황을 빠짐없이 기록한 《난중일기》는 16세기 말 동아시아 국제 전쟁인 임진왜란 연구에 도움을 줄 뿐 아니라 문무를 겸비한 이순신 장군의 면모도 잘 보여준다. 《5·18 민주화운동 기록물》과 《새마을운동자료》는 대한민국의 현대사 자료이지만, 민주화운동과 새마을운동이 전 세계적으로 큰 영향을 주었다는 점에서 자료적 가치가 높다.

　한국의 기록문화가 세계적으로 높은 수준에 있었던 것은 바로 한국인의 교육수준과 정치수준이 높았기 때문이다. 국가기록을 '정치의 거울'로 보고 정직하고 상세한 기록을 남겨 정치를 반성했으며, 개인이 남긴 수많은 《문집文集》도 개인의 일생을 반성하는 뜻에서 편찬한 것

은 창경원 장서각으로 옮겼으며, 태백산실록과 정족산실록[전주실록]은 경성제국대학 도서관에 넘겨주었다. 6·25 전쟁 때 적상산실록은 북한에서 가져가고, 경성제국대학에서 관리하던 2건의 실록은 서울대학에서 넘겨받아 관리하다가 태백산실록은 국가기록원에 넘겨주고, 지금은 정족산실록[전주실록]만 보관하고 있다. 동경제국대학이 보관하고 있던 오대산실록은 관동대지진 때 불타다 남은 것만 몇 년 전에 서울대학교로 다시 돌아왔다.

이다. 행동이 바르지 못한 사람은 기록을 남기지 않고, 정직한 기록을 남기는 사람은 과오를 크게 범하지 않는 것이 상식이다.

오늘날 대한민국의 기록문화는 옛날에 비해 크게 후퇴하여 안타까움을 주고 있으며, 그것이 바로 정치의 후진성을 말해주고 있다. 민주정치는 투표와 정쟁만으로 이루어지는 것이 아니라 정치의 도덕성을 높이는 것이 급선무이며, 도덕성의 중심에 기록문화가 있다는 것을 명심할 필요가 있다.

12) 귀화인 집단과 문화적 단일성

한국은 현재 소수민족이 없는 국가로 역사적으로 단일민족문화를 이루며 살아왔다. 현재 54개 소수민족을 거느린 중국과도 다르고, 민족구성이 복잡한 동남아 국가들과도 다르며, 아이누족과 말레이족, 그리고 한반도인이 합쳐진 일본과도 다르다.

그렇지만 한국인은 결코 혈통적으로 순수한 단일민족은 아니요, 정신적, 문화적 일체감이 비교적 강한 단일민족이다. 물론 일제강점기에는 일본 제국주의에 대한 저항 수단으로 혈통적 단일민족을 강조하는 대종교大倧敎 신도들이 이른바 '배달민족주의'를 들고 나와 '배달족' 즉 '아사달족' 전체를 하나의 단일민족으로 간주하고, 한국사를 새롭게 쓰기도 했다. 그리하여 중국 동북지방과 한반도의 아사달족 전체 지역을 고조선으로 해석하고, 요遼, 금金, 원元, 청淸까지도 배달족의 역사로 해석하기도 했다.

그러나 이런 단일혈통 민족주의는 역사의 진실에도 맞지 않고, 이웃 나라와의 우호친선에도 도움이 되지 않는다. 아사달족은 동일한 문명권으로 출발한 것은 사실이지만, 역사의 흐름 속에서 언어도 달라지고, 국가도 달라지면서 한국사와 다른 길을 걸어갔고, 수차례 전쟁을 치르기도 했다.

다만 한국인의 주류는 단군을 조상으로 받들고, 하늘과 태양을 숭상하는 아사달 농경민이지만, 중국대륙에서는 북방족과 중화족 사이의 왕조교체가 빈번하게 이루어지고 전란이 끊이지 않고 일어났는데 그때마다 집단적인 이주자가 들어와서 한국인으로 동화되었다. 귀화인의 주류는 옛 아사달족이지만, 북방유목민이나 중앙아시아족, 심지어 인도나 베트남, 일본 등지에서도 귀화인이 들어 왔다.

지금 한국인의 성씨 가운데 귀화인 성씨가 절반 정도를 차지하고 있는데 이들이 정치사에서 차지하는 비중은 매우 크다. 예를 들면 최초의 대규모 이주집단인 은殷나라 귀족출신의 기자족箕子族은 기자조선을 세우고, 마한을 이끌어갔으며, 뒤에는 한씨韓氏, 기씨奇氏, 선우씨鮮于氏로 나뉘어 신라, 백제, 고구려 땅으로 흩어져 살았다. 그 뒤 연燕 나라의 위만衛滿 집단이 들어와 위만조선을 세우고, 신라 땅으로 들어가 진한辰韓을 세운 것으로 보인다. 기자족과 위만족은 산동지역과 요서지역에 살던 아사달 농경족이었다.

부여, 고구려, 백제, 신라, 가야를 세운 왕족은 말을 잘 타는 북방의 반농半農 – 반유목半遊牧의 기마족騎馬族이었다. 이들은 뛰어난 기동력을 이용하여 농경민을 삽시간에 정복하고 새로운 고대국가를 세운 것이다. 이들은 아사달족 가운데서도 초원지가 많은 북방에 살던 족속으로 보인다. 신라가 골품제도骨品制度로 주민을 편제한 것은 정복자의 지배체제를 오래 유지하기 위한 신분제도이다. 이들 기마족의 일부는 일본열도로 건너가 일본 최초의 국가인 야마토국大和國을 세우기도 했다.

삼국이 세계적인 대국을 건설한 당唐 나라와 교류하면서 귀화인의 범위는 실크로드로 확산되었으며, 당이 망하고 5대 10국의 혼란기가 오자 대륙인의 이주가 대규모로 진행되어 고려로 들어왔고 여기에 발해유민까지 유입되면서 새로운 지도층이 부상했다. 그 가운데 하나가 광종光宗 때 과거제도를 건의한 후주後周 사람 쌍기雙冀다. 우리나라 성씨 가운데 이 무렵 귀화한 성씨가 적지 않다.

거란과의 오랜 전쟁을 거치고 몽골의 간섭을 받으면서 망명객이 또 폭주했다. 천민으로 알려진 재인才人, 백정白丁, 양수척揚水尺, 기생妓生 등이 거란족으로 알려지고 있으며, 원나라 귀화인 중에는 역관譯官, 의관醫官, 천문관天文官 등 기술자들이 많았다. 이들은 조선왕조 개국공신 대열에 참여하기도 하고, 세종의 지우知遇를 입어 과학기술발전에 큰 기여를 했다. 개국공신 이민도李敏道는 의학에 밝았으며, 천문기계와 물시계를 만든 장영실蔣英實은 고려 말 귀화한 중국인의 아들이다. 집현전 학자로 이름을 떨친 설순偰循도 위구르에서 귀화한 설손의 손자로 설장수의 아들이다.

조선 초기에는 여진족에 대한 귀화정책을 적극 추진하여 들어온 이주민은 평안도와 함경도 주민으로 편제되었다. 임진왜란과 호란 중 전쟁에 참여했던 장수와 군졸이 귀화하기도 했다. 일본인 장수, 명나라 장수들 가운데에도 귀화인이 나타나고, 호란 후에 소현세자를 호종扈從하고 온 청나라 관인 여러 명이 귀화했다.

귀화인 집단 가운데 고려 말 이후에 들어온 집단은 대부분 희성稀姓의 성씨를 가지고 있으며, 조선 후기에는 역관譯官, 의관醫官, 천문관天文官, 주학籌學[算員] 등 기술직에 대대로 종사하여 중인中人 계층으로 살았는데 이들 가운데 개화기에 개화파로 활동한 인물도 적지 않다.

역사적으로 귀화인의 지속적인 증가는 한국문화를 개방적으로 이끌면서 진화시키는 데 크게 기여했다. 그렇지만, 이들은 크게 보면 아사달문화권에 살던 주민이었기에 언어와 문화가 다른 소수민족으로 남지 않고 단일한 언어와 역사계승의식을 공유하면서 문화적 단일민족으로 동화되어 살아온 것이 한국사의 특성이다.

3. 한국인의 생존능력 - 법고창신의 생존전략

그러면, 한국인이 5천 년간 국가를 운영하면서 중국문화의 영향을 크게 받고, 북방족의 군사적 침략을 수없이 당하면서도 중국문화에 동화되지 않고 정치적 독립과 문화적 정체성을 잃지 않고 생존해온 비결은 무엇인가? 국토의 크기와 인구의 규모를 가지고 본다면 이는 기적에 가까운 일이다.

개인이든 국가든 경쟁력을 높이는 최고의 생존전략은 '지피지기知彼知己', '법고창신法古創新', '온고지신溫故知新'의 지혜이다. 손자孫子의 병법兵法에 "상대를 알고, 나를 알면 백번 싸워도

지지 않는다"는 말이 바로 '지피지기 백전불태知彼知己百戰不殆'다. 여기서 "상대를 알고 나를 안다"는 것은 상대의 장점을 받아들여 자기의 장점을 합친다는 뜻이다. 이는 주체성과 개방성의 조화를 말한다. '법고창신'이나 '온고지신'도 같은 뜻이다. "옛 것을 본받고 새로운 것을 창조한다"는 것으로 자기의 좋은 전통을 사랑하면서 남의 장점을 받아들여 새로운 것을 창조할 때 경쟁력이 높아진다는 뜻이다. 우리 조상은 바로 이런 지혜를 가지고 생존능력을 키워왔다.

한국인이 전통을 계승하려고 얼마나 노력했는지 보여주는 것이 역대 왕조의 국호國號이다. 고려高麗는 고구려의 영광을 계승한다는 뜻이 담겨 있다. 고구려는 천손天孫하느님의 아들 해모수의 후손이 세운 나라일 뿐 아니라 중국과 자웅을 겨루는 강국이었기 때문이다. 고려는 이러한 전통을 계승하는 한편 세계 최선진국인 송나라 문화를 받아들여 문화수준을 한 단계 높여 송과 자웅을 겨루는 문화대국이 되었다. 조선朝鮮은 옛 조선을 계승한다는 뜻에서 국호를 정했는데, 특히 천손天孫단군이 세운 단군조선과 조선을 문명국가로 발전시킨 기자조선의 전통을 계승한다는 정신이 담겨 있었다. 기자조선은 이상적인 토지제도인 정전제井田制[12]를 실시하고, 시서예악詩書禮樂을 가르쳤으며, 팔조교八條敎[13]를 베풀어 도덕국가를 만들었다고 보았다.

'조선'이라는 국호는 '고려'보다는 더 진화된 뜻을 담고 있다. 고구려는 3국 가운데 하나이므로 지역의식을 벗어나지 못하고 있는데, 고조선은 3국의 공통 뿌리가 될 뿐 아니라, 중국의 요堯 임금과 같은 시대에 세운 나라이기 때문이다. 조선왕조는 이렇게 고조선의 영광을 계승한다는 법고적 역사의식을 담고 탄생했지만, 세계 최강국인 명나라와 그 뒤를 이은 청나라의 문화까지도 받아들여 중국과 어깨를 나란히 하는 문화국가로 발전했다. 이것이 바로 조선왕조의 '법고창신' 정책이다.

1897년에 세운 대한제국大韓帝國의 국호는 삼한三韓의 영토를 모두 아우르는 대국을 재건한다는 웅대한 꿈이 담겨 있었다. 여기서 삼한은 마한, 진한, 변한을 의미하는 것이 아니라 삼국고구려, 백제, 신라을 뜻한다. 옛 사람들은 '삼국통일'을 '삼한일통三韓一統'이라고 했다. '대한'이라는 국호는 1919년에 세운 대한민국 임시정부의 국호를 거쳐 지금 대한민국의 국호로 이어지고 있다.

대한제국은 국호에 법고적 역사계승 의식을 담았지만, 현실적으로는 전통문화와 서양 근대문화를 조화시키는 '동도서기東道西器'[14]와 '구본신참舊本新參'의 정책을 통해 주체적 근대화 정책을 추진하여 최초의 근대국가를 탄생시켰다. 한국의 전통적 정치체제나 윤리는 굳이 서양에서 배울 필요가 없고, 우리가 서양에 뒤진 것은 과학기술이므로 이를 받아들이면 얼마든지 한

---

12) 네모난 땅을 정자井字 형태로 나누면 똑같은 크기의 땅이 아홉 개가 나오는데, 그 가운데 8개 구역은 여덟 집에 나누어 주고, 가운데 1개 구역은 공동 경작하여 국가에 세금을 바치도록 한 것이 정전제이다. 기자가 평양 교외에 이런 정전을 만들었다고 전해진다.

13) 기자가 만들었다고 전해지는 '팔조교'는 8조의 법률을 말하는 것으로 그 가운데 세 가지만이 지금 알려져 있다. (1) 살인자는 사형에 처하고, (2) 남에게 상해를 입힌 자는 곡식으로 보상하고, (3) 남의 물건을 훔친 자는 노비로 삼거나 50만 전을 내게 한다. 나머지 5개 조의 내용은 알 수 없으나, 아마도 질투, 간음, 사치, 다언多言 등을 조심하도록 한 것으로 보인다.

14) '동도서기'는 한국의 전통문화를 계승하면서 서양의 과학기술을 접목시킨다는 뜻이며, '구본신참'은 전통문화를 근본으로 삼고, 여기에 서양문화를 참고하여 주체적 근대화를 하겠다는 뜻이다.

국식 근대화가 가능하다고 본 것이다. 실제로 합리적인 관료제도나 과거제도, 민본정치의 전통, 그리고 도덕적 가치 등은 한국이 서양보다도 먼저 발전시켜왔다.

'법고창신'의 정신을 가지고 '주체'와 '개방'을 조화시키면서 한국인이 추구해온 생존전략을 좀더 구체적으로 알아보면 다음과 같다.

고려 태조 왕건王建은 후손이 지켜야 할 국가운영의 10가지 기본철학인 '훈요십조訓要十條'를 지어 남겼는데, 그 가운데 다음과 같은 구절이 있다.

> 우리나라는 예부터 당풍唐風[중국문화]을 흠모하여 문물예악文物禮樂이 모두 중국의 제도를 따랐다. 그러나 중국과 우리나라는 방위가 다르고, 땅이 다르며, 인성人性[국민성] 또한 다르다. 그래서 반드시 중국과 똑같을 필요가 없다.[15]

중국과 우리나라는 국토와 자연환경이 다르고 국민성도 다르다는 것을 강조하면서 중국문화를 받아들이되 반드시 똑같게 할 필요는 없다는 것이다.

그런데 '훈요십조'와 비슷한 말을 성종 때 유학자인 최승로崔承老가 임금에게 진언하고 있어 눈길을 끈다. 그가 성종에게 올린 '시무28조'에 다음과 같은 구절이 보인다.

> 중국의 제도는 따르지 않을 수 없습니다. 그러나 사방의 습속習俗은 각기 자기의 토성土性[토착성]을 따라야 하는 만큼 모든 것을 다 중국식으로 바꿀 필요는 없습니다. 예악禮樂과 시서詩書의 가르침이나, 군신부자君臣父子의 도리는 마땅히 중국을 배워서 비루鄙陋한 것을 고쳐야 합니다. 그러나 그밖에 거마車馬나 의복제도 같은 것은 우리의 토풍土風을 따라서 사치스럽지도 않고 검소하지도 않게 하여 중용을 얻도록 해야 합니다. 꼭 중국과 똑같게 할 필요는 없습니다.[16]

최승로의 가르침도 '훈요십조'와 거의 같다. 우리보다 앞선 중국의 인문교양이라든지 군신君臣과 부자父子 사이의 윤리는 받아들여 우리의 후진성을 극복할 필요가 있지만, 의복이나 탈거리 등의 풍속은 우리의 토성土性과 토풍土風을 따라야 한다. 그래서 중국처럼 지나치게 사치스럽게 하지 말고 그렇다고 너무 초라하지도 않게 하여 중용을 얻는 것이 중요하다는 것을 일깨워주고 있다.

여기서 우리는 중국문화와 한국문화를 비교할 때 중국은 모든 것이 크고 화려하게 보이는데 왜 한국은 작고 소박한 모습을 보여주는지를 알 수 있다. 국력이 약해서 그렇게 되었다기보다는 우리 정서에 맞는 소박한 문화를 추구한 것이 근본 이유라는 것을 깨닫게 한다. 고려인들이 얼마나 개방적이면서도 주체성을 잃지 않고 살았는지를 알 수 있다.

고려문화의 수준이 얼마나 높았는지는 송나라가 고려를 대하는 태도에서 알 수 있다. 송

---

15) 원문은 다음과 같다. 惟我東方 舊慕唐風 文物禮樂 悉遵其制 殊方異土 人性各異 不必苟同

16) 원문은 다음과 같다. 華夏之制 不可不遵 然四方習俗 各隨土性 似難盡變 其禮樂詩書之敎 君臣父子之道 宜法中華 以革卑陋 其餘車馬衣服制度 可因土風 使奢儉得中 不必苟同

나라는 다른 나라에서 온 사신은 조공사朝貢使로 불렀는데 고려에서 온 사신은 국신사國信使로 불러 대등한 위치에 있음을 보여주었다. 송나라에 없는 많은 책을 고려에 와서 필사해 간 적도 있었다. 송나라의 유명한 문인 소식蘇軾東坡은 한때 항주杭州의 지사知事를 지냈는데, 고려의 승려들이 대거 몰려와 항주에 사찰을 짓고 포교하고, 고려 사신들이 송나라의 책들을 구입해가는 것을 보고 두려운 생각이 들어 황제에게 고려와의 사신 왕래를 끊을 것을 건의했다. 고려인들이 중국에서 적극적인 문화활동을 하는 것에 소동파 같은 대문호도 겁을 먹었던 것이다.

조선왕조의 성군聖君으로 알려진 세종의 정치도 전통과 개방을 절묘하게 조화시켜 문화의 중흥을 가져왔다. 우선 훈민정음訓民正音을 만든 동기 자체가 자연환경의 차이를 인식하는 데서 출발했다. 풍토가 다르면 소리[말]가 다르고, 소리가 다르면 문자가 달라야 한다는 것이다. 세종 때 편찬한《동국정운東國正韻》의 서문에도 비슷한 언급이 보인다. 신숙주申叔舟가 쓴 이 서문을 보면, 서양사람의 말은 잇소리가 많고, 북방사람의 소리는 목구멍소리가 많으며, 남방사람의 말은 입술소리가 많다고 하면서 우리나라 사람은 우리의 풍토에 맞는 말을 하기 때문에 한자음漢字音을 우리 말에 맞게 바로잡아야 한다는 것이다.

세종 때 편찬한 농서農書나 의약서醫藥書도 마찬가지로 우리 풍토에 맞는 농법과 의약품을 발전시킨 것이고, 역법曆法도 우리나라에서 관측한 시간과 날짜를 바탕으로 만들어야 한다는 취지에서《칠정산내외편七政算內外編》을 만든 것이다. 원나라 때 발전한 선진적 과학과 기술을 전통과 접목시켰기 때문에 세계적 수준의 문화를 꽃피울 수 있었다. 훈민정음도 한국인의 체질에 맞는 문자이면서 원나라 때 만들다가 실패한 세계문자의 원리를 참고했기 때문에 동시에 국제어의 성격을 가질 수 있었다.

조선시대 성리학자性理學者들은 마치 중국 성리학을 앵무새처럼 외우고 흉내 낸 것으로 오해하는 사람이 있으나 그렇지 않다. 그들도 우리나라 현실에 맞지 않는 것은 고치고 바꾸어 한국적 성리학을 만들었음을 잊어서는 안 된다. 예를 들어 율곡 이이가《성학집요聖學輯要》를 편찬한 것은 송나라 학자 진덕수眞德秀가 만든《대학연의大學衍義》가 우리나라 현실에 맞지 않는 부분이 많고, 체제가 방대하고 산만한 것을 바로잡기 위한 것이었다.

조선 후기 실학자實學者나 북학자北學者도 중국의 발달한 문화를 받아들일 것을 역설했지만 그렇다고 우리의 전통문화를 버리자고 생각한 사람은 없으며, 중국 학자들이 해설해 놓은 유교 경전經典을 무조건적으로 믿지 않고, 공자孔子나 맹자孟子가 말한 원시유교를 독자적으로 새롭게 해석하려고 노력했다. 그래서 조선시대 학문은 성리학이든 실학이든 독창성이 높았다.

조선 후기 조선왕조를 중흥시킨 정조正祖도 전통과 중국문화를 접목시킨 지혜로운 임금이었다. 1796년에 준공한 신도시 화성華城의 성곽을 보면 아랫부분은 전통적인 양식을 따라 돌로 쌓고, 윗부분은 중국식을 따라 벽돌로 쌓았다. 화성건설에 투입된 거중기擧重機는 서양인이 만든 거중기를 모방한 것이지만, 이를 설계한 정약용丁若鏞은 도르래의 원리만 받아들이고, 거중기의 모습은 서양 것과 전혀 다르게 만들었다. 정조 때 중국에서 가져온《고금도서집성古今圖書集成》가운데 서양인 테렌츠J. Terrenz[鄧玉函]가 쓴《기기도설奇器圖說》속에 그려진 거중기를 참고하여 설계를 바꾼 것이다.

대한제국이 '동도서기'와 '구본신참'을 표방하여 주체적인 근대화를 추진할 때에도 동일한 정신이 깃들어 있었다. 고종이 전통을 지키려 했다고 해서 수구세력으로 보는 이가 있지만 이는 잘못된 생각이다. 우리가 원시적인 야만국으로 살아왔다면 전통을 버리는 것이 당연하지만, 우리는 그런 나라가 아니었기 때문이다. 고종은 전통을 지나치게 고수하려는 위정척사파衛正斥邪派의 태도와, 전통을 버리고 서양이나 일본 것만을 지나치게 배우려고 하는 급진개화파急進開化派의 생각이 모두 잘못된 것이라고 비판했는데, 고종의 그런 태도가 옳았다. 대한제국이 망한 것은 정부의 노선이 잘못되어서가 아니라, 제국주의 일본이 평화공존을 버리고 한국을 강점하려는 야만적인 행동에 책임이 더 크다는 것을 알아야 한다.

대한제국은 비록 망했지만 그때 추구한 근대화 정책과 민국民國 정신이 일제강점기에 '대한민국임시정부'를 탄생시켰으며, 그 토대 위에서 오늘의 대한민국이 발전하고 있음을 기억해야 한다.

4. 왕조교체의 의미 - 통합국가, 자유, 평등, 민주를 향한 발전과정

1) 통합국가 형성과정

한국사 5천 년 동안에 왕조가 여러 차례 바뀌었다. 왕조교체는 어떤 의미가 있는가? 왕조교체는 한국사의 발전에 큰 획을 긋는 변화를 가져왔다. 그 변화에는 두 가지 큰 뜻이 있는데 첫째는 국가통합과정이고, 둘째는 자유, 평등, 민주를 향한 발전과정이다. 종족과 문화가 다른 북방족과 화하족이 서로 정복하면서 왕조가 바뀐 중국사와 근본적으로 다른 점은 정복 왕조가 없다는 것이다.

먼저, 국가통합과정은 열국列國에서 단일국가로의 통합을 말한다. 한국 역사의 시작은 [괴]조선에서 출발하고 있지만, [괴]조선은 한국인이 세운 여러 나라 가운데 중심국가일 뿐이고, 같은 시대에 부여夫餘, 옥저沃沮, 예맥濊貊, 삼한三韓, 진국辰國 등 여러 나라가 만주와 한반도에 걸쳐 병립해 있었다. 엄밀하게 말하면 고조선시대는 열국시대로 볼 수 있다.

열국이 기원 전후하여 고구려高句麗, 백제百濟, 신라新羅, 가야伽倻 등의 4국 시대로 바뀌어 약 5백 년간 지속되었다. 그러다가 가야가 신라에 통합되면서 3국 시대가 성립되어 약 150년간 이어졌다. 7세기 중엽에 신라가 삼국을 통일하자 3국 시대는 2국 시대로 좁혀졌다. 고구려를 계승한 발해渤海가 만주와 한반도 북부에 세워져 대동강 이남의 신라와 양립하는 형세를 이루었기 때문이다. 이 시대를 남북국南北國 시대라고도 부른다.

10세기 초에 잠시 후삼국으로 분열되었으나, 곧 고려高麗가 통일하고, 거란에 패한 발해 유민까지 포섭하면서 처음으로 단일왕조국가가 등장했다. 이로써 한국사는 열국→4국→3국→2국→1국 시대로 통일되고, 그 뒤를 이어 14세기 말 조선왕조가 들어서 519년의 역사를 누렸다. 고려왕조 475년과 조선왕조 519년을 합하여 약 1천 년간 한국인은 하나의 왕조국가에서 하나의 국민으로 통합된 시대를 맞이한 것이다.

고려왕조와 조선왕조의 차이점은 무엇인가? 그 차이는 사회통합 정도에서 찾아 볼 수 있다. 고려왕조는 국가통합에는 성공했으나, 주민들은 고구려, 백제, 신라에 대한 향수를 떨치지 못하고 있었다. 고려가 고구려의 후계자임을 내세우자 신라유민의 반발이 일어났다. 고구려유민과 신라유민의 갈등은 정치적 주도권을 누가 잡느냐와 관련되어 심화되었고, 역사서술에서도 드러난다. 고려 초기에 편찬된《삼국사》가 고구려 계승 의식을 가지고 쓰인 반면, 고려 중기에 김부식金富軾 일파가 쓴《삼국사기三國史記》(1145)는 신라 계승 의식으로 쓰였으며, 무신집권시대에 편찬된 이규보李奎報의《동명왕편東明王篇》(1192)은 다시 고구려 계승 의식으로 돌아갔다.

고구려 후예와 신라 후예라는 두 갈래를 청산하게 된 것은 몽골간섭기에 일연一然이《삼국유사三國遺事》(1281)를 쓰고, 이승휴李承休가《제왕운기帝王韻紀》(1287)를 쓴 것이 계기가 되었다. 두 책에서는 삼국 이전에 [고]조선이 있어서 삼국이 모두 한 뿌리에서 나왔음을 상기시키자 삼국유민三國遺民 의식이 흐려지게 된 것이다. 그 뒤 새 왕조를 세운 주체세력은 국호도 조선朝鮮으로 정하고, 삼국을 대등하게 서술한 역사를 쓰게 되었는데, 그것이 바로 성종 때 편찬된《동국통감東國通鑑》이다. 이로써 조선왕조는 고려보다 한층 높은 수준의 사회통합을 이룩하였는데, 그렇다고 한국인 모두가 단군檀君의 자손이라고 하지는 않았다. 중국에서 온 기자箕子와 위만衛滿의 후손, 그리고 북방민족[거란, 여진 등]이 섞여 있기 때문이다.

한국인이 모두 단군의 후손이라는 단일민족의식單一民族意識은 일제강점기에 나타났다. 이런 생각은 한국인을 단결시켜 일제에 대항하기 위한 필요에서 만든 종교적 민족주의로 당시에는 실천적 의미가 큰 것이었지만 역사적 진실과는 다르다. 하늘과 태양을 숭상한 단군족이 한국인의 주류임에는 틀림없지만, 조상이 다른 수많은 아사달이주민과 위구르인, 베트남인, 아라비아인 등이 뒤섞여 오늘의 한국인을 형성한 것이 역사의 진실이기 때문이다. 한국인은 모두 피가 같은 민족이라는 생각은 사실에도 맞지 않을 뿐 아니라, 자칫 다른 민족에 대한 배타적인 감정을 키울 우려가 있음을 경계해야 한다.

2) 왕조교체 주체세력의 성격

역사에는 정치, 경제, 사회, 문화 등 삶의 모습이 크게 향상되는 전환기가 있다. 이런 전환기를 토대로 시대를 구분하여 큰 틀이 어떻게 바뀌었는가를 이해하는 것이 중요하다. 한국사에서 삶의 질이 향상되는 가장 큰 전환기는 왕조교체기이다.

한국사의 왕조교체는 보통 500년을 전후하여 나타났다. 삼국시대 약 650년, 통일신라 약 270년, 발해 약 230년, 고려 475년, 조선왕조 519년[대한제국 포함]이 그렇다. 특히 고려와 조선왕조는 세계적으로도 긴 왕조에 속한다. 중국사를 보면 300년을 넘긴 왕조가 거의 없고, 화하족과 북방족이 번갈아 왕조를 세우는 형태를 띠고 있으며, 일본의 경우도 정권이 바뀌는 주기가 300년 미만이다. 이에 비한다면 한국사의 왕조는 오래 지속된 것이 특징이다.

국가는 생명을 가진 유기체로 관리를 잘하면 장수하고 관리를 잘못 하면 빨리 망한다. 마치 사람이 건강을 잘 관리하면 오래 살고, 그렇지 않으면 요절하는 것과 같다. 한국사의 왕조가 장수한 비결은 왕조마다 백성의 삶의 질을 개선하는 변화가 컸기 때문이다. 삶의 질이란 정치적 민주화, 경제성장과 분배구조의 개선, 하층신분의 해방을 통한 사회평등화, 합리적 사고의 발전 등을 의미한다. 다시 말하면, 자유, 평등, 민주를 향한 진보와 발전이 왕조가 바뀔 때마다 단계적으로 이루어졌다는 것이다. 다만 자유, 평등, 민주라는 것이 개인주의를 바탕에 둔 서구식 형태와는 달리 공동체를 바탕으로 하고 있다는 점이 특징이다.

왕조교체가 삶의 질을 개선하는 변화를 가져온 이유는 왕조교체가 국민혁명의 성격을 띠고 있기 때문이다. 혁명의 주체세력은 수구세력도 아니고 서민층도 아닌 중간층에 속하는 문인文人과 무인武人들이지만, 서민층의 지지와 협력을 얻어 수구세력을 무너뜨리고 권력을 장악했기 때문에 서민층의 아픔을 덜어주는 개혁적 왕조질서를 수립하게 된다. 왕조교체를 맹자孟子가 말한 '역성혁명易姓革命'으로 정당화하는 이유가 여기에 있다. 민심民心과 천심天心을 얻은 새로운 지도자가 민심과 천심을 잃은 폭군을 평화적 또는 물리적으로 바꿀 수 있다는 이론이 바로 '역성혁명'이다. 여기서 중요한 것은 새로운 권력이 민심과 천심을 얻는 개혁을 단행할 때 비로소 권력의 안정이 장기적으로 지속된다는 점이다.

왕조교체의 과정을 좀더 구체적으로 살펴보면 왕조멸망의 1차적 원인은 수구세력의 탐욕이 극대화하는 데서 비롯된다. 수구세력의 권력과 재물에 대한 탐욕이 극대화되면 그 피해가 중간층과 서민층에게 돌아가고, 서민층의 저항이 반란형식으로 먼저 일어난다. 그러나 서민층의 저항은 구질서를 뒤흔들어 놓는 데는 성공하지만, 새로운 질서를 세울만한 경륜이 없어 권력을 잡는 데는 실패한다. 이에 반하여 중간층에 속하는 문인과 무인은 새 질서에 대한 경륜도 있고 물리적 힘도 있다. 중간층 가운데에도 혈통의 정통성이 약하고, 지역적으로 변방에 속하는 중간층이 개혁성이 강하다. 이런 집단을 '한계인 집단'(marginal group)으로 부른다.

역사적으로 왕조국가의 시조들은 대부분 한계인 집단에서 나왔다. 하늘에서 내려와 태백산에 신시神市를 세운 환웅桓雄도 장자가 아닌 서자庶子이며, 고구려 시조 주몽朱蒙, 신라 시조 박혁거세朴赫居世, 가야 시조 김수로金首露는 모두 알에서 태어나 아버지를 알 수 없으며, 백제 시조 온조溫祚는 맏아들이 아니다. 고려태조 왕건王建도 중국과 왕래하던 국제무역상의 아들로서 혈통에 중국 피가 섞여 있으며, 조선태조 이성계李成桂도 여진족과 혼인관계를 가진 함흥의 변방 출신이다. 왕건과 이성계를 임금으로 추대한 개국공신 세력들도 대부분 이와 비슷한 환경에서 자란 사람들이다. 이런 현상은 대한민국의 최고 정치지도자들도 비슷하다.[17] 이들은 서민층과의 연대의식이 강하여 개혁의 추진력을 얻게 되며, 서민층의 고통을 완화하는 개혁에 열성을 보이게 된다.

3) 왕조중심의 시대구분

인류역사는 진보의 역사이며, 한국사도 예외가 아니다. 그 진보의 가치는 자유, 평등, 민주를 향한 발걸음이며, 그 속에는 생명에 대한 가치가 내포되어 있음을 앞에서 말했다. 한국사에 있어서 왕조교체는 바로 이런 가치들이 단계적으로 진보를 가져왔다는 점에서 왕조를 기준으

---

17) 대한민국 초대 대통령 이승만은 몰락 왕족인 양녕대군의 후손이고, 민주당 대통령 후보였던 신익희는 서자, 박정희 대통령은 경상도 선산의 빈농 출신, 김영삼 대통령은 경상도 거제도 출신, 김대중 대통령도 전라도 신안군 하의도 출신이다.

로 한 시대구분이 가능하다고 본다.

시대구분은 이상하게도 유물사관의 도식圖式을 따르는 것이 마치 상식처럼 되어 있으나, 이제 그런 시대구분은 한국사에 맞지도 않고, 미래의 세계를 공산주의로 가자는 생각이 아니라면 위험한 생각이기도 하다. 혹자는 미래의 공산주의는 부정하더라도 근대까지는 노예제–봉건제–자본제 사회의 도식이 가능하다고 생각할지 모르나, 이것도 엄연한 한국사의 왜곡이다. 한국사에 맞는 새로운 시대구분을 하지 않으면, 한국사는 스스로의 정체성을 잃고 말 것이다.

한국사의 시대구분은 한국인이 역사적으로 추구해온 가치인 자유, 평등, 민주, 합리적 사고, 그 안에 내포된 생명사상을 기준으로 접근할 필요가 있을 것이다. 다만, 이 모든 것의 총체로 나타난 것이 정치형태이므로 이를 기준으로 시대를 나누면 다음과 같다.

1) 연맹국가시대: 삼국 이전시대
2) 귀족국가시대: 삼국시대
3) 중앙집권적 귀족국가시대: 통일신라와 발해
4) 반半귀족–반半관료국가시대: 고려시대
5) 관료국가시대: 조선시대
6) 근대국가의 태동: 대한제국시대
7) 일제강점기와 대한민국임시정부시대
8) 남북분단과 대한민국시대

여기서 연맹국가시대는 삼국 이전에 열국이 서로 경쟁을 벌이고 있던 시대로서 [고]조선, 부여夫餘, 삼한三韓, 초기 고구려, 진국辰國 등이 포함된다. 이 국가들은 모두 천손天孫을 자부하는 아사달족이 제각기 세운 나라로 관료제도나 중앙집권을 이루지 못하고, 여러 부족단위 소국들이 서로 느슨한 연맹聯盟을 이뤄 부족장연합체의 국가를 운영했다. 지배층은 권력자의 모습보다는 제사장祭司長의 모습으로 주민들을 종교적으로 지배했다. 주민들은 지배층을 하늘의 권위를 입은 무당巫堂으로 바라보고 그들의 명령을 따랐다. 말하자면 이 시대의 정치는 신정神政이었다.

귀족국가시대는 삼국[가야를 포함하면 4국시대]시대로서 정복자가 왕족이 되고, 왕족과 토착 부족장이 연합하여 국가의 보호를 받는 귀족으로 올라섰다. 여기서 고구려, 백제, 신라, 가야를 세운 정복자들은 세련된 철기문화와 뛰어난 기마술騎馬術을 가진 북방 아사달족[부여족]으로 기원전후 시기에 거의 동시에 남하하여 남방의 농경 아사달족을 정복하여 나라를 세웠다. 정복자들은 귀족이 되어 왕경王京에 모여 살면서 귀족특권을 세습적으로 보장하고, 대규모의 토지와 무장집단, 그리고 경작노비를 소유하고 있었다. 신라의 골품제骨品制는 바로 정복 왕족과 토착 부족장 세력을 차등을 두어 귀족으로 편제하고 세습적 특권을 보장하는 신분제도였는데, 고구려나 백제도 비슷한 성격의 신분제도가 있었다. 지방의 백성들은 자기 토지를 가진 평민층도 있었지만, 농업, 수공업, 어업 등의 주요 경제지역은 식읍食邑, 향鄕, 소所, 부곡部曲 등으로 편제되어 집단적으로 귀족국가에 예속되었으며, 그밖에 죄인이나 포로 등은 모두 노비奴婢로 편제되었다.

삼국시대 지배층의 권위는 천손의 권위와 아울러 부처의 권위를 동시에 지니고 주민을 지배했다. 말하자면 무당의 권위와 부처의 권위가 합쳐진 것이다. 다만 부처의 권위는 불교가 들어온 이후에 나타난 것으로 진리를 깨친 선각자의 권위를 가진 것이다.

그런데 불교는 윤회설輪回設로 주민의 신분구조를 정당화했다. 노비의 경우는 전생에 죄를 지어 노비로 태어났다는 믿음을 갖도록 한 것이다. 하지만 무당이 지닌 홍익인간弘益人間의 사랑이 있고, 부처의 자비사상이 함께 작용하여 주민을 혹독하게 지배하지는 않았다.

흔히 삼국시대를 노예제奴隸制로 보기도 하지만, 이는 서양의 노예제도와는 다르다. 서양의 경우는 노예 자체가 인종적으로 다르기 때문에 그들을 가혹하게 다루었으나, 삼국시대의 노비는 같은 아사달족 사이의 정복 과정에서 생긴 피정복민이기 때문에 문화적, 인종적 친화감이 높아 보인다. 예를 들어 서양의 그리스나 로마제국의 노예, 16세기 이후 아프리카에서 데려온 흑인노예에 이르기까지 서양의 노예는 대부분 백인과 다른 피부와 문화를 가진 이종족이었다. 그러니 그들을 백인과 동등하게 대우하기는 쉽지 않았을 것이다. 따라서 문화적, 인종적 동질감이 높은 한국사의 노비를 서양의 노예와 동일시하는 것은 곤란하다.

통일신라와 발해는 귀족정치를 완전히 청산한 것은 아니지만 삼국시대와는 다른 정치형태를 만들었다. 가장 중요한 변화는 임금의 권위가 달라진 것이고, 골품제도가 무너지는 단계에 들어가고, 중앙집권적 관료제도가 도입되고 있었다는 사실이다. 이런 변화의 원인은 유교문화의 도입과 관련이 있다. 통일신라와 발해는 불교 및 무교의 종교와 아울러 합리적 관료제도와 민본사상을 강조하는 유교 정치사상이 동시에 병존하여, 유교가 점차 귀족정치체제를 중앙집권적 관료국가로 변화시키는 촉매제의 역할을 수행했다. 유교가 보여주는 임금의 권위는 천손의 후예인 무당도 아니고 진리를 모두 깨친 부처도 아니며, 도덕수양을 많이 쌓고 백성을 사랑하는 성인聖人의 권위일 뿐이다. 따라서 백성을 사랑하지 않는 임금은 백성이 내칠 수도 있는 존재이다. 이렇게 임금의 신성한 이미지는 축소되었지만, 그렇다고 천손과 부처의 권위가 모두 무너진 것은 아니었다.

이제 통일신라와 발해가 어떻게 유교정치를 수용했는가를 알아보자. 우선 신라와 발해는 유교교육기관을 설치하여 새로운 관료층을 길러내고, 7세기 말 신문왕神文王 때에는 관료들에게 관료전官僚田을 지급하고, 8세기 초 성덕왕聖德王 때에는 백성들에게 정전丁田을 지급했다. 이것은 귀족들이 식읍食邑의 형태로 독점하고 있던 토지를 국가가 개입하여 관료와 백성에게 재분배하기 시작했다는 것을 의미한다. 고려의 전시과田柴科와 조선의 과전법科田法, 그리고 8·15 광복 후 토지개혁으로 이어지는 토지개혁의 단초가 이때부터 시작된 것이다. 왕조국가의 수명을 연장시킨 조치는 여러 가지 있으나, 그 가운데 백성들에게 토지를 재분배하는 토지제도의 개혁은 백성의 지지를 얻는데 가장 결정적인 요소가 되었으며, 이런 개혁은 한국사에만 나타난다.

남북국시대에는 지방 군현제를 더욱 확충하고, 이곳에 파견된 지방관은 군사적인 통치에서 행정적인 통치로 통치방식을 바꾸어갔다. 이와 아울러 8세기 말에는 과거제와 유사한 독서삼품과讀書三品科를 실시하여 종전에 무재武才만 가지고 관료를 뽑던 관행을 벗어나 무치武治에서 문치文治로 통치방식이 바뀌기 시작한 것을 의미한다. 특히 수많은 신라와 발해인들이 당나라에 가서 직접 과거에 급제하기도 하여 문치의 바람이 외부에서도 들어왔다. 고려 초부터 시행된 과거제도科擧制度의 단초가 이미 이때부터 열리기 시작한 것이다.

유교정치가 도입되면서 귀족이 가지고 있던 권력과 토지, 노비도 크게 줄어들었고, 국왕의 지배를 받는 관료집단으로 변질되어 갔다.

10세기 초에 출범한 고려는 남북국시대보다 진일보한 사회를 만들었다. 태어나면서부터 권리와 의무에 제약을 받던 골품제도가 없어지고, 10세기 중엽의 광종光宗 때부터는 중국식 과거제도科擧制度가 시행되어 지방 호족 세력이 시험에 의해 관료로 등용되는 길이 열리고 문치의 비중이 더욱 높아졌다. 혈통적 신분제인 골품제도의 잔재라고 볼 수 있는 음서제도蔭敍制度로 5품 이상 고관자제들의 벼슬길을 쉽게 열어 준 것은 아직도 귀족제의 잔재가 모두 청산되지 못했다는 것을 말해주지만, 신라보다는 합리적인 관료제의 비중이 높아지면서 반귀족半貴族 - 반관료제半官僚制 사회를 만든 것이다. 지방 호족豪族들이 광범위하게 성씨姓氏를 갖게 된 것은 자유민이 확산된 것을 의미하며, 노비의 해방으로 노비인구도 축소되고, 고려 말에는 향, 소, 부곡 등 천민집단이 대규모로 해방되어 자유민으로 신분이 상승됐다.

10세기 말에서 시작하여 11세기 말까지 지속된 전시과田柴科는 국가에 대한 공로와 관료의 품계에 따라 차등을 두어 농지農地와 산지山地를 분배한 것으로 관료를 지나치게 우대했다는 점에서 문제가 있지만, 빈부격차를 완화하는 데 기여한 것은 사실이다.

삼국시대 정치를 좌우했던 불교와 승려의 영향력이 감소하고 민본정치民本政治를 강조하는 유교가 정치이념으로 자리함으로써 종교는 승려가 맡고, 정치는 유학자가 맡는 정교분리政敎分離가 이루어진 것은 정치민주화에 크게 기여했다. 문관과 무관의 기능이 분화되어 이른바 '양반체제兩班體制'가 이루어진 것도 군사통치의 낙후성이 그만큼 극복되었다는 것을 의미한다.

조선시대는 고려사회가 지닌 귀족제의 잔재를 더 크게 털어버린 시대였다. 음서제도蔭敍制度는 더욱 축소되어 2품 이상의 자손서제질子孫壻弟姪[아들, 손자, 사위, 동생, 조카]과 실직實職을 가진 3품의 아들과 손자, 그리고 이조吏曹, 병조兵曹, 사헌부司憲府, 사간원司諫院, 홍문관弘文館 등 이른바 청요직淸要職을 지낸 자의 아들에게만 음서를 허용하되 시험을 쳐서 합격해야만 아전衙前 급의 낮은 벼슬을 주도록 했다. 이는 5품 이상 관료의 아들, 손자, 사위, 동생, 조카 중 한 사람에게 광범위하게 무시험으로 벼슬을 주던 고려시대의 음서에 비해 대폭 범위가 좁아지고 까다로워진 것을 의미한다.

음서제도가 축소된 대신 과거제도科擧制度는 더욱 확대되어 노비와 범죄자[반역자, 탐관오리와 재가녀의 자손]를 제외하고는 누구나 응시가 가능하도록 만들었다. 첩의 자식인 서얼庶孽은 처음에는 고급문관 시험인 문과文科에 응시하지 못하게 했지만 명종明宗 대 이후로 단계적으로 길을 넓혀 고종 즉위년(1863)에 차별대우를 완전히 폐지해 버렸다. 조선시대에는 서얼庶孽 가운데서도 수많은 문과급제자가 배출되었으며, 평민 가운데서도 무수한 고관대작高官大爵이 배출되어 '개천에서 용이 나오는 시대'가 열렸다.

조선시대 신분제도는 자유민 양인良人과 자유가 없는 노비奴婢로 나뉘어졌지만, 노비가 양인으로 올라가는 길을 수시로 열어주어 노비인구가 축소되고, 노비를 함부로 죽이는 것이 법으로 금지되는 등 노비의 지위도 전보다 개선되었다. 생활이 어려운 양인은 스스로 가족부양이 보장되는 노비가 되는 일도 적지 않았다.

조선시대 양반兩班을 세습적인 특권층인 것처럼 오해하고 있으나, 이는 사실과 다르다. 일부 고관 후손에게 음서의 혜택이 있었지만, 높은 벼슬아치가 되려면 반드시 문과를 거쳐야 하기 때문에 실제로 음서로 나가는 일은 별로 없었다. 과거에 급제하지 못하면 누구나 벼슬길이 끊어지고 말았다.

교육기회도 고려시대보다 한층 넓어졌다. 지방의 군현마다 관립학교인 향교鄕校가 있어서 무료로 교육을 받았고, 사립학교인 서원書院은 향교보다도 많았고, 마을마다 서당書堂이 있어서 초등교육을 받을 수 있었다. 출판문화가 발달하여 책을 쉽게 구할 수 있고, 여성은 가정교육을 통해 유교지식을 습득하는 경우가 많았다.

고려 말기 전제개혁으로 과전법科田法이 16세기 중엽까지 시행되면서 자작농自作農이 크게 늘어나고, 남에게 토지를 빌려주고 수확의 반을 받는 병작並作어우리은 노동력이 없는 홀아비, 과부, 독거노인, 외아들에게만 허용되었으며, 땅이 없는 농민과 노동력이 없는 지주가 대등하게 협력한다는 뜻에서 병작이라고 부른 것이다. 소작小作이라는 제도는 일제강점기에 처음으로 생겨난 것으로, 병작보다 나쁜 제도였다.

조선시대의 정치는 전반적으로 공익公益을 높이는 제도로 바뀌었다. 정책결정은 공론公論을 존중하여 언로言路가 넓게 열렸으며, 인사제도는 공선公選을 존중하여 시험제도를 대폭 강화했기 때문에 공부를 열심히 하면 출세하는 길이 전보다 크게 열렸다. 특히 과거시험에서 7배수를 뽑는 초시 급제자의 정원을 8도의 인구비율로 강제로 배분한 것은 지방민의 정치참여를 높이는 데 크게 기여했다.

토지는 사유私有를 인정하여 매매와 상속, 자율적 경영이 가능했으나, 다만 토지집중을 막기 위해 정신적으로는 토지공개념土地公槪念을 존중했다. 정치의 주체인 선비는 사익私益을 추구하는 것을 부끄럽게 여기고, 공익公益을 추구하는 것을 올바른 몸가짐으로 여겼다.

조선시대에는 자립이 어려운 사람들에 대한 복지정책도 확대되었다. 경제적으로 어려운 빈민貧民과 홀아비, 과부, 고아, 독거노인 등 결손가정에 여러 가지 지원을 해주고, 30세가 되도록 시집 못 간 처녀에게는 결혼비용을 도와주기도 했으며, 70세가 넘은 노인에게는 명예직을 주어 격려했다.

권력의 부정과 부패를 막기 위한 제도장치는 무서울 정도로 치밀하게 짜여졌다. 우선, 최고 권력자인 임금의 학문과 마음을 다스리기 위해 경연제도經筵制度를 실시하여 교육시키고, 세자의 교육을 위한 서연제도書筵制度도 있었다. 정치의 거울로 삼기 위해 통치행위를 낱낱이 기록하여 기록문화의 전성시대를 열었다. 부정을 저지른 탐관오리의 자손은 벼슬길을 막아버렸고, 감찰기관인 사헌부司憲府의 강력한 기능이 관료의 비행을 파헤쳤다. 관료들의 부정을 막기 위한 방책으로 상피제도相避制度를 실시하여 가까운 친척이 같은 관청에서 근무하지 못하고, 친척이 과거에 응시하면 고시관考試官을 맡지 못하고, 수령이 자기 고향에 부임하지 못하게 했다.

조선 후기 당쟁黨爭을 흔히 부정적으로 보는 경향이 있으나 그런 것만은 아니다. 당파는 학문과 이념을 바탕으로 여러 정파가 경쟁하고 견제하는 정치형태로써 정당정치의 효시로 볼 수 있으며, 치열한 경쟁을 통해 정치가 깨끗해지고 정치민주화를 촉진하는 긍정적인 효과도 컸다. 다만, 정당이 의회정치와 연결되지 못하고 관료정치와 연결되었기 때문에 정파 간의 경쟁이 정치보복으로 이어져 많은 사람을 다치게 한 것이 부정적인 측면이다.

전체적으로 조선시대는 권력의 독재와 부정부패를 막는 제도장치가 현대 민주국가보다도 더 치밀하게 짜여져서 정치의 도덕성과 백성의 공익公益을 높이는 데 기여했다.

조선시대의 지배적인 사상인 성리학性理學은 우주자연의 원리와 인간사회의 원리를 통일적으로 파악하는 철학으로 우주자연과 인간을 지배하는 기본원리를 '이理'로 보는데, '이'는 생명을 창조하고 사랑하는 '선善'[착함]이다. 그러니까 우주자연의 헌법을 '사랑'으로 본다고 해도 좋다. 하지만 우주자연과 인간사회에는 우수한 것과 열등한 것이 병존하고 있어 모든 만물이 평등하지는 않다. 그 불평등의 이유를 형이하形而下의 '기氣'로써 설명한다. 그러나 '이'와 '기'는 따로 독립되어 있는 것이 아니라 하나로 통합되어 있다고 보아 나쁜 '기'를 얼마든지 착한 '이'로 바꿀 수가 있다.

성리학은 우주자연과 인간사회를 성선설性善說에 바탕에 두고 서로 믿고 살 수 있는 평등한 생명체로 보면서, 동시에 눈에 보이는 가시적인 불평등은 자기수양을 통해 평등하고 착한 세계로 이끌 수 있다는 낙관론을 지니고 있다. 이는 세상을 선善과 악惡의 대결로 보는 서양인의 인생관과는 다르다.

성리학에 토대를 두고 생겨난 삼강오륜三綱五倫의 윤리도 인간관계의 평등성과 불평등을 동시에 인정하는 윤리다. 삼강오륜은 수직적인 윤리도 아니고, 수평적인 윤리도 아니며, 대각선의 윤리라고 볼 수 있다. 인간관계를 상하의 질서로 보면서 동시에 상하 간의 상호책임과 의무를 부여하여 하급자의 인격을 존중하고 배려하는 질서이다.

이상과 같은 조선사회의 성격은 봉건사회의 모습과는 전혀 다른 것으로 근대 서양사회의 모습을 오히려 더 많이 닮았다고도 볼 수 있다. 다만 자유, 평등, 민주를 실천하는 방법에 있어서 서양은 개인과 투쟁을 중심에 놓고 있는데, 우리는 공동체와 도덕성을 중심에 놓고 있다는 것이 다르다.

1897년 탄생한 대한제국大韓帝國은 1895년의 을미사변乙未事變[명성황후 시해사건]으로 촉발된 반일민족주의가 바탕이 되어 국민 각계각층의 열화와 같은 지지를 얻어 탄생한 최초의 근대국가이다. 근대국가는 '영토', '주권', '국민', '산업화' 등 네 가지 요소를 필요로 하는데, 대한제국은 이 네 조건 가운데 산업화만이 미진했다. 독도獨島를 확고하게 행정적인 영토로 만든 것이 이때이고, 옛 삼국시대의 땅을 모두 회복시킨다는 뜻에서 국호를 '대한大韓'으로 정해서 명실상부한 삼국통일 국가를 세우겠다는 강력한 의지를 표현했다.

대한제국은 국가의 주권을 확고하게 인정하는 국제법인《만국공법萬國公法》에 기초하여 완전독립국임을 국제사회에 선포하여 인정을 받았다. 고종高宗이 왕王에서 황제皇帝로 등극하여 중국의 제후諸侯의 위상에서 완전히 벗어나 그동안 청나라와 가졌던 조공관계朝貢關係를 청산하고, 청나라 사신을 맞이하는 영은문迎恩門을 헐고 그 자리에 독립문獨立門을 세웠다.

'국민'은 신분제도의 청산으로 가능한 것인데, 대한제국 성립 이전에 이미 신분제도가 완전히 무너졌다. 신분차별을 가장 많이 받던 계층은 서얼庶孼과 노비奴婢인데, 서얼에 대한 차별은 고종이 즉위한 직후 완전히 폐지되었으며, 노비세습제 역시 1886년에 폐지되었고, 1895년의 갑오경장甲午更張으로 노비도 모두 평민이 되었다.

대한제국은 '국민'을 위한 나라임을 실천하기 위해 '민국民國' 이념을 내세웠다. '민국'이라는 용어는 이미 영·정조 시대부터 신분제 사회를 극복하는 과정에서 생겨난 말인데, 대한제국 시대에 확고한 정치용어로 보편화되었다. 대한제국의 정치는 법적으로는 황제가 전권을 가진 전제국가의 형태를 지녔지만, 그 목표는 민국건설에 있었다.

1919년 3·1 운동 직후 상해[상하이]에 세워진 '대한민국大韓民國'은 바로 대한제국의 '대한' 과 대한제국의 '민국'을 합친 국호라고 볼 수 있다. 대한제국과 대한민국의 차이가 있다면 전자 는 황제국가이고, 후자는 민주공화국民主共和國이라는 것 뿐이고, 대한제국이 대한민국으로 부활 한 것이다. 대한민국임시정부의 '헌법憲法'에 "구황실舊皇室을 우대한다"는 조항이 들어간 것도 양자의 연속성을 의미한다.

마지막으로 대한제국은 식산흥업殖産興業에도 힘을 기울여 상공업진흥을 위한 여러 시책 을 적극적으로 폈다. 철도 건설, 전화 가설, 전차 도입, 현대적 도시 개조, 각종 기술학교 설립, 각종 공장 건설, 회사와 은행 설립, 토지조사를 통한 소유권 확립 등이 그것이다. 이로써 황실수 입과 국가수입이 늘어나고, 신식군대도 양성하여 국방을 강화했다.

이제 눈을 돌려 8·15 광복 후, 1948년에 탄생한 대한민국과 대한제국 그리고 대한민국 임시정부의 관련성을 보자. 대한민국은 국호를 그대로 계승하고, 국기도 태극기를 그대로 계승 했으며, '민국'이라는 용어도 그대로 이어받았다. 대한민국은 대한제국과 대한민국임시정부의 정통성을 계승한 유일한 현대국가가 된 것이다. 대한민국은 임시정부가 실천하지 못한 두 가지 과제를 극복했다. 하나는 국민의 직접선거로 국회의원과 대통령을 뽑았다는 것이고, 다른 하나 는 국제적으로 인정 받지 못했던 임시정부와는 달리 유엔의 인정을 받았다는 점이다.

마지막으로, 일제강점기는 어떻게 보아야 하는가? 최근 일부 학자들이 '식민지 근대화 시 기'로 보는데, '식민지'와 '근대화'가 어떻게 하나로 합쳐질 수 있는지 의문이다. 근대화의 핵심 중 하나가 주권확립이라고 할 때 주권이 없던 시대를 '근대화'로 보는 것은 부적절하다. 철도, 병원, 학교, 산업시설 등이 생겨났다고 하지만 이것이 한국인을 위한 것이 아니라 식민지 착취 를 위한 시설과 제도라는 점을 간과하면 안 된다. 창씨개명, 언어 말살, 역사 박탈 등으로 민족 혼을 뺏기고, 전쟁터에 나가 목숨을 잃고, 강제노동과 위안부 동원 등으로 씻을 수 없는 상처를 입은 것은 말할 것도 없고, 광복 후에 연합군이 들어와 남북분단의 원인을 제공하고, 관존민비 官尊民卑의 반민주적 유산을 물려준 점 등을 생각하면, 이런 시대에 '근대화'라는 아름다운 호칭 을 붙일 수는 없다.

물론 일제강점기에도 영화도 만들고, 연극도 하고, 문학도 하고, 양복도 입고 다니고, 일본 과 서양을 흉내 내는 삶의 모습을 보이면서 이 땅에서 살았으므로 겉모습을 보면 '근대'로 보일 지 모르나, 천황과 총독부의 신민臣民으로 산 것은 한국 역사상 최대의 수치가 아닐 수 없다. 그 것도 한국인의 품속에서 역사를 꾸려온 정신적 후진국 일본에게 당했다는 것은 더욱 가슴 아 픈 일이 아닐 수 없다.

일제강점이 안겨준 수치를 씻기 위한 한국인의 치열한 저항정신이 8·15 광복 후 대한민 국의 발전을 가져온 정신적 원동력이 되었다는 점을 감안하면, 더욱 일제에 면죄부를 주는 평 가는 한국인의 자존심에 찬물을 끼얹는 것밖에는 되지 않는다. 만약, 한국이 대만[타이완]처럼 역 사적으로 일본보다 후진국으로 살아왔다면, 일부 긍정적인 평가도 가능할지 모르나, 한국은 대만과는 전혀 다르다.

8·15 광복 후의 현대사는 일제가 원인을 제공한 남북분단에서 시작됨으로써 남북이 모두 정상적인 국가발전을 하지 못하고, 파행적이고 굴절된 길을 걷게 되었다. 그래도 대한민국이 오늘날 산업화와 민주화를 달성하여 세계 선진국대열에 올라설 수 있었던 원동력은 대한제국과 임시정부로 이어져 온 역사적 정통성을 가지고 출범하여 5천 년 문화민족의 자긍심을 되찾고, 전통문화를 바탕으로 서양문명을 주체적으로 수용하였기 때문이다. 하지만 6·25 전쟁, 독재와의 투쟁 등으로 많은 인명이 희생되고, 좌우갈등의 골이 깊어지고, 북한과 총부리를 겨누지 않으면 안 되고, 수만 명의 탈북민이 목숨을 걸고 북한을 탈출하는 비극이 계속되고 있는 것은 참으로 가슴 아픈 일이다.

북한이 그동안 걸어온 길은 결과적으로 세계 최빈국의 하나가 되었다는 것이 실패한 역사라는 증거다. 한 국가의 성패는 주민의 생활수준에서 결정되는 것인데, 먹고 사는 문제조차 해결하지 못한다면 어떤 이유로도 정권의 정당성을 변명하기 어렵다. 북한이 실패한 이유는 무엇보다 주민의 생활 향상보다 권력 안보에만 총력을 기울여온 지도층의 과오에서 비롯된 것이다.

한국인의 미래는 남북통일과 밀접하게 관련되어 있다. 지금과 같은 대치상황이 오래 계속된다면 대한민국의 앞날도 순탄치 않을 것이다. 또 어떤 굴절과 파행이 재발할지 모르기 때문이다. 그래서 우리는 통일에 온 힘을 모아야 하고, 그러기 위해서는 대한민국이 먼저 하나로 뭉치고, 북한을 따뜻하게 끌어안는 그런 지혜를 가져야 할 것이다.

5. 사관의 여러 유형과 문제점

1) 사관이란 무엇인가?

역사는 이미 지나간 시대를 공부한다. 얼핏 생각하면 현재를 알기도 어려운데 과거를 알아서 무엇하느냐고 생각할 수도 있다. 하지만 곰곰이 생각해보면 현재라는 것은 눈 깜짝할 사이에 불과하다. 1초가 지난 일도 이미 과거이기 때문이다. 아침에 있었던 일도 저녁에 생각하면 현재가 아니라 과거이다. 사람은 미래를 위해서 살아야 하는데, 미래는 아무리 보아도 잘 보이지 않는다. 그런데 과거를 돌아보면 미래가 보인다. 어제 보았던 사람을 기억해야 내일 그 사람을 만나서 무슨 말을 할지를 더 자세히 알 수 있다.

과거는 미래를 위해서 존재하는 것이고, 현재라는 것은 1초도 되지 않는다. 과거를 돌아보는 역사가 미래를 위해 필요한 이유가 여기에 있다.

그런데 과거는 너무 복잡하여 기억만을 통해서 알 수는 없다. 시간이 오래 지나면 기억은 사라진다. 오랜 과거를 되살려주는 것이 기록이다. 하지만 기록도 너무 많고 과거의 사건도 바닷가의 모래알처럼 많아서 이 모든 사건과 기록을 보아도 진실을 알기는 어렵다.

화가가 아름다운 경치를 그릴 때 사진과 똑같을 수는 없을 것이다. 경치에서 받은 강한 인상을 강조해서 그릴 수밖에 없다. 똑같은 경치를 그려도 화가에 따라 표현이 다른 것이다. 주관적인 감동이 화가에 따라 다르기 때문이다.

역사도 이와 비슷하다. 역사가는 과거의 모래알 같은 사건과 기록에서 자기가 찾고 싶은 것을 강조해서 역사를 쓴다. 이것이 바로 사관史觀이다. 사람이 감정을 가지고 있는 이상 사관이 없는 사람은 없다. 그래서 사관이 중요하지만, 그럴수록 사관이 너무 편벽되면 곤란하다. 만약 무지개를 그리는 사람이 붉은색만을 좋아하여 빨갛게 그려놓으면 어떻게 될까? 아니면 푸른색을 좋아하여 무지개를 파랗게 칠해 놓으면 어떻게 될까? 이 모두 진실을 외면한 것이다. 무지개는 분명이 붉은색이 있고, 푸른색이 있지만, 그것이 전부는 아니기 때문이다. 무지개의 진실을 그리려면 자기가 좋아하는 색을 억제하고 일곱 가지 색을 골고루 그려야 옳다.

사관도 마찬가지다. 역사의 진실에 가까이 가려면 자기의 사관을 가능한 한 억제할 필요가 있다. 자신이 민족을 사랑하여 역사에서 민족만을 찾으려 하든지, 계급을 사랑하여 역사에서 계급만을 찾으려 하면, 민족만 보이고, 계급만 보인다. 하지만 그것이 역사의 진실을 찾은 것은 아니다. 마치 무지개에서 한 가지 색을 뽑아내 그림을 그린 사람이 무지개에서 그 색을 찾은 것은 확실하지만, 그것이 무지개의 진실은 아닌 것과 같다.

그러면 사관은 완전히 없어져야 하는가? 아니다. 없어질 수가 없다. 그래서 먼저 사관을 가지고 과거에 접근해야 한다. 하지만, 그 사관이 진실과 거리가 멀다는 것을 깨달으면 다시 원점으로 돌아와서 사관을 바꿀 필요가 있다. 그리고 이왕 사관을 가질 바에는 되도록 인류의 평화와 공존에 도움이 되는 사관을 가지는 것이 좋을 것이다. 어느 특수한 계층이나 국가의 이해를 대변하는 사관은 인류공영과 평화증진에 해가 될 수도 있기 때문이다.

역사를 '과거와 현재의 대화'라고 정의한 에드워드 카Edward Hallett Carr(1892~1982)의 말은 명언이다. 과거를 통해서 현재를 보고 현재를 통해서 과거를 보라는 뜻이다. 이렇게 과거와 현재의 대화가 지속적으로 이루어지면 역사의 진실에 한층 가까이 다가설 수 있고, 현재를 위해 공헌하는 길도 넓어질 것이다. 여기서 중요한 것은 현재를 어떻게 바라보느냐이다. 수구파의 시각에서 바라볼 수도 있고 급진파의 시각으로 현재를 바라볼 수도 있다. 국가이기주의로 현재를 바라볼 수도 있고, 세계평화를 추구하면서 현재를 바라볼 수도 있다. 부국강병을 추구하면서 현재를 바라볼 수도 있고, 문화적, 도덕적 가치를 존중하면서 현재를 바라볼 수도 있다. 바로 무엇을 선택하느냐가 결정되고 나서 과거와의 대화가 이루어져야 할 것이다. 만약 과거와의 대화를 해본 결과 내가 선택한 가치가 잘못되었음을 느끼면 새로운 가치를 가지고 다시 과거와의 대화를 시도해야 할 것이다.

참으로 사관은 힘들고 어려운 영역이다. 사관은 너무 가까이해도 좋지 않고 너무 멀리해도 좋지 않기에 '불가근 불가원不可近 不可遠'이라고 말하고 싶다.

2) 일본의 황국사관과 식민주의 사관

역사를 공부하는 목적은 과거의 진실을 찾아 미래의 교훈을 찾는 데 있지만, 연구하는 사람의 주관적인 사관이 작용한다. 만약 나쁜 사관을 가지면 역사의 진실이 크게 왜곡될 뿐 아니라, 인류평화에 큰 해를 미칠 수도 있음을 경계해야 한다.

　　나쁜 사관의 피해를 가장 크게 받은 역사가 한국사이다. 일본의 황국사관皇國史觀과 식민주의 사관이 한국사에 치명적인 피해를 입히고, 그 사관은 지금까지도 일본 극우정치인들에게 이어지고 있어 한국인에게 깊은 상처를 주고 있을 뿐 아니라 인류평화를 희구하는 전 세계인에게 심각한 우려를 자아내고 있다.

　　한국사 연구는 왕조시대부터 수천 년간 이어져 왔다. 처음에는 통치자를 하늘의 후손으로 숭앙하는 시각에서 역사를 썼고 유교가 들어오면서 백성을 존중하는 시각에서 역사를 고쳐 썼으며, 통치자가 잘한 일과 잘못한 일을 엄격하게 평가하여 교훈을 찾으려고 했다. 역사를 정직하게 써서 진실을 알아야 교훈을 찾을 수 있다는 것이 강조되었는데, 이러한 역사 서술 태도를 '춘추필법春秋筆法'이라고 불렀다. 공자孔子가 노魯 나라 역사책인《춘추春秋》를 편찬할 때 이런 사관을 가졌다는 뜻이다.

　　유교는 역사의 진실성을 존중했기 때문에 사료의 수집과 더불어 사료의 진실성을 검증하는 고증적 방법도 중요하게 여겼다. 역사를 이해함에 있어서 도덕성을 지닌 사관도 중요하고, 실증적 방법도 중요하다고 본 것이다. 조선 후기에는 고증적인 역사책이 많이 나왔다. 안정복安鼎福(1712~1791)의《동사강목東史綱目》이나 한치윤韓致奫(1765~1814)의《해동역사海東繹史》같은 책이 그렇다.

　　이렇게 한국사를 과학적으로 발전시키던 전통을 무너뜨린 것이 일본이다. 일본은 8세기 초에《일본서기日本書紀》라는 역사책을 편찬했는데, 이 책에서는 기원전 7세기에 하늘의 후손 천황天皇이 지배하는 고대국가를 세우고, 기원 4세기부터는 나라의 세력이 커져서 한반도에 임나일본부任那日本府로 불리는 식민지를 건설하고, 삼국의 조공을 받은 것처럼 썼다. 또 한반도에서 많은 귀화인이 건너와서 유학, 불교, 의학, 음악, 그림, 불상 만드는 기술, 배 만드는 기술, 집 짓는 기술 등 수많은 기술을 가르쳐주었다고 서술했다.

　　《일본서기》는 일본 고대국가를 건설한 백제인과 가야인이 쓴 것으로 신라가 한반도를 통일한 것에 큰 불만을 품고, 신라에 패망한 자신들이 세운 일본이 더 강하고 앞선 나라인 것처럼 보이기 위해 역사의 진실을 과장해서 쓴 책이었다.

　　우선 기원전 7세기에 고대국가가 세워졌다는 것은 거짓이다. 기원 4세기경에 국가가 세워진 것이 고고학상으로 증명되고 있기 때문이다. 기원전 7세기에서 기원 4세기에 이르는 천황의 역사는 조작된 것으로 기원 4세기경에 한반도에 식민지를 건설했다는 것도 거짓이다. 이 무렵 백제계와 가야계 일본인들은 '왜倭'라고 불렸는데, 이들이 한반도에 들어와 모국인 백제, 가야와 긴밀하게 교역을 하고 있어서 이들을 관리하는 '일본부'라는 기구가 있었다. 일본부의 위치는 경상도 고령지방, 대마도, 또는 일본 열도 안에 있다는 등 여러 학설이 있지만, 중요한 것은 일본이 한반도 남부를 식민통치한 사실은 없다는 점이다.

　　일본 천황은 한반도인이고, 일본이 세계에 자랑하는 국보 문화재가 한반도인이 만든 것임에도 불구하고 천황이 아마테라스 오미카미天照大神[천조대신]이라 불리는 하느님의 후손으로 주장하는 것도 거짓이고, 한반도의 기술자들이 고대문화 건설에 마치 보조적인 일을 한 것처럼 쓴 것도 거짓이다. 이렇게《일본서기》는 거짓이 많은 역사책이기 때문에 사료적 가치가 많이 떨어지지만, 과장과 거짓을 걷어내고 잘 살펴보면 진실된 이야기도 적지 않다. 한반도인이 일본문화 발전에 기여한 것이 부분적으로 서술되어 있기 때문이다.

《일본서기》가 크게 관심을 끌고 본격적으로 연구되기 시작한 것은 18세기 에도시대이다. 이때 조선에서 간 통신사通信使의 한류 붐이 크게 일어나는 것에 반발하여 일본 지식인들 사이에서 반한운동이 일어나면서 《일본서기》를 재평가하여 자존심을 찾으려는 이른바 국학國學 운동이 일어났다. 그 후 1868년 메이지유신明治維新으로 쇼군將軍이 지배하던 정치를 청산하고 천황국가를 재건하면서 조선을 정벌하자는 정한론征韓論이 일어나고, 제국대학을 건설하여 한국사를 대대적으로 연구하기 시작했는데, 이들은 《일본서기》의 내용을 더욱 과장하여 고대 일본이 한국을 지배했다는 것과 한국과 일본이 같은 조상에서 나왔다는 이른바 '일선동조론日鮮同祖論'을 강력하게 퍼뜨리고 천황을 신神처럼 떠받들고 나섰다. 이들의 사관史觀이 바로 황국사관皇國史觀이다.

일제강점기에는 유물사관이나 사회과학, 또는 랑케Leopold von Ranke(1795~1886)의 실증주의 역사학을 하는 학자들이 한국사 연구에 박차를 가하고, 조선총독부가 이를 적극적으로 후원하고 나섰다. 이들은 한국사를 처절할 만큼 창피하고 비참한 역사로 만들었다. 우선, 한국은 주체성 없이 역사적으로 중국의 지배를 받거나 일본의 지배를 받고 살아왔으며, 한국 문화는 독창성이 없고, 조선시대 정치는 당파싸움으로 얼룩지고, 한국인은 세 사람만 모이면 파당을 만들어 분열하고 싸우는 민족이며, 왕조가 바뀌어도 사회발전이 없어 조선 말기의 모습이 일본의 고대국가 단계를 벗어나지 못한 후진사회로 해석했다. 그래서 일본의 힘을 빌어 비로소 근대화가 이루어지고 문명이 새롭게 발전하는 계기가 되었으므로 식민지시대를 고맙게 여겨야 한다고 주입시켰다.

더 큰 문제는 일제강점기에 학교에서 공부한 사람들이 이렇게 비참하게 왜곡된 한국사를 마치 진실인 것처럼 받아들이고, 8·15 광복 후에도 이런 사관을 되풀이하면서 학생들을 가르쳐 온 것이다. 그래도 8·15 광복 후에 한국 역사학자들의 피나는 노력으로 이제는 한국이 일본을 앞서 왔던 역사를 가지고 있고, 세계적으로도 수준 높은 문명국가임을 알게 되었지만, 아직도 나이 많은 분들이나 새로운 한국사를 제대로 배우지 않은 지식인 가운데는 한국사를 비하하는 이들이 적지 않은 것은 참으로 안타까운 일이 아닐 수 없다.

식민주의 사관이나 황국사관이 이렇듯 한국과 일본 두 나라의 역사를 왜곡하고 전 세계인의 지탄을 받고 있음에도 불구하고, 아직도 일본의 일부 극우정치인들이 시대착오적인 망언을 늘어놓고 있는 것은 그들의 정신수준이 얼마나 낮은가를 온 세상에 보여주고 있는 것이다.

3) 민족주의와 신민족주의 사관

한국의 근대 역사학은 일본과 서양으로부터 크게 네 가지 역사방법론을 받아들였다. 하나는 19세기 전반 독일의 역사학자 랑케가 제시한 실증주의 방법론, 다른 하나는 일본의 황국사관皇國史觀에 자극을 받아 나타난 민족주의 사관, 세 번째는 독일의 칼 마르크스Karl Marx(1818~1883)가 주장한 유물사관(또는 계급사관), 그리고 문화주의 사관이다.

랑케의 방법론은 특정한 사관을 배제하고 '있는 사실 그대로의 과거'를 찾는 것이 중요하다고 보면서 엄밀한 문헌고증을 통한 연구방법론을 강조했는데, 일제강점기 진단학회震檀學會를 이끌던 이병도李丙燾를 비롯한 일본 유학생들이 이런 방법론을 받아들여 한국사 연구를 전문적인 학문분야로 발전시켰다. 지금 대한민국 역사학의 주류는 이 방법론을 따르고 있다.

민족주의 사관은 일제강점기 중국에 망명하여 독립운동을 전개하던 독립운동가들이 따르던 사관으로 대종교大倧敎의 영향을 크게 받았는데, 대종교는 한국침략에 앞장섰던 일본 군국주의자軍國主義者들이 내세운 황국사관皇國史觀에 자극을 받아 이에 대항하는 입장에서 만든 것이다. 대종교의 교리서인 《삼일신고三一神誥》, 《회삼경會三經》, 《신단실기神檀實記》, 《단기고사檀奇古史》, 《환단고기桓檀古記》 등이 이런 사관을 내포하고 있으며, 이에 영향을 받은 신채호申采浩, 박은식朴殷植, 최남선崔南善, 이상룡李相龍 등이 이를 발전시켰다.

민족주의자들은 단군조선에 특히 관심이 많으며, 그 영역을 중국 동북지방과 만주, 한반도에 걸친 대제국으로 보고, 이 지역에 살던 선비족, 거란족, 여진족, 몽고족 등을 모두 피가 같은 배달겨레로 간주했다. 단군조선의 문화는 삼신신앙三神信仰으로 태양과 밝음을 숭상하는 종교로 보았으며, 이를 한국인의 민족종교로 해석했다. 민족종교에 대한 호칭은 학자마다 다른데, 신채호는 낭가사상郎家思想, 최남선은 불함문화弗咸文化, 또 어떤 이는 신교神敎 혹은 도교道敎, 또는 살만교薩滿敎(샤머니즘) 라고 부르기도 했다.

단군조선의 역사를 이렇게 위대한 역사로 본 것은 일본의 황국사관이 천황天皇을 높이고, 천황이 세운 고대 일본이 한반도를 식민지로 지배했으며, 일본과 조선은 피가 같은 동족이라고 본 것에 대한 반발이기도 했지만, 내용은 황국사관의 주어를 한국으로 바꾼 것에 불과했다. 곧 우리가 동아시아세계에서 가장 강대한 나라를 세우고, 그 범주 안에 일본이 포함되어 있다고 본 것이다.

민족주의 사관은 영토가 넓었던 고조선과 삼국시대를 높이 평가한 결과, 신라통일 이후의 역사는 영토가 줄어들고 민족이 쇠망해가는 과정으로 해석했으며 유교가 사대주의를 숭상하여 자주성을 잃게 만들었다고 보았다.

민족주의 사관은 중국에서 활동하던 독립운동가의 정신적 지주가 되어, 이를 바탕으로 다시금 만주를 되찾고, 대조선의 영토를 회복한다는 목표를 세우고 투쟁하도록 부추겼다. 따라서 일제강점기에 이 사관이 미친 항일운동의 실천적 효과는 매우 컸다. 하지만 오늘의 시각에서 본다면, 이 사관은 역사의 진실과는 거리가 멀고, 또 지나친 국수주의로 인하여 국제화에 걸림돌이 된다는 점을 고려할 필요가 있다.

우선, 단군조선이나 고조선의 영토를 크게 설정한 것은 '아사달문화권'을 고조선의 영토로 잘못 이해한 것이다. '아사달문화권'은 문화의 성격이 비슷하다는 점에서 하나의 문화권으로 묶을 수 있다는 것이지, 그들이 모두 하나의 국가로 통합되어 있었다는 뜻은 아니다. 석기시대나 청동기 시대에 이렇게 큰 영토를 가질 수가 없을 뿐 아니라, 그 광대한 영토를 다스린 임금이나 구체적인 역사를 알려주는 기록이 없다. 고조선의 정치사를 메꾸기 위해 대종교의 경전으로 읽히고 있던 《단기고사》, 《환단고기》 등의 책을 사료로 이용하고 있으나, 이 책들은 대종교인들이 만든 위서僞書에 불과하다. 여기에 보이는 역대 임금 이름은 어느 정도 진실성이 있지만, 그 임금들이 수행한 정치에 관한 이야기는 대부분 지어낸 것이다.

또 민족종교만이 주체성이 강하고, 유교가 사대주의를 부추겨 나라가 망하는 원인을 제공했다고 보는 것도 매우 잘못된 해석이다. 그런 해석 때문에 우리나라 역사가 후퇴를 거듭한 역사로 왜곡되고 말았다.

민족주의는 기본적으로 약육강식과 사회진화론을 바탕에 깔고 있는데, 이런 사관이야말로 강자만이 살아남고, 강자가 약자를 삼키는 것을 정당화하는 제국주의 사관이다. 일본 제국주의와 싸우기 위해 제국주의를 받아들여 민족주의로 만든 것은 이해가 되지만, 지금의 시각에서 본다면 민족주의와 제국주의는 동전銅錢의 양면과 같은 것으로 모두 위험하다.

민족주의 사관의 이 같은 한계점을 극복하기 위해 8 · 15 광복 전후한 시기에는 '신민족주의新民族主義'가 태동했다. 언론인 안재홍安在鴻과 서울대 교수 손진태孫晉泰 등이 이런 사관을 주창했다. 신민족주의는 민족을 존중하되 다른 민족에 대해 배타성을 가져서는 안 된다는 생각에서 '열린 민족주의', 곧 '국제적 민족주의'를 강조했으며, 민족 내부의 계급평등을 존중하는 '신민주주의'를 내걸었다.

특히 안재홍이 주장한 신민주주의는 서양식 부르주아 민주주의도 아니고, 소련식 무산자 민주주의도 아니며, 중국 공산당이 내건 신민주주의, 곧 무산자 계급이 일시적으로 양심적인 지주, 자본가와 제휴하는 형식의 민주주의도 거부했다. 안재홍이 추구한 신민주주의는 중소자본가와 지식인이 중심이 되어 만민평등을 실현하는 민주주의를 말한다. 특정 계급을 위한 민주주의가 아니라, 모든 계층이 평등하게 잘 사는 홍익인간의 민주주의를 말하고, 이를 일러 '다사리'[다 함께 잘 사는 나라]로 부르기도 했다.

안재홍은 '신민족주의' 시각에서 한국사를 연구하여 한국사의 특징을 계급협동에서 찾았고, 정신적으로 홍익인간의 건국이념과 불교와 유교의 포용적 조화철학이 그런 정신을 길러주었다고 해석했다.

한편, 손진태가 주장한 신민족주의는 민족을 중심으로 역사를 이해하되, 민족 내부의 계급이 평등할 때는 민족의 단결이 이루어지고, 계급 간의 불평등이 심할 때는 민족의 분열이 일어났다는 것을 역사적으로 설명했다. 요컨대 신민족주의는 민주주의와 국제주의를 바탕으로 한 민족주의라는 점에서 국수적 민족주의의 약점을 극복했다.

신민족주의를 주장한 안재홍과 손진태 등은 6 · 25 전쟁 때 모두 북한으로 납북되어 제대로 꽃을 피우지 못하고 말았는데, 요즘 학계에 새로운 관심을 모으고 있다.

4) 유물사관과 북한의 주체사관

칼 마르크스가 내세운 유물사관唯物史觀[계급사관]은 역사를 움직이는 원동력을 경제활동을 둘러싼 계급 간의 투쟁으로 보고, 모든 인류역사는 원시공동사회에서 출발하여 노예제 사회, 봉건제 사회, 자본주의 사회를 거쳐 공산주의 사회에서 끝난다고 주장했다. 이런 유물사관을 최초로 받아들인 학자는 일본에서 경제학을 공부한 백남운白南雲이었다. 그는 마르크스가 제시한 도식圖式을 따라 우리나라 역사를 연구했는데, 고조선을 원시공산사회, 삼국시대를 노예제 사회, 통일신라 이후를 봉건사회로 해석했으며, 일제강점기를 이식자본주의利殖資本主義 시대로 이해했다. 따라서 8·15 광복 후에 우리가 걸어갈 길은 당연히 공산주의 사회가 되어야 한다고 믿었기에 그는 북한으로 들어가 북한 역사학계의 최고원로가 되었다.

백남운에 이어 유물사관을 이어간 학자는 이청원李淸源, 전석담全錫淡, 김석형金錫亨, 박시형朴時亨 등이었는데, 특히 경성제국대학 사학과 출신의 김석형과 박시형은 북한으로 가서 역사학계의 원로가 되었다. 김석형은 봉건사회의 시작을 삼국시대로 끌어올린 것이 백남운과 달랐으며, 고대 한일관계사를 연구하여 한반도 이주민이 일본 열도로 건너가서 일본 고대국가를 세웠다고 주장하여 일본 역사학계에 큰 충격을 주었다.

북한 역사학은 유물론의 도식을 따라 한국사를 해석하여 있지도 않은 봉건사회封建社會가 약 2천 년간 지속된 것으로 봄으로써 통일신라, 고려, 조선을 기본적으로 똑같은 봉건사회로 해석하는 오류를 범했다. 한국사를 발전적으로 본다고 표방했지만 실제로는 한국사를 정체된 후진국가로 깎아내린 것이다.

1960년대까지는 비록 유물사관의 도식에서 벗어나지는 못했어도 고대 한일관계를 새롭게 연구하고, 봉건사회에서도 사유토지가 어느 정도 인정되었다는 것을 밝히는 등 학술적 가치를 지닌 연구도 적지 않았다. 그런데 1960년대 중반 이후부터 이른바 '주체사관'이 등장하여 역사를 해석하는 시각이 크게 바뀌었다. 주체사상은 김일성이 일제강점기에 구상한 것을, 1960년대 중반 소련과 중국 사이에 갈등이 일어나자 등거리 외교를 추진하는 수단으로 '주체노선'이 표방되었다가 1970년대에 김정일이 후계자로 지목되면서 이론적으로 심화시켰다.

주체사상에 의한 역사해석의 특징은 다음과 같다. 첫째, 한국사를 해석하는 잣대를 김일성金日成의 '교시'와 김정일金正日의 '지시'를 따르도록 강제하고, 마르크스나 그밖의 이론을 인용하지 못하게 했다. 다시 말해 어떤 중요한 사건의 해석을 내릴 때 반드시 김일성이나 김정일이 말한 해석을 따르도록 하고 학자 개인의 해석을 막은 것이다.

둘째, 고대사는 고구려를 중심에 두고 해석하도록 하여 고구려만이 주체성이 있는 나라이고, 신라는 당나라를 끌어들인 민족반역자로 해석했으며, 고구려를 계승한 고려가 처음으로 민족을 통일했다고 주장했다. 한양에 도읍을 둔 조선왕조는 사대주의를 숭상하는 양반유학자들이 이끈 시대로써 양반이 권력과 부를 독점하고 당쟁을 일삼은 시대로 어둡게 그리고 다만, 세종대왕이나 조선 후기 일부 실학자만을 높이 평가했다. 또한 지금의 대한민국도 조선시대의 나쁜 전통을 이어 미국에 대한 사대주의를 버리지 못하는 국가로 보고 있다.

셋째, 주체사관에서 가장 역사를 왜곡한 부분은 근대사와 현대사이다. 북한에서 주장하는 근대사의 시작은 1866년이다. 이때 대동강을 타고 평양에 들어온 미국 상선 제너럴 셔먼 호를 불태우고 물리친 주인공이 바로 김일성의 증조부 김응우라고 보기 때문이다. 따라서 이 사건은 제국주의와 싸워 이긴 최초의 사건이므로 이때부터 근대사가 시작된다는 것이다. 그러나 김응우의 이름은 관찬기록에 보이지 않아 진위를 확인하기 어렵다.

일제강점기에 평양에서 3·1 운동을 일으킨 주역도 김일성의 아버지 김형직金亨稷이라고 한다. 김형직이 조국광복회를 조직하여 민족운동을 지도했다는 것이다.

현대사는 김일성이 15세 되던 1926년에 조직했다고 하는 '타도제국주의동맹'에서 시작된다고 한다. 이때부터 공산주의 운동이 처음으로 인민대중과 연결되었다고 한다. 하지만 1910

년대부터 시작된 사회주의운동은 모두가 인민대중과 동떨어진 허구적인 운동이므로 정통성을 갖지 못한다. 15세 때 정말 이런 조직을 만들었는지도 알 수 없거니와 그런 조직을 만들었다고 하더라도 어린 소년이 만든 조직이 시대를 갈라놓을 만큼 큰 의미가 있다고 보기는 어렵다.

북한이 박헌영朴憲永(1900~1955) 등 남로당계열의 공산주의자들을 비롯하여 소련파, 연안파 등 선배 공산주의자들을 대대적으로 숙청한 이유는 여러 가지지만 이들이 모두 인민대중과 연결되지 못한 종파주의자거나 수정주의자라는 것이다.

주체사관은 이렇게 김일성 일가의 행적을 중심에 놓고 한국사의 시대를 구분하고 있을 뿐 아니라, 김일성이 출생한 평양이야말로 민족의 성지聖地로 이곳에 고조선이 도읍을 두었고, 고구려가 도읍을 삼았으며, 그 전통이 김일성 일가로 이어져 내려와 자랑스러운 북한이 탄생했다고 주장한다.

1990년대에 들어와서 북한은 주체사관에 '조선민족제일주의'를 추가했다. 이는 김일성 일가를 모시고 있는 조선민족이 세계에서 가장 자랑스럽고 위대한 민족이라는 것이다. 그리고 김일성이 태어난 평양을 더욱 민족의 성지聖地로 보이도록 하기 위해 이곳에 도읍을 두었던 단군조선을 크게 내세우고, 민간전설에 단군무덤이라고 알려진 평양 교외의 옛 무덤을 1993년 발굴하여 사람의 뼈를 비롯한 유물을 찾아내고 이를 거대한 피라미드 형태로 복원했다. 그 유물의 연대를 측정한 결과 단군조선의 연대는 기원전 3천 년까지 올라간다고 주장했다. 그러나 이 무덤은 고구려 계통의 무덤일 뿐이고, 단군의 뼈라고 주장하는 유물도 확실한 근거가 없다.

북한은 원래 초기에는 단군신화를 근거없는 것으로 보아 단군조선의 실재를 부정해 왔는데, 이제는 《삼국유사》에 보이는 단군의 건국연대보다 더 높이 올려 놓고 단군조선을 미화시키고 있다. 하지만 단군조선의 역사를 메꿀 자료가 없어 일제강점기에 대종교도들이 만든 《환단고기》 등의 허황된 기록들을 사료로 이용하기 시작했다.

북한에 있어 주체사상은 비단 역사서술에만 적용되는 것이 아닌 가장 중요한 통치철학으로 자리잡았다. 이에 따르면 사람은 두 가지 생명을 타고나는데, 하나는 부모가 주신 육체적 생명이고, 다른 하나는 수령님이 주신 정치적 생명인데, 정치적 생명이 더 귀하다고 한다. 수령은 절대 오류가 없어 비판의 대상이 될 수 없으므로 수령의 명령에 절대 복종해야 하며, 수령을 비판하는 것은 반역죄에 해당한다.

북한은 이러한 주체사상에 기초하여 1972년 12월 종전의 〈인민민주주의헌법〉을 〈사회주의헌법〉으로 바꾸고 모든 정치적 권력을 수령 직속의 당중앙위원회에 넘겨주어 내각과 최고인민위원회를 허수아비로 만들었다. 또 북한의 수도를 서울에서 평양으로 바꾸고, 평양을 '민족의 심장부'라고 선전하기 시작했다. 그동안 평양은 임시수도였다. 이어 북한은 수령이 대를 이어 세습하는 것을 정당화하기 위해 '피의 세습'이 아닌 '혁명의 세습'을 내세웠다. 즉 혁명은 대를 이어 세습되어야 하기 때문에 김일성→김정일→김정은의 세습이 당연하다고 하는 것이다.

김정일이 권력을 장악한 1996년 이후 '선군정치先軍政治'를 표방하면서 권력구조에 변화가 나타나 군사위원회의 권력이 커지고, 김정일이 군사위원회의 위원장을 맡았다. 이는 군대의 힘을 빌려 권력을 유지하겠다는 통치전략이 담긴 것이다.

한편, 2012년에 권력을 잡은 김정은은 권력의 중심이 과도하게 군대에 집중되어 있고, 김정일이 키운 장군들의 권력이 지나치게 비대해진 것을 견제하기 위해 원로장군들을 해임하여 권력의 중심을 노동당으로 옮기기 시작했다.

이상과 같은 북한의 주체사상과 이에 기초한 역사해석은 한 마디로 학문으로서의 역사가 아니라 김일성 일가의 장기집권을 위해 주민의 충성심을 모으기 위한 역사라고 볼 수 있다.

5) 미래를 위한 사관

앞에서 사관은 '불가근 불가원'의 자세가 필요하다는 점을 말하고, 이어 우리시대를 풍미한 여러 사관에 대하여 설명하면서, 그 문제점도 함께 살펴보았다. 식민주의 사관은 지나치게 한국인을 폄하하면서 일본의 침략을 정당화하고, 민족주의 사관은 지나치게 국수주의에 빠져 있고, 유물사관은 지나치게 도식적이고, 주체사관은 권력유지를 위한 도구로 전락하여 모두가 역사의 진실을 왜곡하고 있다. 다만, 실증주의 사학은 어떤 정치적 목적을 추구하지 않아 역사왜곡이 가장 적지만, 미래에 대한 전망이 부족하다는 점이 흠이다.

그러면 미래의 사관은 어떠해야 하는가? 우선 사관이 지나치게 뚜렷해도 좋지 않고, 그렇다고 사관이 너무 없어도 곤란하다는 전제하에 미래를 위한 사관을 생각해보기로 한다.

우선, 미래의 사관은 20세기에 풍미했던 사관의 단점을 극복하는 방향으로 나아가야 할 것이다. 침략주의, 국수주의, 계급주의, 권력찬양주의는 이제 접을 때가 되었다. 그것은 모두가 인류평화를 해치는 위험한 가치를 내포하고 있기 때문이다. 미래의 세계는 모든 인류가 평화 공존하고, 계층 간의 갈등이 완화되고, 자연환경을 보호하고, 자본주의의 도덕성을 높이는 것이 주요 화두로 등장하고 있다. 그러면 이런 문제를 풀어가는 방법은 무엇인가? 그 첫 단추는 생명을 아끼는 마음에서 시작해야 한다고 믿는다. 여기서 생명은 살아 있는 인간, 동물, 식물만을 말하는 것이 아니다. 우주 전체를 하나의 생명체로 바라본 한국인의 원초적 우주관에서 배울 필요가 있다. 태양이 어찌 죽은 것이며, 달이 어찌 죽은 것인가, 별이 어찌 죽은 것이며, 흙과 바위가 어찌 죽은 것이며, 물이 어찌 죽은 것인가. 그것들 없이 어떻게 생명이 탄생하는가.

우주를 생명체로 바라보면 어느 것 하나 소중하지 않은 것이 없고, 서로 아끼고 지켜줘야 함을 인정하게 된다. 인간관계도 한국인의 원초적 윤리인 홍익인간弘益人間에서 출발할 필요가 있다. 홍익인간은 바로 인간에 대한 보편적 사랑에서 출발한 사상이다. 좌익과 우익의 갈등도 홍익인간으로 녹여낼 수 있다. 홍익인간이 어찌 부자만 사랑하거나 가난한 자만 사랑하는 사상이겠는가? 어찌 인종을 차별하고, 남녀를 차별하고, 민족을 차별할 수 있는가? 어찌 다른 종교를 배척하고, 지역을 차별할 수가 있는가? 생명을 사랑하는 마음이 어찌 전쟁을 찬양하고, 투쟁을 부추기고, 범죄를 저지르고, 남을 속일 수가 있는가?

이런 이야기들이 얼핏 너무 추상적이고 관념적으로 보일지 모르나, 이런 시각을 가지고 역사를 바라보면, 낙후된 것으로 보았던 것이 앞선 것으로 보일 수 있고, 나쁘게 보였던 것이 아름답게 보일 수도 있다. 자유니, 평등이니, 민주니 하는 가치들도 생명 존중 사상에서 바라보고 평가할 필요가 있다. 생명을 아끼는 세상이 되면 그것이 곧 자유와 평등과 민주주의가 있는 세상일 것이다.

우리가 그동안 역사를 해석하는 가치는 지나치게 서구인이 만든 가치와 언어에 구속되어 있었다. 서구문명은 장점도 있지만 단점도 있다는 것을 분명하게 알지 못한다. 서구인은 사물을 통합체로 바라보기보다는 개인과 개체로 나누어 분석적으로 바라본다. 개체와 개체 사이의 차이와 갈등과 충돌을 찾고, 선과 악을 구별하고, 갈등과 충돌이 진화를 가져온다고 믿는다. 그래서 서양의 역사는 전쟁과 투쟁과 정복으로 점철된 역사이고 그 과정에서 과학과 기술의 진보가 이뤄졌다. 기독교정신이 생명에 대한 사랑의 지평을 넓혀놓은 것은 사실이지만, 본질적으로 생명체 속에 선과 악의 대립구도를 지양했다고는 보이지 않는다. 선과 악의 투쟁은 피할 수 없는 운명처럼 여긴다. 하지만 생명체 가운데 절대선絕對善과 절대악絕對惡이 뚜렷하게 구분될 수 있다고 보는 것은 잘못이다.

우주만물 가운데 완전히 착한 생명체가 있고, 완전히 악한 생명체가 있는가? 독초毒草도 잘 쓰면 약藥이 되고, 산해진미도 잘못 먹으면 생명을 단축시키지 않는가? 우주자연과 인간을 선악으로 나누는 것은 문제가 있다. 선善 속에 악惡이 있고, 악惡 속에도 선善이 있으므로 선악을 서로 보완하는 것이 살아가는 지혜일 것이다.

한국인의 원초적인 우주관은 성선설性善說에 기초하고 있다. 그렇다고 악惡을 부정하는 것은 아니지만, 그것은 하위개념에 속한다. 성선설은 바로 생명체의 본질이 착하다는 데서 출발하고 있다. 그럼에도 불구하고 생명체가 악한 짓을 하는 것은 본질이 악하기 때문은 아니라고 보아 가혹한 징벌은 가능한 한 억제한다. 그래서 형벌이나 법치法治를 중심에 놓고 인간을 다스리지 않고, 인정仁政과 덕치德治로 인간을 다스리는 정치형태를 세웠던 것이다.

서양문명과 한국문명의 차이는 상업문화와 농경문화의 차이에서 비롯되었다고 보이지만, 오늘날 전 세계가 상업문화 속에 살아가고 있으므로 농경문화로의 복귀가 말처럼 쉬운 일은 아닐 것이다. 하지만 상업문화와 농경문화를 접목시키는 일이 결코 불가능한 것만은 아니라고 믿는다. 상업문화는 수단과 방법을 가리지 않고 이익을 추구하는 성향이 있어 때로는 생명을 해치는 일도 서슴지 않는다. 바로 이것이 오늘날 자본주의가 위기에 처한 원인이기도 하다. 여기에 생명을 존중하는 농경문화의 마음을 심어주지 않는다면 상업문화의 극성은 생명체의 파괴를 가져올 위험성이 크다.

현재의 상황을 위기로 받아들인다면, 생명에 대한 관심은 무엇보다 중요하며 역사를 바라보는 눈도 생명으로 돌려야 할 것이다. 이런 시각으로 한국사를 바라보면, 한국사의 가치는 인류가 공유할 미래의 가치와 얼마든지 만날 수 있을 것이며 바로 그런 가치를 풍부하게 지켜온 한국사는 미래문명의 대안으로 새롭게 각광받게 될 것이다.

근세 관료국가_
조선

제1장 조선왕조의 성립

1. 이성계 일파의 역성혁명

1) 우왕 대 권신의 발호와 위화도회군(1388)

개혁군주 공민왕에 이어 왕위에 오른 우왕禑王(1374~1388)은 공민왕과 신돈의 비첩婢妾인 반야般若 사이에 태어났다고 한다. 그러나 뒷날 이성계 일파는 우왕이 공민왕의 아들이 아니라 신돈의 아들이므로 진짜 왕씨王氏가 아니라고 하여 폐위시키고 창왕昌王(1388~1389)을 옹립하는 명분으로 삼았다. 공민왕은 다섯 명의 부인을 두었으나 자식이 없었다.

출생부터 의심을 받은 우왕은 권신 이인임李仁任(이조년의 손자)의 추대를 받아 왕위에 올랐는데, 나이가 겨우 10세의 소년으로서 공민왕의 개혁에 반발하는 권문세족의 횡포와 보수반동을 제어하지 못했다. 권력은 이인임, 염흥방廉興邦, 임견미林堅味 등에게 돌아가고, 이들의 횡포는 극에 달했다. 특히 토지겸병이 자행되어 부자는 산천을 경계로 할 만큼 방대한 농장을 점유하고, 가난한 사람은 송곳 꽂을 땅도 없다는 말이 나왔다. 또 땅 하나에 주인이 7~8명이 되는 현상도 나타나서 농민들은 2중, 3중의 수탈을 당하고 있었으며, 권세가의 땅을 빌어 차경借耕을 하면서 신분적으로는 주인에게 예속되어 있었다.

권문세족은 외교에 있어서도 신흥하는 명明을 적대시하고, 멀리 몽고지방으로 쫓겨간 북원北元을 가까이하는 시대역행적인 정책을 따랐다. 이렇게 내정이 어지러운 틈을 이용하여 고려를 더욱 괴롭힌 것은 왜구倭寇였다. 수십 척, 혹은 수백 척의 배를 몰고 다니면서 해안지역에 상륙하여 식량과 문화재 등을 닥치는 대로 약탈해갔다. 그리하여 서해와 남해 연안지역의 기름진 농토가 황폐해지고 주민들은 산속에 숨어 살았다. 조세를 운반하는 조운선漕運船도 공격하여 바닷길이 막혀버렸으며, 개경이 점령당할 위기에 처했다.

태조 이성계 어진(부분) 국보 317호,
150×218cm, 전라북도 전주시
경기전 소장

내우외환의 위기 속에서 백성들은 깨끗하고 힘있는 영웅이 출현하기를 고대했다. 그러한 여망에 부응하여 나타난 인물이 최영崔瑩(1316~1388)과 이성계李成桂(1335~1408) 장군이었다. 두 장군은 홍건적토벌에 이어 왜구토벌에서도 혁혁한 전공을 세웠기 때문이다. 그러나 두 사람은 체질적으로 다른 점이 있었다. 최영은 우왕의 장인으로서 이미 귀족반열에 올라 있었고, 1354년(공민왕 3) 원의 요청으로 산동성에 출병하여 장사성張士誠의 반란을 진압하는 등 원과 긴밀하게 협조해왔다. 말하자면 그는 보수군벌의 대표자였다.

동구릉 중 건원릉(태조릉) 고향인 함흥을 그리워하는 태조에게
함흥산 억새풀로 마지막 옷을 해드렸다는 전설이 전해온다.
경기도 구리시 건원대로 소재

이에 반해 최영보다 19세 연하인 이성계는 본래 변방인 영흥지방 토호의 후예로서 아버지 이자춘李子春이 1365년(공민왕 5) 함경도 지역의 쌍성총관부雙城摠管府를 탈환하면서 협력한 공으로 비로소 개경에 와서 벼슬살이를 하게 된 그야말로 시골출신의 신흥 무장이었다. 그러나 뛰어난 활솜씨로 홍건적과 왜구토벌에 전설적인 공을 세우면서 벼슬이 승승장구했다. 특히 그는 1388년(우왕 14년)에 최영과 협력하여 당시 권세를 떨치던 이인임 일파를 몰아내고 문하시중門下侍中에 올랐다. 이때부터 권력은 최영과 이성계에게로 돌아갔다.

그런데 이때 이미 이성계 휘하에는 정도전鄭道傳(1342~1398), 조준趙浚을 비롯한 급진파 사대부가 결집하여 미래의 혁명을 설계하는 중이었다. 이를 눈치챈 최영은 이성계를 제거할 방법을 모색하던 중, 명이 옛 쌍성총관부 땅을 직속령으로 만들기 위해 철령위鐵嶺衛를 설치한다는 통고를 하자, 최영은 이를 호기로 삼아 명을 징벌하기 위해 요동을 공격하고, 이성계를 그곳 주둔군 사령관으로 내보낼 계획을 세웠다. 그래서 최영이 팔도도통사八道都統使가 되고, 조민수曹敏修를 좌군도통사, 이성계를 우군도통사로 삼아 랴오둥[요둥] 출병에 나섰다.

그러나 이성계는 처음부터 랴오둥[요둥] 공격을 반대했다. 이러한 계획은 자신의 정치적 야망을 좌절시킬 뿐만 아니라, 신흥하는 명과 적대관계에 놓이는 것은 국가장래에 불리하다고 판단했기 때문이다. 여기에 여름철 우기雨期에 작전을 벌이는 것과 군량미 부족도 우려의 대상이 되었다. 이성계는 이런 생각을 정리하여 '4불가론'을 왕에게 건의했으나, 최영에 의해 묵살되고 출병이 강행된 것이다. 마지못해 출병한 이성계는 압록강 하류에 있는 위화도威化島에서 말머리를 돌려 개경으로 돌아왔다(1388, 우왕 14). 그리고 우왕과 최영을 제거하고, 조민수와 이색의 추천을 받아 우왕의 아들 창昌을 왕으로 세웠다. 당시 창왕昌王(1388~1389)은 9세였으므로 왕권을 행사하기 어려운 처지였고, 따라서 실권은 이성계에게 돌아갔다.

2) 전제개혁과 조선왕조의 개창

이성계 일파는 창왕도 좋게 보지 않았다. 창왕의 외조가 권신 이임李琳인데다 조민수, 이색 등이 추천한 인물이었기 때문이다. 그래서 가짜 왕씨인 우왕의 아들 창왕도 가짜로 몰아 이른바 폐가입진廢假立眞(가짜를 폐하고 진짜를 세운다)을 내세워 1년 만에 폐위하고, 신종神宗의 7세손인 공양왕恭讓王(1389~1392)을 옹립했다. 공양왕은 당시 45세의 장년이었으나, 성격이 유약하고 고립무원의 상태여서 이성계에게 모든 실권이 넘어갔다.

당시 이성계 휘하에는 이색의 문인으로 성리학과 정치경륜이 뛰어난 정도전이 막료로 참여하여 조준, 남은南誾, 윤소종尹紹宗 등 급진개혁파를 포섭하여 새 왕조창업을 기획하고 있었으므로, 이성계가 실권을 잡자 바로 건국을 위한 개혁사업에 착수했다. 그 첫 번째 사업은 온 백성의 숙원이던 전제개혁이었다. 전제개혁은 위화도회군 직후인 1388년(우왕 14) 7월 대사헌 조준과 간관 이행李行, 전법판서 조인옥趙仁沃 등이 상소를 올리면서 시작되어 1390년(공양왕 2)에는 마침내 옛 토지대장을 모두 불태워버렸는데, 그 불길이 며칠간 지속되었다고 한다.

그러나 전제개혁에 대한 반대세력의 저항이 만만치 않아서 이를 극복하기 위해 1391년(공양왕 3) 1월에 삼군도총제부三軍都總制府를 설치하고 이성계, 조준, 정도전이 군권을 장악했다. 그리고 이해 5월에는 드디어 과전법科田法이 공포됨으로써 전제개혁이 일단락되었다. 이 개혁으로 전국의 토지가 재분배되어 관료들은 경기도 땅에서 최고 150결, 최하 10결의 토지를 수조지收租地로 받게 되고, 이성계에 불복하는 전직관료나 품관閑官들은 10결 혹은 5결의 군전軍田만을 받고 군역의 의무를 지게 되었다. 이로써 산천을 경계로 삼던 과거의 대지주＝권문세족들은 자연히 몰락하여 중소지주로 떨어졌으며, 종전에 지주와 작인 사이에 이루어지던 차경借耕 관행이 금지되고, 모든 토지는 1결당 30두를 받는 것으로 낮추어졌다.

전제개혁은 우리나라 역사상 최초로 무상몰수 무상분배를 시행한 것으로, 권문세족들에게는 심각한 타격을 주었으며, 현직과 산직散職의 관료와 향리, 군인, 장인匠人 등 국가의 공역公役을 지는 자에게는 생계 안정을 가져왔으며, 일반 농민들은 가혹한 신분적 강제에서 해방되어 법으로 정한 조세를 내는 것으로 부담이 줄어들었다. 따라서 전제개혁은 국가재정과 민생안정에 절대적인 기여를 했으며, 이 때문에 이성계 일파는 백성의 지지를 얻었고, 반대로 피해를 입은 권문세족이나 기성 사대부들은 이에 불만을 품고 이성계 일파와 첨예하게 대립하게 되었다.

전제개혁으로 권문세족의 경제기반을 무너뜨린 뒤에 남은 문제는 새 왕조의 개창을 반대하는 온건개혁파 사대부를 제거하는 일이었다. 특히 1392년(공양왕 4) 4월에 이성계가 사냥하다가 낙마하여 부상을 입자 정몽주를 비롯한 반대파는 이성계 일파를 제거하고자 대반격을 가했다. 그러나 정몽주가 이성계의 아들 이방원李芳遠이 보낸 자객에 의해 선죽교善竹橋에서 격살되고, 7월 17일 드디어 50여 명의 혁명파는 58세의 이성계를 왕으로 추대했다. 조선왕조가 개창된 것이다. 새 정권은 도평의사사都評議使司의 인준을 얻어 합법화되었다. 새 정권은 왕조교체를 민심과 천심의 지지를 받은 것으로 자처하고, 이를 맹자가 말한 역성혁명易姓革命으로 정당화했다.

조선왕조의 개창은 무력사용을 최소화시키고, 개혁을 통한 민심의 지지와 도평의사사의 인준을 거쳐 권력의 정당성을 얻어냈다는 점에서 정복에 의한 왕조교체가 아니라, 비교적 평화적으로 바꾸었다는 점에서 정치사의 큰 획을 긋는 사건으로 기록할 만하다.

2. 새 국호, 새 수도

1) 새 국호

태조 이성계에서 제9대 성종成宗(1469~1494)에 이르는 15세기 100년간은 새 국가의 이념과 통치질서가 틀을 잡은 시기였다. 태조太祖(1392~1398) 때는 정도전, 조준, 남은 등 개국공신이 실권을 쥐고 국호國號를 제정하고, 통치이념을 정비했으며, 태조의 강력한 의지에 따라 수도首都를 한양으로 옮기는 등 새 국가의 기초를 다졌다. 특히 정도전이 왕조의 설계자로서 큰 역할을 맡았다.

국호는 고조선을 계승하겠다는 뜻을 담은 조선朝鮮과 이성계의 고향인 화녕和寧이라는 두 개의 국호를 만들어 명나라 황제와 상의하여 조선으로 정했다.[1] 조선은 단군조선檀君朝鮮에서 역사의 유구성과 천손후예의 자부심을 찾고, 정전제井田制와 팔조교八條敎를 시행하여 조선을 도덕적 이상국가로 만든 기자조선箕子朝鮮에서 도덕문명의 뿌리를 찾아 이를 계승한다는 역사계승의식이 담겨 있다. 위만조선은 찬탈자이므로 계승할 가치가 없다고 믿었다.

단군과 기자에 대한 인식은 고려 말 일연의 《삼국유사》와 이승휴의 《제왕운기》 등에 정리되어 있어서 이미 사대부 지식인들 사이에 친숙해진 역사의식이었다. 따라서 새 왕조의 국호는 사대부 지식인들이 발전시켜 놓은 역사의식을 수렴하여 건국이념으로 승화시키고, 이를 바탕으로 고조선의 영광을 계승한다는 법고창신法古創新의 주체성과 도덕성이 반영되어 있었다.

단군과 기자는 그 후 각종 역사책에서 통설로 받아들여지고, 또 국가에서 제사를 지내는 위대한 조상신으로 숭앙되었다. 평양에 세운 기자사당箕子祠堂(崇義殿)은 고려시대에도 있어서 이를 그대로 계승했으나, 단군을 새로 숭앙하기 위해 기자사당 옆에 단군사당[1729년에 숭령전(崇靈殿)으로 개칭]을 따로 세우고, 중국에서 사신들이 올 때에는 이곳에 먼저 참배하여 우리가 단군의 후예임을 알려주었다. 또, 황해도 문화현 구월산에는 전부터 환인桓因, 환웅桓雄, 단군檀君을 제사하는 삼성사三聖祠라는 사당이 있어서 흉년이 들거나 질병이 돌거나 아기를 갖지 못하면 민간인이 이곳에 참배하여 삼성三聖(혹은 三神)이 구제해 주기를 기원하는 풍습이 있었는데, 조선왕조는 이곳에서도 제사를 지내기 시작했다.

국호가 조선으로 정해지고, 단군숭배가 강화된 것은 민족의식이 한 단계 심화되었다는 의미다. 고려가 고구려의 영광을 계승한다는 뜻으로 국호를 고려라고 했으나, 고구려는 삼국 중 하나이므로 민족을 대표하는 나라가 될 수 없었다. 이에 비해 고조선은 삼국의 공통된 뿌리이므로 삼국유민이 모두 숭앙할 수 있는 대상이 되었고, 결과적으로 삼국유민三國遺民 의식을 청산하여 민족통일의식을 높이는데 이바지했다.

2) 새 수도

1394년(태조 3) 10월 새 왕조는 수도를 개성에서 한양漢陽으로 옮겼다. 한반도의 중앙에 위치한 한양은 남쪽으로 한강을 끼고 있어서 수로교통이 편리할 뿐 아니라, 주변에 높은 산들이 둘러싸고 있어서 천혜의 요새지를 이루고 있다. 그래서 일찍이 백제가 이곳에 5백 년간 수도를 정하여 강국을 건설했고, 뒤에는 고구려, 신라도 이곳을 점령하여 삼국문화가 골고루 스며들어 있어서 지방색이 가장 옅은 곳이기도 했다.

고려시대에도 한양을 명당으로 지목하고 문종(1046~1083) 때 이곳을 남경南京으로 승격시켜 도시화를 추진하고, 숙종(1095~1105) 때에는 이곳에 궁궐을 짓고 경역境域을 확정하면서 왕이 여러 달씩 머물다 돌아갔다. 당시 한양명당설을 적극적으로 들고 나온 것은 민족지리학자인 풍수

---

1) 국호를 정하는데 명나라 황제의 동의를 구한 것은 비굴한 행동으로 보일지 모르나, 이성계가 공민왕 때 요동을 공격한 일로 명나라는 이성계를 의심하고 있었기 때문에 이런 오해를 풀기 위해 의도적으로 취한 행동이다.

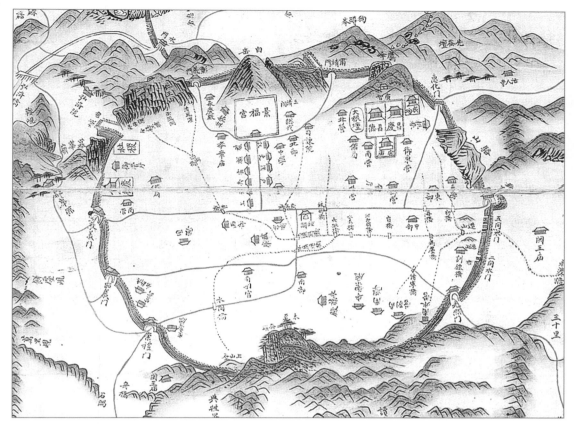

한양지도 18세기 중엽《해동지도》중에서

가들이었다. 특히 우리나라 풍수지리의 창도자인 도선道詵의 후계자임을 자처하던 김위제金謂磾
는 한양으로 도읍을 옮기면 사해四海의 신령한 물고기들이 한강으로 모여들고, 한강의 어룡魚龍
들이 사해로 뻗어나가며, 나라 안팎의 상인들이 보배를 갖다 바치는 세계중심국가가 된다고 주
장했다. 그래서 고려 왕들은 이곳으로 도읍을 옮기려고 몇 차례 시도했으나, 한양의 주인공은
왕씨王氏가 아니라, 목자木子의 성을 가진 이씨李氏가 된다는 믿음이 민간에 널리 퍼져 천도를 포
기했다.[2]

그런데 조선왕조를 개창한 이성계는 바로 자신이 이씨로서 한양에서 밝고 깨끗한 새 세
상을 열 수 있는 주인이라고 생각하여 한양천도를 결행하게 된 것이다. 그러나 한양의 궁궐배
치를 둘러싸고 신하들 간에 의견차이가 있었으나, 결국 정도전의 주장을 따라 백악산白岳山을
주산主山으로 하는 도시구조가 결정되었다.

한양건설은 천도 후에 이루어졌다. 이미 고려시대의 남경으로 어느 정도 도시가 갖추어

---

2) 고려는 음양오행의 수덕水德을 가진 왕조여서 그 다음 왕조는 오행의 상생설에 따라 목덕木德의 시대가 온다고
보았다. 그래서 목덕의 시대에는 왕도 목자木子가 되어야 한다고 믿었다.

지고 궁궐도 있었기 때문에 천도를 미리 실천한 것이다. 통치의 중심공간인 궁궐[景福宮]을 백악산 아래에 남향으로 짓고[1395], 왕실 조상의 신주를 모신 종묘宗廟, 땅과 곡식의 신을 모신 사직社稷을 궁궐의 좌우에 건설했으며,[3] 1395년(태조 4)부터 도성都城이 건설되었다. 도성은 한양의 자연지세를 이용하여 주산인 백악산과 좌청룡左靑龍에 해당하는 낙산駱山(혹은 낙타산), 우백호右白虎에 해당하는 인왕산仁王山, 안산案山에 해당하는 남산南山을 연결하는 둥근 모습으로, 그 길이는 약 17km에 달했으며 8도의 군인들을 동원하여 구역별로 나누어 건설했다. 그밖에 관아, 시장, 학교 등이 차례로 건설되었다. 정도전이 궁궐의 전당殿堂과 도성의 성문城門[4] 그리고 52방坊의 이름을 지었는데, 여기에는 유교적 윤리덕목과 오행사상을 담았다.

수도 한양에는 관료, 수공업자, 상인, 주민들이 모여들어 약 10만 명의 인구를 헤아리게 되었으며, 무당이나 승려는 도성 안에 살지 못하게 했다. 왕족과 관료들은 궁궐 주변에 살고, 종로에는 시전市廛으로 불리는 상가商街가 조성되었으며, 도성 밖 10리를 성저십리城底十里라 하여 개인의 무덤을 쓰거나 벌채를 하지 못하도록 규제했다. 말하자면 그린벨트 지역으로 묶어둔 것이다.

3. 국가체제의 완성

1) 태종과 세종

태조(1392~1398)는 후계자로 둘째 부인이 낳은 방석芳碩을 세자로 책봉했으나, 재위 7년에 첫째 부인이 낳은 다섯째 아들 방원芳遠이 난을 일으켜 방석과 그 후원자인 정도전 일파를 죽이자 크게 실망하여 스스로 물러나 고향 함흥으로 은퇴했다(1398). 그 뒤에 태조의 둘째 아들 방과芳果가 왕위에 올라 정종定宗(1398~1400)이 되었으나 아우 방원의 야심을 알고 2년 만에 스스로 물러나, 왕위는 방원芳遠에게 돌아갔다. 이가 태종太宗(1400~1418)이다.

34세의 장년으로 왕이 된 태종은 일찍이 문과에 급제하고 정몽주를 제거하는 데 앞장서는 등 개국에 공로가 크고 능력도 있었으나, 이성계의 신임을 얻지 못하여 왕위계승에서 탈락했다. 이에 불만을 가진 그는 세자가 된 이복동생 방석芳碩과 그를 보호하고 있던 정도전 일파를 반역을 일으켜 왕자들을 죽이려고 했다는 죄를 뒤집어 씌워 기습적으로 처단하고(1398), 이어 넷째 형인 방간芳幹의 도전을 물리친 후 정종을 압박하여 왕위를 물려받았다.[5]

태종은 왕위에 오른 후 태상왕太上王인 이성계와 심한 갈등을 일으켰으나, 왕권을 안정시

---

3) 궁궐에서 남쪽을 바라보고 왼편[동쪽]에 종묘, 오른편[서쪽]에 사직을 건설했다.

4) 도성에는 4개의 대문大門과 4개의 소문小門이 건설되었는데, 4대문의 이름은 오행사상을 따라 동대문은 흥인지문興仁之門, 서대문은 돈의문敦義門, 남대문은 숭례문崇禮門, 북문은 숙정문肅靖門(혹은 昭智門, 뒤에 肅淸門)이라 했다. 한편, 4소문은 서소문을 소의문昭義門, 동소문을 혜화문惠化門, 남소문을 광희문光熙門, 북소문을 창의문彰義門이라 했다. 그리고 중앙인 종로에 보신각普信閣을 두었다. 이런 명칭은 인仁(동), 의義(서), 예禮(남), 지智(북), 신信(중앙)의 5덕五德을 표현한 것이다.

5) 이성계는 첫째 부인 한씨韓氏(신의왕후) 사이에 방우芳雨, 방과芳果, 방의芳毅, 방간芳幹, 방원芳遠, 방연芳衍 등 여섯 왕자를 두었고, 둘째 부인 강씨康氏(신덕왕후) 사이에 방번芳蕃, 방석芳碩 등 두 왕자를 얻었다. 이 중 방간은 방원과 다투다가 유배되고, 방번과 방석은 방원에 의해 살해되었다.

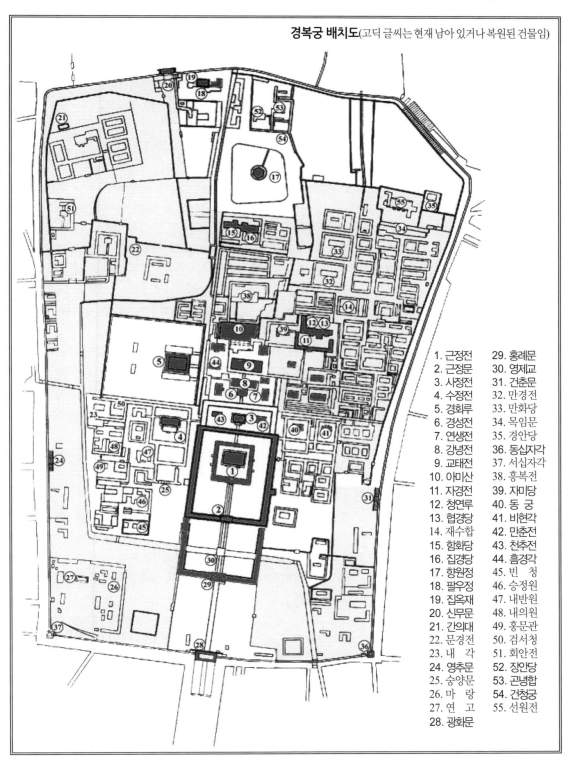

경복궁 배치도(고딕 글씨는 현재 남아 있거나 복원된 건물임)

1. 근정전	29. 홍례문
2. 근정문	30. 영제교
3. 사정전	31. 건춘문
4. 수정전	32. 만경전
5. 경회루	33. 만화당
6. 경성전	34. 목임문
7. 연생전	35. 경안당
8. 강녕전	36. 동십자각
9. 교태전	37. 서십자각
10. 아미산	38. 흥복전
11. 자경전	39. 자미당
12. 청연루	40. 동 궁
13. 협경당	41. 비현각
14. 재수합	42. 만춘전
15. 함화당	43. 천추전
16. 집경당	44. 흠경각
17. 향원정	45. 빈 청
18. 팔우정	46. 승정원
19. 집옥재	47. 내반원
20. 신무문	48. 내의원
21. 간의대	49. 홍문관
22. 문경전	50. 검서청
23. 내 각	51. 회안전
24. 영추문	52. 장안당
25. 숭양문	53. 곤녕합
26. 마 랑	54. 건청궁
27. 연 고	55. 선원전
28. 광화문	

키기 위해 많은 노력을 기울였다. 권세 있는 신하는 공신이든 처남이든 가리지 않고 처단하고, 6조를 왕이 직접 장악하여 재상중심의 정치운영을 국왕중심체제로 바꾸었다. 또, 언론기관인 사간원司諫院을 독립시켜 대신을 견제하게 하고, 궁궐에 신문고申聞鼓를 설치하여 반란음모를 고발하게 했다. 국가경제에 해독을 끼치는 사원의 토지를 몰수하여 전제개혁을 마무리 짓고, 개인이 소유하고 있던 사병私兵을 혁파했다. 그밖에 억울하게 공노비가 된 자를 조사하여 해방시키고, 지방의 품관品官들을 억압하여 군역을 지도록 만들었다.

태종은 왕자들의 권력투쟁이 일어난 경복궁을 피하여 1405년(태종 5)에 응봉산 자락에 창덕궁昌德宮을 새로 건설하기도 했다.

태종은 재위 18년 만에 왕위를 셋째 왕자인 22세의 충녕대군忠寧大君에게 물려주니 이가 세종世宗(1418~1450)이다. 태종은 물러나서도 군권을 계속 장악하면서 세종을 후원했다. 태종이 악역을 맡아 추진한 개혁의 결과, 세종은 32년간 안정된 왕권과 경제력을 바탕으로 유교적 문화통치의 꽃을 활짝 피웠다. 세종은 특히 백성의 복지진흥에 힘을 기울였다. 공법貢法을 실시하여 전세田稅를 낮추고 공평하게 부과했으며, 의창제義倉制를 실시하여 빈민을 구제하고, 감옥시설을 개선했으며, 관비官婢의 출산휴가를 15일에서 산전 한 달, 산후 100일로 늘려주고, 그 남편[婢夫]에게도 산후 한 달간 휴가를 주었다. 그밖에 사형수에 대한 복심제覆審制를 시행하여 억울하게 죽는 일이 없도록 했다.

인재등용에 있어서도 천인賤人이나 귀화인이라도 능력이 있는 자는 신분을 가리지 않고 과감하게 등용하고, 수공업자와 상인에게도 잡직雜職이라는 벼슬길을 열어주었다. 재인才人(광대)과 화척禾尺(도살업자)을 신백정新白丁이라 하여 양민으로 올려주기도 했다. 중국에서 귀화한 천인 과학자 장영실蔣英實을 우대하여 과학기술의 꽃을 피우고, 위구르족 출신의 설순偰循을 집현전 학사로 등용했다.

세종 정치를 보좌한 두뇌집단은 집현전集賢殿 출신의 학자들이었다. 궁 안에 설치한 정책연구기관인 집현전의 젊은 학자들은 일반 신하들보다 고급대우를 받으면서 중국과 우리나라의 전통문화를 깊이 연구하여 이를 책으로 편찬하고, 국왕의 정책에 자문했다. 정인지鄭麟趾, 신숙주申叔舟, 양성지梁誠之, 서거정徐居正 같은 우수한 학자들이 여기서 배출된 것이다. 세종은 민생과 관련된 중요한 정책을 결정할 때에는 백성들의 여론을 존중했다. 예컨대 공법貢法을 제정할 때에는 조정의 신하와 지방의 촌민에 이르기까지 18만 명의 찬부를 묻고, 그래도 부작용이 있을까 염려하여 10년간의 시험기간을 거친 뒤에 전국적인 시행에 들어갔다.

세종 때에는 도덕적 기강이 바로 잡혀 청백리淸白吏로 표창된 재상이 많이 나왔다. 동대문 밖의 비가 새는 초가에서 우산을 받치고 살았다는 유관柳寬(뒤에 柳寬), 고향에 내려갈 때 소를 타고 다녔다는 맹사성孟思誠, 그밖에 황희黃喜, 허조許稠와 같은 정승들이 남긴 아름다운 일화는 오랫동안 세인의 칭송을 받았다. 그리하여 세종 때에는 민생이 크게 안정되고 국가재정도 충실하여 몇 년간 쓸 수 있는 5백만 섬의 곡식을 비축했다. 여기에 백성들이 배우기 쉬운 국문자(훈민정음)까지 창제하여 문화참여의 기회를 넓히고, 백성과 더불어 즐거움을 함께 나눈다는 뜻을 가진 〈여민락與民樂〉을 만든 것은 이 시대의 밝은 모습을 상징적으로 말해준다.

세종은 대외적으로도 큰일을 했다. 1419년(세종 원년)에 이종무李從茂를 보내 왜구의 소굴인

쓰시마[대마도]를 정벌하게 했으며, 최윤덕과 김종서를 보내 북방의 여진족을 몰아내고 4군四郡과 6진六鎭을 개척하는 개가를 올렸다. 세종이 죽은 뒤 백성들은 세종을 '해동의 요순堯舜'으로 숭앙했다.

2) 세조와 성종

세종 말년에 이르러 대륙의 정세에 변화가 일어났다. 몽골족의 일파인 달달족達達族[오이라트족]의 족장 에센也先이 몽골지역을 통일하고 명나라를 압박해오자 그들의 말을 돈으로 사주는 정책으로 침략을 막고 있었는데, 명나라 환관이 말값을 지불하지 않자 토목土木[하북성]으로 쳐내려왔다. 이에 명나라 황제[英宗]가 직접 나가 싸웠으나 오히려 패하여 포로가 되는 사건이 일어났다. 이를 '토목의 변'(1449; 세종 31)이라고 부른다. 이 사건이 조선에 알려지자 조정에는 위기감이 크게 조성되었다. 세종 다음의 문종文宗(1450~1452) 때 우리나라 전쟁사를 정리한 《동국병감東國兵鑑》이 편찬된 것은 이런 위기의식의 소산이었다.

많은 질병에 시달리던 세종이 54세로 세상을 떠나고 8명의 왕자 가운데 맏아들이 왕위에 오르니 이가 문종文宗(1450~1452)이다. 그러나 37세에 왕이 된 문종은 몸이 약해 3년 만에 세상을 떠나고, 아들 단종端宗(1452~1455)이 왕위를 이었으나 나이가 12세에 불과했다.

'토목의 변'으로 국가적 위기관리가 필요하던 시기에 병약한 왕에 이어 어린 왕이 즉위하자 권력은 김종서金宗瑞(1383~1453)와 황보인皇甫仁 등 대신들이 장악했다. 특히 김종서는 세종 때 6진을 개척한 주인공으로 '호랑이 재상'으로 불릴 만큼 권위가 대단했으며, 나이 70의 원로로 어린 왕을 보좌했다.

강원도 영월 청령포 단종이 유배된 곳

이런 상황을 안타깝게 지켜본 것은 단종의 숙부들이었다. 허약한 임금의 모습을 이씨왕조의 위기로 받아들였다. 단종의 큰 숙부 수양대군首陽大君과 둘째 숙부 안평대군安平大君은 비상수단으로 왕위를 찬탈하려고 경쟁하다가 무사를 많이 포섭한 수양이 문사를 포섭한 안평을 누르고 39세에 왕위에 올랐다. 이가 7대 임금 세조世祖(1455~1468)다. 개국공신 후손인 한명회韓明澮와 집현전 출신 학자 권람權擥[권근의 손자] 등이 수양대군의 참모가 되어 집권을 도와주었다.

수양대군은 왕이 되기 전에 먼저 김종서와 황보인과 같은 재상들을 죽이고 전권을 휘두르다가 왕위를 차지했다(1455). 그러나 단종을 복위하려는 사육신사건이 터지자 단종을 멀리 강원도 영월의 청령포로 유배 보낸 뒤 사약을 내렸다. 17세의 소년임금은 꿈도 펴지 못하고 세상을 떠났다.

유교정치의 법도에 어긋나는 세조의 왕위찬탈은 많은 유신의 반발에 부딪혔다. 삼중신三重臣, 사육신死六臣 등이 단종복위를 음모하다가 처참하게

세조대왕신 죽은 뒤 巫神의 하나가 됨

처형되었는데,[6] 이들은 조선 후기에 충신으로 추앙받았다.

세조는 재위 14년간 유교의 정치윤리에 어긋난 일을 많이 했으나 결과적으로 왕권을 안정시키고, 중앙집권체제와 국방을 강화하는데 기여했다. 종친을 정치에 참여시켜 왕실의 울타리를 튼튼하게 만들고, 국방을 강화하기 위해 진관체제鎭管體制를 실시하여 변방중심의 방어체제를 전국적인 지역중심 방어체제로 바꾸었으며, 호적戶籍 사업과 호패법號牌法을 강화하고 보법保法을 실시하여 군정수軍丁數를 1백만 명으로 늘렸다. 또 국가재정을 안정시키기 위해 퇴직관료에게도 지급하던 과전科田을 현직관료에게만 지급하는 직전법職田法으로 바꾸었다.

세조는 전제권 강화와 부국강병을 위해 성리학을 억제하고, 그 대신 민족신앙과 도교, 불교, 법가의 이념을 존중했다. 만주를 차지했던 고조선과 고구려의 영광을 되살리려는 꿈을 품고 고대사를 자랑스럽게 고쳐 쓰기 위해《동국통감東國通鑑》편찬을 직접 주도했으나, 신하들의 적극적인 협조를 얻지 못해 완성을 보지 못했다. 또 만세불변의 법전法典을 만들기 위해《경국대전經國大典》편찬사업을 시작하여 일부만 완성했다.

세조의 집권으로 왕실의 위상이 높아지고 부국강병이 강화되었으나, 무리한 강병정책으로 관료와 지주층의 생계를 압박하고, 과도한 군역부담으로 민생도 악화되었다. 이런 가운데 함경도에서 이시애李施愛가 지도하는 토호반란이 크게 일어나고(1467; 세조 13), 한명회韓明澮를 비롯한 공신들과도 사이가 벌어졌다. 세조는 재위 14년 만에 타계하고, 둘째 왕자 예종睿宗 (1468~1469)이 즉위했다.

그러나 예종이 1년 만에 죽자, 예종의 형인 도원군桃源君(뒤에 德宗으로 추존)의 아들이 왕위를 이으니 이가 9대 성종成宗(1469~1494)이다. 13세에 왕이 된 성종은 한동안 할머니 정희왕후貞熹王后(세조비) 윤씨와 어머니 소혜왕후昭惠王后(덕종비, 뒤의 인수대비) 한씨가 정치를 돌보는 가운데, 실권은 세조의 집권을 도왔던 한명회 등 대신들이 쥐었다. 한명회는 자신의 두 딸을 예종과 성종의 비로 들여 2중으로 국구國舅가 되어 막강한 위세를 떨쳤다.

20세가 되어 친정을 시작한 성종은 권신들을 견제하고, 세조 대에 굴절된 유교정치를 바로잡기 위해 젊고 기개 있는 선비들을 중용하기 시작했다. 경상도 선산 출신의 선비 김종직金宗直[7]과 그 문인들이 언론과 문한직文翰職에 포진하여 의정부 대신들을 견제하면서 왕권을 떠받쳐 주었다.

성종은 현실주의자인 기성관료[勳臣]와 유교적 근본주의자인 선비[士林]라는 두 정치세력을 서로 조화시키면서 개국 초부터 추진하던 문물개혁 사업을 마무리 지었다. 우선, 세조 때부터 시작한《경국대전》편찬을 완료하여 반포하고, 우리나라 전국 지리지인《동국여지승람東國輿地勝

---

6) 단종을 지키다가, 또는 복위운동에 가담했다가 죽임을 당한 신하는 수십 명에 이르렀는데, 남효온南孝溫은《추강집秋江集》에서 박팽년朴彭年, 성삼문成三問, 이개李塏, 하위지河緯地, 유성원柳誠源, 유응부兪應孚 등 6명을 골라 사육신死六臣이라고 호칭했다. 그 후 1791년(정조 15)에 충신의 범위를 더 넓혀서 6명의 종친을 6종영六宗英, 4명의 외척을 4의척四懿戚, 세 사람의 재상을 3상신相臣(황보인, 김종서, 정분), 3명의 중신을 3중신重臣(민신, 조극관, 김문기), 두 사람의 운검을 양운검兩雲劍(성승, 박쟁) 등으로 명명하고 이들 32명을 국가에서 제사했다.

7) 김종직[호 佔畢齋; 1431~1492]은 고려 말 이성계의 개국을 반대하다가 순절한 정몽주, 벼슬을 거부하고 고향인 선산善山으로 내려가 후진양성에 힘쓴 길재吉再의 학풍을 계승한 김숙자金叔滋의 아들로서 영남선비들의 존경을 받던 인물이었다. 이들은 절의節義를 특히 숭상하여 현실주의적 감각을 지닌 서울의 기성관료들과는 체질을 달리했다.

覽), 우리나라 역대 문장의 정수를 모은 《동문선東文選》, 세조 때부터 착수해 온 우리나라 통사인 《동국통감東國通鑑》 편찬을 완료했다. 이것들이 완성의 의미를 갖는 것은 국왕, 훈신, 사림 등 당시의 대표적 정치세력이 서로 균형과 조화를 이루면서 공동 참여하여 일단 합의를 이끌어냈기 때문이다. 그리하여 개국한 지 100년 만에 조선적 특색을 지닌 통치질서와 문화를 완성했다. 성종이라는 묘호廟號가 그래서 붙여진 것이다.

4. 영토확장과 대외관계

1) 영토확장과 명과의 관계

새 왕조는 건국 직후부터 영토확장정책을 적극적으로 추진했다. 조선 초기 지식인들은 우리나라가 본래 만주를 포함한 '만리萬里의 대국'이라고 생각하고, 지도나 지리지를 편찬할 때 만주를 우리 국토에 포함시켰다. 《고려사》〈지리지〉나 《동국여지승람》의 서문에 그런 표현이 보인다. 말하자면 잃어버린 만주땅에 대한 꿈을 잃지 않으면서 국토확장과 대외관계를 진취적으로 추진했다.

우선, 태조는 정도전을 시켜 함경도지방의 성보城堡를 수리하고 여진족과 주민들을 회유하여 행정구역으로 편입시켰으며, 다른 한편으로 우왕 때 출정했다가 위화도에서 회군한 요동정벌운동을 다시 추진했다. 위화도회군은 전략상 후퇴였지 요동을 포기한 것은 아니었기 때문이다. 그래서 개국 직후 정도전, 남은 등이 주동이 되어 군량미를 비축하고, 전투방법을 개발하고 군사훈련을 강화했다. 그러나 비밀리에 추진되던 이 계획은 명나라에 감지되어 명은 태조의 즉위를 인정하는 인신印信을 끝까지 주지 않았다. 이성계는 공민왕 때에도 요동출병을 한 일이 있었으므로 명은 처음부터 태조를 믿지 않았다가 개국 후 그 의심이 더욱 커진 것이다. 명은 요동정벌운동의 주모자인 정도전을 '조선의 화근禍根'이라고 하면서 명으로 압송하도록 다그칠 정도였다.

태조의 랴오둥 정벌 운동은 왕자나 종친들이 거느린 사병私兵을 혁파하여 공병公兵으로 귀속시키고, 왕자간의 권력투쟁을 막으려는 의도도 숨어 있었다. 그래서 사병을 잃게 된 이방원의 반격이 일어난 것이다. 태종의 집권으로 요동정벌운동이 중단된 대신 대명관계를 정상화시키는 계기가 되었다.

태종은 랴오둥 수복을 포기한 대신 충청, 전라, 경상도의 향리와 부민富民을 대거 북방으로 강제 이주시켜 압록강 이남지역 개발을 추진했다. 이러한 사민정책徙民政策은 그 후 세종에서 성종 때까지 이어져 수만 호의 주민이 이주했으며, 그 결과 황막荒漠했던 함경, 평안, 황해도지방이 개발되고 남북 간 인구배치의 균형이 어느 정도 이루어졌다.

압록강과 두만강 유역에 대한 영토확장 정책은 세종 때 더욱 적극적으로 이루어졌다. 1433년(세종 15)에 최윤덕崔潤德을 보내 압록강변의 여진족 이만주李滿住를 토벌하고, 다음해에는 김종서金宗瑞를 두만강 유역에 보내 여진족을 강 밖으로 몰아냈다. 그리고 두만강 연안에 6진六

세종 때의 북방개척(4군 6진)

보 기
● 동북 6진
◎ 서북 4군
□ 북병영

鎭[8]을, 압록강 연변에 4군四郡[9]을 설치하여 영토로 편입했다. 그러나 조선왕조는 압록강과 두만강을 국경선으로 생각하지는 않았으며, 그 이북의 땅도 미수복지구로 생각했다. 수복된 지역에는 토착민을 토관土官으로 임명하여 자치를 허용하고, 강변지역은 전략촌으로 특수하게 편제하여 여진족의 침략에 대비했다.

여진족에 대한 토벌정책과 병행하여 그들을 회유, 포섭하는 정책도 병행되었다. 여진족의 생활을 돕기 위해 식량, 농기구, 의류 등을 국경지역에서 무역하도록 허용하고, 여진 추장의 조공朝貢과 귀화를 적극 권장하여 많은 여진족이 귀화했다.

한편, 명과의 관계는 태조의 랴오둥 수복 정책으로 한 때 긴장이 고조되었으나, 태종의 등장으로 우호관계가 회복되었다. 명은 과거 어느 왕조보다도 강경한 대외정책을 써서 주변을 조공朝貢을 바치는 제후국으로 묶어놓으려고 했으므로 조선왕조도 그 사대조공체제에서 벗어날 수 없었다. 그리하여 두 나라는 형식상 천자와 제후 관계를 맺고, 새 왕이 즉위하면 천자의 승인을 받는 절차를 거쳐 인신印信(도장)과 고명誥命(임명장)을 받았으며, 명의 달력을 사용했다. 이런 절차를 책봉冊封이라 했다. 그리고 명의 주요한 명절이나 그밖에 우리가 필요한 경우에는 수시로 사신을 파견하여 조공朝貢을 바치고, 우리가 필요한 물품을 회사回賜라는 형식으로 받아왔는데, 이를 통해 경제 및 문화교류가 활발하게 진행되었다.

그러나 명은 조선에 대하여 '의종본속儀從本俗'과 '성교자유聲敎自由'를 허용하여 고유풍속과 정치적 자유를 그대로 인정했으며, 이렇게 자유를 가진 독립제후를 '황복제후荒服諸侯[10]'로 불렀다. 따라서 명과의 사대조공관계는 결코 조선의 주권과 독립에 영향을 미치지 못했다.

더욱이 명은 조선을 '동방예의지국東方禮義之國'으로 불러 조선에서 온 사신은 다른 나라 사신에 비해 특별한 우대를 받았다. 조선에서 가져가는 물품은 종이, 붓, 화문석, 금, 은, 인삼, 도자기, 책, 말 등이었는데, 특히 종이는 질기고 매끄러워 등피지等皮紙 또는 경면지鏡面紙라는 별칭을 얻었으며, 중국 황실과 귀족의 애호품으로 큰 사랑을 받았다. 한편, 중국에서는 책, 비단, 약재, 문방구 등을 들여왔다. 따라서 명과 조선의 교류는 주로 문화적인 물품을 서로 교환하는 것이었는데, 경제적인 비중은 그다지 높지 않았다.

---

8) 6진은 부령富寧, 온성穩城, 경흥慶興, 경원慶源, 회령會寧, 종성鍾城을 말한다.

9) 4군은 여연閭延, 자성慈城, 우예虞芮, 무창군茂昌郡을 말한다.

10) 중국은 황제가 아닌 신하를 모두 제후로 불렀는데, 황제의 수도로부터 거리를 계산하여 제후를 6등급, 또는 9등급으로 나누었다. 거리가 가까울수록 천자에게 복종하는 정도가 높고, 거리가 먼 제후를 황복제후라 하여 독립성을 가진 제후로 인정했다.

2) 일본 및 동남아 국가와의 관계

조선왕조의 영토확장은 남방에도 미쳤다. 고려 공민왕 이후로 식량과 문화재를 약탈하기 위해 들어오는 일본 하급무사, 즉 왜구倭寇 때문에 해안지방은 하루도 편한 날이 없었으며, 백성들은 산속으로 숨어들기 바빠 농사를 제대로 지을 수가 없었다. 왜구는 특히 대마도 왜인이 앞장서고 규슈지방의 호족이 뒤를 후원했는데, 그만큼 그들은 식량이 부족하고 선진문명에 대한 욕구가 컸다. 그래서 평시에는 대마도주가 토산품을 조공으로 바치고 회사품을 받아갔는데 욕심이 커져 물자가 풍부한 우리나라 해안지방을 약탈하게 된 것이다. 고려는 왜구를 물리치기 위해 화약무기를 개발하고 몇 차례 왜구토벌이 이루어졌음은 앞에서 설명한 바와 같다.

조선 개국 후 국력이 커지면서 대포 등 무기가 개량되고, 국방력이 강화되어 왜구의 침략은 현저히 줄어들었다. 이에 따라 황폐되었던 해안지역이 다시 개발되고 농지가 확대되었으며, 국가수입도 늘어났다. 침략과 약탈이 어려워진 것을 알게 된 왜구와 그 배후세력인 호족들은 평화적인 무역관계를 요구해 왔다. 조선은 일본과의 선린을 유지하기 위해 이를 승인하고 부산과 창원내이포을 개항하여 제한된 무역을 허용했다.

그러나 일본 상인들은 조선의 통제무역에 불만을 품고 밀무역을 감행하거나 해적으로 돌변하기도 하여 조선 정부는 일본해적의 버릇을 고쳐주기 위해 단호한 응징이 필요하다는 것을 깨닫고 드디어 1419년(세종 원년) 6월 왜구의 소굴인 대마도[11]를 소탕하고자 227척의 함선과 1만 7천여 명의 수군을 원정군으로 파견했다. 이 원정은 당시 병권을 쥐고 있던 상왕인 태종에 의해 계획된 것인데, 이종무李從茂의 지휘로 약 보름에 걸친 토벌작전 끝에 대마도주의 항복을 받고 돌아왔다. 대마도 토벌은 공양왕 원년에도 박위朴葳에 의해 이루어지고, 태조 5년에도 김사형金士衡에 의해서 이루어졌는데, 세종 원년의 정벌은 규슈지방의 호족들이 총동원되어 대마도를 방어했기 때문에 완전히 정복하지는 못했다.

일단 강한 힘을 보여준 조선 정부는 대마도주가 수시로 토산품을 바치면서 무역을 애걸하므로 그들의 요구를 적당한 선에서 들어주기 위해 1426년(세종 8) 남해안의 세 항구, 즉 삼포三浦[12]를 열어 무역을 허용하고, 다시 1443년(세종 25)에는 계해약조癸亥約條를 맺어 1년에 50척으로 무역선歲遣船을 제한했다. 대마도주에게는 벼슬을 내려주어 조선왕조의 신하로 만들고, 식량, 의복, 옷감, 서적 등을 주고, 우리는 동, 유황, 물감, 향료, 약재 등을 받았다. 말하자면 왜인은 생활필수품과 문화재를 가져가고, 우리는 무기원료나 기호품을 받았다.

한편, 대마도나 왜구와는 별개로 일본은 고려 말 충혜왕 때 무사계급에서 귀족으로 변한 아시카가 다카우지足利尊氏에 의해 남북조의 분열이 통일되어 무로마치 막부室町幕府(1336~1573)[13] 시대가 열리고 국가기강이 잡혀갔으며 조선과는 서로 사신을 보내 대등한 선린외교를 펼쳐갔다. 그러나 조선에서 가는 통신사通信使보다는 일본에서 오는 사행使行의 빈도가 훨씬 많아 일본

---

11) 대마도는 일본 나가사키현長崎縣에 속하는 섬으로 농경지는 전면적의 3.4%에 불과하여 항상 식량난에 허덕였다. 대마도주인 종씨宗氏는 한국인 송씨宋氏로서 송을 종으로 바꾼 것이다.

12) 삼포는 동래東萊의 부산포釜山浦, 웅천熊川(창원)의 내이포乃而浦(혹은 薺浦), 울산蔚山의 염포鹽浦를 말한다.

13) 무로마치는 지금 교토지역의 옛 이름이다.

신숙주 초상 보물 613호, 조선 전기의
학자이자 문신, 호는 보한재, 희현당

해동제국기 신숙주가 쓴 일본·유구에
대한 견문록

이 더 열성적이었다. 1471년(성종 2)에 편찬된 신숙주申叔舟의 《해동제국기海東諸國記》는 신숙주가 세종 때 일본에 다녀와서 기록한 견문록으로 당시 일본의 사정이 자세하게 소개되어 있다.

무로마치 막부[아시카가 정부]는 불교문화를 진흥시키기 위해 조선의 《대장경》을 탐내서 거듭거듭 사신을 보내 간절히 요구하고 때로는 지나친 생떼를 쓰기도 했다. 이런 요구가 계속되자 1424년(세종 6)에는 여러 벌의 《대장경》 가운데 한 벌을 건네주었는데, 이것이 일본 불교발전에 큰 영향을 주었다.

조선과 문물을 교류한 나라는 이밖에도 여진女眞(野人)과 유구琉球(지금의 오키나와), 섬라暹羅(샴, 태국), 자바(인도네시아) 등이 있었다. 이들 나라는 조선정부에 조공朝貢 혹은 진상進上의 형식으로 토산품을 가지고 와서 의복재료, 문방구, 서적, 불종, 부처 등을 회사품으로 받아갔다. 특히 유구와의 관계는 매우 밀접하여 고려 말부터 왕국을 건설하고 고려와 조선정부에 적극적으로 사신을 보내 토산품을 조공으로 바치고 불경이나 불종佛鐘 등 불교문화재를 받아가서 그곳 불교문화 발전에 이바지했다. 유구는 17세기 초에 일본의 사쓰마번[薩摩藩]에 의해 정복될 때까지 조선과의 교류를 활발하게 추진했다.

《조선왕조실록》을 보면 경복궁 대궐 앞에는 일본 및 동남아에서 온 사신들로 붐볐다고 하며, 궁 안에서 대포를 발사하는 실험에 놀라 혼비백산한 일이 많았다고 기록되어 있다. 조선은 당시 명나라와 어깨를 나란히 하는 문화수출국이었던 것이다.

제2장 조선 통치체제의 재편성

1. 관료기구의 재정비

1) 중앙통치기구

조선왕조는 개국 직후부터 고려와 다른 독자적인 통치규범을 만들고 이를 표준으로 하여 한층 진보된 정치를 운영했다. 최초로 통치규범을 만든 이는 개국공신 삼봉 정도전三峰 鄭道傳(1342~1398)으로서 그는 중국의 이상적인 정치규범인《주례周禮》를 참고하여《조선경국전朝鮮經國典》(1394년, 태조 3)과《경제문감經濟文鑑》(1395년, 태조 4)을 개인적으로 편찬했는데, 이를 모체로 하고 그 후 시행된 법규를 참고하여 1474년(성종 5)에 만세불변의 헌법을 만든 것이《경국대전經國大典》이다. 이렇게 왕조가 세워진 뒤 독자적인 법전을 만든 것은 역사상 처음이다.

《경국대전》에 반영된 조선왕조 권력구조의 특색은 군신공치君臣共治를 지향하면서도 왕의 권한에 대해서는 특별한 규정이 없고, 최고통치기관인 의정부議政府가 백관百官, 서정庶政, 음양陰陽, 방국邦國을 모두 다스린다고 했다. 정치의 실권을 의정부가 행사하되, 최종적인 결정권은 왕에게 있기 때문에 왕의 권한을 구체적으로 규정하지 않은 것이다. 하지만, 의정부를 구성하는 재상宰相의 권한을 존중하는 것은 삼국시대 이래 오랫동안 이어져 온 한국정치의 전통이다.

정도전(1342~1398) 평택시 문헌사 소장

의정부는 중국에 없는 조선독자의 관청으로서, 고려시대 중서문하성中書門下省을 개편한 것이다. 여기에는 정1품의 영의정領議政, 좌의정左議政, 우의정右議政 등 세 의정議政[政丞]이 있고, 그 밑에 종1품의 좌찬성과 우찬성, 그리고 정2품의 좌참찬과 우참찬 등 7명의 재상이 속해 있었다. 특히 의정[정승]은 예문관, 홍문관 승문원, 춘추관, 관상감 등 주요 관청의 최고책임을 겸하게 하고, 국왕을 교육하는 경연經筵[14]과 세자를 교육하는 서연書筵[15]의 책임을 맡고, 의정부 밑에 행정집행기관으로 정2품 관청인 6조를 소속

---

14) 경연은 왕이 학문 높은 고위신하들과 매일 유교경전이나 역사책을 읽으면서 정책을 토론하는 제도이다. 여기에는 의정부 정승 이하 고관들이 참여하는데, 경전을 읽고 해설하는 일은 홍문관弘文館의 하급관원들이 맡았다. 경연은 매일 하는 것이 원칙으로서 하루에 두 번 혹은 세 번 가졌다. 정기적인 경연 이외에 임시로 하는 경연을 소대召對라 하고, 밤에 하는 것을 야대夜對라고 불렀다. 경연에서 가장 많이 읽힌 책은《대학大學》이었으나 시대에 따라 책이 바뀌었다.

15) 세자는 성균관에 가서 입학식을 치르고 나서 궁 안에 있는 시강원侍講院에 나아가서 교육을 받았는데, 의정부 대신들이 사부師傅와 이사貳師가 되고, 2품 관리들이 빈객賓客과 부빈객副賓客이 되었으며, 그 밑에 보덕(종3품), 필선(정4품), 문학(정5품), 사서(정6품), 설서(정7품)의 관리를 두어 세자를 교육했다.

〈조선의 주요 중앙정치기구〉

관부	관장(품계)	직무(별칭)	별명
의정부	영의정(정1품)	백관과 서무를 총괄	황각
6조	판서(정2품)	이조: 내무, 문관인사	천관
		호조: 재무, 조세, 호구	지관
		예조: 의례, 교육, 외교	춘관
		병조: 군사, 무관인사	하관
		형조: 형률	추관
		공조: 토목	동관
승정원	도승지(정3품)	왕명출납, 비서기능	은대·후원
홍문관	대제학(정2품)	궁중도서관리, 경연, 교서작성	
사헌부	대사헌(종2품)	감찰기관	삼사
사간원	대사간(정3품)	간쟁기관	
의금부	판사(종1품)	특별 사법기관	금오
한성부	판윤(정2품)	서울의 행정 및 치안을 담당	
교서관	제조(종1~종2품)	서적간행	
성균관	대사성(정3품)	최고교육기관	사관
예문관	대제학(정2품, 문형)	국왕교서 작성, 역사기록	
승문원	판교(정3품)	외교문서 작성	

시켜 의정부가 모든 관원과 행정을 총괄하는 형식을 취했다.

그러나 왕과 의정부가 함께 가지고 있는 최고통치권을 권력분산과 권력견제를 통한 관료제도에 의해 운영하는 것이 두 번째 특징이다. 정치의 궁극적 목표는 백성을 나라의 근본으로 존중하는 민본정치民本政治를 구현하는 데 목표를 두었기 때문에 권력이 어느 한쪽에 지나치게 집중되는 것은 독재와 부정을 가져올 위험이 있다. 그래서 권력집중을 추구하면서 동시에 권력분산과 상호견제 장치를 만든 것이다.

그러면 정책결정은 어떻게 하는가? 모든 정책은 왕과 신하들이 모인 국무회의에서 합의로 결정한다. 국왕은 매일 편전便殿에 나아가 의정부, 6조, 국왕을 측근에서 보필하는 시종신侍從臣인 홍문관, 사간원, 사헌부, 예문관, 승정원의 대신들과 만나 토의결정했다. 이를 상참常參이라고 한다. 이밖에 5명 이내의 6품 이상 문관과 4품 이상 무관을 관청별로 교대로 만나 정사를 논의하는 윤대輪對가 있고, 매달 여섯 차례 의정부 의정, 사헌부, 사간원, 홍문관의 고급관원과 전직대신들을 만나 정책건의를 듣는 차대次對 등 여러 종류의 국무회의가 있었다.

의정부 다음으로 위상이 높은 것은 종1품 관청인 의금부義禁府였는데, 의금부는 왕명에 의해서만 반역죄인을 심문할 수 있어서 왕권을 유지하는 중요한 권력기구였다.

6조[이조, 호조, 예조, 병조, 형조, 공조]에는 장관인 판서判書(정2품)를 비롯하여 참판參判(종2품), 참의參議(정3품), 정랑正郎(정5품), 좌랑佐郎(정6품) 등의 관원이 있었고 주요 실무는 오늘날 과장급인 정랑과 좌랑이 맡았는데, 이 둘을 합쳐 낭관郎官이라고 불렀다. 특히 이조와 병조의 낭관은 문관과 무관의 후보자를 추천하는 낭천권郎薦權을 가지고 있었다.

의정부와 6조가 행정의 실권을 가진 관청이라면, 여기서 이루어지는 정책을 감시비판하고 정책을 자문하고 건의하는 관청이 사헌부司憲府(장관은 종2품 大司憲), 사간원司諫院(장관은 정3품 大司諫), 홍문관弘文館(장관은 정2품 大提學) 등이다. 그 가운데 사헌부는 관원의 비행을 감찰하는 사법기관이고, 사간원은 정책을 비판하는 간쟁기관 즉 언론기관이며, 홍문관은 궁중도서를 관리하면서 국왕의 자문에 응하고, 국왕의 교서敎書를 작성하고, 경연經筵을 주도하는 학문기관이었다. 그런데 사헌부와 홍문관은 사간원과 더불어 정책을 비판하는 기능도 겸하여 이를 언론삼사言論三司라고 불렀다. 실제로 삼사의 언론은 국왕의 전제를 막는데 큰 역할을 담당했다.[16] 삼사가 합동으로 요청하여 왕비와 종친의 생사를 좌우하는 일이 비일비재하여 조선왕조는 권력에 대한 감

시와 비판이 비상하게 발달한 시대였다.[16]

삼사의 관원은 벼슬도 높지 않고 실권도 별로 없었으나 학문이 뛰어나고 성품이 강직한 젊은 관원을 채용하여, 이곳을 거쳐야만 판서나 정승의 반열에 오르는 것이 관례가 되었다. 그 래서 과거시험에 우수한 성적으로 합격한 엘리트가 이곳으로 진출했는데, 이들을 '맑고 중요한 자리'라 하여 청요직淸要職이라 불렀다.

이밖에 임금의 말과 명령을 기록하는 예문관藝文館도 중요한 기관으로써, 이곳의 고급관 원은 임금의 교지敎旨를 작성하고, 7~9품의 하급관원은 국무회의에 사관史官[17]으로 참석하여 회 의록을 작성하는 임무를 맡았는데, 이 회의록을 사초史草라고 한다.

역사자료를 편찬하는 기관으로는 이밖에 춘추관春秋館이 있었다. 이곳에서는 각 관청에서 작성한 업무일지인《등록謄錄》을 모아 해마다《시정기時政記》를 편찬하고,《실록實錄》이 편찬되 면 이를 보관하는 일도 맡았다.《시정기》는《실록》을 편찬할 때《사초》와 더불어 가장 중요한 자료가 되었다.

한편 외교문서 작성을 맡은 승문원承文院, 국왕의 명령을 신하들에게 전달하고 신하의 건 의를 왕에게 전달하는 비서기관인 승정원承政院[18]이 있었으며, 그밖에도 여러 기능을 분담하는 관청들이 100여 개나 있어서 업무가 세분화되어 있었다.[19]

관청은 크게 궁 안에 있는 것과 궁 밖에 있는 것으로 나뉘어지는데, 승정원, 홍문관, 예문 관, 춘추관 등 임금과 늘 가까이서 일하는 관청은 궁 안에 두어 이들을 근시직近侍職이라 하고, 그밖의 관청은 궁 밖에 두어 필요할 때 궁에 들어와 임금을 만나도록 했다.

조선시대 정치운영에서 특이한 것은 상소제도上疏制度의 발달이다. 일반관원도 누구나 임 금에게 정책건의문을 써서 바칠 수 있었지만, 일반백성도 억울한 일이나 정치에 대한 건의를 글로 써서 낼 수 있으며, 지방수령은 이를 받아 승정원에 반드시 전달하는 것이 제도화되었다.

---

16) 임금은 언관의 간쟁諫諍을 물 흐르듯이 따라야 하며, 언관을 탄압하는 것은 부도덕한 일로 여겼다. 관원과 백 성의 입을 막는 것은 강물을 막는 것보다도 위험한 일로 보았다.

17) 예문관의 봉교奉敎(정7품), 대교待敎(정8품), 검열檢閱(정9품)을 보통 한림翰林이라고 불렀다. 한림을 두 사람씩 교대 로 궁에 파견하여 임금의 좌우에서 행동과 말을 나누어 적게 했는데, 이들을 사관史官이라고 부르고, 사관이 작성한 기록을 사초史草라고 하는데, 이를 토대로 왕이 죽은 뒤에 실록實錄이 편찬되었다.

18) 승정원에는 비서실장격인 도승지都承旨(정3품) 이외에, 좌승지, 우승지, 좌부승지, 우부승지, 동부승지(모두 정3품) 가 있고, 그 밑에 주서注書(정7품)가 있었는데, 주서는 승정원의 일을 매일 기록하여《승정원일기》를 작성했다. 현재 1623년에서 1894년까지의 기록이 약 3,047책 남아 있으며 국보로 지정되어 있고, 유네스코 세계기록 문화유산으로도 등록되었다.

19) 공신을 관리하는 충훈부忠勳府, 임금의 종친과 외척을 관리하는 돈령부敦寧府, 임금의 부마를 관리하는 의빈부 儀賓府, 노비를 관장하는 장례원掌隸院, 옥새와 부절符節 등을 관리하는 상서원尙瑞院, 예의를 관장하는 통례원通 禮院, 제사를 관장하는 봉상시奉常寺, 왕실족보를 관리하는 종부시宗簿寺, 출판을 담당하는 교서관校書館, 음악을 담당하는 장악원掌樂院, 천문지리를 담당하는 관상감觀象監, 궁중의 음식을 담당하는 사옹원司饔院, 임금의 병을 치료하는 내의원內醫院, 옷을 담당하는 상의원尙衣院, 말을 담당하는 사복시司僕寺, 무기를 관리하는 군기시軍器 寺, 궁중의 식량과 옷감 등을 조달하는 내자시內資寺, 잔치를 담당하는 예빈시禮賓寺, 저화를 만들고 노비신공을 맡은 사섬시司贍寺, 의약을 공급하는 혜민서惠民署, 치료를 담당하는 활인서活人署, 장례를 담당하는 귀후서歸厚 署, 도성수리와 소방을 담당하는 수성금화사修城禁火司, 장막을 담당하는 전설사典設司, 배를 관리하는 전함사典 艦司, 청소를 담당하는 전연사典涓司, 도량형을 관리하는 평시서平市署, 정원을 관리하는 장원서掌苑署, 내시들이 근무하는 내시부內侍府 등 100여 개에 달했다.

◆ 경국대전규정

〈조선왕조 품계표〉

품계	양반		잡직		토관		
	동반(문반)	서반(무반)	동반	서반	동반	서반	
정1품	대광보국숭록대부 보국숭록대부						당상
종1품	숭록대부 숭정대부						
정2품	정헌대부 자헌대부						
종2품	가정대부 가선대부						
정3품	통정대부 통훈대부	절충장군 어모장군					
종3품	중직대부 중훈대부	건공장군 보공장군					당하·참상
정4품	봉정대부 봉렬대부	진위장군 소위장군					
종4품	조산대부 조봉대부	정략장군 선략장군					
정5품	통덕랑 통선랑	과의교위 충의교위			통의랑	건충대위	
종5품	봉직랑 봉훈랑	현신교위 창신교위			봉의랑	여충대위	
정6품	승의랑 승훈랑	돈용교위 진용교위	공직랑 여직랑	봉임교위 수임교위	선직랑	건신대위	
종6품	선교랑 선무랑	여절교위 병절교위	근임랑 효임랑	현공교위 적공교위	봉직랑	여신대위	
정7품	무공랑	적순부위	봉무랑	등용부위	희공랑	돈의도위	참하
종7품	계공랑	분순부위	승무랑	선용부위	주공랑	수의도위	
정8품	통사랑	승의부위	면공랑	맹건부위	공무랑	분용도위	
종8품	승사랑	수의부위	부공랑	장건부위	직무랑	효용도위	
정9품	종사랑	효력부위	복근랑	치력부위	계사랑	여력도위	
종9품	장사랑	전력부위	전근랑	근력부위	시사랑	탄력도위	

특히 천재지변이 있을 때에는 임금이 정치의 잘못 때문에 천재지변이 일어났다고 생각하여 모든 관원과 백성들에게 의견을 구하는 교지를 내리는데 이를 '구언교지求言敎旨'라고 하며, 이에 응하여 수많은 상소가 답지했는데, 이를 '응지상소應旨上疏'라 한다. 왕은 이를 일일이 검토하여 답변을 내려줄 의무가 있었으며, 좋은 의견은 정책에 즉각 반영했다.

한편, 태종 때에는 창덕궁 대궐 앞에 신문고申聞鼓라는 북을 매달아 고변을 신고하게 했는데, 조선 후기에도 신문고가 부활되었으며, 여기서 한 걸음 더 나아가 임금이 행차할 때 연도의 백성이 징을 치고 나가서 억울한 일을 호소하는 격쟁擊錚과 상언上言이 허용되어 민의상달民意上達의 길이 한층 넓어졌다.

조선왕조는 부정부패를 막기 위한 몇 가지 제도장치가 마련되었다. 첫째, 탐관오리의 자손은 과거응시를 못하게 막고, 둘째, 상피제相避制를 두어 부자나 형제가 같은 관청에 근무하지 못하게 하고, 수령이 자기 출신 지역에 부임하지 못하며, 친족이 과거에 응시할 때에는 고시관考試官이 될 수 없었다.

셋째, 왕의 종친이나 부마는 원칙적으로 관직에 나갈 수가 없고, 왕은 사유재산을 가질 수 없었다. 그 대신 왕실경비를 정부경비에 통합시켜 궁부일체宮府一體의 재정구조를 만들어 왕실에 필요한 경비는 정부에서 지출했다. 이는 왕을 철저한 공인公人으로 만들어 사적인 인맥을 막기 위함이었다. 이 원칙은 초기에는 비교적 잘 지켜졌으나 뒤에는 내수사內需司라는 관청을 두어 왕실의 사유재산이 늘어나 문제가 되기도 했다.

넷째, 관료승진에 있어 고과제考課制를 엄격하게 하여 무능한 자를 도태시키고 능력 있는 자를 우대했다.

2) 지방행정

조선왕조의 지방행정도 새롭게 개편되었다. 우선 전국의 주민을 중앙정부가 일원적으로 통치하기 위해 전국 모든 군현에 수령守令[20]이 파견되었다. 고려시대는 수령이 파견되지 못한 속현屬縣이 더 많아서 중앙집권체제가 미약하고, 국가의 공권력이 전국에 골고루 미치지 못하여 지방토호들이 마음대로 백성을 지배하는 일이 많았다. 조선왕조의 수령은 임금의 분신으로서 지방의 행정, 사법, 군사권을 장악하고, 그 공권력을 바탕으로 농업발전, 교육진흥, 부세수취, 치안확보 등 일곱 가지 임무를 수행했는데, 이를 수령7사守令七事[21]라 한다.

수령의 지방통치는 지방민의 생활을 전보다 안정시키는 결과를 가져왔다. 수령은 원칙적으로는 자기 출신지역에는 부임하지 못하지만, 수령의 비행을 염려하여 각 도道에 관찰사觀察使監司를 파견하여 수령의 업무성적을 평가하여 승진시키거나 퇴출시켰다. 수령이 파견된 군현 밑에는 면面, 리里, 통統을 두었는데, 다섯 집을 1통으로 편제하고五家作統, 지방민 가운데 통주統主, 이정里正, 면장面長

[風憲 혹은 勸農]을 선임하여 수령의 명령을 집행하게 했다. 이들은 인구파악과 부역징발이 주된 임무였다.

고려시대에 지방사회의 세력가로서 중앙관직으로 진출하던 향리鄕吏는 조선에 들어와 수령의 행정실무를 보좌하는 세습적인 아전衙前으로 지위가 격하되었는데, 중앙의 6조를 본따 6방으로 나누어 실무를 맡았다.

한편, 중앙집권 강화와 아울러 지방민의 자치를 허용하기 위해 각 군현에 유향소留鄕所[후에 향청(鄕廳)]를 설치했다. 여기에는 덕망있는 지방인사들이 모여 좌수座首 혹은 별감別監을 선출하여 자율적으로 규약을 만들고, 수시로 향회鄕會를 소집하여 여론을 수렴하면서 백성을 교화하

---

20) 수령은 큰 도시에 파견하는 목사牧使(정3품)를 비롯하여 부사府使(종3품), 군수郡守(종4품~정5품), 현령縣令(종5품), 현감縣監(종6품)을 통칭하며, 수령을 성주城主, 지주地主, 원님, 사또 등으로도 불렀다.

21) 수령7사는 농업진흥[農桑興], 인구증식[戶口增], 학교진흥[學校興], 군대정비[軍政修], 공평한 부역과 세금징수[賦役均], 공정한 재판[詞訟簡], 치안확보[姦猾息]다.

고 수령의 비행을 관찰사에게 보고하기도 했다. 말하자면 유향소는 지방의회와 비슷한 기능을 가졌다. 또 서울에는 경재소京在所를 두어 지방 유력자를 근무케 하여 유향소와 정부 사이의 연락관계를 긴밀하게 하고, 유향소를 중앙에서 통제할 수 있게 했다.

조선시대에는 전국을 8도로 나누고, 8도에 350개 내외의 군현을 두었다. 전국을 8도로 나눈 것은 조선왕조가 오행五行의 목덕木德을 취했으므로, 목덕의 숫자인 8을 선택한 것이다. 또 350이라는 숫자는 왕이 하루에 한 군현을 다스리면 1년에 전국을 모두 다스릴 수 있다는 계산이 깔려 있었다. 고려시대의 특수행정구역이던 향, 소, 부곡은 모두 해방되어 일반군현으로 편입되어 노비를 제외한 천민이 없어졌다.

2. 부역체제

조선 초기의 경제구조는 민생안정과 더불어 국가수입을 증대시켜 안정된 재무국가財務國家를 만드는 것이었다. 처음에는 양입위출量入爲出 곧 국가수입을 헤아려 일부를 저축하고 나머지를 국가 및 왕실경비로 지출했는데, 세조 때부터는 지출을 먼저 정하고 그에 따라 수입을 정하는 회계제도를 도입했는데 이를 횡간橫看이라고 했다. 국가의 지출은 벼슬아치의 녹봉, 국가의 제사, 군량미, 의료비, 빈민구제비 등에 지출되었다.

국가수입의 중심을 이루는 것은 전조田租와 전세田稅, 공납貢納, 그리고 군역軍役이었다. 먼저 전조田租는 공전公田(民田)에서 1결당 최고 30두를 받는 것으로 이는 대략 수확의 10분의 1을 표준으로 한 것이다. 그러나 흉년이 들면 그 정도에 따라 세액을 낮추었다. 이렇게 세액이 낮아졌으나, 국가수입이 줄지는 않았다. 전제개혁과 양전사업, 그리고 지속적인 해안지역의 토지개간 결과 고려 말에 약 60~80만 결이던 토지가 태종 때에는 120만 결, 세종 때에는 172만 결로 늘어났는데, 경기도 땅을 제외하고는 거의 모두 공전에 편입되었으므로 국가수입이 크게 늘어났다.

한편, 관원들에게 지급한 과전科田을 비롯한 사전私田에서 받는 세금을 전세田稅라고 불렀는데 전조보다는 한층 낮았다. 그 결과 전조와 전세를 합친 1년의 총수입은 약 60~100만 석[섬]에 이르고, 이 수량은 국가의 1년 총경비와 거의 비슷했다. 그러나 국가수입은 이밖에도 가호마다 받는 공납貢納, 그리고 시전상인市廛商人과 수공업자로부터 받는 상인세商人稅 장인세匠人稅 등이 있었다.

농민부담의 경감과 공평과세를 위해 1444년(세종 26)에 제정한 공법貢法으로 세금은 더 낮아졌다. 토지의 비옥도를 6등급으로 나누고, 풍흉의 정도를 9등급으로 나누어 전조田租를 부과했는데, 1결당 최고 20두에서 최하 4두로 낮아졌다. 이 시기 1결의 생산량은 최고 1,200두에서 최하 400두로 높아졌으므로 전조의 부담은 더욱 가벼워졌다. 태종~세종 때에는 국가의 비축 곡식이 4~5백만 석에 이르러 1년 경비를 지출하고도 여유가 있었다. 15세기의 국방력 강화와 문화의 융성은 이러한 재정적 여유가 바탕이 되었다. 그러나 국가의 비축 곡식이 16세기 중엽 중종 때에는 2백만 석, 16세기 말 선조 때에는 50만 석으로 줄어들어 국가재정이 점차 어려워졌다.

농민이 국가에 바치는 조세는 강가나 바닷가의 조창漕倉에 모았다가 해로를 통해 서울로

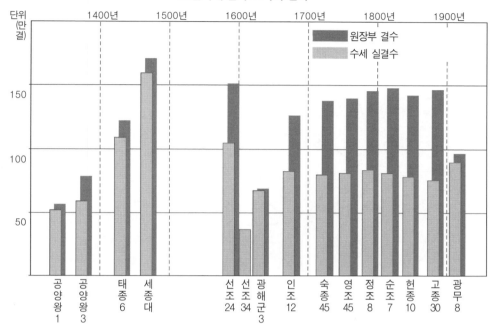

운반되었는데, 이를 조운漕運이라고 했다. 경상도는 낙동강과 남한강을 통해 서울로 운반하고, 평안도와 함경도의 조세는 서울로 운반하지 않고 각기 그곳의 사신접대와 군사비로 썼다.

  15세기에는 전제개혁의 결과로 농민의 자립도가 전보다 높아졌다. 전국의 토지가 172만 결에 이른 세종 때를 기준으로 보면, 양인호구良人戶口가 약 50~60만 호이므로 매호당 평균 3결 정도를 보유한 셈이다. 실제로 국가에서는 3~4결의 토지를 가진 농민을 표준적인 자립농으로 간주하여 이들에게는 군역을 지는데 필요한 보조원[奉足 혹은 保]을 지급하지 않았다. 물론, 농민의 대다수는 1~2결의 토지를 가진 영세농이었지만, 남의 토지를 빌어 경작하는 병작농竝作農보다는 자기토지를 보유한 자작농이 더 많았다. 이는 전제개혁의 결과로 많은 병작농이 자작농으로 상승한 까닭이었다.

  고려 말 전제개혁으로 지방의 품관[전직관료나 한량]22)들은 대부분 본래의 토지를 몰수당하고 군전軍田이라는 이름으로 10결이나 5결의 땅을 되돌려 받았다. 이들이 바로 지방의 중소지주층이다. 그러나 이들도 원칙적으로 군역의 의무를 지고 있었다. 그러나 시간이 흐를수록 일반농민보다는 우세한 경제력을 바탕으로 학문에 종사하고, 과거를 통해 벼슬길에 나가는 이들이 많아 스스로 사족士族으로 자처했다. 조선왕조를 이끌어간 중심세력은 바로 이들 사족이었다. 하지만

---

22) 한량은 품계는 있으나 직사職事가 없는 자들을 말하는데, 여기에 해당하는 사람은 전직관료를 비롯하여 전쟁에 공로를 세워 첨설직添設職을 받은 사람, 동정직同正職을 가진 자, 혹은 검교직檢校職을 받은 자들을 가리킨다. 이들은 실제 벼슬을 하지 않지만, 품계를 가지고 있고, 또 군전軍田을 받았으므로 지방사회의 유력자로 행세하였다. 이들은 조선왕조 건국과정에 집중적으로 국가의 통제를 받았지만, 세월이 지나면서 차츰 관원으로 재등장하여 조선왕조를 이끌어가는 핵심계층이 되었다.

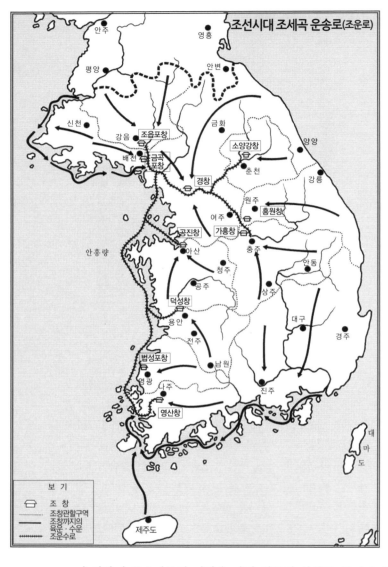

조선시대 조세곡 운송로(조운로)

안주
영흥
평양
안변
신천
금화
강음 조읍포창
소양강창
배천 금곡 양양
포창 춘천
경창 강릉
원주 홍원창
여주
공진창 가흥창
안흥량 아산 충주
청주 안동
공주 상주
덕성창
용안 대구
전주 경주
법성포창
남원
영광 진주
나주
대마도

영산창

제주도

보기
⛩ 조창
········ 조창관할구역
──── 조창까지의
육운·수운
∽∽∽∽∽ 조운수로

과거제도는 이들에게만 출세의 기회를 준 것은 아니었으므로 벼슬아치는 이들 이외의 계층에서도 배출되었다.

중앙의 벼슬아치는 현관現官과 산관散官을 막론하고 경기도 안에서 과전科田을 받았으며, 특별히 공이 큰 공신들은 공신전功臣田이나 별사전別賜田을 받기도 했다. 이런 땅을 모두 사전私田이라고 하는데, 사전의 소유권은 원칙적으로 농민에게 있었고, 관원들은 전조田租를 받는 수조권收租權만 가지고 있었다. 그러나, 시간이 흐를수록 수조권이 사유지로 변해가자 이를 막기 위해 태종 때 사전의 3분의 1을 하삼도[충청, 전라, 경상되로 옮겼다가 세종 때 다시 경기도로 옮기기도 했으나, 과전을 줄 경기도의 땅이 점점 부족해졌다. 이를 타개하기 위해 과전의 액수를 점차로 줄여가다가 1466년(세조 12)에는 현직관료에게만 과전을 지급하는 직전제職田制로 바꾸었으며, 16세기 중엽에는 직전제마저 폐지되자 관원들은 녹봉만을 받는 처지로 전락했다. 하지만 이미 지방에 중소지주적 기반을 가진 이들이 있었고, 토지가 없는 사람은 토지를 개간하거나 사들여서 생계를 마련했다.

전제개혁으로 혜택을 받은 것은 관원뿐 아니라 향리鄕吏, 역리驛吏, 진리津吏, 도리渡吏 등 지방 아전과 하급군인, 일부 장인匠人과 일부 학생學生도 포함되었다. 이로써 국가의 공역자는 대부분 생계의 안정을 찾았지만, 역시 시간이 지나면서 토지지급이 중단되어 스스로 생계를 마련하는 길에 나섰다.

조선시대에는 고려시대에 유행했던 차경借耕의 관행이 법으로 금지되었다. 즉 많은 토지를 가진 세력가가 힘없는 농민을 불러들여 토지를 경작시키고 반 이상의 수확을 거두어가던 가혹한 수탈은 금지되고, 차경이 발각되면 그 토지를 몰수하여 농민에게 주었다. 그러나 3~4결이하의 토지를 가진 과부, 홀아비, 고아, 독거노인 등 노동력이 없는 사람은 이웃이나 친척에게 병작並作을 주는 것은 허용되었다. 이 경우 지주와 작인은 수확의 반을 서로 나누었지만 작인을 신분적으로 예속시키기는 어려웠다. '병작'이라는 말은 '어우리' 곧 '지주와 작인이 힘을 합쳐서 농사를 한다'는 수평적 관념이 들어 있었다. '차경'에서 '병작'으로 바뀐 것은 지주와 작인 관계가 수직관계에서 수평관계로 바뀐 것을 의미한다. 일제강점기에는 '병작' 대신 '소작小作'이라는 말이 생겨났는데, 이는 일본에서 들어온 말이다.

조선 초기 농민은 토지세인 전조田租 이외에 가옥세인 공납貢納과 인두세人頭稅인 요역徭役도 함께 부담했다. 그 가운데 전조는 앞에서 설명한 대로 세종 때 공법이 시행되면서 부담이 크게 경감되었다. 요역은 8결작부八結作夫라 하여 8결마다 장정 1명씩을 내어 국가의 각종 토목공사와 물품운반 등에 무상으로 동원되었다. 그러나 1년에 원칙적으로 6일을 넘기지 못하게 되어 있었다.

공납은 각 지방의 토산품을 바치는 것으로 처음에는 물건을 직접 바치다가 수요와 공급이 서로 맞지 않아 뒤에는 관청에서 필요한 물품을 미리 사들여 쓰고 나서 농민에게 대가를 받아내는 방납防納(혹은 代納)이 관행으로 자리잡았다. 그런데 방납이 너무 과도하여 농민에게 가장 큰 부담이 되었으며, 이를 시정하기 위해 17세기에 토지면적을 기준으로 쌀로 받게 된 것이 대동법大同法이다.

3. 신분개편과 계층구조

1) 노비인구의 축소와 지위향상

조선 초기에는 고려 말 하층민의 신분해방운동을 반영하고, 《주례》의 만민평등사상을 받아들여 고려시대의 엄격한 신분제도를 완화하는 개혁이 이루어졌다. 고려시대에도 신분은 자유민인 양인良人과 비자유민인 천민賤民으로 양분되어 있었지만, 양인 안에 특권을 지닌 문벌귀족이 있고, 법제적으로는 양인이면서도 실제로는 천역을 지는 신량역천身良役賤층이 많았다. 한편, 천민 중에는 상층 천민인 부곡민과 하층 천민인 노비가 있었다.

조선시대에는 이렇게 복잡한 신분층을 단순화시켜, 모든 주민을 양인과 노비로 양분하고, 가능한 한 특권층과 신량역천층을 없애고 노비를 줄이는 정책을 실시했다. 고려시대가 부곡민의 해방시대라면, 조선시대는 노비의 해방시대로 특징지을 수 있다. 조선 초기의 신분개혁은 경제적으로 대지주를 없애고, 중소지주와 자영농을 육성하여 중산층을 확보함으로써 국가재정과 민생을 동시에 안정시키려는 것과 궤도를 같이한다.

노비 중에는 본래 양인이었다가 자급자족이 어려워 노비로 전락한 이들이 많았는데, 태종 때부터 노비변정도감奴婢辨定都監을 두고 조사를 실시한 결과 수십만 명의 노비가 해방되고, 약 10만 명의 사찰소속 노비가 양인 또는 공노비公奴婢로 바뀌었다. 조선 초기 총인구는 대략 500~700만이었는데, 그 중의 약 3분의 1 정도가 노비인구로서 고려시대보다 한층 줄어들었다.

양반에게 인사하는 평민 조선후기 김득신 그림,
평양 역사박물관 소장

세조 때 공노비 인구는 약 26만 명이었으며, 사노비는 100만 명을 웃돌았던 것으로 보인다.

　　노비는 종從, 창적蒼赤[23), 장획藏獲, 천구賤口 등으로도 불렸는데, 공민권이 없어 학교를 다니거나 벼슬길에 나갈 수가 없었고, 노비의 자식은 대대로 노비가 되었으며, 양인과의 결혼이 원칙적으로 금지되었다. 주인은 노비를 매매, 양도, 상속할 수 있었다. 그러나 그대신 국역國役의 의무가 없고, 주인이 모든 식솔의 생계를 보장해준다는 이점도 있었다. 그래서 생활이 어려운 양인이 스스로 노비가 되는 일도 있었던 것이다. 또 노비는 재산을 가질 수가 있고, 가족들과 함께 살 수가 있었으며, 주인과 노비 사이에는 임금과 신하의 윤리가 적용되어 주인이 함부로 죽이거나 사형私刑을 가하는 것은 법으로 금지되었다.

　　노비 가운데 관청에 소속된 공노비公奴婢는 두 종류가 있었다. 하나는 외방에 거주하면서 농사를 짓는 납공노비納貢奴婢로서, 매년 50%의 병작료 이외에 남자는 무명 1필과 저화楮貨 20장, 여자는 무명 1필과 저화 10장을 신공身貢으로 국가에 바쳤다. 또 하나는 기술을 가진 장인匠人으로서 일정기간 관청에 나가서 관청수요품을 제조했는데 이들을 선상노비選上奴婢라고 불렀다. 공노비는 대체로 사노비보다 생활여건이 나았으며 재산축적의 기회가 많았다.

　　공노비는 유외잡직流外雜職[24)으로 불리는 하급 기술관직을 가질 수가 있었다. 유외잡직에는 노비뿐 아니라 양인장인良人匠人과 상인商人도 임명되었다.

　　개인이 소유한 사노비私奴婢는 주인의 집에서 거주하는 솔거노비率居奴婢와 다른 곳에 거주하는 외거노비外居奴婢의 두 종류가 있었다. 솔거노비는 주인집의 행랑채에 가족과 함께 살면서 여성은 밥 짓기, 빨래하기, 청소하기, 바느질하기 등을 맡았고, 남자는 물긷기, 나무하기, 농사짓기 등을 했다. 이런 일이 힘들기는 해도 온 가족의 의식주를 주인이 해결해 주었다. 흔한 일은 아니지만, 노비 중에는 주인의 사랑을 받아 주인의 재산을 물려받기도 하고, 주인에게 학문을 배워 신분을 감추고 과거에 합격하는 일도 있었다. 또, 여자는 주인의 첩妾이 되는 일도 많았다. 중종 때 형조판서를 지낸 반석평潘碩枰은 재상집 가노家奴였는데, 주인의 사랑을 받아 뒤에 문과에 급제하고 덕망 높은 관료가 되었다.

　　외거노비는 작개지作价地로 불리는 새 개간지를 경작하여 수확을 모두 바치고, 주인으로부터 일부 땅을 사경지私耕地로 받아 그 수확을 자신이 차지했다. 따라서 외거노비는 주인에게 예속되는 정도가 솔거노비보다 낮고, 자기의 독자적인 생활경리를 유지할 수 있었다.

---

23) 창적은 창두적각蒼頭赤脚의 준말로, 남자는 머리를 깎고, 여자는 짧은 치마를 입은 데서 붙여진 이름이다.

24) 유외잡직은 공조, 교서관, 사섬시, 조지서, 사옹원, 사복시, 군기시, 선공감, 장악원, 소격서, 장서원, 액정서, 도화서 등의 관청에 소속되었다. 그들이 하는 일은 각종 물품제조, 책인쇄, 종이제조, 요리, 바느질, 말 기르기, 무기제조, 토목기술, 악기연주, 정원가꾸기, 그림 그리기 등이다. 이들은 종9품에서 정6품까지 승진할 수 있었으나, 일반관직流品職과는 구별되는 독자의 관직체계를 이루고 있었다.

사노비의 주인은 중앙의 관원과 지방의 중소지주인 한량閑良士族들이었지만, 일반농민 중에도 자영농 이상은 대개 노비를 소유했고, 심지어 노비가 노비를 소유한 경우도 있었다. 노비제도는 물론 악법이지만, 노비가 '선비의 수족'이 되어 농사와 잡일을 거들어준 까닭에 선비가 공부할 수 있었기 때문에 교육과 학문발전에 이바지했다고 할 수 있다.

노비들은 공노비든 사노비든 성姓을 가진 경우가 많았고, 그래서 조상에게 제사를 지내기도 했다. 조선시대 노비의 지위는 자유민이 아닌 것은 확실하지만, 그렇다고 완전한 노예도 아닌 반자유민半自由民이며, 그런 점에서 서양고대의 노예[slave]보다는 중세의 농노農奴[serf]에 가깝다고 할 수 있다. 서양의 노예는 인종과 문화가 전혀 다른 외국인이었으나, 우리나라 노비는 인종, 언어, 문화가 같은 종족이기 때문에 주인과 친화감이 커서 그 만큼 천대를 덜 받은 것이다.

2) 양인의 여러 계층

노비가 아닌 사람은 법적으로 모두가 양인良人으로 간주되어, 교육을 받고 벼슬에 나갈 수 있는 공민권公民權을 가지고 있었으며, 그 대가로 조세, 공납, 요역과 군역의 국역國役을 질 의무가 있었다.

그러나 양인은 법적으로는 평등하지만 실제로는 경제력과 가문의 차이에 따라 다양한 계층이 존재했다. 양인의 최상층은 문무관원과 그 자손이었다. 이들을 양반兩班 혹은 사족士族이라고 한다. 지위가 높은 문무관원의 자손에게는 음서蔭敍[25] 대가代加[26] 등의 혜택이 주어졌지만, 그것은 관직세습을 보장해 줄만한 특권이 되지는 못했고, 과거를 통하지 않고 관원이 되는 것을 부끄럽게 생각했다. 따라서 누구나 출세하려면 반드시 과거시험을 통과해야 했으므로 개인의 능력이 출세를 좌우했으며, 그런 점에서 양반은 결코 세습적 특권신분이 아니라 부단히 신분이 이동하는 지배계층에 지나지 않았다. 조선왕조가 고려시대보다 한층 개방적인 사회가 된 이유가 여기에 있다.

양인 가운데 문무관원의 자제 다음으로 신분상승의 잠재력을 지닌 계층은 지방의 중소지주층이었다. 그 중에서도 전제개혁에 의해 과전科田이나 군전軍田을 받은 한량閑良(혹은 品官)의 출세율이 높았다. 이들은 지방사회에서 앞선 경제력을 바탕으로 사족士族을 자처하면서 학문에 힘써 과거시험에서 높은 경쟁력을 보여주었다.

한량 다음으로 문무관원으로 올라갈 가능성이 높은 계층은 향리鄕吏였다. 이들은 고려시대에는 지방사회의 유력층이었으나 조선시대에는 축재를 일삼는 향리를 원악향리元惡鄕吏라 하여 타지방으로 강제 이주시키는 등 집중적인 견제를 하여 그 세력이 현저히 약화되고 수령을 보좌하는 세습적인 아전으로 격하되었다. 그러나 스스로 사족士族이라 자부하면서 학문에 힘써

---

25) 음서는 과거를 거치지 않고 하급 서리胥吏에 나갈 수 있는 혜택을 주는 제도로, 그 대상자는 1) 공신 및 2품 이상의 아들, 손자, 사위, 동생, 조카, 2) 실직 3품의 아들과 손자, 3) 이조, 병조, 도총부, 사헌부, 사간원 홍문관, 부장部將, 선전관을 지낸 자의 아들이다. 이들은 20세가 지난 후 간단한 시험을 치러 통과하면 녹사錄事나 낮은 벼슬을 받을 수 있었다.

26) 대가는 정3품 당하관 이상의 산직散職을 가진 관원이 자신이 받은 품계를 아들, 사위, 동생, 조카에게 얹어 주는 제도이다. 그러나 이 제도는 상설화된 것이 아니라 국가에 특별한 경사가 있을 때에만 시행되었다.

학자와 관원이 되는 경우가 종종 있었다. 세종 때 예문관 제학을 지낸 윤상尹祥(호는 別洞) 같은 이는 향리출신 학자로 유명하다.

양인 중에서 절대다수를 차지하는 것은 농업에 종사하는 일반 상민常民이다. 이들은 공민으로서 학교를 다니고 벼슬에 나갈 수 있는 권리가 있었고, 전제개혁으로 생활조건이 개선되어 약간의 노비를 거느리는 자영농 이상이면 공부를 열심히 하여 과거시험에 응시하는 일이 불가능하지 않았다.[27] 물론 가난한 영세농이나 병작인은 출세에 어려움이 컸다. 또 문과에 응시하지 않더라도 하급 기술직이나 무반으로 나가는 길은 넓게 열려 있었다. 그래서 '사士는 농農에서 나온다'든가, '사士와 농農은 조정에서 벼슬한다'는 말이 널리 유행했다. 이를 사농일치士農一致라고도 한다.

양인 중에서 장인匠人이나 상인商人은 과거응시에 필요한 인문교양을 쌓을 기회가 농민보다도 적었다. 그래서 이들에게는 유외잡직流外雜職이라는 별도의 벼슬체계를 만들어 하급기술직으로 나가는 길을 열어주었다. 그러나 상인 가운데에도 문과 급제자가 여러 명 나왔다.

양인의 최하층에는 신량역천身良役賤이 있었다. 여기에는 조졸[뱃사공], 수능군[묘지기], 생선간[어부], 목자간[목축인], 봉화간[봉수꾼], 염간[소금굽는 자], 화척[도살꾼], 재인[광대] 등이 속했다. 이들은 일정기간 국역을 지면 양인으로서 공민권을 가질 수 있게 되어 있는 조건부 양인이었으며 인구는 그리 많지 않았다. 실제로 15세기 말에 이들은 대부분 양인으로 승격되었다.

이밖에 조선시대에는 서얼庶孼이라는 특수계층이 있었다. 정실부인이 아닌 첩의 아들을 서얼이라고 하는데, 양인여자良人女子보다는 여자 종이 첩이 되는 경우가 많았기 때문에 그 소생을 차별대우하게 된 것이다. 또 정실부인의 위상을 높이기 위해 첩을 더욱 차별대우한 것이기도 하다. 그러나 조선 초기에는 서얼을 그다지 차별하지 않았다. 오히려 서얼 중에 개국공신을 비롯한 고관대작이 많이 배출되었다.[28]

서얼에 대한 차별대우가 논의되기 시작한 것은 태종이 서얼 출신 세자인 방석芳碩을 제거한 이후부터이지만, 실제로 15세기에는 서얼출신이 별다른 제약을 받지 않았다. 그러다가 《경국대전》에 법제화되어 문과文科와 생원生員 및 진사과進士科 시험에 서얼의 응시를 금지하기에 이르렀다. 그리하여 서얼은 무과武科와 기술관을 뽑는 잡과雜科에만 응시가 가능해지고, 잡과를 통과하면 최고 3품까지만 승진할 수 있었다. 잡과와 잡직은 17세기 이후로 차츰 중인中人의 세습직이 되면서 서얼과 중인은 동류同類로 취급되어 중서층中庶層이라는 말이 생겨나게 된 것이다. 그렇지만 1556년(명종 11)부터 양첩이 낳은 서자는 손자 대부터 문과응시를 허용했으며, 그뒤로 서얼에 대한 허통범위가 갈수록 넓어져서 수백 명의 서얼이 문과에 급제하여 높은 벼슬아치가 되었다. 또 서얼 출신 가운데에는 우수한 인재가 많아 문화발전에 기여한 바 컸다.

---

27) 조선시대에는 과거합격자 명단을 적을 때 벼슬이 없는 사람은 학생이라는 뜻에서 유학幼學이라고 기록했을 뿐 생업이 농업인지 아닌지는 적지 않았다. 이는 학생의 생업이 당연히 농업이기 때문에 적을 필요가 없었기 때문이다. 따라서 과거합격자의 대부분이 유학幼學이라고 하여 이들이 농민이 아니라고 해석하는 것은 잘못이다. 유학은 양반, 중인, 서얼, 농민 등 누구에게나 학생이라는 뜻을 붙인 호칭에 불과했다.

28) 모계나 처계에 노비나 서얼의 혈통이 들어 있으면서 고관으로 출세한 대표적 인사로는 태조 때의 정도전鄭道傳, 조영규趙英珪, 함부림咸傅霖, 태종 때의 하륜河崙, 세종 때의 황희黃喜, 성종 때의 유자광柳子光 등을 들 수 있다.

4. 교육과 선거제도

1) 교육제도

고려시대에 교육에 필요한 책을 만들기 위해 금속활자까지 발명했던 높은 교육열은 조선시대에 들어와 한층 가열되었다. 특히 유교가 국시國是가 되고, 과거제도의 위상이 더 높아지면서 '출세하려면 공부해야 한다'는 생활철학이 더 깊이 뿌리를 내렸다. 조선 초기의 교육은 문학文, 역사史, 철학哲 등 인문학만을 강조한 것이 아니라《주례》의 정신을 받아들여 기술학도 존중했다.

먼저, 인문교육기관으로 전국의 모든 군현에 향교鄕校를 설치하여 국비로 가르쳤다. 고려시대에는 주요 군현에만 향학鄕校이 있었으나 조선시대에는 350개 전후의 모든 군현에 향교가 세워졌다. 학교진흥은 수령의 7사七事 가운데 하나가 될 만큼 중요시되었다. 향교에는 양인 이상의 신분으로서 준수한 재능을 가진 남자8세 이상가 입학하여 교생校生이 되었다. 학비는 없었다. 교생의 정원은 군현의 인구비율로 정해져 있었는데,[29] 교생들은 여름 농번기에는 방학을 맞아 농사를 돌보고, 가을에 추수가 끝나면 기숙사인 재齋에 들어가 기거하면서《소학》, 4서논어, 맹자, 중용, 대학], 5경시, 서, 역, 춘추, 예기] 등 유학경전을 공부했다. 매년 두 번씩 시험을 치러 우등자는 생원, 진사시험의 초시를 면제해 주고, 학업 중 군역이 면제되었으나, 성적미달인 낙강생落講生은 군역을 지도록 했다.

한편, 서울에도 네 부部에 학교를 세워 이를 부학部學이라 했는데, 서학, 동학, 남학, 중학이 그것이다. 부학의 정원은 각각 100명이며, 교육내용은 향교와 같았다.

향교와 부학을 다닌 학생들은 유학幼學으로 불리면서 사회적 존경을 받았고, 과거시험에 응시할 자격이 주어졌다. 그 가운데 생원生員과 진사進士가 된 사람은 문과에 다시 응시하거나, 직접 낮은 관직을 얻기도 했으나, 더 높은 학문을 원하는 사람은 최고학부인 서울의 성균관成均館泮宮, 太學에 입학했다. 성균관에는 생원이나 진사만 입학자격이 있는 것은 아니고, 부학의 학생도 입학이 가능했다. 성균관의 정원은 생원, 진사 각 100명씩 모두 200명이었지만, 부학에서 올라온 학생은 정원에 넣지 않아 실제로 성균관 유생은 200명이 훨씬 넘었다.[30] 성균관 유생은 성적이 우수한 자는 문과의 초시를 면제해 주고, 직접 2차 시험인 복시覆試에 응시할 자격을 주었으며, 또 50세까지 착실하게 공부한 학생은 과거를 치르지 않아도 벼슬을 주는 일이 있었다.

향교와 성균관에는 강당이 있고, 기숙사인 재齋가 강당 앞 좌우에 있어 이를 동재東齋와 서재西齋로 불렀다. 그리고 강당 뒤에는 문묘文廟를 두어 공자를 비롯한 선현의 위패를 모시고 제사를 지냈다. 성균관에는 존경각尊經閣이라는 도서관이 있었다. 왕세자도 일단 성균관에 들어가 입학식을 치르고 나서 궁 안의 시강원侍講院에서 교육을 받았다.

---

29) 《경국대전》에는 부府, 대도호부大都護府, 목牧은 90명, 도호부 70명, 군 50명, 현 30명으로 되어 있다. 전국 교생의 정원을 합치면 약 1만 5천 명 정도였으며, 그밖에 액외생額外生이라 하여 정원 외 학생이 있었다. 이를 합치면 교생의 수는 더욱 많다.

30) 성균관에 입학한 생원과 진사는 상재上齋에서 기숙하고, 부학에서 입학한 유생은 하재下齋에서 기숙했다.

서당도 조선후기 김홍도 그림

조선 초기에는 국비로 운영되는 관학이 우세했지만, 16세기 이후로는 지방의 사족들이 자기 고을에 세운 서원書院이 점점 늘어나 사학과 관학이 경쟁하는 시대가 열렸다. 서원의 시설과 교육내용은 향교와 비슷했지만, 다만, 사당에 모신 선현先賢이 서원마다 달라서 독특한 학풍을 이루고 있었다.

향교와 서원이 대체로 군현을 단위로 설치된 교육기관이라면, 군현 밑의 마을을 단위로 설치된 사립 초등교육기관이 서당書堂이다. 서당은 조선 후기에 수만 개에 달했다. 서당에서는《천자문千字文》을 비롯하여 4서 3경의 유교경전을 가르쳤다.

여성들은 학교에 입학할 자격이 없었으나, 사족 부녀자들은 집에서 가정교사를 두거나 부모로부터 직접 교육을 받는 경우가 많았다. 예를 들면 율곡의 어머니 사임당은 아버지로부터 유교교육을 받고, 그 지식을 아들에게 전수하여 대학자를 만들었다. 출판인쇄문화의 발달로 서책이 널리 보급되면서 독학獨學으로도 교양을 쌓을 수가 있었다.

한편 기술교육은 잡학雜學이라 불렸는데, 해당 기술관청에서 직접 교육을 담당했다. 중국어[漢學], 몽고어[蒙學], 여진어[女眞學], 일본어[倭學]는 사역원司譯院에서 가르치고, 의학은 전의감典醫監과 혜민서惠民署, 천문, 지리, 명과命科(占卜), 도학道學(도교)은 관상감觀象監, 산학算學은 호조, 율학律學은 형조, 화학畵學[그림]은 도화서圖畵署에서 각각 가르쳤다. 의학과 율학은 모든 지방군현에서도 가르치고, 외국어는 이용하는 지역의 특성을 고려하여 중국어[한학]와 여진학은 주로 평안도에서, 왜학은 경상도 삼포三浦에서 각각 가르쳤다.

잡학생의 정원은 중앙이 285명, 지방이 약 6천 명이었으며, 평민자제들이 주로 이를 배웠으나, 의학과 역학譯學은 양반자제들도 많이 배웠다. 조선 초기에는 잡학에 대한 천시가 비교적 적어 잡학출신자 중에도 높은 벼슬아치가 배출되는 경우가 적지 않았다.

2) 선거제도

교육진흥은 유능한 인재를 기르기 위한 것으로 관리를 선발하는 기준도 능력주의가 존중되었다. 조선시대 인재등용의 대원칙은 입현무방立賢無方과 유재시용惟材是用이었다. 즉 '어진 사람을 등용함에 있어서 묘[출신지방, 혈통, 학벌 등]가 나서는 안 된다'는 것과 '오직 재주 있는 사람을 등용한다'는 것이다. 전자가 도덕성을 중시하는 것이라면, 후자는 전문성을 중시한다. 그러니까 도덕성과 전문성을 평가하여 인재를 등용해야 한다는 뜻이다. 이런 원칙에 따라 고려시대 성행했던 음서蔭敍의 범위가 축소되고,[31] 고시제도와 천거제도가 발달했다. 이 둘을 합쳐 선거選

---

31) 고려시대에는 5품 이상 관원의 아들, 손자, 사위, 동생, 조카 중 한 사람에게 음서의 혜택이 주어졌으나, 조선시대에는 그 범위가 크게 축소되어 공신과 2품 이상의 관원만이 그 혜택을 입었다. 그리고 3품 관원은 아들과 손자만, 이조와 병조, 삼사 등의 관원은 아들에게만 음서의 혜택이 부여되었다. 그러나 이 경우에도 간단한 취재取才시험을 치러야 하고, 임명되는 벼슬도 낮은 서리직에 불과했다. 따라서 실제로 음서를 통해 고관에 오르는 일은 거의 없었다.

擧라고 불렀다.

시험제도 즉 과거제도는 생원진사과, 문과, 무과, 잡과 등이 있었고, 그밖에 간단한 시험을 치러 하급관원을 선발하는 취재取才도 널리 성행했다. 경학에 뛰어난 인재를 선발하는 생원과生員科와 문학적 재능이 뛰어난 인재를 뽑는 진사과進士科는 3년마다 각각 100명씩 선발했다. 이를 소과小科 혹은 사마시司馬試라고도 불렀다. 생원과 진사가 되면 바로 하급관원이 되기도 하지만, 문과에 다시 응시하거나 성균관에 진학하는 경우가 더 많았다. 사마시는 1차 시험인 초시初試[32]에서 7배수를 뽑았는데, 이는 각 도의 인구비율로 강제 배분되었다.[33] 그러나 2차 시험인 복시에서는 도별 안배를 없애고 성적순으로 뽑았다. 그리고 합격자에게는 흰 종이에 쓴 합격증을 주었는데 이를 백패白牌라고 한다.

고시 중에서 가장 경쟁률이 높고 비중이 큰 것은 고급 문관을 선발하는 문과文科(혹은 大科)였다. 문과는 3년마다 선발하는 정기시험[式年試]과 수시로 시험하는 별시別試, 증광시增廣試, 임금이 성균관에서 문묘를 배알하고 치르는 알성시謁聖試, 국가의 경사가 있을 때 시행하는 경과慶科 등이 있었다.

생원, 진사시는 두 차례 시험을 보았는데, 초시는 서울[漢城試]과 각 도[鄕試]에서 치르고, 복시覆試는 서울의 예조禮曹에서 치렀다. 문과의 정기시험은 세 차례 시험을 보았는데, 초시는 서울[漢城試]과 각 도별[鄕試]로 치르고, 복시는 예조에서, 전시殿試는 궁 안에서 치렀다.

문과 정기시험에는 수천 명의 지원자가 치열한 경쟁을 벌여 최종적으로 33명을 뽑는데,[34] 초시에서는 7배수인 240명을 각 도의 인구비율로 뽑았다.[35] 그러나 복시에서는 도별 안배를 없애고 성적순으로 33명을 뽑았으며, 전시殿試에서는 갑과 3인, 을과 7인, 병과 23명의 등급을 정하여 그 등급에 따라 최고 6품에서 최하 9품의 품계를 주었다. 현직 관원이 급제한 경우에는 현재의 직급에서 1~4계階를 올려주었다.

과거시험은 선비들이 출세하는 최고의 등용문으로 과거보러 가는 것을 관광觀光이라고

과장에 들어가는 선비
김준근 그림, 독일 함브루크민속박물관 소장

경서를 시험하는 장면

---

32) 생원은 4서와 5경을 시험보고, 진사는 부賦와 고시古詩, 명銘, 잠箴 중 하나를 시험보았다.

33) 생원, 진사시 초시합격자의 각 도별 정원은 다음과 같다. 한성부 200명, 경기도 60명, 충청도 90명, 전라도 90명, 경상도 100명, 강원도 45명, 평안도 45명, 황해도 35명, 함경도 35명이다.

34) 문과 초시의 과목은 초장初場에서는 5경과 4서를, 중장中場에서는 부賦, 송頌, 명銘, 잠箴, 기記 중의 하나, 표表와 전箋 중의 하나를, 종장終場에서는 대책對策[時務策]을 시험했다.

35) 《경국대전》에 의하면 각도별 문과초시합격자 정원은 다음과 같다. 성균관 50명, 한성부 40명, 경기도 20명, 충청·전라도 각 25명, 경상도 30명, 강원·평안도 각 15명, 황해·함경도 각 10명이다.

했으며, 문과합격자에게 주는 합격증서는 붉은 종이에 써서 이를 홍패紅牌라고 불렀다. 과거는 양인으로서 교육을 받은 학생[幼學]이면 누구나 응시가 가능했으며, 3품 이하의 벼슬아치도 응시할 수 있었다. 다만, 과거응시가 금지된 것은 노비, 반역죄인의 자식, 탐관오리[贓吏]의 자식, 재가再嫁한 여자의 아들과 손자 그리고 서얼은 제외되었다. 그러나 서얼의 응시가 1556년(명종 11)부터 단계적으로 풀리기 시작했음은 앞에서 이미 설명했다. 그래서 조선시대 수백 명의 서얼급제자가 배출되었다.

15~16세기에 문과급제자를 배출한 성관姓貫은 모두 750개 정도이며, 조상 가운데 벼슬아치가 전혀 없거나, 내외 4대조[직계 3대조와 외조] 가운데 벼슬아치가 없는 급제자, 또는 서얼 출신 급제자가 전체 급제자에서 차지하는 비율이 태조~정종 대 40%, 태종 대 50%, 세종~세조 대 30~34%, 예종~성종 대 22%를 보이다가 16세기에 이르러 17~20% 대를 보이고 있다. 양반만이 벼슬을 세습했다는 말이 얼마나 잘못된 것인가를 알 수 있다. 조선시대는 개천에서 용이 많이 나오는 시대였다.

무반을 뽑는 무과武科(龍虎科)는 3년마다 28명을 선발했는데 역시 초시급제자 인원은 도별로 안배했으며, 서얼도 응시가 가능했다.[36] 기술관원을 선발하는 잡과雜科는 3년마다 역과譯科 19명, 의과醫科 9명, 음양과[천문, 지리, 명과학] 9명, 율과律科 9명, 도합 46명을 뽑았는데, 이 가운데 음양과의 천문학은 천문학을 전공하는 생도만이 응시할 수 있었으나, 다른 과는 교생校生이나 부학생部學生도 응시할 수 있었다. 잡과합격자는 해당 기술관청에 근무하여 최고 3품까지 승진할 수 있었으나, 다시 문과에 응시하여 합격하면 3품 이상의 진급도 얼마든지 가능했다. 실제로 기술관원으로서 문과에 합격하여 고급관원이 된 예가 적지 않다.[37]

과거시험 이외에 간단한 시험으로 하급관리나 하급기술관원이 되는 시험이 또 있었는데, 이를 취재取才라고 불렀다. 취재로 임명되는 관원으로는 수령守令, 지방의 교관教官, 역승驛丞, 도승渡丞, 서제書題, 음자제蔭子弟, 녹사錄事, 도류道流, 서리書吏, 의학, 한학, 몽학, 왜학, 여진학, 천문학, 지리학, 명과학, 율학, 산학, 화원, 악생, 악공 등이 이에 해당했다.

벼슬아치를 뽑는 시험제도는 이처럼 여러 종류가 있어서 본인의 능력에 따라 출세의 정도가 결정되고, 관직의 세습이 보장되지 않았다. 예컨대 성종 때 훈구대신인 이극돈李克墩의 한 아들은 역과譯科에 합격하고, 세조 때 서리書吏이던 윤처관尹處寬의 아들 윤효손尹孝孫은 아버지가 서리로 고생하는 것을 보고 분발하여 문과에 급제한 뒤 벼슬이 재상까지 올라갔다. 중종 초 안중손安仲孫이라는 고성固城 사람은 노비 두 명을 데리고 농사를 지으면서 공부하여 문과에 급제한 뒤에 현령(종5품)이 되었다.

한편, 관리채용방법 중 하나로 천거제도가 있었다. 이는 학식과 덕망이 높으면서도 초야에 묻혀 있는 인재를 발탁하기 위한 것인데, 대개 3품 이상의 고관이 천거권을 가지고 있었으며, 천거된 사람은 간단한 시험을 치른 후 관직에 임명되었다. 그러나 천거된 자가 죄를 지으면

---

36) 무과시험은 초시에는 활쏘기, 복시에는 4서와 5경 중 하나, 무경 7서武經七書 중 하나, 통감通鑑, 병요兵要, 장감將鑑, 박의博議, 무경武經, 소학小學 중 하나, 경국대전을 치르고, 전시에서는 기보격구騎步擊毬를 시험했다.

37) 예를 들면, 태종 때 정신鄭信과 세조 때 임건林乾은 율관으로서 문과에 급제했고, 중종 때 최세진崔世珍은 역과에 합격한 후 다시 문과에 합격하여 벼슬이 동지중추부사에까지 올랐다.

천거한 사람도 함께 벌을 받게 되어 아무나 함부로 천거하지는 못했다. 실제로 천거에 의해 벼슬아치가 된 경우는 그리 많지 않다.

5. 병역제도와 군대조직

고려 말에 끊임없는 외환에 시달린 경험을 살려 조선 초기에는 국방강화에 비상한 관심을 기울이면서 군대를 늘리고 정예화했다.

건국 직후에는 우선 왕자나 권신들이 거느리고 있던 사병私兵을 혁파하여 공병公兵으로 귀속시키는 일에 주력하여 태종 때 매듭지었다. 그러나 기왕의 군대만으로는 부족하여 모든 양인은 군역을 지게 하는 양인개병제良人皆兵制를 시행했다. 그리하여 16세 이상 60세 이하의 양인남자는 직접 군병軍兵이 되거나, 아니면 군병이 군역을 지는 동안 필요한 식량, 의복 등 경비를 부담하는 보조원[이를 奉足 혹은 保人이라 함]이 되도록 하여 매년 무명 1필을 국가에 바치게 했다. 그러나 토지가 3~4결 이상 되는 중산층 군병에게는 보조원을 주지 않았다.

정부는 군역담당자를 확보하기 위해 노비를 해방시켜 양인인구를 확대하고, 호적조사사업을 3년마다 한 번씩 실시하여 양인을 공민화하는 정책을 지속적으로 추진했다. 그 결과 태조 6년에 37만 명이던 군역담당자가 세종 12년에는 70만 명으로, 세조 때는 80~100만 명으로 늘어났다. 이 가운데 군병이 약 30만 명, 보조원이 약 60만 명에 달했다. 군역에서 면제된 사람은 현직관원과 학생뿐이었다. 왕의 친척이나 공신, 고급관원의 자제들도 군역을 지기는 마찬가지였다. 다만 이들의 군역은 국왕의 호위와 시종, 왕궁의 경비를 담당하는 고급군인으로서 좋은 대우를 받은 것이 다른 점이었다.

해미읍성 사적 116호, 1491년(성종 22)에 축성, 둘레 약 2km, 높이 5m, 지정면적 194,083㎡, 충청남도 서산시 해미면 남문로, 사진 이강열

고창읍성 사적 145호, 둘레 1,684m, 높이 4~5m, 지정면적 189,764평, 조선 단종원년(1453)에 외침을 막기 위해 나주의 입암산성과 연계, 주민의 힘을 빌려 호남내륙을 방어하는 전초기지로 축성한 자연석 성곽. 전라북도 고창군 모양성로

남산 봉수대 서울특별시 중구 남산공원길 소재

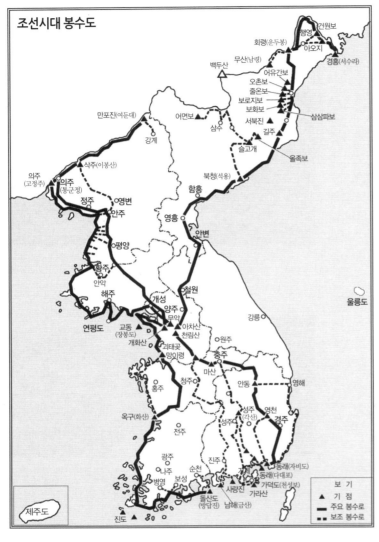

조선시대 봉수도

일반 평민은 정병正兵, 유방군留防軍 혹은 수군水軍에 편입되어, 정병은 1년에 2개월, 유방군은 3개월, 수군은 2개월씩 복무했고, 복무기간에 따라 산계散階를 받았다. 이 밖에 고급직업군인으로서 갑사甲士, 별시위別侍衛, 내금위內禁衛 등이 있어서 무재武才가 있는 사람들은 무과를 쳐서 들어왔으며, 정식 무반에 속해 품계와 녹봉을 받았다. 이들은 중앙에서는 왕궁과 서울의 수비를 맡고, 지방에서는 하급지휘관이 되었다.

조선 초기에 군대를 통솔하는 중심기관은 오위도총부五衛都摠府였다. 여기에는 다섯 군단이 있어서 이들이 중앙군府兵을 구성했는데, 그 지휘책임은 문반관원이 맡았다. 이밖에 군인의 훈련과 무과시험 등을 관장하는 훈련원訓鍊院과 무관의 최고기관인 중추부中樞府가 있었으나 중추부에는 문관도 참여했다.

지방의 육군은 세조 대 이후로 진관체제鎭管體制로 편성했다. 즉 각 도마다 한 개 혹은 두 개의 병영兵營을 두어 병마절도사兵馬節度使

(혹은 兵使, 종2품)가 정해진 구역의 지휘권을 장악하고, 병영 밑에는 몇 개의 거진巨鎭을 두어 거진의 수령이 주변 군현의 군대통수권을 장악했다. 말하자면, 전국이 지역단위의 방어체제를 형성한 것이다. 그리고 주요 요새지의 읍에는 읍성邑城을 쌓았는데, 특히 방어취약지구인 충청도와 전라도 해안가에 많이 축조했다.[38] 이로써 지금까지 산성중심 방어가 읍성중심으로 바뀌었다.

한편, 중앙군과 지방군의 유기적 통합을 위해 지방군의 일부를 교대로 서울에 올라와 복무하게 했다. 이를 번상병番上兵이라 한다.

---

38) 조선시대 축조한 읍성은 대략 100여 개나 되는데, 일제강점기에 대부분 헐리고 지금 남아 있는 것은 충남의 해미, 홍성, 서천, 전북 고창[모양성], 전남 나주, 낙안, 경상도 언양 읍성 등이다.

수군은 육군과 비슷한 체제로 편성되었
다. 연해 각도에는 몇 개의 수영水營을 두고 수
군절제사水軍節制使(水使; 정3품)를 파견하여 자기
관할구역의 수군을 통솔하게 했다. 수영 밑에
는 포진浦鎭과 포浦를 두고 첨절제사僉節制使(종3
품)와 만호萬戶(종4품)를 각각 파견하여 관할 수
군을 통솔하게 했다.

조선 초기에는 정규군 이외에 일종의
예비군인 잡색군雜色軍이 있어서 평시에는 자
기 생업에 종사하고, 일정한 기간 군사훈련을
받아 유사시에 대비했다. 여기에는 서리, 잡학
인, 신량역천인, 노비 등이 배속되었다.

세병관 경상도 수군절제사의 본영으로 사용하기 위해 선조 36년(1603년)
이경용이 창건한 것으로, 인조 22년(1645년)에 김응해가 규모를 확장하였으며,
거대한 50개의 기둥이 장관이다. 경상남도 통영시 세병로

국방과 행정의 편의를 위한 교통과 통
신체계도 전보다 강화되었다. 군사적인 위급
사태를 신속하게 알리기 위한 봉수제烽燧制가
정비되어, 밤에는 산꼭대기에서 봉화를 올리
고, 낮에는 연기를 피워 서울까지 보고하도록
했다. 또 육로로 물자를 수송하고 통신을 전
달하는 역마참驛馬站이 전국적으로 짜여져 중
앙과 지방의 연계가 한층 강화되었다.

조선 초기에는 취각령吹角令이라 불리는
비상소집훈련이 자주 시행되어 도성 안에 사
는 관원들이 일시에 궁궐 앞에 모이기도 했다.
또 중무장한 갑사甲士와 돌팔매꾼인 척석군擲石
軍이 광화문 앞에 모여 서로 싸우게 하여 군사
훈련을 시키기도 했다. 척석군은 왜구토벌에
큰 공을 세우기도 했으나, 이 훈련은 사상자가
많이 생겨 뒤에는 폐지되고, 돌팔매는 민속놀
이로 바뀌었다.

15세기의 강력한 국방체제는 16세기
이후로 점차 해이해져서 왜란 직전에는 율곡
이이李珥가 10만 양병설을 주장할 정도로 어
려운 사태에 빠졌다.

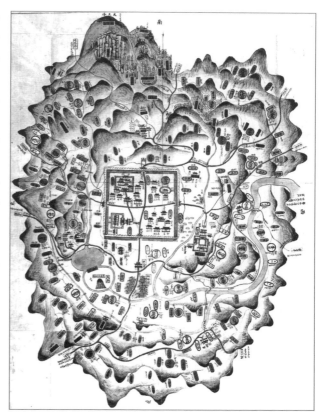

네모진 읍성이 그려진 전라도 광주지도
1870년대, 서울대학교 규장각 한국학연구원 소장

제3장 조선 초기의 경제발전

1. 농업의 발전

조선 초기의 농업은 농지확대, 분배구조 개선, 농업기술의 발달 등 여러 측면에서 큰 발전이 있었다. 왕조개창을 전후하여 왜구가 토벌되면서 연해안지역 개발이 촉진되어 농지가 크게 확대되고, 3년 이상 버려진 땅은 누구든지 경작하는 사람에게 소유권을 주어 개간을 장려했다. 그리하여 고려 말 약 50만 결에 지나지 않던 농지가 세종 때에는 약 170만 결로 크게 늘어났다. 다만, 세종 때에는 1결의 면적이 줄어든 것을 감안할 필요가 있다.[39]

전제개혁에 의해 분배구조가 개선되면서 농민의 생산의욕이 높아졌으며, 의학발달로 인한 인구증가와 국가의 적극적인 권농정책, 그리고 사대부층의 영농법 연구가 합쳐져 농업생산력이 크게 향상되었다. 1결당 생산량은 세종 때 최하 400두, 최고 1,200두에 이르렀다. 이는 고려 말 1결당 약 300두에 비해 크게 향상된 것을 말해준다.

농업생산력을 높이려면 땅을 기름지게 만드는 시비법施肥法이 중요한데, 콩과 녹두를 심었다가 갈아엎고 썩혀서 비료로 쓰는 녹비법綠肥法이 개발되고, 인분과 재를 거름으로 쓰기도 하면서 땅의 비옥도를 높였다. 고려시대만 해도 땅의 비옥도가 낮아서 1년 또는 2년씩 걸러서 농사를 짓는 휴한지休閑地가 적지 않았으나 조선시대에는 밭에서 조, 콩, 보리의 2년 3작이 이루어지고, 논에서는 벼와 보리의 이모작二毛作이 가능한 지역이 늘어났다.

원래 우리나라는 비가 많은 편이 아닌 반건半乾(half-dry) 기후로 논보다는 밭이 두 배 이상 많았으나, 하천을 막아 보洑를 쌓는 등 수리시설이 개선되면서 15세기에는 전국에 3천여 개의 저수지가 생겨났으며, 수차水車를 이용하여 저수지물을 논에 관개하는 기술도 개선되었다. 그 결과 벼를 재배하는 논이 전보다 한층 많아졌다.

벼농사는 봄에 마른 땅에 씨를 뿌렸다가 일정한 정도로 벼가 자라면 물을 대주는 건사리법이 널리 유행했는데, 조선 초기부터는 물논에 직접 씨를 뿌리는 물사리법과, 묘가 자란 다음에 묘를 다른 곳에 옮겨심는 이앙법移秧法(모내기)도 병행되었다. 이앙법은 비가 많은 남부지방에서는 전에도 있었으나 그 지역이 중부지역으로 확대되었다. 이앙법은 풀뽑는 노동력이 절감되고, 두 곳의 지력을 이용하여 생산을 높이는 장점이 있었으나, 이앙철에 물이 부족하면 큰 타격을 입는 약점이 있어서 수리시설 보완이 절대적으로 필요했다.

---

39) 세종 때에는 토지의 비옥도에 따라 1결의 면적이 달라졌는데, 상등전 1결은 대략 1,846평, 중등전은 2,897평, 하등전은 4,184평이었다.

벼품종도 많이 개량되었다. 지금의 경기도 시흥인 금양에 살던 강
희맹姜希孟의 《금양잡록衿陽雜錄》을 보면, 당시 경기도에서 21종의 벼가 재
배되었는데, 그 가운데 파종 후 50일 만에 수확하는 것도 있고, 바람에
강한 품종이 14종이나 소개되어 있다. 이밖에 조粟, 콩豆, 보리, 기장, 피,
수수 등 여러 종류의 곡식이 재배되고 있었다.

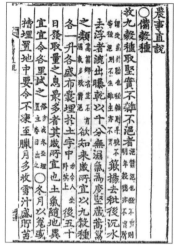

농사직설　세종 11년(1429),
정초·변효문 등이 왕명으로 편찬

고려 말 문익점에 의해 도입되어 경상도 단성丹城에서 재배되기 시
작한 목화는 함경도를 제외한 전국으로 확대되어 의복혁명이 일어났는
데, 무명은 옷감으로서만 아니라 범선의 돛으로도 이용되고, 화폐기능布
貨을 겸하여 상업발달을 촉진시켰으며, 항해가 편해졌다. 삼베麻布, 모시
苧布 생산도 증가하고, 누에치기양잠도 전국적으로 확대되어 비단옷이 늘
어났는데, 지금의 서울 잠실에서 양평에 이르는 한강유역은 양잠업이 특
히 앞서 갔다. 그밖에 돗자리 원료인 왕골, 약재인 감초 등의 생산도 활발
해졌다.

세종의 명으로 1441년(세종 23) 세자 이향李珦[문종]에 의해 세계 최초
로 측우기測雨器가 제작되고,[40] 《농사직설農事直說》, 《금양잡록》 등의 농서가 편찬된 것도 농업발
달에 이바지했다. 특히 1429년(세종 11) 정초鄭招, 변효문卞孝文 등이 왕명으로 편찬한 《농사직설》은
전국 각지의 노농老農들의 실제 경험을 수집하여 정리한 것으로, 각종 곡식재배법이 지역에 따
라 다른 것을 알려주어 각 지역 권농관의 지침서가 되게 했다. 고려 말에는 중국 화북지방 농법
을 소개한 《농상집요農桑輯要》나 《제민요술齊民要術》을 널리 참고했으나, 조선 초기에는 여기에 토
착농법이 함께 참고가 되어 우리 환경에 맞는 선진적인 농법을 발전시킬 수 있었다. 그러다가
16세기에는 지방 사림들이 중국의 강남 농법을 받아들여 수전농업水田農業을 더욱 발전시켰다.

말은 군마軍馬이자 통신수단, 그리고 중국에 대한 조공품으로 중요한 가치를 지니고 있어
서 국가에서는 마목장을 직접 경영했는데, 전국에 58개 소나 되었으며, 한양 동쪽 양주의 살곶
이 목장지금의 어린이 대공원은 특히 규모가 컸다. 소는 농경과 식육으로서, 양은 제사용으로 역시
중요시되었다.

2. 수공업의 발전

조선 초기에는 개인수공업과 관청수공업이 있었는데, 후자가 우세했다. 고려 말의 개인수
공업자와 소所 혹은 사원에 소속된 수공업자들을 공장안工匠案에 등록시켜 서울과 지방의 각 관
청에 소속시키고 관청에서 필요한 물품을 제조하게 했다. 《경국대전》을 보면 서울에 소속된 경
공장京工匠은 2,800여 명으로 30개 관청에서 129종의 일을 맡았다. 공장이 가장 많이 배속된 관
청은 무기를 제조하는 군기시軍器寺, 의복을 제조하는 상의원尙衣院, 음식과 그릇을 만드는 사용

---

40) 측우기는 이탈리아의 카스텔리가 1639년에 제작한 것보다 2백 년 앞서고, 일본보다 270년이 빠르다.

대장간 보물 527호, 27×22.7cm, 김홍도 그림,
국립중앙박물관 소장

실뽑기(여)와 자리짜기(남) 조선후기 김홍도 그림

원司饔院, 토목공사를 맡은 선공감繕工監, 책을 출판하는 교서관校書館, 종이를 만드는 조지서造紙署 등이며, 여기서 만드는 무기, 의복, 그릇, 건축, 문방구, 활자, 종이 등이 특히 우수했다.

한편, 지방관청에 소속된 외공장外工匠은 3,500여 명으로 27종의 직종이 있었다. 이 가운데 인원이 가장 많은 것은 종이를 만드는 지장紙匠(698명)이고, 그 다음에 대장장이인 야장冶匠(438명), 깔개를 만드는 석장席匠(385명), 화살을 만드는 시인矢人(329명), 목수인 목장木匠(323명), 가죽으로 물건을 만드는 피장皮匠(297명), 칠장이인 칠장漆匠(294명), 활과 화살을 만드는 궁인弓人(238명) 순이다.

관청수공업의 제조과정은 고도로 분업화되어 있었다. 예를 들어 활은 궁인弓人과 시인矢人의 합작으로, 책 출판은 8종의 공장이 협동으로 만들었다. 국립출판소인 교서관에는 8종[41] 146명의 공장이 소속되었는데, 15세기에 이만한 규모를 가진 출판소는 없었다. 1458년(세조 4)《대장경》을 인쇄하기 위해 46만 권의 용지를 쓴 것을 보면 당시 종이생산량도 대단했음을 알 수 있다. 종이 원료는 닥楮나무 껍질이 주원료로 가죽처럼 질기고 견고하여 대포나 갑옷을 만드는 데도 썼다. 조선의 종이는 아시아에서 가장 우수한 종이로 알려져 중국에 수출되었다. 그밖에 솔잎, 볏짚 등도 종이원료로 썼다.

궁중의 사치를 막기 위해 종전에 쓰던 금·은그릇을 추방하고 그 대신 도자기를 썼기 때문에 조선시대 도자기는 생산량이 많고 품질이 우수했다. 도자기 가마는 전국에 325개 소나 되었는데, 특히 사옹원의 분원分院이 있는 경기도 광주와 경상도 고령의 생산품이 최고급으로 인정받았다.

고려 말기부터 제조되기 시작한 화약무기도 더욱 개량되었는데, 특히 완구碗口를 비롯한 대포의 성능이 우수하여 궁중에서 외국사신을 불러놓고 야간에 실험하는 일이 종종 있었다. 대포의 위력에 놀란 사신들은 이를 가르쳐 달라고 조르는 일이 많았다.

공장안에 등록된 장인들은 의무국역으로서 1년에 몇 달 동안 교대로 관청에 나가서 관청의 수요품을 제조하고 일정한 삭료朔料를 받았고, 국가에서는 이들을 도와주는 조역助役을 붙여주었다. 성적이 좋고 근무기간이 오랜 장인은 최고 종6품까지의 유외잡직流外雜職 벼슬을 주고 체아遞兒라는 형식의 녹봉을 받기도 했다.

국역노동이 끝난 공장들은 시장을 상대로 의식주에 필요한 물품을 만들어 자유롭게 판매하여 이득을 취했다. 그대신 국가에 일정한 공장세工匠稅를 납부했다. 관영수공업은 16세기 이후로 조금씩 해이해졌으나, 종이, 무기 등 주요물품은 조선조 말까지 관영이 주도했다.

---

41) 교서관에 소속된 8종의 공장은 다음과 같다. 금속을 녹이는 야장冶匠, 활자를 고르는 균자장均字匠, 활판을 만드는 목장木匠, 책을 찍어내는 인출장印出匠, 활자를 새기는 각자장刻字匠과 조각장彫刻匠, 활자를 주조하는 주장鑄匠, 종이를 만드는 지장紙匠 등이다.

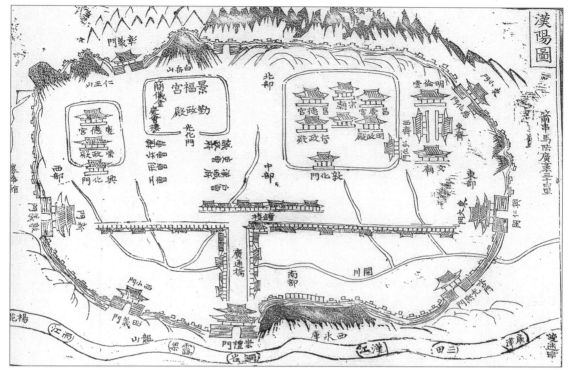

서울 시전 모습 조선후기 위백규 그림

　한편 일반 농민들도 가내수공업으로 무명을 비롯하여 모시, 베, 명주 등 옷감류와 도기[질그릇], 종이 등을 만들어 국가에 공물로 바치기도 하고, 남는 것은 시장에 내다 팔아 이득을 챙겼다. 그러나 전반적으로 품질은 관영수공업품이 우수했다.

3. 상업의 발전

　조선 초기에는 고려 말기 농업이 피폐하고 상업인구가 늘어난 것을 막기 위해 농업을 일차적으로 장려하고, 상업을 말업으로 간주하는 무본억말務本抑末 정책을 써서 상업을 어느 정도 견제했다. 이는 상업을 없애기 위함이 아니라 농민들이 농토를 버리고 상업에 뛰어드는 것을 막기 위함이었다. 그러나 농업과 수공업이 발전하면서 상품유통도 자연스레 활발해졌다.

　상업은 아무래도 인구가 많은 도시에서 발달했다. 인구 10만을 헤아리는 서울은 상업의 중심지였다. 태종 때 교통이 가장 편한 한양의 중심가인 종로와 남대문에 이르는 광통교 길가에 2,600여 칸에 달하는 연쇄상가인 시전市廛을 조성하여 상인들에게 대여했다. 시전은 한 상점에서 한 가지 물종만을 전문적으로 팔게 하여 독점판매권을 부여하고, 그 대신 국가에 공랑세公廊稅를 바치고, 국역의 형태로 궁중과 관청에서 필요로 하는 물품을 조달할 의무가 있었다.

시전행랑 2010년 조선시대 피맛길을 따라 형성된 시전행랑 등 유물 발굴 작업

보부상의 하나인 등짐장수
권용정 그림 간송미술관 소장

물가와 도량형은 경시서京市署에서 관할하여 폭리를 막았다. 말하자면 시장경제와 통제경제의 혼합형이라 할 수 있다. 시전과 비슷한 성격의 상가는 개성, 평양, 전주와 같은 대도시에서도 있었다. 서울의 시전은 16세기 이후로 명주, 종이, 어물, 모시, 삼베, 무명을 파는 여섯 개 상점이 가장 번성하여 이를 육의전六矣廛이라고 불렀다. 지금 시전의 일부가 발굴되어 당시 시전의 규모를 엿볼 수 있다.

농촌에서는 보부상褓負商이라 불리는 봇짐장수와 등짐장수가 자질구레한 일용잡화와 소금, 물고기, 그릇, 문방구, 책 등을 가지고 다니면서 팔았다. 대체로 농민들은 쌀과 무명을 주고 물건을 사는 것이 관례였다. 국가에서는 닥나무 종이돈인 저화楮貨와 구리돈인 조선통보朝鮮通寶를 발행했으나, 도시를 제외한 시골에서는 실물가치가 있는 무명을 화폐 대용으로 많이 사용하여 이를 포화布貨라고 불렀다.

보부상에 의존하던 지방의 상거래가 15세기 말부터는 전라도 농민들이 잉여생산품을 들고 읍邑에 모여들어 파는 현상이 나타났다. 이를 장시場市 또는 장문場門이라 했다. 정부는 농민들이 농업을 버리고 상업에 몰릴 것을 염려하여 억제했으나, 시간이 갈수록 장시가 여러 지역으로 확산되고, 뒤에는 며칠에 한 번씩 열리는 정기시장으로 발전했다. 장시에는 농민들과 공장, 그리고 보부상들이 모여들어 농산물과 수공업제품, 수산물, 약재 등을 팔았으며, 농민들은 와자지껄한 장시를 구경하는 것을 중요한 오락으로 즐기고, 정보를 나누는 장소로도 이용했다.

조선왕조는 의식주의 자급자족이 가능했으므로 외국과의 교역의 필요성을 그다지 느끼지 않았다. 그러나 의식의 자급자족이 어려운 일본과 여진족이 교역을 위해 여진과는 국경지역에 설치한 무역소인 책문후시柵門後市를 통해, 일본과는 동래의 왜관倭館을 통해 물화를 교역했다. 식량과 농기구, 무명 등이 주로 밖으로 나갔다.

제4장 조선 초기의 문화

1. 성리학의 발달

조선왕조의 건국은 유교가 정치이념으로, 불교가 종교로 양립되어 서로 보완관계에 있었던 고려시대의 정신문화를 성리학性理學으로 바꾸어 놓는 정신혁명을 가져왔다. 이 과정에서 불교에 대한 비판이 처음으로 일어났는데, 불교비판에 앞장선 사람은 개국공신 정도전鄭道傳(호 三峯; 1342~1398)으로, 1398년(태조 7)에 쓴 《불씨잡변佛氏雜辨》은 동양 최고수준의 불교비판서로 이름이 날 정도로 수준이 높았다. 이를 계기로 승려의 정치참여가 봉쇄되고, 승려들은 산간의 종교인으로 돌아갔으며, 성리학정치가 활짝 꽃을 피웠다.

정도전의 뒤를 이어 권근權近(호 陽村; 1352~1409)이 《입학도설入學圖說》, 《오경천견록五經淺見錄》, 《사서오경구결四書五經口訣》 등을 저술하면서 성리학은 더욱 학문적으로 뿌리를 내렸고, 세종조 이후에는 김말金末, 김반金泮, 김구金鉤 등 이른바 경학삼김經學三金이 나와 성균관에서 성리학 교육을 통해 많은 인재를 길러냈다. 또 서울의 부학部學이나 지방의 향교鄕校 등에서도 성리학을 가르치고, 과거시험에도 시험과목으로 들어갔다. 성리학의 기본경전은 4서四書[논어, 맹자, 중용, 대학]와 5경五經[시경, 서경, 주역, 춘추, 예기]였으며, 이밖에 삼강오륜의 도덕규범을 설명한 《소학小學》도 중요시했다.

성리학은 우주질서와 인간질서를 통일적으로 바라보는 학문으로, 요즘말로 하자면 인문학, 사회과학, 자연과학을 통합시킨 종합적 학문체계이다. 사물을 한층 객관적이고 합리적으로 바라보는 안목을 키웠으며, 정치의 목표를 백성에 두는 민본사상民本思想을 발전시켰다. 그래서 조선시대가 고려시대보다 한층 백성을 존중하고 과학적인 문화를 열게 된 것이다.

그런데 관학官學으로 시작된 성리학이 한꺼번에 발전한 것은 아니고, 처음에는 관료정치와 민본주의民本主義를 강조하는 정치이론으로 받아들였다가, 뒤에는 차츰 개인의 도덕수양과 우주질서를 설명하는 이기론理氣論과 심성론心性論으로 발전하고, 조선 후기에는 도덕수양과 국리민복의 경세經世를 함께 강조하는 실학實學으로 발전하게 된 것이다.

한편, 성리학이 지배적인 사상이 되었다 해서 부국강병과 중앙집권을 강조하는 한당漢唐시대의 유학이 금방 없어진 것은 아니었다. 그래서 조선 초기에는 당태종唐太宗의 정치를 서술한 《정관정요貞觀政要》가 여전히 왕에게 읽혀졌으며, 각종 기술학과 무학武學도 존중되었다. 이는 강력한 중앙집권과 부

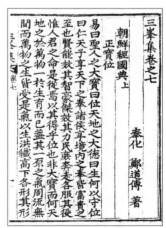

삼봉집 정도전 지음,
서울대학교 규장각 한국학연구원 소장

정몽주(1337~1392)
국립중앙박물관 소장

국강병의 필요성과 민생안정이라는 양면의 과제를 안고 있었기 때문이었다.

성리학의 본질을 도덕수양의 측면에서 생각하는 인사들은 조선왕조 개국에 반대하고 재야의 학문으로 발전하다가 16세기경부터 다시 두각을 나타내어 사림士林으로 등장했다. 이들은 고려 말 순절한 정몽주鄭夢周(호 圃隱, 1337~1392)를 높이 추앙하면서 공리功利와 부국강병을 배격하고, 기절氣節과 의리義理를 존중하고, 향촌사회의 정치적, 사회적 자율성을 강조했다. 이들은 고려 말부터 《주자가례朱子家禮》를 도입하여 집에 가묘家廟를 세우고 조상의 위패를 모시고 제사를 지냈다. 이런 학풍은 특히 정몽주나 길재吉再와 같은 절신節臣들의 연고지인 영남지방에 큰 영향을 주었다. 특히 길재의 영향을 받은 선산善山의 김숙자金叔滋와 김종직金宗直(1431~1492) 부자가 많은 후학을 길러내면서 15세기 말에는 뚜렷한 정치세력을 형성하기에 이르렀다.

15세기 관학과 성리학이 한당유학을 절충하여 국가건설에 공헌했다면, 재야의 사림파 성리학은 선비의 도덕수양과 향촌사회 안정에 기여했다고 할 수 있다.

2. 역사, 지리, 예서의 편찬

1) 통치기록

성리학은 경학經學을 도道를 담은 학문, 사학史學을 사실을 기록하는 학문으로 이해하고, 경학과 사학을 경위經緯, 곧 날줄과 씨줄관계로 보았다. 따라서 조선시대 성리학이 발달하면서 역사학과 기록문화가 발달했다. 또 유교는 정치에 대한 백성들의 믿음을 중요시하고, 그 믿음을 얻기 위해 정치에 대한 기록을 철저히 하여 정치의 투명성과 책임성을 높여야 한다고 보았다. 기록을 '정치의 거울'로 보았다. 그래서 조선왕조는 한국 역사상 기록문화의 전성시대를 열어 놓았다.

먼저, 각 관청별로 업무일지를 편찬하여 《등록謄錄》을 만들고, 춘추관春秋館은 여러 관청의 《등록》을 모아 해마다 《시정기時政記》를 정기적으로 편찬했다. 국왕 비서기관인 승정원承政院의 주서注書(7품)는 왕과 신하 사이에 오고간 문서와 국왕의 일과를 매일 기록하여 《승정원일기承政院日記》[42]를 작성했다. 요즘 말로 하자면 대통령비서실 일기다. 《승정원일기》는 지금 유네스코 세계기록문화유산으로 등록되었다. 주서는 또한 국가의 중요 정책과 고관의 인사이동을 〈조보朝報〉로 만들어 지방관과 백성에게 알려주었다.

---

42) 《승정원일기》는 국초부터 편찬되었으나 왜란 이전 것은 모두 없어지고, 1623년(인조 원년)에서 1894년 갑오경장 때까지의 270여 년분이 남아 있다. 모두 3,047책으로 《실록》보다 3배 이상 많다. 신하들이 올린 상소문이 《실록》에서는 요약되어 실려 있으나, 《승정원일기》에서는 원문이 모두 실려 분량이 늘어난 것이다. 원본은 서울대학교 규장각 한국학연구원에 소장되어 있으며 국보로 지정되어 있다. 갑오경장 이후에는 《승선원일기》, 《궁내부일기》, 《비서감일기》, 《비서원일기》 등으로 이름을 바꾸어 1910년 국망 때까지 편찬되었다.

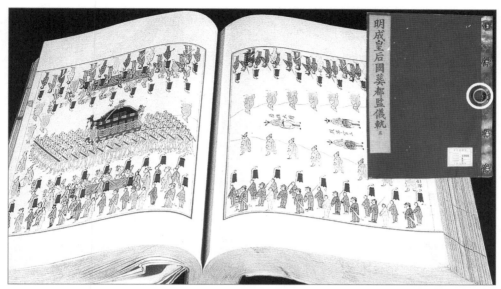

명성황후 국장도감의궤 비단 표지에 동으로 장식되어있다. 표시한 ○ 안에 고리로 벽에 걸 수 있다. 서울대학교 규장각 한국학연구원

국왕과 대신이 모여 국정을 논의하는 국무회의에는 예문관藝文館의 7~9품에 해당하는 한
림翰林(봉교, 대교, 검열)이 두 사람씩 조를 만들어 사관史官으로 참가하여 말과 행동을 나누어 속기速
記했는데, 이를 〈사초史草〉라고 불렀다. 그리고 〈사초〉는 임금도 볼 수 없도록 사관이 집에다 보
관했다가 《실록》을 편찬할 때 관청에 바쳤다.

왕이 바뀌면 실록청實錄廳을 설치하고 200명 전후의 편찬위원을 임명하고, 전왕의 통치기
록인 〈사초〉, 〈시정기〉, 〈승정원일기〉, 〈조보〉 등을 모두 합하여 《실록實錄》을 편찬했다. 《실록》
은 4부를 만들어 서울에는 춘추관에 보관하고, 나머지는 전라도 전주全州, 경상도 성주星州, 충청
도 충주忠州에 지은 사고史庫에 분산 보관했다.[43] 그런데 임진왜란 때 성주와 충주의 실록은 모
두 불타 없어지고 전주실록만 보존되었으며, 춘추관 실록은 인조 때 이괄의 난亂으로 궁궐이 불
타면서 없어졌다. 그래서 왜란 후에 전주실록을 바탕으로 4부를 더 만들어 봉화 태백산, 평창
오대산, 강화도 정족산, 무주 적상산 등 깊은 산속에 보관했다. 《실록》은 통치전반을 기록하고
있을 뿐 아니라, 천재지변에 관한 기록까지 담고 있어서 사료적 가치가 매우 크다. 《조선왕조실
록》은 그 우수성이 인정받아 1997년 유네스코 세계기록문화유산으로 등록되었다.

---

43) 조선시대의 《실록》은 임진왜란을 만나 전주사고 실록만이 태인 선비 손홍록孫弘祿과 안의安義의 노력으로 살
아남고, 나머지는 모두 불타버렸다. 왜란 후 전주실록은 강화도 정족산사고로 이관하고, 이를 바탕으로 다시
4부를 만들어 춘추관, 평창 오대산, 봉화 태백산, 무주 적상산에 나누어 보관했다. 그 후 춘추관 실록은 이괄
의 난 때 소실되고, 나머지는 1910년까지 유지되었다. 일제시대 총독부는 오대산실록을 일본 동경대학으로
보냈는데 1923년 관동대지진 때 대부분 소실되었고, 적상산실록은 창경원 장서각에, 정족산실록과 태백산실
록은 경성제국대학 도서관에 넘겨주었다. 광복 후 경성제국대학에 있던 두 벌의 실록은 서울대학교에서 인
수했다가 태백산실록은 정부기록보존소로 이관했으며, 정족산실록만 관리하고 있다. 한편, 창경궁 장서각에
있던 적상산실록은 한국전쟁 당시 북한에서 가져갔다. 1997년 유네스코에서 세계기록문화유산으로 지정하여
세계에서 가장 우수한 실록을 보유한 명예를 얻었다. 실록은 태조에서 철종까지 1,893권 888책을 헤아리며,
《고종실록》과 《순종실록》은 일제강점기 총독부에서 편찬하여 내용이 소략하고 왜곡이 적지 않다.

한편, 조선 초기부터 왕실의 혼사, 제사, 장례, 책봉, 잔치, 외국사신의 영접, 국왕의 행차, 궁궐의 영건 등 주요 행사가 있을 때에는 따로 《의궤(儀軌)》를 만들어 행사의 주요장면과 주요도구를 천연색 그림으로 그려 설명하고, 행사의 진행과정과 참가자 그리고 행사비용 등을 상세하게 기록했다. 그런데 왜란 이전의 《의궤》는 불행하게도 남아 있는 것이 없고,[44] 조선 후기에 만든 의궤는 수천 권이 남아 있다. 의궤는 우리나라에만 있는 것으로 조선 후기의 궁중풍속과 재정상황 등을 이해하는 데 매우 중요한 자료이다. 《의궤》 또한 세계 기록문화의 꽃이라는 평가를 받아 2007년 유네스코 세계기록문화유산으로 등록되었다.

한편, 조선 태조 이후 역대 국왕의 훌륭한 언행을 후대 왕들이 본보기로 삼기 위해 1458년(세조 4년)에 《실록》에서 자료를 뽑아 《국조보감國朝寶鑑》을 편찬했는데, 그 후 이 사업이 지속되어 1908년에 90권 26책이 완성되었다.

2) 역사편찬

조선왕조는 성리학의 가치기준에 따라 과거의 역사를 새롭게 정리했다. 먼저, 태조 때부터 고려역사를 편찬하기 시작했다. 처음에는 정도전과 정총 등이 37권의 편년체 《고려사》를 태조 4년에 완성했으나, 국왕보다 재상의 역할을 강조한 것이 문제가 되어 태종~세종 때 수정작업이 이루어져 문종 원년(1451)에 기전체로 된 《고려사》(139권)가 정인지鄭麟趾 등에 의해 완성되었다. 그 후 문종 2년에는 김종서金宗瑞 등이 정도전의 《고려사》를 보완하여 편년체 《고려사절요》(35권)를 편찬했다. 《고려사》와 《고려사절요》는 성리학적 가치관을 가지고 고려역사를 정리했다는 점에서 공통점이 있으나, 전자는 국왕을, 후자는 재상을 중심에 두고 고려역사를 정리했다는 점에서 차이가 있다. 그리고 재상중심의 고려사를 편찬한 정도전과 김종서는 각각 태종과 세조의 미움을 받아 비운의 죽음을 맞이했으며, 왕실에서는 《고려사》를 더 적극적으로 보급했다.

한편, 김부식이 편찬한 《삼국사기》도 성리학적 사관에 의해 재조명되면서 새롭게 편찬되었다. 먼저, 태종 때 권근權近 등은 단군조선에서 삼국시대에 이르는 고대사를 정리하여 6권의 《동국사략東國史略》(일명 三國史略)을 편찬했는데, 불교문화에 대한 비판이 강력하게 반영되었다. 그 뒤 1436년(세종 18)에는 권제權踶(권근의 아들) 등이 왕명으로 단군조선에서 고려 말까지의 역사를 노래형식으로 정리하여 《동국세년가東國世年歌》를 편찬했는데, 이는 조선왕조의 창업과정을 노래한 《용비어천가龍飛御天歌》(1444년; 세종 27)와 자매관계를 갖는다.

세조는 자신의 전제왕권 강화와 부국강병정책을 뒷받침하기 위해 성리학적 사관을 거부하고 고조선과 고구려 중심의 웅장한 고대사를 다시 편찬하여 이를 《고려사》와 연결시켜 《동국통감東國通鑑》을 편찬하고자 했으나, 자료의 신빙성이 떨어지는 고기류古記類의 이용을 거부한 신하들의 비협조로 완성을 보지 못했다. 그리하여 1476년(성종 7)에 이르러 신숙주申叔舟, 노사신盧思愼 등이 세조 때의 원고를 수정하여 《삼국사절요三國史節要》(14권)를 편찬했다. 이 책은 《삼국사

---

44) 현재 《의궤》를 가장 많이 소장하고 있는 곳은 서울대학교 규장각 한국학연구원이며, 그밖에 한국학중앙연구원(장서각)에도 수백 권이 있다. 한편, 프랑스 파리국립도서관에는 1866년 병인양요 때 프랑스군이 강화도 외규장각에서 약탈해간 고급 어람용 의궤 약 300권이 소장되어 있었는데 2011년에 대여형식으로 반환되었으며, 일본 궁내청 소장 의궤도 이해에 모두 반환되었다.

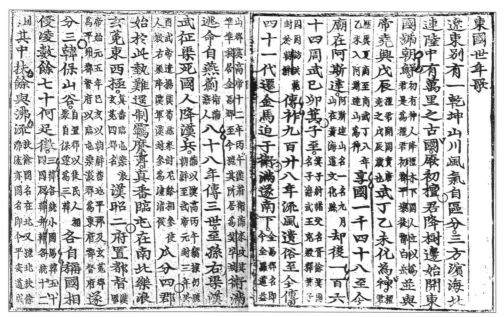

동국세년가(앞부분) 서울대학교 규장각 한국학연구원 소장

기》에 빠진 고조선사가 보완되었다.

　　그 뒤 1484년(성종 15)에 서거정徐居正 등 훈신은 《삼국사절요》와 《고려사절요》를 합하여
《동국통감》을 완성했으나, 왕은 사림계열 관료를 참여시켜 다시 수정하여 《신편동국통감》(56권)
을 다음해 완성했다. 이것이 오늘날 전하는 《동국통감》이다.

　　《신편동국통감》은 세조 때의 굴절된 유교정치를 회복시키려는 도덕적 이상주의가 사론
史論을 통해 지나치게 투영된 흠이 있으나, '삼국균적三國均敵'을 내세워 삼국을 대등한 국가로 해
석하여 고려시대의 고구려계승주의와 신라계승주의의 갈등을 해소했으며, 단군조선을 국사의
시작으로 확립했다는 점에서 큰 의의가 있다. 또, 개국 후 권력갈등을 일으켜 온 국왕, 훈신, 사
림이 서로 합의하여 통사체계를 구성했다는 점에서 관찬사서의 완성을 의미한다.

3) 지도, 지리지, 예서의 편찬

　　조선 초기에는 중앙집권을 강화하기 위해 전국 각지의 자연 및 인문지리에 대한 정보를
모아 지리지地理誌와 지도地圖 제작이 활발하게 이루어졌다.

　　지도는 세계지도가 먼저 제작되었다. 1402년(태종 2)에 의정부 정승 이무李茂와 김사형金士衡
이 발의하여 이회李薈가 제작하고, 권근權近이 발문을 쓴 〈혼일강리역대국도지도混一疆理歷代國都之
圖〉를 제작했다. 이 지도는 아라비아 지도학의 영향을 받아 만들어진 원나라의 세계지도를 참
고하고,[45] 여기에 한반도와 일본 지도를 첨가한 것으로, 중국과 한국을 크게 그리고 유럽, 아프

---

45) 〈혼일강리역대국도지도〉는 중국인 이택민이 만든 〈성교광피도〉와 청준이 만든 〈혼일강리도〉를 합하여 편집한 것이다.

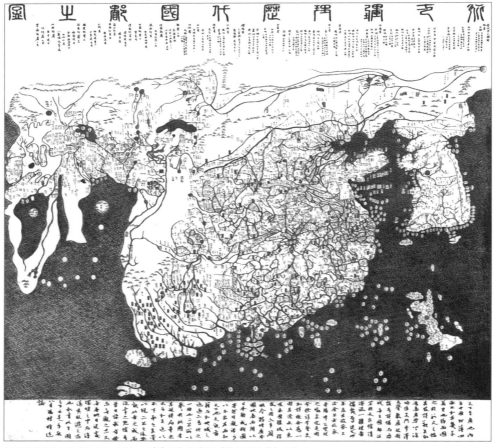

혼일강리역대국도지도 164×148㎝, 이찬 교수 모사본, 일본 류코쿠대학 소장

리카 등도 그려 넣었다. 아메리카 대륙은 아직 발견되지 않아 지도에 빠져 있다. 이 지도는 지금 원본이 없으며, 후대의 여러 모사본이 일본에 전한다.[46]

이 지도에 보이는 한반도지도는 이회가 만든 것인데, 함경도를 제외한 한반도의 모습이 현대지도와 매우 비슷하다. 그는 이보다 앞서 한층 정밀한 〈조선팔도도〉를 만든 바 있었다.

세종 때 정척鄭陟은 새로 편입된 북방영토를 실측하여 한층 정밀한 〈팔도도八道圖〉를 만들었으며, 그 뒤 문종~세조 때에는 정척과 양성지梁誠之가 도, 주, 부, 군, 현별로 실측지도를 제작하고, 이를 모아 1463년(세조 9)에 《동국지도東國地圖》를 완성했다. 지금 국사편찬위원회에 소장되어 있는 〈조선팔도지도〉(137×91㎝)는 〈양성지 지도〉를 후대에 모사한 것으로 보인다. 이 지도에는 한반도와 만주가 함께 그려져 있고, 요하(랴오허 강)와 흑룡강(아무르 강)이 강조되어 있는 것이 특징인데, 이는 《고려사》 지리지와 《동국여지승람》의 서문에서 우리나라를 '만리의 나라'로 자

---

46) 〈혼일강리역대국도지도〉의 모사본 가운데 원본에 가장 가까운 것은 50여 년 뒤에 필사된 것으로 추정되는 일본 류코쿠대학龍谷大學 소장본이다. 그 모사본(이찬교수 제작)이 서울대학교 규장각 한국학연구원에 있다.

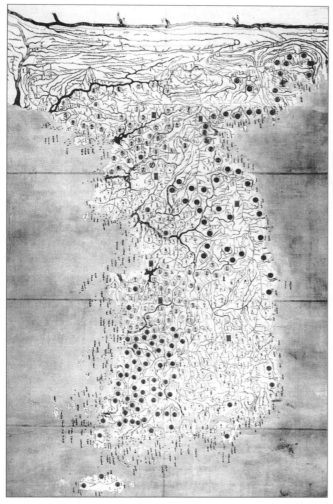

世宗莊憲大王實錄卷第六十四

夏四月戊申朔御勤政殿受朝對馬州太守宗貞盛及六郎次郎宗茂直等使人來獻土宜○親傳夏享香祝○領議政黃喜率百官進賀甘露箋曰一人御極光啓期二儀生祥武昭景眖眈所及欣拃惟均竊觀甘露之祥實是和氣之獻漢明有陵樹之嶷乃此休復見照代春惟奉先思之流守位曰仁化侔元功馨香之獻于上帝德善政膏澤浹于下民肆當謁陵之晨乃有流液之瑞綴于松葉甜如餳飴惟茲靈貺○臻諒篤孝○感事絕今古權騰邇遊伏念臣等隮熙朝欣逢陽駿齊在列穫瞻咫尺之威虎拜揚休養三道凶歉命減各司奴婢貢布之人以貞盛之言啓曰因諸處之請不獲已煩呈書契○今私請剛盛圖書名上對馬州太守宗貞盛使送私請剛職衛上壻○司憲府啓申義山服父喪朝騎馬文不歸各司奴婢貢布之半○己酉憲府啓常祭視事御經筵○以申築爲吏曹判書鄭招藝文館大提學金益精○都承旨有安崇善辭職曰職任至重惟權不勝乞解臣職不允○今承文院提調議慶尙道富山浦恒居飢饉倭人十五戶給還上與否僉曰以還上

랑하면서 만주를 미수복지구로 생각하고 있던 국토관념을 반영한다. 이 지도는 행정과 국방에 필요해서 제작되었으며, 전국을 오방색五方色으로 칠하여 국토를 오행사상으로 바라보고 있음을 보여주고 있다.

　　한편, 지리지 편찬은 세종 때부터 본격적으로 이루어져 1432년(세종 14년)《신찬팔도지리지》가 완성되었으며, 이를 축소하여 1454년(단종 2)에 편찬한 《세종실록》의 부록으로 넣었는데, 이것이 《세종실록 지리지》(8권)이다. 이 책은 군현단위로 연혁沿革, 인물人物, 고적古蹟, 토지土地, 호구戶口, 성씨姓氏, 군정수軍丁數, 물산物産 등 60여 항목을 기록하고 있어서 《고려사》 지리지보다 한층 풍부한 정보를 담고 있다.

　　지리지 편찬사업은 문종~세조 때에도 계속되었는데, 이때는 부국강병정책의 영향을 받아 군사적 사항이 더 상세하게 조사 기록되었다. 양성지가 주도하여 편찬한 지리지는 1478년(성종 9년)에 완성되어 《팔도지리지》(8권)라 했는데, 유감스럽게도 지금 전하지 않는다. 지금 남아

동국신속삼강행실도 18권 18책, 목판본, 1617년에 이성 등이 《삼강행실도》를 개찬,
왜란 때 시어머니를 보호하다 죽은 며느리이야기 부분

있는 것은 1469년(예종 원년)에 편찬된 《경상
도속찬지리지慶尙道續撰地理志》뿐이다.

《팔도지리지》는 그 뒤 《동문선東文選》
가운데서 뽑은 시문詩文을 합하여 1481년(성
종 12)에 《동국여지승람東國輿地勝覽》(50권)으로
간행되었다. 노사신, 서거정, 양성지, 강희
맹 등 훈신들이 편찬한 이 책은 반포되지
못하고, 1486년(성종 17) 김종직金宗直, 최부崔
溥 등 사림들이 다시 개찬하여 《신찬동국여
지승람》(55권)이라 했다. 그러나 이 책도 연
산조 때 임사홍任士洪 등이 다시 수정하고,
1530년(중종 25) 이행李荇 등이 누락된 것을
증보하여 《신증동국여지승람》(55권)이라 했

다. 지금 전하는 《동국여지승람》은 바로 이 책이다.

훈신들이 편찬한 《동국여지승람》은 부국강병을 추구하고 우리나라를 '만리대국'으로 보
는 시각이 담겨 있었으나, 사림이 편찬한 것은 부국강병을 거부하고 국토를 압록강 이남으로
한정하여 행정적 편의를 위해서 만들었다는 것이 다르다.

한편, 조선 초기에는 국가의 여러 행사의 규범을 새로이 정비할 필요에서 행사 때마다
《의궤儀軌》를 편찬하고, 아울러 모든 의례의 규범서로 1474년(성종 5)에 신숙주, 정척 등에 명하여
《국조오례의國朝五禮儀》(8권)를 편찬했다. 이 책은 모든 의례를 길례吉禮(각종 제사), 가례嘉禮(망궐, 조하,
혼례, 과거, 책봉 등), 빈례賓禮(사신접대), 군례軍禮(활쏘기, 열병, 강무, 나례 등), 흉례凶禮(장례) 등 다섯 가지 의식
으로 나누어 정리한 것이다. 그리고 끝에는 관료와 사서인士庶人들의 장례의식을 첨가했다.

일반 백성들의 윤리서로는 1434년(세종 16) 설순偰循 등이 왕명으로 《삼강행실도三綱行實圖》
(3권)를 편찬했다. 이 책에는 중국과 우리나라 효자, 충신, 열녀 가운데 모범이 될만한 인물 300
여 명을 뽑아 그들의 행적을 그림을 곁들여 설명한 것이다. 이 책은 훈민정음이 창제되기 전 한
문으로 편찬되었으나, 세종은 이 책을 편찬하면서 알기 쉬운 국문자의 필요성을 더욱 절감하고
훈민정음 창제에 박차를 가하기 시작했다.

3. 훈민정음의 창제

중국에서 들어온 한자가 우리 언어에 맞지 않아 삼국, 고려시대에 이두吏讀와 향찰鄕札 등
을 써 왔으나 문자생활의 불편은 여전했다. 그래서 우리 언어에 맞는 국문자의 필요성을 항상
느껴왔다.

조선개국 후 민족의식이 높아지고 민본사상이 발달하면서 백성들이 배우기 쉬운 우리문
자를 만들어 국가의 통치이념을 백성들에게 직접 전달할 필요성이 더욱 커졌다. 훈민정음이 세

종 때 창제된 것은 몇 가지 이유가 있다. 첫째, 집현전集賢殿에서 동양의 전통문화를 깊이 연구하는 과정에 원나라에서 세계문자를 만들기 위해 발전시킨 언어학에 대한 이해가 깊어지고, 전통문화에 대한 관심이 커지면서 우주자연의 원리인 음양오행陰陽五行과 천지인합일天地人合一의 원리를 문자에 응용하는 안목이 커졌다. 둘째, 백성을 지극히 사랑한 세종이 앞장서서 문자창제를 주도하고, 세자 문종을 비롯한 왕자들이 이를 도왔기 때문이다. 그리하여 1443년(세종 25)에 드디어 훈민정음이 창제되고, 그 뒤 정인지, 신숙주, 성삼문, 최항, 박팽년 등 집현전 학자들이 훈민정음을 해설하여 1446년(세종 28)에 반포되었다.

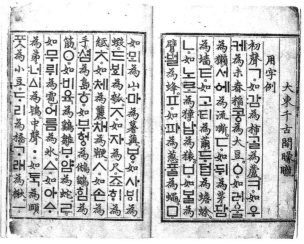

훈민정음　국보 70호, 세종 28년(1446), 목판본, 간송미술관 소장

1940년에 발견된 《훈민정음해례訓民正音解例》를 보면, 삼극三極[천지인]의 뜻과 이극二極[음양]의 묘妙를 갖추고 있다고 한다. 실제로 훈민정음의 자음은 천지인을 상징하는 원圓[○], 방方[□], 각角[△]의 모습과 발음기관인 혀의 모습을 따랐는데, 특히 5개의 기본자음인 ㄱ, ㄴ, ㅁ, ㅅ, ㅇ의 모양과 소리는 오행五行의 뜻을 따랐다.[47]

파스파 문자

3개의 중성자中聲字인 •, ―, ㅣ도 원방각을 축소시킨 모습이다. 곧 ○이 '•'으로, □이 '―'로, △이 'ㅣ'로 축소된 모습이다. 'ㅏ'는 사람의 동쪽에 태양이 있는 모습으로 양陽모음이고, 'ㅓ'는 사람의 서쪽에 태양이 있는 모습으로 음陰모음이다. 마찬가지로 'ㅗ'는 땅 위에 태양이 있어 양모음이고, 'ㅜ'는 땅 아래에 태양이 있는 모습으로 음모음이다.

전 세계 문자 가운데 이렇게 우주자연의 이치인 음양과 천지인, 오행사상을 가지고 만든 문자는 훈민정음이 유일하다. 그 원리가 과학적이고 그 조직이 오묘할 뿐 아니라, 변화무쌍한 우리말을 마음대로 표현할 수 있고, 어떤 나라 말의 발음이든지 거의 원형에 가깝게 표현할 수 있다. 이런 특성을 가진 문자는 세계문자사상 유례를 찾기 어렵다. 그런 점에서 한글은 세계적인 문자가 될 가능성을 가지고 있다.

훈민정음의 쓰임은 한동안 한문생활을 보조하는 기능에 머물렀다. 우리말의 어휘 속에 한문성어가 깊이 침투하여 국문만으로는 의사전달이 충분하지 못했기 때문이다. 더욱이 한문은 동아시아 각국에서 공용문자로 이미 뿌리를 내리고 있었으므로 문화교류의 필요상 한자를 버릴 수 없었다.

한문생활을 보조하는 기능은 크게 네 가지가 있었다. 첫째, 한문책을 국문으로 풀이하여 백성들에게 널리 읽히는 수단으로 이용되었다. 《용비어천가龍飛御天歌》, 《월인천강지곡月印千江之

---

47) ㄱ은 나무, ㄴ은 불, ㅁ은 흙, ㅅ은 금, ㅇ은 물이다.

曲》, 그밖에 여러 불경이 세종~세조 대에 걸쳐 번역되었고, 16세기에는 4서四書를 비롯한 유교 경전과 농업과 관련된 과학기술 서적들이 번역출간되었다. 훈민정음을 언문諺文이라고 부른 이유가 여기에 있다. 둘째, 행정실무를 맡은 서리들이 훈민정음을 한문을 모르는 일반백성에게 국가시책을 이해시키는 데 이용되었다. 셋째, 궁중여인을 비롯한 여성층의 문자생활이 활발해지는 계기가 되었다. 넷째, 한문이해가 깊은 유학자들도 시가詩歌와 산문散文을 국문으로 창작하는 사례가 나타나고, 한문을 모르는 평민과 부녀자층에서도 문학창작이 가능해졌다. 또, 국문창제는 우리말을 더욱 세련되고 풍부하게 발전시키는 계기를 만들었다.

마지막으로 훈민정음의 또 하나의 공헌은 한자의 발음을 우리 현실에 맞게 바로잡는 계기가 되었다는 점이다. 신숙주 등이 1448년(세종 30)에 왕명으로 편찬한 《동국정운東國正韻》, 1455년에 편찬한 《홍무정운역훈洪武正韻譯訓》은 그러한 노력의 결과로 나타난 음운서다. 《동국정운》 서문을 보면, 풍토가 다르면 말소리가 다르다고 하면서 서쪽사람들은 치음齒音[이빨소리]을 잘하고, 북방사람들은 후음喉音[목구멍소리]을 잘 내며, 남방사람들은 순음脣音[입술소리]을 잘한다고 하면서 우리나라의 풍토와 기후는 중국과 달라 성음聲音이 같을 수 없으므로, 한국인의 소리에 맞는 한자음을 만들어야 한다고 밝히고 있다. 예를들어 설명하면, 중국인이 '랴오둥'이라고 발음하는 것을 우리는 '요동'이라고 발음한다.

4. 과학기술의 발전

1) 농학

조선 초기에는 농업기술이 발달함에 따라 그 성과를 종합정리하고 이를 더욱 발전시키기 위해 여러 농서農書가 간행되었다.

관찬농서로 가장 먼저 출간된 것은 1429년(세종 11)에 정초鄭招 등이 왕명을 받아 편찬하고 이듬해 반포한 《농사직설農事直說》이다. 이 책은 중국의 대표적 농서인 《제민요술齊民要術》과 《농상집요農桑輯要》, 그리고 《사시찬요四時纂要》를 참고하여 중국의 선진적인 화북농법을 받아들이면서 우리나라의 노농老農들의 실제경험을 존중하여 우리의 기후풍토에 알맞는 독자적인 농법을 정리한 것이다. 이 책은 조선 후기에 중국 강남농법을 많이 받아들인 신속申洬의 《농가집성農家集成》(1655; 효종 6)이 나올 때까지 영농의 기본지침서로 큰 영향을 미쳤다.

한편, 성종 때 강희맹姜希孟은 고향인 금양[시흥] 지방을 중심으로 경기지방의 농사경험을 토대로 하여 《금양잡록衿陽雜錄》을 저술하여 81종의 곡식재배법을 자세히 설명했다. 이 책은 뒤에 《농사직설》과 함께 한 책으로 간행되었다.

조선 초기에는 양잠, 목축, 원예작물 재배법에 대한 이론서도 편찬되었다. 세조 때 양성지는 《농잠서農蠶書》, 《축목서畜牧書》, 《잠서주해蠶書註解》와 국문번역판 《잠서》도 편찬했다. 16세기 초에는 김안국金安國이 다시 《잠서》를 번역하여 《잠서언해》(1518; 중종 13)라 하여 농가에 보급했다. 원예에 관한 책으로는 강희맹의 형 강희안姜希顔이 세종 때 《양화소록養花小錄》을 써서 화초재배법을 소개했다.

2) 천문학

천문학은 농업과 깊이 관련되어 있을 뿐 아니라 정치를 잘 못하면 민심이 분노하고, 민심이 분노하면 하늘이 노하여 천재 지변이 생긴다고 믿어 하늘을 연구하는 천문학을 매우 중요하게 여겼다. 의정부 재상이 천문을 관장하는 서운관書雲觀의 최고책임 자인 이유도 여기에 있었다.

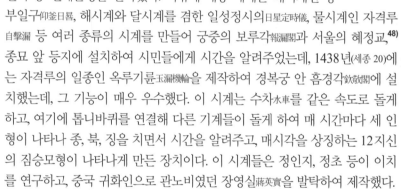

옥루기륜 모형(남문현 교수 복원) 12간지 인형이 나와 시간을 알리고 세 사람이 북과 징과 종을 친다.

해와 달, 그리고 별을 관측하기 위해 1434년(세종 16)에 경복 궁 경회루 북쪽에 돌축대를 쌓고, 그 위에 간의簡儀라는 천문관측 기구를 올려놓아 간의대簡儀臺라는 천문대를 설치하여 운영했다. 이밖에 삼각산[북한산], 금강산, 강화도 마니산, 백두산, 지리산, 한 라산 등지에도 천문관을 파견하여 때때로 북극의 높이와 일식, 월식 등 천체운행을 관측했다. 이밖에 세종 때에는 해시계인 앙 부일구仰釜日晷, 해시계와 달시계를 겸한 일성정시의日星定時儀, 물시계인 자격루 自擊漏 등 여러 종류의 시계를 만들어 궁중의 보루각報漏閣과 서울의 혜정교,[48] 종묘 앞 등지에 설치하여 시민들에게 시간을 알려주었는데, 1438년(세종 20)에 는 자격루의 일종인 옥루기륜玉漏機輪을 제작하여 경복궁 안 흠경각欽敬閣에 설 치했는데, 그 기능이 매우 우수했다. 이 시계는 수차水車를 같은 속도로 돌게 하고, 여기에 톱니바퀴를 연결해 다른 기계들이 돌게 하여 매 시간마다 세 인 형이 나타나 종, 북, 징을 치면서 시간을 알려주고, 매시각을 상징하는 12지신 의 짐승모형이 나타나게 만든 장치이다. 이 시계들은 정인지, 정초 등이 이치 를 연구하고, 중국 귀화인으로 관노비였던 장영실蔣英實을 발탁하여 제작했다.

보루각 자격루 국보 229호, 덕수궁 소재

천문학 분야의 또 하나의 위대한 성과는《칠정산七政算》이라는 우리나 라 독자의 달력을 만든 것이다. 조선왕조는 명나라 달력인《대통력大統曆》을 사용했는데, 중국과 한국의 절기節氣가 서로 맞지 않아 불편이 적지 않았다. 그래서 1442년(세종 24)에 집현전과 서운관 학자들이 왕명으로 우리나라와 원나라, 명나라의 역법을 참작하여《칠 정산》을 만들었는데, 내편內篇과 외편外篇으로 구성하여 내편은 북경北京을 기준으로 한 중국과 달리 서울을 표준으로 작성한 달력이다. 그래서 해와 달, 행성行星의 운행 원리와 위치, 시각 등 이 오늘날의 달력과 거의 비슷하게 설명되어 있으며, 서울지방의 밤과 낮의 길이가 비교적 정 확하게 기록되어 있다. 외편은 이슬람달력[回回曆]을 이해하기 위해 개정 증보하여 번역해 놓은 것이다. 이밖에도 농사진흥과 관련하여 여러 천문서가 편찬되었고, 매일매일 기상변화를 기록 해 놓기도 했다.

《조선왕조실록》에는 일식, 월식, 지진, 해무리, 달무리, 혜성의 나타남, 일기의 변화 등 천 재지변에 관한 기록이 빠짐없이 수록되어 있어서 천문과 기상에 관한 관심이 얼마나 컸던가를 보여주며, 천문학사연구에 좋은 자료가 되고 있다.

---

48) 혜정교는 지금 광화문 네거리 교보문고 옆에 있는 개천[중학천] 위에 있었다.

3) 의학, 출판인쇄 기술

질병을 치료하는 의학은 역학譯學과 더불어 국가에서 적극적으로 장려한 잡학雜學 가운데 하나였으며, 신분이 좋고 총명한 학생 중에서 의학을 하는 자가 많았다. 왕실과 국민보건에 대한 관심이 그 만큼 컸다.

먼저, 약재藥材에 관한 이론서로는 1431년(세종 13)에 유효통兪孝通, 노중례盧重禮 등에 명하여 《향약채취월령鄕藥採取月令》을 편찬했다. 이 책은 우리나라에서 생산되는 수백 종의 약초의 분포 실태와 이를 채취하는 시기, 방법 등을 소개했다. 1433년(세종 15)에는 이를 더욱 발전시켜 노중례 등에 의해 《향약집성방鄕藥集成方》(85권)이 편찬되었다. 이 책은 7백여 종의 국산약재를 소개하고, 1천 종에 가까운 병증에 대한 치료예방법을 소개했다.

한편, 1445년(세종 27)에는 당시까지의 동양의학에 관한 서적과 이론을 총집대성한 의학백과사전 《의방유취醫方類聚》(365권)가 전순의全循義 등에 의해 왕명으로 편찬되었다. 이 책에는 153종 내외의 의학책들이 부분별로 망라되어 있는데, 이렇게 방대한 의학백과사전이 출판된 것은 세계에서 처음이다. 17세기 초 광해군 때 편찬된 허준許浚의 《동의보감東醫寶鑑》은 이런 축적을 바탕으로 저술된 것이다. 의학발달은 도교의 장생술 및 박물학과 깊은 관련이 있어 조선 초기에 이 방면의 이해수준이 높았음을 보여준다.

이미 13세기에 세계 최초로 발명하여 쓰기 시작한 금속활자는 조선 초기 교육진흥정책에 따라 더욱 개량되어 1403년(태종 3)에 계미자癸未字, 1420년(세종 2)에 경자자庚子字, 1434년(세종 16)에 갑인자甲寅字 등이 차례로 주조되었다. 그 가운데 갑인자는 글자모습이 아름답고 인쇄하기에 편하게 주조되었을 뿐 아니라, 활자가 20여만 개나 되어 가장 우수한 활자로 꼽힌다. 처음에는 구리로 활자를 만들었으나, 1436년(세종 18)부터는 그보다 단단한 납을 쓰기 시작했다. 하루에 만드는 활자주조 수량은 독일의 구텐베르크가 만든 것보다 약 10배가 많은 3,500자나 되었다. 또, 종전에는 활자를 고정시키기 위해 밀蜜을 사용했으나, 세종 때부터는 식자판을 조립하는 방법을 창안하여 종전보다 두 배 정도의 인쇄능률을 올리게 되고 인쇄효과도 한층 좋아졌다.

조선 초기의 최대 인쇄소는 교서관校書館인데 이곳에서는 140여 명의 인쇄공이 소속되어 당시로서는 세계최대 규모였다. 지방에서도 감영監營이나 사찰, 향교 등에서 목판인쇄에 의한 출판활동이 활발했고, 개인도 목판으로 문집을 찍어내는 예가 허다했다. 세종 때 학자인 변계량卞季良은 〈갑인자발甲寅字跋〉이라는 글에서 "인쇄되지 않은 책이 없고, 배우지 않는 사람이 없다"고 썼는데, 이는 다소 과장된 표현이긴 해도 당시 책 출판이 얼마나 활발하고, 독서층이 얼마나 넓었는가를 말해준다. 조선의 선진적인 인쇄문화는 일본, 중국 등 이웃나라에 적지 않은 영향을 미쳤다.

4) 병서 및 무기

조선 초기에는 우리나라 지형에 맞는 전술을 개발하고, 역대의 전쟁사를 정리하여 각종 병서兵書가 편찬되었다. 태조 때 정도전은 랴오둥 정벌 운동의 필요에서 앞선 시기의 병서를 참고하여 독자적인 《진법서陣法書》를 편찬했고, 1450년(문종 즉위년)에는 달달족(타타르)의 침략에 대비하여 김종서金宗瑞의 주도로 중국과 우리나라의 역대 전쟁사를 정리하여 《동국병감東國兵鑑》(2권)을 편찬하고, 또한 《진법陣法》이 편찬되어 5위제五衛制에 기초한 군사훈련 방법과 진을 치는 방법이 정리되었다.

이어 1455년(세조 원년)에는 이석형李石亨 등에 명하여 역대 주요 전투를 전략적인 측면에서 정리한 《역대병요歷代兵要》가 편찬되고, 1462년(세조 8)에는 세조가 병법의 대요를 짓고 신숙주 등이 주석한 《병장설兵將說》이 편찬되었다. 《진법》은 뒤에 유자광柳子光 등에 의해 수정되어 1492년(성종 23)에 《병장도설兵將圖說》로 간행되었다. 이밖에 세종 때에는 화약무기 제작과 그 사용법을 정리한 《총통등록銃筒謄錄》도 간행되어 8도의 절제사들에게 반포했다(1448; 세종 30).

화차 《국조오례의》〈서례〉의 화차를 김연수가 복원. 신기전(화살) 100발을 장전하여 발사할 수 있다. 육군사관학교 박물관 소장

무기는 군기감에서 주로 제작했으나, 지방 군현에서도 제작하는 일이 많았다. 고려 말 최무선崔茂宣에 의해 창안된 화약무기는 조선 초기에 더욱 개량되어 그 성능이 크게 향상되었는데, 대포의 사정거리는 최대 1천 보에 이르러 종전보다 4~5배나 늘어났다. 문종 때에는 화차火車로 불리는 신무기가 개발되었는데, 이는 수레 위에 신기전神機箭이라는 화살 100개를 설치하고 심지에 불을 붙여 쏘는 일종의 로켓포로 사정거리가 약 1km에 달했다.

군선軍船으로는 태종 때 돌격용 배로 거북선[龜船]을 만든 일이 있으며, 비거도선鼻居刀船으로 불리는 작고 날쌘 전투선도 제조되어 해전에서 위력을 발휘했다. 그러나 무기제조기술은 대외관계가 안정되고, 도덕정치를 주장하는 사림이 등장한 16세기 이후로는 쇠퇴하기 시작하여 왜란 때 고전하는 원인이 되었다.

5. 문학과 예술

1) 문학

조선 초기에는 전통문화를 정리하는 사업의 하나로 전통문학에 대한 정리가 이루어졌다. 1478년(성종 9)에 서거정徐居正, 노사신盧思愼 등이 왕명으로 펴낸 133권의 방대한 《동문선東文選》이 그것이다. 삼국시대부터 조선 초기까지의 역대 시와 산문의 정수를 모은 이 책의 서문에는 "우리나라의 글은 송宋과 원元의 글이 아니고, 한漢과 당唐의 글도 아니며, 우리나라의 글일 따름이다"라고 하여 우리의 한문학이 중국과 다른 독자성이 있음을 밝히고 있다. 그 뒤 1518년(중종 13) 신용개申用漑, 남곤南袞 등이 《동문선》이후의 글들을 모아 《속동문선》(23권)이라 했는데, 서거정, 김수온, 강희맹 등 훈신들의 글이 큰 비중을 차지했다.

한편, 1483년(성종 14)에는 서거정 등에게 명하여 중국 당송시대의 시의 정수를 모은 《연주시격聯珠詩格》을 한글로 번역하고, 또 필사하여 중국 문학에 대한 이해를 높였다.

조선 초기의 창작문학은 도문일치道文一致를 강조하는 성리학의 가르침에 따라 시와 노래와 산문 등에 유학정신을 담는 데 주력했다. 관인 중에서는 정도전, 권제, 변계량, 서거정, 김수온金守溫 등이 문장가로 이름이 높았는데, 정도전은 고려 말에 가난한 백성들을 동정하는 많은 글을 쓰고 개국 후에는 조선왕조의 건국을 찬양하는 《문덕곡文德曲》과 도성의 아름다움을 노래한 《신도가新都歌》 등 가곡을 많이 지어 궁중에서 연주되었다. 권제는 세종 때 《동국세년가東國世年歌》라는 역사시를 쓰고, 정인지鄭麟趾 등은 《용비어천가龍飛御天歌》를 지어 왕조의 창업과정을 찬미했다. 세종이 석가모니의 공덕을 찬양하여 지은 《월인천강지곡月印千江之曲》도 유명하다.

한편, 고려 말기부터 사대부층 사이에 유흥적 가사로 발전하기 시작한 시조時調도 신생국가의 패기를 담은 명작이 많이 창작되었다. 그 중에서도 김종서가 6진을 개척하면서 지은 다음의 시조는 유명하다.

> 삭풍은 나무 끝에 불고, 명월은 눈속에 찬데
> 만리변성에 일장검 잡고 서서
> 긴파람 한 소리에 거칠 것이 없세라

또, 20대 청년장군 남이南怡가 여진족을 평정하면서 지은 시도 비슷한 기백이 보인다.

> 백두산 돌은 칼을 갈아 닳아버리고(白頭山石磨刀盡)
> 두만강 물은 말을 먹여 말라버렸네(豆滿江水飮馬無)
> 사나이 스무살에 나라를 편안케 하지 못한다면(男兒二十未平國)
> 후세에 누가 대장부라고 불러줄까(後世誰稱大丈夫)

그러나 관인이 지은 시조 중에는 세종 때 재상 맹사성孟思誠의 〈강호사시가江湖四時歌〉와 같은 서정적인 것도 있고, 사육신 중 하나인 성삼문成三問의 시조처럼 충절을 노래한 것도 있는데, 어느 것이든 퇴보한 작품은 찾기 힘들다.

조선 초기 문학에서 또 하나 특기할 것은 잡기雜記 혹은 패설稗說로 불리는 작품이 많이 창작된 것이다. 일정한 격식이 없이 세상에 떠도는 이야기를 기록한 패설작품으로는 서거정의 《필원잡기筆苑雜記》와 《동인시화東人詩話》, 성현成俔의 《용재총화慵齋叢話》, 남효온南孝溫의 《추강냉화秋江冷話》, 강희맹姜希孟의 《촌담해이村談解頤》, 이육李陸의 《청파극담靑坡劇談》, 조신曺伸의 《수문쇄록謏聞鎖錄》 등이 있다. 이 책들에 실린 내용은 위로는 조정관인의 기행奇行으로부터 아래로는 일반 평민이나 노비에 이르기까지 각계각층 사람들의 생활풍속과 생활감정, 그리고 역사의식을 보여주는 것이 많으며, 불의를 폭로하고 풍자하는 내용도 적지 않다. 따라서 패설은 모두 관인들이 쓴 것이면서도 당시 서민사회와 서민문화를 이해하는 데 좋은 자료가 된다.

이야기식으로 쓴 패설이 발달하면서 여기에 허구적인 요소를 가미한 소설도 창작되었다. 세조 때 방외문인 김시습金時習이 지은 《금오신화金鰲新話》에 실린 작품들이 이에 해당한다. 여기에는 평양, 개성, 경주 등 유서깊은 고도를 배경으로 펼쳐진 남녀 간의 애정을 주제로 다루면서

한편으로는 불의를 비판하고, 다른 한편으로는 민중 속에
전승되어온 고유의 생활감정과 낭만적인 역사의식이 묘사
되어 있다.

2) 건축과 공예

조선 초기 건축은 고려 말의 양식을 계승하면서 검
소함을 추구하는 유교정신에 따라 사치를 배격하는 새로
운 변화가 나타났다. 우선, 지위의 높고 낮음에 따라 법으
로 집의 크기와 높이에 일정한 차등을 두었다. 궁궐은 장
엄하면서도 검소함을 잃지 않게 짓고, 관인의 집은 최고
40칸을 넘지 못하게 했으며, 평민은 10칸 이하로 제한했
다. 또 건물의 외관에 화려한 장식을 붙이는 것을 막고 실
용성을 추구했다.

그래서 조선 초기 건축은 견실하면서도 소박한 아름
다움을 보여주는 것이 많다. 지금 남아 있는 것으로는 서
울의 숭례문崇禮門(남대문), 창경궁의 홍화문弘化門, 개성의 남
대문(1393), 평양의 보통문(1473)이 대표적이다. 그밖에 조선
후기에 재건되었지만, 경복궁, 창덕궁, 창경궁은 본래 장중
하면서도 검박한 것이 특징이다.

둘째, 건축에 부설된 휴식처인 정원庭園문화가 매우
독특하다. 정원에는 연못, 정자, 숲 등이 조성되는데, 가능
한 한 인공을 가하지 않고 자연미를 그대로 살린 것이 한
국정원의 특징이다. 이는 자연자체가 아름다운 우리의 자
연환경과 관련이 있고, 사람을 자연 속의 일부로 생각하는
우주관의 영향도 있다. 서양이나, 중국, 그리고 일본의 정
원이 극도의 인공을 가하는 것과는 매우 대조적이다. 창덕
궁 후원은 조선 정원의 특색을 대표하는 명소로 1997년
유네스코의 세계문화유산으로 등재되었다.

사찰건축 가운데에도 왕실과 관련이 깊은 사찰은 규
모도 웅장하고 예술적 가치가 높은 것이 많다. 태조 이성
계가 은퇴한 뒤에 머물렀던 양주 회암사檜巖寺, 여주 신륵
사神勒寺 조사전祖師殿(1469), 대장경을 보관하고 있는 해인사
장경판전藏經板殿, 그리고 세조 때 서울의 원각사圓覺寺 안에
세운 대리석 10층탑(1467)은 특히 우수하다. 특히 원각사탑
은 고려시대 경천사탑을 모방하여 원나라 라마교의 영향

서울 숭례문 국보 1호, 서울 중구 세종대로

개성 남대문 북한 국보급문화재 34호, 조선 초,
정면 3칸(길이 12.63m), 측면 2칸(길이 7.96m)

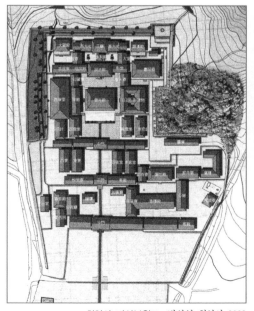

회암사 가상복원도 박상일, 회암사, 2002

원각사지 10층석탑
국보 2호,
높이 12m, 서울 종로 탑골공원

백자철화끈무늬병 보물 1,060호,
조선 15세기 후반, 높이 31.4cm, 입지름 7cm,
밑지름 10.6cm, 국립중앙박물관 소장

이 배어 있다.

왕실이나 선비들의 생활용품도 전보다 한층 검소해졌다. 우선, 금이나 은, 혹은 구슬과 같은 고급보석을 쓰지 않고 흙, 나무, 대, 왕골 등과 같은 평범한 재료를 이용한 생활용품이 크게 유행했다. 궁중에서 금·은그릇을 추방하고 도자기를 쓰게 되면서 백자白磁와 백자에 분을 바른 분청사기粉青沙器가 유행하게 되었는데, 광주의 사옹원 분원分院에서 만든 자기가 특히 우수했다. 고려청자가 지닌 귀족적 취향이 조선백자에서는 사라지고, 그 대신 깨끗하고 소박한 백자의 아름다움이 꽃피는 시대가 열린 것이다. 자기에 그려진 문양의 소재도 선비들의 지조와 절제된 감정을 담으려는 사군자四君子[49]와 자손의 번영을 기원하는 모란 등이 유행하게 되었다. 백자는 원래 궁중에서만 쓰게 되어 있었으나, 뒤에는 선비들 사이에도 널리 애용되었다.

선비생활의 깔개로 이용된 돗자리와 대자리공예도 뛰어났으며, 강화도 돗자리[화문석]는 중국인이 특히 애호하여 조공품으로 널리 쓰였다.

3) 그림

조선 초기 그림은 전문화가인 화원畫員과 일반 사대부들의 문인화의 두 방향에서 발달했다. 화원은 공무원화가로서 국왕이나 세자, 대신들의 초상화를 그리고, 국가의 여러 행사를 기록화로 남기며, 정밀하고 아름다운 지도제작의 필요에서 국가에서 고용한 화가인데, 도화서圖畵署에 소속되어 종6품까지 벼슬을 받았다. 화원들은 공무를 위한 그림도 그렸지만, 여가에는 사대부들의 감상용 그림도 제작했다.

감상을 위한 그림의 소재로 산수, 인물, 짐승, 화초 등을 그렸으며, 화초는 부귀를 상징하는 모란과 선비의 절개를 상징하는 송죽매란松竹梅蘭 혹은 국화 등을 즐겨 그렸다.

조선 초기 화원 중에서 명망이 높은 이는 세종 때의 안견安堅이다. 그는 특히 세종의 셋째 아들인 안평대군安平大君의 후원을 받아 수백 점의 그림을 창작했는데, 안평대군의 꿈을 그렸다는 〈몽유도원도夢遊桃源圖〉(1447)가 최고 걸작으로 꼽힌다. 이 그림은 지금 일본 덴리대학天理大學에 소장되어 있다. 신숙주가 쓴 화기畵記를 보면, 안견의 화풍은 중국과 우리나라의 역대화풍을 깊이 연구하고 장점을 절충하여 독자의 경지를 개척했는데, 산수를 특히 잘 그렸다고 한다. 〈몽유도원도〉는 복사꽃이 만발한 평화로운 꽃동산을 웅장하고 환상적인 분위기로 묘사한 것으로, 바로 이상사회를 동경하는 작자와 후원자의 꿈이 서린 작품이다. 산을 그린 수법은 북송 화가

---

49) 사군자는 국화, 대나무, 매화, 난초를 말한다.

몽유도원도 비단에 먹과 채색, 38.6×106.2cm, 안견 그림, 일본 덴리대학 중앙도서관 소장

곽희郭熙와 유사한 점이 있으나, 그 안에 펼쳐진 농촌풍경은 우리나라의 현실을 묘사한 것이다. 안견은 벼슬이 호군(정4품)에까지 올라, 같은 시기에 인물화를 잘 그려 벼슬이 당상관(정3품)에까지 오른 최경崔涇과 더불어 화원으로는 가장 우대받았으며, 그의 아들도 과거에 급제했다.

고사관수도 23.4×15.7cm, 강희안 그림,
국립중앙박물관 소장

　　한편, 노비출신 화원 이상좌李上佐는 중종과 명종의 사랑을 받아 공신의 지위에까지 오른 인물로서 달밤에 소나무 밑을 거니는〈송하보월도松下步月圖〉를 비롯해〈어가한면도〉,〈노엽달마도〉등의 걸작을 남겼는데 힘찬 필체로 유명하다.

　　일반 선비 중에도 그림이 뛰어난 문인화가가 배출되었는데, 세종 때의 강희안姜希顔, 강희맹姜希孟 형제가 유명하다. 한편, 신숙주申叔舟는 화기를 써서 안평대군이 소장한 송원대 그림을 소개하면서 회화사를 정리하여 미술이론에 공적을 남겼다.

　　조선 초기 그림은 일본 무로마치室町시대 미술에 큰 영향을 주었다. 화원이 직접 건너가서 창작하기도 하고, 사신들이 가서 그림과 글씨를 남기고 돌아오는 사례도 적지 않았다. 세종 때 일본에 건너간 이수문李秀文과, 비슷한 시기의 문청文淸은 그 대표적 인물이다. 이밖에 교토 쇼코쿠지相國寺(상국사)의 승려 슈분周文(주문)은 조선의 화풍을 일본에 전하는데 큰 역할을 했다.

4) 음악과 무용

　　예禮와 악樂은 유교정치에서 백성을 교화하는 수단으로 중요하게 여겼으며, 각종 국가의식에는 반드시 음악이 따랐다.

　　조선 초기에는 음악을 관장하는 장악원掌樂院이 있어서 양인출신의 악생樂生(297명)이 아악雅樂(제사와 조회 때 쓰는 중국음악)을 담당하고, 공노비 출신의 악공樂工(518명)이 속악俗樂(고유음악)을 연주

나례 상요압폐방상제-기산풍속도 모사도,
국립민속박물관

했다. 음악이 크게 정비된 것은 세종 때로 박연朴堧 등이 노력하여 60여 종의 악기를 개량하고, 주周나라 음악에 가장 가까운 독자적인 아악을 만들었다. 장악원에서 연주하는 악곡은 대부분 국가와 백성의 평안을 기리는 것으로 〈여민락與民樂〉, 〈정대업定大業〉, 〈보태평保太平〉, 〈낙양춘洛陽春〉, 〈오관산五冠山〉 등 수십 곡이 연주되었다. 악공 가운데 특히 명연주자가 많이 나왔는데, 비파의 송태평, 거문고의 김자려, 가야금의 이승련, 아쟁의 김소재 등이 대표적인 음악인이다.

악보정리에도 큰 진전이 있었다. 세종은 스스로 〈여민락〉 등 여러 악곡을 만들고, 또 정간보井間譜로 불리는 새로운 악보를 창안하여 처음으로 소리의 장단을 표시하는 악보가 생겼다. 한편 성현成俔은 연주법과 악곡을 합친 〈합자보合字譜〉를 만들어 기악연주 수준을 높였다.

음악이론에 관한 책으로는 1493년(성종 24) 유자광柳子光, 성현 등이 편찬한 《악학궤범樂學軌範》(9권)이 대표적이다. 이 책은 음악을 아악, 당악唐樂, 향악鄕樂으로 구분하여 음악의 원리와 역사, 악기편성법, 음악 쓰는 절차, 악기 만드는 법과 그 조현법調絃法, 춤의 진행방법, 의상과 도구 등을 집대성한 것이다. 이 책에는 〈정읍사〉, 〈동동〉, 〈처용가〉, 〈정과정〉, 〈문덕곡〉, 〈봉황음〉 등 고려시대부터 내려오던 노래가 한글로 수록되어 있기도 하다.

음악이 있으면 춤이 따랐다. 그래서 음악이 정비되면서 춤도 정비되었는데, 춤은 무동舞童으로 불리는 소년이나 기생들이 추었으며, 춤의 종류는 〈보태평〉, 〈정대업〉, 〈절화삼대〉, 〈학무〉, 〈처용무〉 등이 있었다. 또 궁중에는 나례청이라는 관청이 있어서 나례儺禮라는 가면극을 연출했는데, 섣달 그믐날 잡귀를 몰아내거나 외국사신을 맞이할 때, 또는 임금의 위패를 종묘에 모시러 갈 때에도 행하였다.

5) 종교

조선왕조는 유교국가로서 불교나 도교 혹은 무속을 이단으로 배척했으나, 불교 및 도교와 연관된 풍속을 일거에 제거할 수는 없었다. 그리하여 이단의 극심한 사회적 폐단은 개혁했으나, 민족문화로서의 순기능과 종교적 기능은 용납하여 관용하는 정책을 썼다. 말하자면 종교개혁을 단행한 것이다.

먼저, 불교에 대해서는 태종~세종 대에 걸쳐 난립된 여러 종파를 교종敎宗과 선종禪宗의 두 종파로 통합하고 사찰 수를 대폭 줄였으며, 수만 결의 사찰토지와 수십만의 사찰노비를 몰수하여 공전公田과 공노비로 귀속시켰다. 그리고 승려가 되려면 일정한 시험을 치르고 나서 국가에 무명 20필을 정전丁錢으로 바쳐야 승려신분증인 도첩度牒을 내려주었다. 또 승과僧科라는 시험제도를 두어 3년마다 교종 30명, 선종 30명의 합격자를 뽑아 승직을 주고 주지에 임명했으며, 임기는 30개월로 제한했다.

이렇게 사찰과 승려에 대해서는 억압정책을 썼으나, 국가와 왕실의 안녕과 번영을 기원하는 불교행사는 자주 거행했다. 즉 불교의 역기능은 개혁하고, 그 종교적 순기능은 살려낸 것이다. 특히 남성위주의 성리학문화에 익숙하지 못한 궁중여인이나 양반부녀자들은 불교의 종교적 기능을 통해 자신의 입지를 넓혀가고 정서적 갈등을 해소시켰다. 그리하여 세종 때에는《대장경》을 다시 인출하고, 세조 때에는 간경도감刊經都監을 두어 많은 불서를 국문으로 번역 간행했다. 왕실불교가 유지됨에 따라 승려로서 정치에 영향을 미치는 이도 적지 않았다. 태조는 원래 왕이 되기 전부터 무학대사無學大師(自超)와 친하여 그를 왕사王師로 삼았고, 천태종의 조구祖丘를 국사國師로 삼기도 했다. 특히 무학은 한양천도에도 참여하고 태종의 즉위를 도와주기도 했다. 세종은 무학의 제자 기화己和를 총

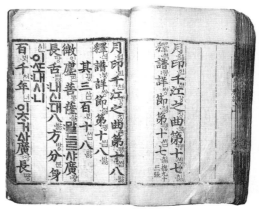

월인석보 보물 745호,〈월인천강지곡〉과〈석보상절〉을 합하여 1459년(세조 5년)에 편찬한 불교대장경

애하여 그에게 유교와 불교의 일치를 강조하는〈현정론顯正論〉을 쓰게 했고, 궁 안에 내불당內佛堂을 짓기도 했으며, 자신이 찬불가인《월인천강지곡》을 편찬하기도 했다. 세조는 신미信眉, 수미守眉 등 선승을 신임하고, 1459년(세조 5)《월인천강지곡》과《석보상절釋譜詳節》을 합하여《월인석보月印釋譜》를 언해하여 간행하기도 했다. 1464년(세조 10)에는 도성 안에 사찰을 짓지 못한다는 원칙을 깨고 종로에 원각사圓覺寺를 세우기도 했다. 이로써 적극적인 불교진흥책을 써서 일시적이나마 불교의 중흥을 가져왔다.

왕실불교가 쇠락하기 시작한 것은 사림이 등장한 성종 이후부터다. 사림의 맹렬한 비판을 받아 불교는 왕실에서 밀려나 산간으로 들어가기 시작했다. 그러나 16세기 중엽부터 중종의 왕비 문정왕후文定王后가 불교를 혹신惑信하면서 보우普雨, 휴정休靜(西山, 淸虛), 유정惟政(泗溟, 松雲), 언기彦機, 태능太能 등 고승이 배출되고 불교교리를 다시 가다듬어 교세를 확장했으며, 임진왜란 때에는 승군이 항일전쟁에 한몫을 했다.

마니산 참성단 상단은 땅을 상징해 네모, 하단은 하늘을 상징하여 둥근 모습으로 돌을 쌓았다. 강화군 화도면 해안남로 소재

조선 초기 불교교리는 교선敎禪의 일치를 내세우면서도 법화경, 화엄경, 능엄경 등을 존중하는 이론불교에 기울어져 있었다면, 16세기 이후의 불교는 휴정의《선가귀감禪家龜鑑》에 '교敎는 부처의 말이요, 선禪은 부처의 마음'이라고 했듯이 선禪에 역점을 둔 행동불교의 성격이 강했다.

고려시대 도교행사의 지나친 남용으로 국가재정에 손실을 준 것을 고려하여 조선 초기에는 도교사원인 도관道觀이 대폭 정리되면서, 도교행사도 줄어들었다. 그러나 도교에서의 제천행사는 국가의 안녕과 권위를 높이는 기능이 있고, 도교의 양생술은 의학발달에 긍정적인 영향을 미쳤다. 이런 점을 고려하여 조선 초기에는 소격서昭格署라는 관청을 두고 일월성신日月星辰에 대한 제사로서 초제醮祭를 주관하게 했다. 초제는 궁중에서도 행하고, 단군이 제천했다는 강화도 마니산 참성단塹城壇 등지에서도 행하여 민족의식을 높여주는 기능을 수행했다. 특히 세조는 왕권강화의 수단으로 도교에 호의를 가지고 있었으며, 중국 천자만이 할 수 있다는 환구단圜丘

壇을 설치하여 제천행사를 자주 거행했다.

그러나 도교는 성리학에서 이단으로 간주하여 16세기 이후로 사림이 등장하면서 중종 때에는 조광조趙光祖의 건의로 소격서가 폐지되고, 제천도 중단되었다.

무교巫教도 음사淫祀로 간주되어 서울 장안에는 무당이 살지 못하게 했으며, 백성들이 무속으로 패가망신하는 것을 억제했다. 그러나 무속이 지닌 질병치료의 순기능을 인정하여 국가에서는 궁 안에 국무당國巫堂을 두어 무당의 심령치료를 활용했다.

불교, 도교, 무속 등 전통적인 종교는 이렇듯 조선 초기에 개혁을 통한 포용이 나타났으나 사림들의 비판을 받아 16세기 이후로 위축되었다. 그러나 17세기 이후로는 사림들이 다시 종교로서의 순기능을 인정하기 시작했다. 이는 성리학이 차츰 출세도구로 전락하고, 선비들의 심성心性이 타락하면서 성리학은 심학心學을 중요시하게 되고, 이와 병행하여 도교, 불교, 양명학 등이 지닌 정신수양의 측면을 긍정적으로 인정하게 된 것을 의미한다.

6) 풍속

성리학이 국교國教로 되면서 조선 초기의 관혼상제冠婚喪祭와 같은 풍속은 점차 유교식으로 변모했다. 선비집안의 자제들은 15세에서 20세가 되면 관례冠禮를 행하여 상투를 틀고 갓모재을 쓰며 어른의 법도를 배우고, 자字를 지어주었다. 혼인은 원칙적으로 관례를 치른 남자 15

종묘정전 국보 227호, 왕과 왕비의 신주를 모셔놓은 곳,
1995년 유네스코 지정 세계문화유산

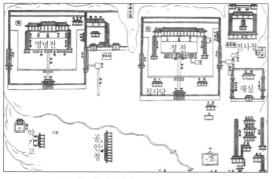

종묘 구조도 종묘전도와 영녕전전도(종묘의궤),
서울대학교 규장각 한국학연구원 소장

세 이상, 여자 14세 이상이면 허용되었는데, 왕실이나 종실은 10세 이상으로 낮추었다. 그래서 세자와 세자빈은 대개 10세에서 15세 무렵에 혼인하는 것이 관례였다. 경제력이 약한 일반평민은 오히려 혼인연령이 높은 편이었고, 30세가 되어도 혼인을 하지 못하는 경우도 많아서 때때로 국가에서 보조비를 지급하기도 했다.

혼인은 동성동본同姓同本을 피했으나, 지체가 서로 비슷한 사람끼리 결혼하는 것이 상례였고, 여자는 친정집에서 아이를 낳아 기르다가 시집으로 오는 것이 관례였다. 조선 초기에는 여성 쪽 친족과도 긴밀한 가문의식을 지니고 있었으며, 남자중심의 친족의식이 형성되는 것은 대체로 17세기 이후부터다.

고려시대에는 일부다처一夫多妻가 상류사회에서 유행했으나, 조선시대에는 성리학의 종통관념이 발달하면서 일부일처一夫一妻가 정착되고, 그 대신 축첩蓄妾을 허락했다. 그리고 적처에 소생이 없을 때에는 첩자도 제사상속권을 가졌다. 그러나 세월이 지나면서 첩손에 대한 차별이 커지고, 정치적으로도 문과응시를 제한하는 조치가 내려졌다.

장례와 제사풍속도 바뀌었다. 사람이 죽으면 백일재百日齋를 지내던 고려시대 불교식 장례풍습이 유교식으로 바뀌면서 서민은 3일장, 왕과 왕비는 5월장으로 되었다. 제사는 계층에 따라 봉사奉祀의 범위를 달리하여 6품 이상은 3대까지, 7~9품은 2대까지, 일반평민은 부모만 제사하도록 《경국대전》에 명시하여 법제화되었다. 무덤의 크기도 계층에 따라 차등을 두었다. 그러나 조선 후기에는 이런 법제가 무너지면서 주자가례朱子家禮에 따라 4대까지 제사하는 것이 관행으로 되어 제사부담이 커지게 되었다. 또, 집에는 가묘家廟를 설치하여 조상의 신주를 모시고 주기적으로 제사를 지내는 관습이 생겨났는데, 조선 후기에는 이런 풍습이 보편화되었다.

평양의 단군사당[숭령전]과 기자사당[숭인전] 평양 중구 종로동 소재

한편, 국가에서는 인격신과 자연신에 대한 제사를 치렀다. 왕실 조상의 신위를 모시는 종묘宗廟 제사와 토지 및 곡식의 신을 모신 사직社稷의 제사가 가장 격이 높았으며, 우리나라 역대왕조의 시조와 큰 강과 산, 그리고 바다에 대한 제사, 그밖에 농업이나 전쟁과 관련된 여러 제사가 있었다. 지방 군현에서는 주인없는 떠돌이 귀신에 대한 제사를 지내는 여제厲祭가 있었다.

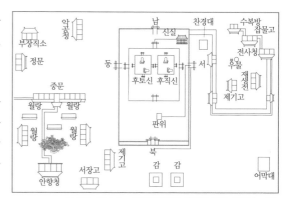

사직단 구조도 사직서전도와 단유도설을 합성한 그림. 사직서의궤(1783년, 정조 7), 서울대학교 규장각 한국학연구원 소장

역대 시조로서 제사의 대상이 된 신은 고려시대만 해도 기자와 동명왕 뿐이었으나, 조선에 들어와서는 단군, 온조, 박혁거세 등이 추가되었는데, 특히 단군은 평양에 숭령전崇靈殿을 따로 세워 제사하고, 명나라 사신이 올 때에는 숭령전에 먼저 참배한 다음 그 옆의 기자사당인 숭의전崇義殿을 참배하도록 하여 우리 민족의 시조가 기자인 것처럼 착각하는 중국인들의 잘못을 깨우쳐 주었다.

또 단군이 신선이 되었다는 황해도 구월산에는 옛부터 환인, 환웅, 단군을 삼성三聖 혹은 삼신三神으로

사직단 사적 121호, 사단과 직단이 나란히 있다. 종묘와 함께 토지의 신과 곡식의 신에게 제사를 지내던 곳. 서울 종로구 소재

모시고 제사를 지내는 삼성사三聖祠가 있어서 질병이 돌거나 흉년이 들면 백성들이 삼성사에 가서 기도하는 민간풍습이 내려오고 있었다. 이는 단군신화에 삼신三神이 생명을 창조하고, 곡식을 주관하고, 질병을 고쳐주고, 형벌을 내리고, 선악을 판단해 주어 인간을 이롭게 한다는 이른바 홍익인간弘益人間 신앙에서 유래한 것이다. 그래서 조선 초기에는 국가에서 삼성사를 성역으

로 지정하고 정기적으로 제사를 지냈다. 이로써 단군사당은 평양과 구월산 등 두 곳에 생겨나게 된 것이다.

조선 초기 풍속 가운데 또 하나 특기할 것은 척석희擲石戲[돌팔매놀이]라고 불리는 전쟁놀이다. 이는 돌을 가지고 싸우던 옛 전쟁에서 유래한 것인데, 조선 초기에는 군사훈련과 상무정신을 기르기 위해 광화문 앞에서 임금이 관전하는 가운데 갑사甲士와 척석군擲石軍이 서로 싸우게 하는 풍습이 있었다. 또 왜구토벌을 위해 척석군을 싸움에 투입하기도 했는데, 안동과 김해의 척석군이 유명했다. 그러나 척석희는 부상자가 많이 나와 16세기 이후로는 정부행사가 중지되고 민간풍습으로 전해지게 되었다.

농촌에서는 향도香徒 혹은 거사패居士牌 혹은 사장社長이라고 불리는 공동체 조직의 종교행사가 있었다. 이는 화랑도의 유습으로, 무속과 불교신앙이 결합된 이 행사에는 남녀노소가 참석하여 며칠간 술을 마시고 노래와 춤을 추면서 보내는 일종의 축제였는데, 점차 그 규모가 군 단위에서 마을단위로 축소되고, 주로 상장喪葬을 도와주는 기능으로 바뀌어 갔다. 그래서 후대에는 상여를 메는 사람들을 상두꾼이라고 부르게 된 것이다.

제5장 16세기 사림의 성장과 그 문화

1. 부의 집중과 공납, 군역의 과중

1) 자연재난, 토지집중, 상업발달

15세기 100년간 정치적, 경제적 안정과 번영을 구가했던 조선왕조는 연산군(1494~1506) 집권기인 16세기에 접어들면서 새로운 국면을 맞이했다. 하나는 기온이 내려가고 지진이 일어나는 등 천재지변이 빈발하면서 농업생산력이 떨어지고, 말세사상이 퍼지기 시작하고, 정치적으로는 기득권층과 신세력 간의 갈등이 커지기 시작했다.

농업생산력이 떨어졌다는 것은 매년 전세수입이 세종 대에 약 60만 석이던 생산량이 16세기 후반기에는 약 20만 석으로 줄어든 것이 상징적으로 말해준다. 여기에 중종과 명종 대에는 한 달 이상 지속되는 지진地震으로 서울시민이 집밖에서 노숙하는 일이 벌어지고, 민간에서는 자연재난이 잘못된 정치로 인해 생겼다고 믿어 말세사상이 퍼지면서 그 틈을 이용하여 명종 대 임꺽정林巨正 일당을 비롯한 도적 때가 발호하기도 했다. 조정에서는 기득권층인 훈신勳臣과 신진세력인 사림士林이 지진의 원인을 둘러싸고 책임공방을 벌이면서, 그 죄를 사림에게 뒤집어씌워 사화士禍를 격화시키는 요인으로 작용했다.

농업생산력이 떨어지면서 분배문제를 둘러싸고 갈등이 벌어지는 것은 당연했다. 누구보다도 왕실과 지배층이 생활안정을 위해 부를 확보하는 일에 발벗고 나섰다. 그 하나가 토지개간과 토지겸병이고, 다른 하나가 상업활동이었다.

우선 왕실이 토지겸병에 나섰다. 원래 왕실경비는 내수사內需司에 소속된 약 1만 결의 토지와 1만 명의 노비로부터 얻는 수입으로 충당하고 있었다. 그런데 그 수입은 장리長利라 불리는 고리대를 이용하여 재산을 늘려갔다. 특히 왕실의 사치가 절정에 달했던 연산군 때 내수사 재산이 늘어나는 데 비례해서 백성의 원성도 높아갔다. 16세기 초 중종 때 내수사 장리가 한때 중단되기도 했으나 다시 부활했다. 내수사는 토지뿐 아니라 산림, 어장, 목장, 하천까지도 겸병하여 왕실은 제일 큰 부자로 떠올랐다.

세조 때 실시된 직전제職田制가 16세기 중엽 명종 때에 이르러 완전히 폐지되면서 녹봉에 의지하는 생활에 곤란을 느낀 관인들은 토지를 개간하기도 하고, 사들이기도 하며, 때로는 농민에게 빚을 주고 그 대가로 땅을 차지하기도 하는 등 여러 가지 방법으로 사유지를 확대해나갔다. 특히 명종 대 권력을 쥐고 있던 중종비 문정왕후의 오라비 윤원형尹元衡 집안을 비롯한 척신과 권신들은 많은 노동력을 투입하여 서해안일대의 해택지海澤地를 개간했다. 겸병현상은 민전民田에서만 아니라 관둔전官屯田에서도 나타나고, 산림, 어장도 예외가 아니었다.

토지겸병으로 부호가 된 것은 대부분 서울 양반들이었지만, 큰 상인이나 토호 중에도 대지주가 나타났다. 16세기 중엽 남방지역에서는 수백 결의 토지를 차지한 대지주들이 생겨났다. 토지겸병이 성행하면서 병작관계는 더욱 확대되고, 농민의 계급분화가 촉진되고 국가의 전세 수입은 갈수록 축소되었다.

토지를 잃은 농민들은 상업으로 직업을 바꾸었다. '국민의 10분의 9가 상인'이라는 과장된 표현이 나올 정도였다. 많은 상인이 서울에 모여들자 식량을 공급하기 위해 곡물시장이 형성되고, 곡물매매를 전업으로 하여 돈을 모은 큰 상인도 생겼다. 부상대고富商大賈로 불리는 상인들은 공물의 방납防納을 통해서도 막대한 이득을 얻었으며, 중국과 사무역에 종사하여 은을 가지고 가서 비단, 모피를 비롯한 물품을 사들여와서 이득을 남기기도 했다. 또 그들은 삼포三浦를 중심으로 일본과의 무역에도 참여하여 무명, 베, 명주 등 옷감과 곡식을 팔고, 그 대신 은, 구리, 쇠, 단목, 후추 등을 사들였다. 중종 때 권신이던 김안로金安老와 척신인 윤원형 같은 이는 대외무역에 참여하여 막대한 재산을 모았다.

지주제와 상업의 발달은 농민뿐 아니라 지방의 중소지주까지도 파산시키는 경우가 많았다. 그래서 중소지주 출신 사림士林 가운데에는 천방川防과 보洑의 축조를 통해 관개농업을 발전시켜 생산력을 높여가는 이들이 적지 않았다.

권신과 척신의 탐욕으로 해를 입은 농민들은 폭동을 일으켜 대항하기도 했다. 16세기 중엽 명종(1545~1567) 때 황해도, 평안도, 함경도, 강원도, 경기도를 무대로 일어난 임꺽정林巨正 일당의 도적활동(1559~1562)은 그러한 농민폭동의 한 예이다.

2) 농민부담의 과중

16세기 농민들은 전세, 공납, 군역의 세 가지 부담이 전보다 무거워졌는데, 그 중에서도 가장 고통스러운 것은 공납이었다.

먼저, 전세田稅를 보자. 세종 때 만든 공법貢法으로 풍흉의 정도를 9등급으로 나누어 세금을 내는 연분구등법年分九等法이 16세기에 들어와 폐지되고, 1결마다 4두, 혹은 6두로 하향조정했으나, 실제는 농사를 지을 수 없는 진전陳田에서도 세를 거두는 일이 많아 그 부담이 가벼워진 것이 아니었다. 또 병작을 하고 있는 농민들은 지주에게 수확의 반을 지대地代로 바치고, 지주가 바쳐야 할 전세를 작인이 내는 경우가 많아 전세율의 감소가 별로 도움을 주지 못했다. 그래도 전세는 그다지 큰 부담은 아니었다.

농민에게 가장 부담이 된 것은 공납貢納이었는데, 특히 사치와 방탕을 일삼은 연산군 때부터 공납의 문제가 커졌다. 공납은 액수의 많음도 문제였지만, 그보다는 제 고장에서 나지 않는 물건을 내게 하거나, 인납引納이라 하여 1~2년의 공납을 한꺼번에 앞당겨 내기도 하고, 또 방납防納이라 하여 서리가 상인과 결탁하여 공납물을 미리 국가에 바치고 그 값을 비싸게 책정해서 농민에게 받아냈다.

16세기 양심적인 지식인은 공납의 개혁을 이구동성으로 주장했다. 명종~선조 때 조헌趙

憲과 이이李珥 같은 관인들은 그 시정을 왕에게 건의했으나 실행되지 않다가 17세기 초 광해군 때에 대동법大同法이 실시되면서 공납제의 모순이 완화되었다. 당시 방납을 비롯하여 전세, 군역을 수취하는 과정에 서리들의 농간이 심하여 조식曺植 같은 학자는 '서리망국론胥吏亡國論'을 부르짖으면서 그 시정을 강력하게 촉구하기도 했다.

군역軍役도 문제가 많았다. 15세기에는 양인개병제良人皆兵制가 비교적 잘 지켜지고, 특히 세조 때에는 보법保法이 생겨나 거의 모든 장정들이 군역에 편제되었다. 그러나 그 부작용으로 요역徭役 인구가 줄어들자 군인을 요역에 동원하게 되면서 군역의 성격이 요역으로 바뀌어갔다. 여기에 성종 대 이후로 사족士族은 군역을 피하는 풍조가 일어나고, 농민들이 지는 군역은 가포加布라 하여 국가에 무명을 바치는 것으로 변했다. 보병步兵(正兵)에 등록된 사람은 20개월마다 무명 17~18필, 수군水軍에 등록된 사람은 무명 20필을 보인保人으로부터 조역가助役價라는 이름으로 받아내 이를 삯전으로 내고 품을 사서 자신의 역을 대신 지게 했다. 이를 대립代立 혹은 고립雇立이라고 불렀는데, 대개 대립을 하는 사람은 노비나 유민流民인 경우가 많았고, 그들은 요역에 주로 종사했다. 이 때문에 군사의 질이 떨어지는 것은 당연한 일이었다.

농민들은 대립代立을 위해 내는 삯전이 무거워 농토를 버리고 유랑하는 자가 많아 당시 '열 집 중에서 아홉 집이 비었다'는 말이 나올 정도로 이농현상이 심각했다. 이렇게 이농한 농민들은 상업에 종사하거나, 산속에 숨어 살거나, 노비가 되거나 했다.

1537년(중종 32)에 농민의 군역부담을 줄이기 위해 모든 장정에게 군포軍布라는 이름으로 무명 2필씩을 받아내고, 그 경비로 군대를 모집하여 봉급을 지불하는 일종의 고용군인이 생겨났다. 그리하여 지금까지 국역國役의 형태를 띠고 있던 군역은 실제는 모병募兵제도로 바뀌어갔다. 16세기에 군적에 등록된 군인은 정병正兵이 18만 명, 잡색군이 18만 명으로 숫자상으로는 15세기보다 줄지 않았으나, 실제 전투에 투입될만한 군인은 1만 명이 못되었다. 율곡 이이가 '10만 양병설'을 주창하게 된 이유가 여기에 있었다. 이렇게 사정이 나쁜 시기에 임진왜란을 만나게 된 것이다.

이밖에도 16세기 농민들을 괴롭힌 것으로 환곡還穀이 있었다. 원래 국초에는 춘궁기에 빈민에게 식량을 대여해 주고 가을에 원곡만을 회수하는 의창제義倉制를 실시했으나, 15세기 말부터 원곡이 부족하여 폐지하고, 물가조절을 맡은 상평창常平倉이 이를 대신했는데, 환곡還穀 혹은 모곡耗穀이라는 이름으로 원곡의 10%를 이자로 받아냈다. 그러나 실제로 10% 이상의 이자를 내는 경우가 많아 고리대로 변해갔다.

2. 임꺽정 일당의 폭동과 정여립 반란

16세기에는 토지집중과 상업발달, 수취체제의 모순이 계급분화와 농촌사회의 동요를 일으켰다. 여기에 잇따른 자연재해가 민심을 불안에 빠뜨렸다. 이를 배경으로 전국 각지에서 도적떼가 일어나고, 중앙정부를 전복하려는 반란세력도 나타났다.

폭군 연산군을 몰아낸 이른바 중종반정中宗反正(1506)은 일부 훈구대신들이 서울근교의 백정들과 손잡고 폭력으로 왕을 갈아치운 첫 번째 반란이었다. 그러나 권력과 부를 장악한 보수적 훈척勳戚과 개혁적 성향의 사림들이 갈등하다가 사림들이 잇따른 사화士禍로 밀려나자 사림 중에는 민중세력과 손잡고 정부전복을 꾀하는 이도 있었다. 1519년(중종 14) 기묘사화로 쫓겨난 사림파 관인 김식金湜은 거창지방의 농민층과 연결하여 무장폭동을 꾀하다가 실패하여 자살했다.

명종(1545~1567) 때에는 임꺽정林巨正이라는 양주 출신 백정이 몰락한 사림, 아전, 노비, 평민 등을 규합하여 황해도 구월산에 본거지를 두고 서울과 지방을 연결하는 주요 통로를 장악하고 부정한 사람들과 대항해서 싸웠다. 그들은 함경도, 평안도, 강원도, 황해도, 경기도 등 5도를 횡행하면서 관청을 습격하여 죄수를 석방하기도 하고, 백성들이 원망하는 부자들을 습격하여 재물을 약탈하기도 했으며, 지방에서 올라오는 공물貢物이나 진상물을 도로에서 가로채기도 했다. 이들은 단순한 도적이라기보다 의협義俠으로 백성들에게 인식되어 3년간이나 버티다가 관군에 토벌당했다. 임꺽정의 행적은 민간설화로 윤색되어 지금까지 전해오고 있으며, 일제강점기 홍명희가 소설을 써서 더욱 유명해졌다.

사림이 정권을 장악한 선조 대에도 반란은 끊이지 않았다. 특히 이 시기에는 붕당 간의 갈등이 반란의 한 원인이 되었다. 1589년(선조 22)에 일어난 정여립 반란은 그 가운데서도 가장 충격이 컸다. 전주 출신 정여립鄭汝立은 원래 율곡 이이李珥의 제자로 명망이 있는 사림학자였으나 서인西人정치에 한계를 느끼고, 급진적인 일부 동인東人과 널리 연계를 맺고, 비기참설로 민심을 현혹시켜 전라도와 황해도, 충청도의 승려, 천민, 평민을 끌어들여 전라도 진안 죽도竹島에서 대동계大同契라는 비밀결사를 조직하고 새 왕조를 세우려는 역성혁명을 꿈꾸었다. 이 사건은 사전에 발각되어 정여립은 자살하고 1천여 명의 인사들이 처벌되었는데, 이 사건을 기축옥사己丑獄事라 한다. 이후로 전라도는 반역향으로 인식되고 호남인의 등용이 제한되었다.

정여립 사건이 일어난 16세기 말에는 《정감록鄭鑑錄》을 비롯한 비기참설이 유행하여 목덕木德의 이씨시대가 끝나고, 오행의 상생순서에 따라 화덕火德의 정씨鄭氏 시대가 온다는 믿음이 널리 퍼졌다. 그래서 정씨 성을 가진 사람 가운데 반란자가 많이 나타났으나 성공하지 못했다.

16세기 말의 대학자 율곡 이이李珥(1536~1584)는 이와 같은 위기의 상황을 '중쇠기中衰期'로 인식하고, 담과 지붕이 무너진 가옥에 비유했으며, 제도를 혁신하는 위로부터의 개혁 곧 경장更張을 주장했으나 뜻을 이루지 못했다.

3. 사림의 등장과 사화, 당쟁

1) 사림의 등장

16세기 관인사회는 개혁을 추구하는 이상주의자와 기득권을 지키려는 현실주의자의 두 파로 갈리어 서로 경쟁하면서 때로는 심각한 갈등과 충돌을 일으켰다. 이상적인 유교정치인 왕도정치王道政治를 내세우면서 개혁을 요구하는 사림士林과 부국강병의 현실주의 노선을 지지하면서 기득권을 지키려는 훈신勳臣과 척신戚臣의 갈등이 그것이다.

사림이란 세력화된 선비들을 말한다. 성리학이 보급되면서 지방에서도 선비들이 무더기로 배출되어 세력화가 이루어졌는데, 지방사림이 최초로 정계에 등장한 것은 성종(1469~1494) 때부터다. 세조의 지나친 부국강병정책으로 흩어진 민심을 수습하고, 세조를 보좌하여 권력과 부를 장악한 훈신들을 견제하기 위해 성종은 당시 신망이 높던 경상도 선산善山 출신 선비 김종직金宗直과 그 문인들을 대거 등용하여 주로 정책을 비판하는 언론삼사言論三司에 임명했다. 김종직은 김숙자金叔滋의 아들이고, 김숙자는 왕조개창을 반대하여 선산으로 내려가 후학을 기른 길재吉再에게서 배우고, 길재는 정몽주의 학풍을 계승했으므로 이들의 체질은 매우 야당적이었고, 중앙의 훈신들과는 호흡이 맞지 않았다.

성종의 비호를 받아 급성장한 영남사림들은 부국강병정책을 반대하고 권력과 부를 축적한 훈신들을 공격하면서 향촌자치와 향촌사회의 안정, 그리고 선비의 정치적 자율성을 높이는 데 총력을 기울였다. 그래서 지방선비의 수령자문기관인 유향소留鄕所(貳衙)를 복립하고, 주희가 시도한 사창제社倉制[50]를 도입하여 빈민을 구제하고, 향사례鄕射禮, 향음주鄕飮酒[51] 등의 실시를 주장하고 나섰다.

사림의 정치이상은 강력한 중앙집권국가의 건설이 요망되었던 여말선초에는 호소력을 갖지 못했으나, 이미 그러한 과제를 해결하고 그 부작용이 나타나고 있던 15세기 말기에는 설득력을 가질 수 있었다. 따라서 사림의 등장은 국가발전을 중요시하는 창업의 시대에서 지방사회의 안정을 추구하는 수성의 시대로 넘어가는 역사적 전환기에 나타난 새로운 흐름이라고 볼 수 있다.

2) 훈척과 사림의 갈등 - 네 차례 사화

성종 대에는 훈신과 사림의 정치적 입장은 달랐어도 양파간의 세력균형이 이루어져 직접적인 충돌은 없었다. 오히려 두 세력이 협력하여 《경국대전》을 비롯하여 《동국통감》, 《동국여지승람》 등 기념비적인 편찬사업을 마무리하고 왕조의 문물을 완성해 놓았다. 훈신 중에서도 서거정, 노사신, 최항, 양성지 같은 인물은 집현전에서 양성된 학자들이고, 또 훈신과 사림의 세력균형을 도모한 성종의 지도력에 원인이 있었다.

그러나 성종 다음에 연산군(1494~1506)이 즉위하면서 사정은 달라졌다. 원래 시재詩才와 감성이 뛰어난 연산군은 생모[성종비 윤씨][52]가 윤필상尹弼商 등 신하들의 충동으로 죽게 된 것을 알고 나서부터 훈신과 사림을 모두 눌러 왕권을 강화하려 했다. 특히 분방한 언론활동으로 왕권

---

50) 사창제는 국가가 춘궁기에 빈민에게 곡식을 대여했다가 가을에 약 30%의 이자를 받아 원곡元穀(財源)을 불려 나간 뒤, 원곡이 충분히 확보되면 국가의 보조 없이 3%의 낮은 이자로 운영하도록 하는 자치적 구휼제도이다. 이는 국가가 정부 곡식을 가지고 약간의 모미耗米만을 받고 대여하는 관주도의 의창제義倉制와는 성격이 다르다.

51) 향사례와 향음주는 주나라 제도인 《주례周禮》에서 기원하는 것으로, 향사례는 지방 군현에서 봄가을에 향민들이 모여 활쏘기를 하면서 도의를 연마하고, 군사훈련도 겸하게 하는 것이다. 향음주는 지방에서 향민이 모여 일정한 의식을 갖추고 술을 마시면서 화목을 도모하고 예법을 지키게 하는 행사이다.

52) 성종비 윤씨는 성종의 셋째 부인으로서 투기로 성종의 얼굴에 상처를 낸 것이 원인이 되어 윤필상尹弼商 등 신하들의 주청으로 폐비되었으며, 뒤에 사약을 받고 죽었다.

심곡서원 1650년(효종 1), 경기유형문화재 제7호, 조광조와 양팽손을 배향,
경기 용인시 수지구 광교마을로 소재

을 견제하는 사림을 연산군은 싫어했다. 이런 분위기를 이용하여 평소 사림의 공격을 받아 수세에 몰려 있던 훈신 잔류세력인 이극돈李克墩, 유자광柳子光 등은 1498년(연산군 4)에 사림 김일손金馹孫이 지은 사초史草[53]를 문제삼아 왕을 충동하여 김일손, 표연말表沿末, 정여창鄭汝昌, 최부崔溥 등 수십 명의 사림을 사형 혹은 유배보냈다. 그리고 이미 죽은 김종직의 무덤을 파헤쳐 시신을 참수했다. 이 사건을 무오사화戊午士禍 혹은 사화史禍라 한다. 이로써 김종직 문인으로 구성된 영남사림이 크게 몰락했다.

사림을 몰아낸 연산군은 훈신마저 제거하여 자신의 권력을 강화하려고 했다. 그러던 중 자신의 생모 윤씨가 윤필상尹弼商 등 훈신들의 주청으로 폐비되었다가 사약을 받고 죽은 것을 임사홍任士洪을 통해 알고 이 사건에 관여한 훈신들과 남아 있던 사림을 몰아냈다. 1504년(연산군 10)에 일어난 이 사건을 갑자사화甲子士禍[54]라 한다. 이 사화로 이미 죽은 훈신들이 부관참시를 당하고, 성종시대 양성한 사림들이 대부분 몰락했다.

두 차례 사화로 비판세력을 거의 숙청한 연산군은 사치와 방탕을 일삼았다. 호화로운 잔치와 사냥을 일과로 삼으면서 이를 위해 과도한 공물貢物을 거둬들여 민생은 도탄에 빠졌다. 관인들에게 신언패愼言牌라는 팻쪽을 차고 다니게 하여 말조심을 하게 하고, 자신의 행동을 비난하는 글이 국문으로 쓰였다 하여 국문학습을 탄압했다.

연산군의 학정에 견디다 못한 전 이조참판 성희안成希顔은 지중추부사 박원종朴元宗, 이조판서 유순정柳順汀 등과 더불어 훈련원 군대를 동원해 궁을 습격하여 연산군을 강화도 교동으로 추방하고, 그의 이복동생인 진성군(성종계비 정현왕후 윤씨 아들)을 왕으로 추대했다. 이것이 중종반정中宗反正(1506)이다. 신하들의 쿠데타로 왕을 교체한 최초의 사건이기도 하다.

그러나 중종中宗(1506~1544)을 옹립한 반정공신들의 횡포로 사림과 백성의 여망이 어그러지자 왕은 1515년(중종 10) 조광조趙光祖를 비롯한 젊은 사림을 현량과賢良科를 통해 특별채용했다. 중종의 신임을 크게 받은 조광조는 개국공신 조온趙溫의 후예로서 그를 추종하는 사림들도 큰 벼슬을 지낸 기호출신 벼슬아치의 후예가 대부분이었다.

조광조 일파는 삼사의 언관직에 포진하여 공론公論을 표방하면서 급진적인 개혁을 요구하고 나섰다. 연산군의 학정을 통해 무엇보다도 군주의 마음을 바르게 하는 것이 급선무임을

---

53) 연산군 즉위 초《성종실록》을 편찬할 때 사관史官 김일손은 스승인 김종직이 단종을 위해 지은 조의제문弔義帝文을 사초에 실었는데, 이 글은 항우項羽에게 죽임을 당한 의제義帝를 추모한 것으로, 단종을 의제, 세조를 항우에 비유한 글이었다. 따라서 이 글은 세조의 정통성을 부인하는 내용이므로 실록편찬의 최고책임을 맡은 이극돈이 이 글을 문제삼은 것이다. 후세 선비들은 세조 때 벼슬한 김종직이 세조를 비난한 것을 모순된 행동으로 비판했다.

54) 갑자사화로 연산군의 비행을 꾸짖던 할머니 인수대비[덕종비]는 병상에서 맞아 죽고, 폐비에 관여한 윤필상, 이극균, 김굉필 등 10여 명이 사형당했으며, 한치형, 한명회, 정창손, 이파, 정여창, 남효온 등이 부관참시되었다.

깨달아 경연經筵을 강화하고, 내수사 장리의 폐지, 소격서의 폐지 등을 주장하고, 나아가 향촌사회의 자율과 안정을 위해 향약鄕約의 실시와 《삼강행실도三綱行實圖》, 《이륜행실도二倫行實圖》,[55] 《주자가례朱子家禮》, 《소학小學》 등을 보급할 것을 주장했다. 그밖에 농민생활 안정을 위해 토지겸병을 반대하고, 균전제 실시, 방납의 시정 등을 촉구했다.

사림의 정책은 무너지고 있던 지방사회를 안정시키는데 주안점을 둔 것으로 개혁적인 의미가 크고 백성들의 환영을 받았다. 그러나 조광조의 개혁정치는 반정공신의 반발을 샀다. 특히 반정공신으로 책봉된 100명 가운데 4분의 3에 해당하는 76명은 부당하게 책록되었으므로 이를 취소시키고 토지와 노비를 몰수해야 한다고 주장하여 공신들의 반발과 원한을 샀다. 공신들은 사림들이 지나치게 언권을 행사하여 《경국대전》에 규정된 권력구조를 흔들고 있다고 역습했다.

중종은 처음에는 사림들을 크게 신임했으나, 나중에는 지나치게 급진적인 개혁을 다그치면서 압박하는데 싫증을 느꼈다. 이런 분위기를 이용하여 1519년(중종 14) 남곤南袞, 심정沈貞, 홍경주洪景舟 등 공신들은 조광조 일파에게 반역죄의 누명을 씌워 대거 죽이거나 귀양을 보내게 만들었다.[56] 이때 조광조는 능주綾州[화순]로 귀양가서 사약을 받고 38세의 나이로 죽었다. 이 사건을 기묘사화己卯士禍라 하고, 이때 화를 입은 선비들을 후세에 기묘명현己卯名賢이라 부르게 되었다.[57] 그런데 기묘사화가 일어나던 무렵 장기간의 지진으로 훈신과 사림 간에 그 책임을 둘러싼 논란이 벌어졌는데, 힘 없는 사림에게 그 책임을 전가시키면서 화가 더욱 커졌다.

기묘사화가 있은 지 10년 뒤에 중종은 다시 훈구대신들을 견제하기 위해 사림을 재등용하기 시작했으나, 1545년에 명종明宗(1545~1567)이 즉위하면서 일어난 을사사화乙巳士禍에 또다시 사림들이 숙청당하는 사건이 발생했다. 이 사건은 외척 간의 권력투쟁에서 빚어진 점이 다른 사화와 성격이 다르다. 곧 중종이 돌아가자 둘째왕비 장경왕후 윤씨[윤여필의 딸]의 소생인 인종仁宗(1544~1545)이 즉위하고 왕비의 오빠인 윤임尹任이 세력을 떨쳤으나 재위 8개월 만에 죽고, 이어 셋째 왕비인 문정왕후 윤씨[윤지임의 딸] 소생 명종明宗이 왕위에 올랐다. 그런데 명종 역시 12세의 어린 임금으로 대비가 된 문정왕후가 수렴청정하고 동생인 윤원형尹元衡이 세력을 잡았다. 이들은 전왕의 외척들이 명종을 해치고자 했다고 하여 윤임 일파를 몰아냈다. 이것이 바로 을사사화다.[58] 세간에서는 인종의 외척을 대윤大尹, 명종의 외척을 소윤小尹이라고 불렀다.

대윤파와 소윤파는 다같은 사림이었으나, 대윤파에는 영남과 호남 출신의 신진 성리학

---

55) 《이륜행실도》는 사림의 한 사람인 김안국金安國이 1518년(중종 13)에 장유유서長幼有序와 붕우유신朋友有信의 이륜을 퍼뜨리기 위해 지은 것으로, 가족, 형제, 선생과 제자, 그리고 붕우관계를 안정시키기 위해 모범적인 인간상을 그림을 붙여 설명한 책이다. 주로 농촌사회에서 필요한 윤리를 정리한 것이다.

56) 공신세력은 조광조가 역모를 꾀한다고 모함하기 위해 나뭇잎에 꿀을 발라 '주초위왕走肖爲王' 곧 "조광조가 임금이 된다"고 써넣고 벌레가 파먹게 한 다음 이를 궁 안의 개울에 띄워 중종에게 보여주었다.

57) 기묘명현의 주요인사는 김정金淨, 기준奇遵, 한충韓忠, 김식金湜, 김구金絿, 박세희朴世熹, 박훈朴薰, 이자李耔, 박상朴祥 등으로서 모두 30대 청년이었다.

58) 을사사화 때 윤원형[소윤]에 가담했던 인물은 정순붕鄭順朋, 이기李芑, 임백령林百齡, 허자許磁, 윤춘년尹春年, 이행李荇, 민제인閔齊仁 등이고, 윤임일파[대윤]에 가담한 주요 인물은 이언적李彦迪, 유인숙柳仁淑, 권벌權橃, 유희춘柳希春, 유희령柳希齡, 성세창成世昌, 백인걸白仁傑 등이다.

자가 많고, 소윤파는 서울지방의 인사들로서 기득권을 가지고 있고, 성리학을 하면서도 불교와 도교 등 이단을 포용하는 인사들이 많았다. 따라서 을사사화는 기득권을 가진 사림이 신진사림을 제거한 사건으로 볼 수 있으며, 16세기 중엽에 사림이 계층적으로, 사상적으로 분화하는 과정을 보여준다고 할 수 있다.

명종 때에는 대비 문정왕후가 불교를 숭신하여 보우普雨를 봉은사奉恩寺 주지로 삼고 선교 양종을 다시 부활하여 오랜만에 불교의 중흥을 가져와 사림의 비난을 크게 사고, 대비의 지나친 권력간섭도 세인의 비난을 샀다. 또 이 무렵 북방이 어수선하고, 임꺽정 일당이 소란을 일으켰으며, 1555년(명종 10)에는 세견선歲遣船의 감소로 불평을 가진 왜인들이 60척의 배를 끌고 전라도를 침범해 왔다. 이를 을묘왜변乙卯倭變이라고 한다. 이 사건을 계기로 비변사備邊司가 강화되었다.

을사사화는 외척 간의 갈등에서 발단된 것이지만, 양편에 사림들이 가담하여 결국 사림 간의 갈등이라는 성격을 지녔다. 따라서 이 사건으로 사림의 기세가 일시적으로 꺾였으나 이미 전국적으로 확산된 사림의 정계진출은 막을 수 없는 대세를 이루었다. 그리하여 명종 때에는 영남에서 퇴계 이황李滉, 남명 조식曺植, 서울근교에서 성수침成守琛과 성혼成渾, 호남에서 이항李恒, 기대승奇大升, 김인후金麟厚 같은 명망 높은 사림학자들이 벼슬을 포기하고 재야에 은거하기도 했지만, 중앙정계에 진출한 사림도 만만치 않았다. 그러다가 16세기 후반 선조宣祖(1567~1608) 초에는 사림이 완전히 정치를 주도하는 시대가 열렸다. 선조 때에도 척신이 없었던 것은 아니지만, 그들도 사림으로 변하여 무오사화 이후 70년간 정국을 특징지워 온 훈척과 사림의 대립은 사라졌다.

3) 선조 대 붕당의 발생

명종이 세상을 떠난 뒤에 후사가 없어 중종의 후궁[창빈안씨] 소생 덕흥군德興君의 아들이 왕이 되었는데, 이가 선조이다. 16세에 왕위에 오른 선조는 덕망있는 사림인사를 대거 등용하고 문신들로 하여금 한강가의 독서당讀書堂(湖堂)[59]에서 공부하면서 매달 글을 지어바치게 했다. 율곡 이이李珥(1536~1584)의 유명한 〈동호문답東湖問答〉은 바로 동호독서당에서 공부하면서 쓴 정치개혁안이다. 선조시대는 이처럼 이이를 비롯한 많은 인재가 배출되어 이른바 '목릉성세穆陵盛世'로 불리는 문치의 절정기를 이룩했다.

그러나 사림학자들이 많이 배출되면서 사림사회에 갈등과 분화가 일어나고 유명한 학자를 중심으로 하여 학문과 정치성향을 함께하는 붕당朋黨이 형성되어 서로 경쟁하는 시대가 열렸다. 원래 성리학에서는 도덕적으로 수양된 군자君子들이 붕당을 형성하는 것을 긍정했기 때문에 성리학이 발달할수록 붕당정치가 나타나는 것은 필연적 추세였다.

---

59) 독서당은 관료들의 학문 재충전을 위한 제도로, 세종 때에는 휴가를 주어 자기집 혹은 산사山寺에서 공부하는 사가독서제賜暇讀書制를 실시했다. 그 후 성종 때에는 마포에 남호독서당南湖讀書堂을 따로 짓고, 중종 때에는 두모포豆毛浦[지금 동호대교 북쪽]에 동호독서당東湖讀書堂을 세워 그곳에서 공부하도록 했다. 1426년(세종 8)부터 1773년(영조 49)까지 48차에 걸쳐 320명이 독서당에 선발되었다.

최초로 붕당이 형성된 것은 1575
년(선조 8)으로 심의겸沈義謙(1535~1587)[60]을
추종하는 기성사림을 서인西人이라 부
르고, 경상도 출신으로 조식曹植과 이황
李滉의 문인 김효원金孝元(1542~1590)을 영
수로 하는 신진사림을 동인東人이라 불
렀다. 심의겸은 서울 서쪽에 살고, 김효
원은 동쪽에서 살았기 때문에 붙여진
이름이다. 서인과 동인의 분당은 문반
관인의 인사추천권을 쥐고 있던 이조
전랑吏曹銓郎(정랑과 좌랑) 자리를 둘러싸고
심의겸의 아우 심충겸과 김효원이 서
로 경쟁한 데서 발단되었다.

서인은 대체로 서울과 경기, 충
청, 전라도지역의 기득권을 가진 선비
들이 가세한 반면, 동인은 안동지방의
이황과 지리산지역의 조식, 그리고 개
성의 서경덕 학풍을 따르는 재야의 젊
은 선비들이 가세했다. 서인의 정책은
치인治人에 역점을 두고 제도개혁을 통
한 부국안민을 추구한 반면, 동인은 선
비들의 수기修己에 역점을 두어 치자의
도덕성 제고를 중요하게 여겼다.

독서당 계회도   1531년경, 91.5×62.3cm, 개인 소장.
허자·임백령·송인수·송순·주세붕·이림·허항·최연 등의 이름이 보인다.

동서분당 초기에는 이이가 서인과 동인의 갈등을 조정하는데 힘써서 별다른 갈등이 없
었으나, 1584년(선조 17)에 이이가 죽자 유성룡柳成龍(1542~1607), 이산해李山海, 이발李潑 등 동인이
주도권을 장악했다. 그러나 1589년(선조 22) 동인에 속한 전주출신 선비 정여립鄭汝立(1546~1589)
일당이 모반을 일으켰다가 발각되어 진안 죽도竹島에서 자살하는 사건이 일어나 다수의 동인
들이 처형되었다. 이를 기축옥사己丑獄事라 한다. 2년 뒤인 1591년(선조 24) 서인 좌의정 정철鄭澈
(1536~1593)이 세자 책봉을 선조에게 건의하자 동인은 이를 문제 삼아 서인파를 내몰았다.

그런데 서인에 대한 처벌을 둘러싸고 동인 안에 강경파와 온건파가 갈려 전자를 북인北
人, 후자를 남인南人이라 불렀다. 북인은 대체로 조식 문인들이 주류를 이루고, 서울 남인은 서경
덕 문인, 영남 남인은 이황 문인들이 핵심을 이루었는데, 기축옥사 때 피해를 입은 이들이 북인
이었으므로 이들이 서인에 대한 반감이 더 컸다.

---

60) 심의겸은 명종의 왕비인 인순왕후仁順王后 심씨의 동생으로서 덕망이 있는 유신이었으나 왕가의 외척이라는
    이유로 신진세력의 공격을 받았다. 그는 서울 서쪽에 살았으므로 세인이 그를 따르는 인사들을 서인西人이라
    부르게 된 것이다.

정철 일파의 실각으로 동인 특히 북인들이 우세한 가운데 임진왜란[1592; 선조 25]을 만났는데, 후궁 공빈김씨恭嬪金氏 소생인 광해군光海君이 세자로 책봉되자 분조分朝를 이끌고 대일항전을 펼쳤다. 그런데 왜란이 끝난 뒤인 1601년(선조 34) 선조의 계비 인목왕후仁穆王后가 뒤늦게 영창대군永昌大君을 낳자 북인은 광해군을 추종하는 대북大北과 영창대군을 옹립하려는 소북小北으로 갈렸다. 대북은 광해군의 능력을 중요시하고, 소북은 영창대군의 혈통을 존중했다.

선조가 돌아가고 광해군(1608~1623)이 즉위하자 왜란 중 광해군을 따라 항일전쟁을 주도한 대북이 권력을 장악했다.

4) 서원과 향약

16세기 사림들이 여러 차례 사화를 당해 죽고 쫓겨나면서도 궁극적으로 사림정권을 세울 수 있었던 것은 향촌사회에서 세력을 확대 재생산할 수 있는 여러 조직체를 가지고 있었기 때문이었다.

서원書院은 지방 선비들이 성장하는 중요한 기반이었다. 원래 유학은 교육을 중요시하는 까닭에 고려 말 이후로 성리학이 확산되면서 유학자들은 개인재산을 털어 지방에 서재書齋로

불리는 학교를 세우고 자제들을 가르치기 시작했다. 16세기에 들어와 사화가 빈발하면서 정치에 뜻을 잃은 선비들은 아동교육에 박차를 가해 학교의 조직과 기능을 더욱 강화하고 여기에 선배 유학자들을 기리고 제사하는 사당祠堂 기능을 통합하여 서원書院이라는 새로운 교학기구를 창설했다.

최초의 서원은 1542년(중종 37)에 사림의 한 사람으로서 경상도 풍기군수로 내려간 주세붕周世鵬(1495~1554)이 고려 말 유학자 안향安珦[安裕]의 고향인 경상도 순흥면 백운동에 회헌사晦軒祠라는 사당을 세우고, 다시 그 옆에 백운동서원白雲洞書院이라는 학교를 세운 데서 비롯되었다. 이 서원은 그 뒤 1550년(명종 5) 풍기군수로 새로 부임한 이황이 임금에게 주청하여 소수서원紹修書院이라는 편액을 하사받고, 토지와 노비, 서적 등을 아울러 받았다. 이렇게 국가로부터 편액을 하사받고 각종 지원을 받는 서원을 사액서원賜額書院이라고 하는데, 이런 서원에는 면세와 면역의 특권까지 부여되었다.

소수서원 사적 55호, 경북 영주시 순흥면 소백로

이황의 향립약조서

이이의 해주향약(1577)

각 왕대별 서원·사우의 건립현황

왕대	중종	명종	선조	광해	인조	효종	현종	숙종	경종	영조	정조	순조	철종	미상	계
서원·사우	16	19	85	38	53	37	69	340	28	163	8	1	1	51	909

국가의 서원장려정책에 힘입어 서원은 갈수록 늘어나서 명종 때 17개였던 사액서원이 선조 때에는 100개를 넘어서게 되었으며, 지역적으로는 경상도가 가장 많았다. 조선 후기에는 서원이 더욱 늘어나서 18세기에는 7백여 개소에 이르고, 고종 초에는 1천여 개소를 헤아리게 되었으며, 그 가운데 약 3분의 1이 사액서원이었다.

서원·사우의 도별 분포도

함경도(43)
평안도(65)
강원도(53)
황해도(52)
경기도(69)
충청도(118)
총 909개
경상도(324)
전라도(185)

서원은 처음에는 관학인 향교鄕校와 경합관계에 있었으나, 차츰 향교보다 수도 많아지고, 권위도 높아졌다. 그리하여 양반자제는 대개 서원에 입학하고, 평민자제는 향교에 들어가는 것이 관례가 되었다. 서원의 증설은 유학발전을 촉진시키고, 향촌문화를 높이는 데 크게 기여했다. 그러나 서원마다 모시는 선현先賢들이 따로 있어서 자연히 학파와 붕당을 결속시키는 구심점이 되기도 했다. 또 경제적으로 면세와 면역의 특권을 이용하여 부를 축적하고, 국가재정을 위축시키는 역기능도 갈수록 커졌다. 그래서 조선 후기에는 서원을 통제하는 것이 국가정책의 주요과제로 떠올랐다.

한편, 서원과 더불어 향촌사회에서 사림의 지위를 강화시키고, 향촌사회의 도덕질서를 안정시키기 위해 도입한 것이 향약鄕約이었다. 중종 때 조광조 일파는 처음으로 ‘여씨향약呂氏鄕約’을 도입하여 이를 국문으로 번역하여 전국에 보급했는데, 이는 송나라 여대균大鈞이 만든 것을 주희朱熹가 뒤에 수정한 것이다. 그 주요강령은 덕업상권德業相勸, 과실상규過失相規, 예속상교禮俗相交, 환난상휼患難相恤로써 향촌사람들이 자치적으로 규약을 맺어 착한 일을 서로 권하고, 잘못을 서로 규찰하며, 예절을 서로 지키고, 어려운 일을 서로 돕자는 것이다. 그런데 향약은 단순한 규약이 아니라, 규약을 잘 지킨 자는 상을 주고, 어긴 자는 벌을 주었는데, 심한 경우에는 마을에서 쫓아내기도 했다.

향약의 시행은 조광조 일파가 몰락하면서 중단되었다. 이는 향촌사회에서 향약을 주도하는 사림의 지위가 높아지면서 중앙 훈구대신들의 향촌에 대한 지배력을 약화시키고 관권을 무력화시키는 결과를 가져왔기 때문이었다. 그러나 명종, 선조 때에는 사림이 다시 득세하면서 우리나라 실정에 맞는 다양한 형태의 향약이 만들어져 군현이나 마을을 단위로 시행되었다. 특히 영남지방은 이황李滉이 만든 예안향약禮安鄕約을 표본으로 삼아 도덕중심의 향약이 유행하고, 기호지방에서는 이이李珥가 청주淸州와 해주海州 등지에서 만든 향약을 모범으로 삼아 향약과 전통적인 계契 조직을 결합시켜 경제적 상부상조에 역점을 둔 것이 특징이었다. 경제가 안정되지 않으면 도덕이 꽃피기 어렵다는 이이의 철학이 반영된 것이라고 볼 수 있다.

사림들은 향약을 시행하면서 동시에 양반사족 명단인 향안鄕案을 작성하고, 유향소留鄕所鄕廳의 향권을 장악했으며, 일종의 지방의회라고 할 수 있는 향회鄕會를 조직하여 공론公論을 형성하고 정치에 영향을 주었다. 또 향촌사회에서 사족상호간의 도덕질서를 세우기 위해 김안국金安

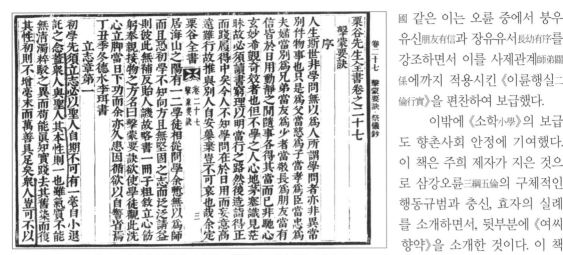

격몽요결 서문 1577년 선조 때 이이가 학문을 시작하는 아동을 가르치기 위해 편찬한 책

소학 33.7×22.5cm, 아동에게 유학을
가르치기 위하여 만든 수신서

國 같은 이는 오륜 중에서 붕우
유신朋友有信과 장유유서長幼有序를
강조하면서 이를 사제관계師弟關
係에까지 적용시킨《이륜행실二
倫行實》을 편찬하여 보급했다.

이밖에《소학小學》의 보급
도 향촌사회 안정에 기여했다.
이 책은 주희 제자가 지은 것으
로 삼강오륜三綱五倫의 구체적인
행동규범과 충신, 효자의 실례
를 소개하면서, 뒷부분에《여씨
향약》을 소개한 것이다. 이 책
은 아동용 교재로 널리 읽혔는
데, 국문으로 된 언해본도 나오고, 고종 대에는 박재형朴在馨이 우리나라
의 사례를 많이 넣어《해동소학》(1884)으로 간행하기도 했다.

조선 후기에는 향약이 더욱 발전하여 마을 단위, 친족단위, 사족단위
등으로 확산되어 가면서 양반사족층의 단결과 향촌지배력이 커지고 도덕
규범이 뿌리내리는 데 기여하기도 했다. 그러나 동시에 시간이 지날수록
양반·사족층이 보수화하면서 향약은 농민층을 억압하는 수단으로도 악
용되어 18세기 말에 정약용은 향약의 폐단이 도적보다도 심하다고 악평
하기도 했다.

16세기 후반에 향약을 비롯한 향촌자치가 뿌리내리면서 지금까지
관官과 민民으로 대칭되던 관계가 차츰 사士와 민民의 대칭관계로 바뀌는
변화가 나타났다. 이는 경제적으로 보면 지주제가 정착되어 지주地主와
작인作人의 대칭관계가 형성된 것과 서로 맞물려 있었다. 그리고 사족=양반층은 평민과 노비를
하인下人 혹은 상민常民(常漢 쌍놈)으로 부르기 시작했다.

4. 16세기 사림문화

1) 성리학의 철학적 심화와 분화

성리학은 원래 개인의 도덕수양인 수기修己와 백성을 올바르게 다스리는 치인治人을 동시
에 추구하는 학문체계였으나, 여말선초에는 국가건설과 제도개혁이 워낙 급한 과제였던 까닭
에 치인治人에 초점을 맞추어 수용되었다. 그러나 15세기 말 이후로 훈척과 연산군의 비리를 경
험하면서 관료의 도덕적 수양이 중요함을 깨닫고 성리학의 중심이 수기修己로 옮겨가게 되었

다. 삼강오륜의 수신교과서인《소학》이 정여창鄭汝昌, 김굉필金宏弼 등 초기 사림들 사이에 크게 주목되고, 조광조 등 기묘사림이 이를 전국적으로 퍼뜨린 이유가 여기에 있었다.

《소학》과 더불어 임금의 수신교과서로 편찬된 것이 이황李滉(1501~1570)의《성학십도聖學十圖》(1568)[61]와 이이李珥(1536~1584)의《성학집요聖學輯要》(1575)[62]이며, 아동용으로 만들어진 것이 박세무朴世茂의《동몽선습童蒙先習》[63]과 이이의《격몽요결擊蒙要訣》[64]이다. 특히《성학집요》는 송나라 진덕수眞德秀가 지은《대학연의大學衍義》를 우리나라의 현실에 맞게 수정하여 수신修身, 제가齊家, 위정爲政에 걸쳐 왕과 선비가 지켜야 할 왕도정치의 규범을 체계화한 것으로 성리학의 정치사상을 가장 높은 수준으로 끌어올린 명저다.

사림파 성리학자들이 수기修己에 관심을 두면서 자연히 인간의 내면세계, 즉 심성心性이나 우주자연의 원리에 대한 관심이 깊어졌다. 말하자면 성리학이 철학으로 발전한 것이다. 주돈이周敦頤, 장재張載, 주희朱熹 등 송나라 성리학자들의 성리설性理說을 모아 명나라 초기에 편찬한《성리대전性理大全》은 이미 조선 초기에도 도입되었으나, 16세기 중엽인 1543년(중종 38)에는《주자대전朱子大全》이 간행되면서 성리학 중에서도 주자학이 주류의 위치를 차지하게 되었다. 중종 말년에 주세붕이 세운 백운동서원[소수서원]도 주희의 백록동학규白鹿洞學規를 참고한 것이다. 1543년(중종 38) 영남 선비 권벌權橃은《주자대전》을 교정하여《주자대전고의》를 편찬하고, 1556년(명종 11) 이황은 주자의 중요한 서찰을 뽑아《주자서절요朱子書節要》를, 호남의 기대승奇大升은 다음 해《주자문록朱子文錄》을 각각 편찬했다.《주자서절요》는 일본에 전해져 일본 주자학 발달에 큰 영향을 주었다.

주자를 비롯한 중국 성리학자들은 우주자연과 인간의 본체를 형이상形而上의 이理와 형이하形而下의 기氣를 가지고 설명했지만, 인간본성과 직접 관련되는 4단四端(仁義禮智)이나 7정七情(喜怒哀懼愛惡欲)과 같은 심성心性의 문제는 깊이있게 탐구하지 않았다. 그런데 이황, 기대승(1527~1572), 김인후金麟厚(1510~1560), 이항李恒(1499~1576), 노수신, 이이, 성혼成渾(1535~1598) 같은 학자들이 이 문제를 가지고 서로 논쟁을 벌이는 가운데 심학心學이 비약적으로 발전해갔다. 그리하여 16세기는 세계철학사상 유례없는 심오한 철학논쟁이 전개되었다. 활발한 철학논쟁이 전개되는 가운데 두 개의 학파가 형성되었다. 이황의 학설을 따르는 영남학파와, 이이의 학설을 따르는 기호학파가 그것이다.

퇴계退溪로 더 알려진 경상도 예안의 이황은 선배학자 이언적李彦迪의 철학을 발전시켜 주

---

61) 《성학십도》는 1568년(선조 원년)에 임금에게 지어바쳐 경연의 교재로 사용되었는데, 성리학의 요체를 도표로 만들어 설명했다. 내용은 태극太極, 서명西銘, 소학小學, 대학大學, 백록동규白鹿洞規, 심통성정心統性情, 인설仁說, 심학心學, 경재잠敬齋箴, 숙흥야매도夙興夜寐圖 등으로 구성되어 있다.

62) 《성학집요》는 통설統說, 수기修己, 정가正家, 위정爲政, 성현도통聖賢道統 등으로 구성되어 있는데, 진덕수의《대학연의》가 너무 방대하고 한국 현실을 반영하지 못하고 있는 단점을 극복하기 위해 지은 것이다. 조선 후기 숙종, 영조, 정조는 이 책을 필독서로 읽었고, 경연교재로도 사용했다.

63) 《동몽선습》은 충청도 괴산 선비 박세무가 지은 것으로, 삼강오륜의 윤리를 간단하게 설명하고 중국과 우리나라 역사의 큰 줄기를 설명했다. 경사지략經史之略을 아우르고 있어 서당의 교재로 널리 읽혔다.

64) 《격몽요결》은 청소년이 학문하는 태도, 몸과 마음을 닦는 태도, 부모와 사람을 대하는 태도 등을 적은 것인데, 목차는 입지立志, 혁구습革舊習, 지신持身, 독서, 사친事親, 상제喪制, 제례祭禮, 거가居家, 접인接人, 처세處世 등 10장으로 되어 있다.

이황의 도산서원 1574년 건립, 경북 안동시 도산서원길

이이의 자운서원 1615년 건립, 경기도 파주시 자운서원로

이언적의 옥산서원 1572년 건립, 경주시 낙산길

조식의 덕천서원 경남 산청군 시천면 남명로

리설主理設을 수립했다. 그는 '이기호발설理氣互發說'을 내세워 이는 착하고 보편적이지만, 기는 착한 것과 악한 것이 섞여 있어 비천한 것으로 보았으며, 4단四端은 이에서 발생하고, 7정七情은 기에서 발생하기 때문에 4단은 좋은 것이지만 7정은 다소 부정적으로 보았다. 이황의 주리설은 주자의 견해를 철학적으로 심화시킨 것으로, 결과적으로 형이상학적인 규범과 명분을 존중하는 학문으로 발전하게 되었다. 그리고 그의 학설은 유성룡柳成龍, 김성일金誠一, 정구鄭逑, 장현광張顯光 등 영남학자들에게 계승되었다.

이황보다 35세 연하인 파주의 이이는 이와 기는 두 개가 아니라 하나로 통합되어 있다고 보고[이기이원적일원론], 형이하의 기氣가 먼저 발동하면 이理가 기에 올라탄다는 이른바 '기발이승설氣發理乘說'을 내세웠다. 또 이와 기를 물과 그릇에 비유하여, 그릇의 모양에 따라 똑같은 물이라도 달라보인다고 말하고 이런 현상을 이통기국理通氣局이라 불렀다. 따라서 4단과 7정도 서로 대립되는 것이 아니고, 7정 가운데에도 이가 들어 있고 4단 가운데에도 기가 들어 있다고 보았다. 이황에 비해 기의 능동성을 강조하고, 7정을 좀더 긍정적으로 해석하는 것이 다르다. 이이가 사회개혁에 적극적인 이유도 형이하의 현실세계를 기의 능동성으로 바라보고, 7정을 긍정적으로 인식함으로써 성선설性善說의 시각에서 인간을 따뜻하게 바라보는 것과 관련이 있다. 다시 말해 이황이 도덕적 근본주의에 충실하다면, 이이는 물질세계와 도덕을 통일체로 바라본다고 하겠다. 이이가 경장更張을 주장하고, 경제가 안정되어야 도덕이 피어날 수 있다고 주장한 이유가 여기에 있다.

이러한 학풍의 차이는 영남지방과 기호지방의 경제적 조건의 차이를 반영한다. 외부세계와 차단된 공간 속에서 자급자족적 지주기반을 안정시키려는 영남학인들은 도덕적 명분을 지키는 것이 필요했고, 외부세계와 접촉이 빈번한 열린 공간 속에서 농업과 상업을 겸행하면서 부를 창출해가던 기호지방 학인들은 가시적인 세계에 민감하고 실리적인 학풍을 필요로 했다고 볼 수 있다.

한편, 16세기 철학사에서 개성의 서경덕徐敬德(호 花潭, 1489~1546)과 경상도 덕천德川의 조식曺植(南冥; 1501~1572)의 위치도 중요하다. 중종 때 가난한 농부집에서 태어난 서경덕은 일평생 처사로 지내면서 독창적인 유기철학唯氣哲學을 수립했다. 그에 의하면 우주자연은 미세한 입자인 기氣로 구성되어 있으며, 기는 영원불멸하면서 생명을 낳는다고 보았다. 그의 유기론은 우주의 원리를 상象과 수數로 해석하는 상수역학象數易學으로 발전하여 오늘날의 자연과학적 우주관과 비슷한 모습을 보였다. 그의 우주관은 우리나라 도가道家(老莊)의 전통과 중국 송나라 장재張載(횡거)와 소옹邵雍의 영향을 받은 것으로 임진강과 한강 일대의 학자들에게 큰 영향을 미쳐 박지화朴枝華, 이지함李之菡(土亭), 허엽許曄 등이 그의 문하에서 배출되고, 율곡의 이기론도 그 영향을 받았다. 서경덕학파는 주자성리학과는 다른 독특한 개성을 지녀 17세기 초 서울에 실학實學이 성립하는 중요한 토대가 되었다.

지리산 부근의 덕천과 김해 바닷가에서 처사로 지낸 조식은 경敬과 의義를 근본으로 하는 강렬한 실천적 성리학풍[경의지학敬義之學]을 창도하고 도가적道家的 요소도 흡수하여 서경덕과 상통하는 학풍을 형성했다.

전라도 나주의 기대승奇大升(高峰)과 장성의 김인후金麟厚(河西), 태인의 이항李恒(一齋)도 성리학자로 이름이 높았는데, 특히 기대승은 김인후의 영향을 받아 이황과 8차례의 편지왕래를 통해 4단과 7정에 관한 논쟁을 벌여 후세 학자들에게 큰 영향을 주고 심성론을 높은 수준으로 끌어올렸다.

이렇게 다양한 개성을 지닌 성리학풍이 각지에서 형성되면서 정치적 입장을 달리하는 정파가 생겨나게 되었는데, 율곡의 학설은 성혼成渾, 송익필宋翼弼, 김장생金長生, 김집金集, 송시열宋時烈 등 기호지방의 학자들에게 큰 영향을 주고, 이들이 서인西人, 노론老論, 소론少論을 형성하여 조선 후기 300년 역사를 주도했으며 문묘에 배향된 인물도 가장 많았다.[65]

한편, 이황을 따르는 학자들은 영남 학자들에게 영향을 주어 조선 후기 영남 남인南人을 형성하고, 서경덕을 따르는 이들이 서울 남인을 형성하고, 조식을 따르는 이들이 대북大北을 형성하게 된 것이다. 대북인은 17세기 초 인조반정 이후 몰락하면서 남인에 흡수되었으나, 서울 남인은 학문적으로는 영남 남인과 구별되는 독자적 학풍을 형성했는데, 이것이 바로 초기 실학實學이다. 실학은 성리학의 본질인 수기치인修己治人으로 돌아가자는 것으로, 수기에 도움이 되는 불교, 도교, 양명학 등 이단에도 포용성을 보이고, 치인治人의 목표를 부국안민富國安民에 두어 실용적인 기술학을 존중하는 입장을 취했다.

초기 실학에 속하는 인물로는 이지함李之菡(1517~1578), 한효순韓孝純(1543~1621), 한백겸韓百謙(1552~1615), 유몽인柳夢寅(1559~1623), 이수광李晬光(1563~1628) 등을 들 수 있다. 선조 때의 이지함은 서경덕 문인으로 유학과 더불어 수학, 의약, 점복, 천문, 지리 등 잡학에도 조예가 깊었으며 탁행卓行으로 천거되어 포천과 아산현감도 지냈으나 서울 마포에 움막土幕을 짓고 살면서 직접 장사에도 참여하여 재리財利의 중요성을 일깨워 주었다.

2) 새로운 사서의 간행

16세기에는 부국강병과 공리功利를 반대하고 왕도정치王道政治를 추구하는 사림들의 역사

---

65) 성균관 문묘에 배향된 인물은 모두 18명인데, 그 명단은 다음과 같다.(고딕체는 서인) 설총(신라), 최치원(신라), 안향(고려), 정몽주(고려), 김굉필(조선 초기), 정여창(조선 초기), 조광조(16세기), 이언적(16세기), 이황(16세기), 김인후(16세기), 이이(16세기), 성혼(16세기), 조헌(16세기), 김장생(17세기), 김집(17세기), 송시열(17세기), 송준길(17세기),박세채(17세기)

의식을 반영하는 새로운 사서史書들이 개인적으로 편찬되어 향촌자제들의 교육용으로 이용되었다.

중종 때 충주목사로 있던 박상朴祥(1474~1530)이 지은《동국사략東國史略》(1522년경)은 그 대표적 역사책이다. 기묘사림의 한 사람인 박상은 원나라 증선지曾先之가 지은《십팔사략十八史略》체재를 참고하여《동국통감》을 압축하여《동국사략》(6권)을 썼는데, 단순한 압축이 아니라 신라통일의 의미를 크게 부각시키고, 고조선과 고구려의 중심지를 한반도에 비정했으며, 이색, 이숭인, 정몽주 등 성리학자들을 재평가하여 역성혁명파 중심의 역사의식을 벗어나고자 했다. 이책은 뒤에 서인 사이에서 애용되고 중국에까지 전파되어《조선사략》으로 간행되었다.

《동국사략》과 비슷한 역사의식은 1530년(중종 25)에 편찬된《신증동국여지승람》에서도 보인다. 여기서도 고구려 발상지인 졸본을 평안도 성천成川으로 비정하는 등 한반도 중심의 역사의식이 나타난다. 이는 만주수복을 추구하던 조선 초기의 부국강병정책에 대한 반발을 의미한다.

한편, 을사사화 때 대윤파大尹派(尹任派)의 한 사람인 유희령柳希齡(1480~1552)은《표제음주동국사략標題音註東國史略》을 써서 다소 이색적인 역사의식을 보였다. 이 책에서는 단군조선을 상세하게 다루고, 삼한의 위치에 대해 권근의 주장을 버리고 최치원의 주장에 따라 새로 비정했으며, 고구려를 삼국의 첫머리에 서술하는 등《동국통감》과 다른 북방중심의 역사체계를 구성했다. 그러나 박상의 책 만큼 영향력을 미치지는 못했다.

사림들은 또한 우리 역사에서 기자箕子의 행적을 주목하고 그 전통을 계승하려는 역사책들을 편찬했다. 율곡이 1580년(선조 13)에 쓴《기자실기箕子實記》는 그 대표적 저술이다. 이 책에서는 기자가 주나라 무왕에게 홍범洪範을 전하고, 우리나라에 와서 정전제井田制와 팔조교八條敎 등을 시행한 것은 성인聖人과 같은 행적으로 사림들이 추구하는 왕도정치王道政治가 그로부터 시작되었다고 평가했다. 이는 16세기 말에 왕도정치의 뿌리를 한국에서 찾으려는 시도로 성리학이 토착화되는 과정과 연결된 역사의식의 변화를 보여준다.

3) 어문학의 변화

16세기에는 향촌 선비들의 활약이 커지면서 문학창작 활동이 지방에까지 확산되고 향촌사람들을 위한 어문교재도 새로이 나타났다.

먼저, 어문학의 변화를 살펴보자. 중종 때 역관譯官 출신의 최세진崔世珍(1468~1542; 괴산 출신)은 어린이들의 한자 학습교재로《훈몽자회訓蒙字會》(1527)를 편찬했다. 이 책은 당시 널리 통용되던 3,360자를 골라 한자의 음과 뜻을 우리말로 기록하고, 범례에서 훈민정음에 대한 설명을 실었다. 그 전에는《천자문》과《유합類合》을 통해 한자를 배웠는데 너무 배우기 어려운 것을 고려한 것이다. 그는 또 외교문서 작성을 위한 참고서로《이문집람吏文輯覽》을 편찬하고, 중국어회화 학습교재인《노걸대老乞大》와《박통사朴通事》등을 우리말로 번역했다. 이밖에 한자의 중국음을 고금정속古今正俗[고음, 금음, 정음, 속음]으로 나누어 우리말로 기록한《사성통해四聲通解》를 편찬했는데, 이는 신숙주의《사성통고四聲通考》를 증보한 것으로 음운학과 국문학 발전에 기여했다.

선조 초의 학자 권문해權文海(1534~1591, 예천 출신)는 단군 이래의 사실史實, 인물, 지리, 문학,

예술 등을 총망라하여 운자순韻字順으로 배열한 옛말사전을 편찬하여《대동운부군옥大東韻府群玉》(20권)이라 했다. 이 책은 지금 남아 있는 가장 오랜 사전이며, 조선 후기 유행한 백과사전의 효시를 이룬다.

16세기 문학은 중앙 훈신과 지방사림의 처지에 따라 다양한 조류가 나타났다. 한양과 기호지방에서는 훈신과 사림 가운데 한시, 가사, 시조 분야에서 뛰어난 작가들이 배출되었다. 중종 때의 박상朴祥, 남곤南袞, 박은朴誾, 이행李荇, 명종~선조 때의 정사룡鄭士龍, 노수신盧守慎, 황정욱黃廷彧 등은 예리한 비판정신은 없으나 고답적이고 격조있는 시를 잘 써서 문명을 날렸고, 선조 때의 담양인 송순宋純과 김인후, 기대승의 문인인 정철鄭澈(1536~1593)은 국문으로 가사歌辭를 지어 국문학의 새 경지를 열었다. 특히 정철은 강원도 관찰사를 지내면서 금강산을 비롯한 관동 8경의 아름다움을 풍부한 우리말 어휘를 구사하여 자랑스럽게 노래한《관동별곡關東別曲》을 지었으며, 임금 선조에 대한 충성심을 아름다운 미인에 대한 사랑으로 비유한《사미인곡思美人曲》등을 쓰기도 했다. 이들 작품은《송강가사松江歌辭》에 실려 전해지고 있다.

훈척이나 중앙관료를 백안시하던 처사형 사림은 기교에 빠진 관료문학을 겉만 화려한 글이라고 공격하면서 문학은 도道, 즉 철학을 담아야 한다는 도문일치道文一致를 내세우면서 왕도정신이 깃든 자성적 작품을 즐겨 썼다. 이황의〈도산십이곡陶山十二曲〉같은 것이 그것이다.

16세기 문학에서 또 하나 특이한 것은 관료와 사림을 다같이 비판하고 나선 이른바 방외인方外人 문학이다. 이들은 체제 밖에서 방랑하면서 기이한 행적을 남기고, 대개 도가의 선술仙術이나 민간신앙을 받아들이면서 체제비판적인 시나 소설을 즐겨 썼다. 이미 15세기 말 세조의 왕위찬탈을 비판하던 김시습으로부터 시작된 방외인 문학은 16세기 들어와 홍유손洪裕孫, 전우치田禹治, 정희량鄭希良, 정렴鄭磏·정작鄭碏 형제, 양사언楊士彦, 어무적魚無迹, 서기徐起, 임제林悌, 어숙권魚叔權 등이 나오면서 더 한층 민족주체적이고 체제비판적인 방향으로 흘러갔다.

아전 출신의 홍유손은 무오사화 때 화를 입고 노비가 되었다가 풀려나서 종적을 감추었는데, 단군, 기자, 영랑永郎으로 이어지는 고유전통을 노래하는 시를 짓고, 단군을 단제檀帝로 높이 부르기도 했다. 개성출신의 기인 전우치는《전우치전》이라는 소설의 주인공으로 유명하거니와 신라의 네 신선이 놀았다고 전해지는 강원도 고성 삼일포三日浦의 선경을 시로 읊었다. 정희량도 무오사화 때 귀양갔다가 풀려난 후 행적이 묘연해진 기인인데,〈혼돈주가混沌酒歌〉등 무위자연의 도가의 세계를 희원하는 시를 많이 썼다. 그가 임꺽정의 스승이라는 설도 있다. 정렴과 정작 형제는 아버지 정순붕鄭順朋이 명종 때 권신으로 악명을 얻은 것에 반발하여 도가에 귀의했는데, 두 사람의 시문집인《북창고옥문집北窓古玉文集》은 조선 후기 도가들 사이에 삼교일치의 사상서로 추앙을 받았다. 금강산에 들어가 신선이 되었다고 전해지는 양사언의 시는 당시 '선가仙家의 신품神品'이라고 알려졌다.

어무적은 양반과 종인 어머니 사이에서 서얼로 태어났는데, 연산군 때 가난한 농민의 고통을 시로 읊은〈유민탄流民嘆〉, 매화나무에까지 세금을 매기는 수령의 횡포를 풍자한〈작매부斫梅賦〉등을 남겼다. 노비출신 서기는 학문에 힘써 이지함 등 명사들과 교류했는데 선비들의 마음을 짐승에 비유한〈탄시嘆詩〉등을 남겼다.

임제는 속리산에 은거하던 성운成運에게서 학문을 배우고 문과에도 급제했으나 벼슬을 버리고 방랑하면서 〈원생몽유록元生夢遊錄〉, 〈수성지愁城誌〉, 〈화사花史〉, 〈서옥설鼠獄說〉 등 소설과 천여 편의 시를 남겼다. 〈원생몽유록〉은 요, 순, 우, 탕, 무왕 등 중국의 성인을 만고의 죄인으로 몰아 성리학자의 명분을 공박한 소설이며, 〈수성지〉는 천군天君을 주인공으로 하여 왕도정치의 허무함을 그려낸 소설이다. 〈서옥설〉은 탐욕스런 관리들을 늙은 쥐에 비유하여 풍자한 글이다. 임제는 죽을 때 "사해제국이 모두 황제를 칭하지 않은 나라가 없는데, 우리나라만이 못했다. 이런 나라에 태어났다가 죽는 것이 무엇이 슬프냐"고 하면서 자손에게 곡哭을 하지 말라는 유언을 남겼다 한다. 이 해학 속에는 성리학자들의 사대명분에 대한 비판이 담겨 있다. 서얼출신의 어숙권은 《패관잡기稗官雜記》를 써서 문벌제도와 적서차별의 폐단을 폭로했다.

16세기 도학주의 사림문학에 대한 반발은 서울의 삼당시인三唐詩人에서도 나타났다. 최경창崔慶昌, 이달李達, 백광훈白光勳이 그들이다. 왕도문학이 송시宋詩와 관련된 데 대한 반발로 당시唐詩의 악부체樂府體 형식을 빌려 자유분방하게 인간의 감정을 표현하려는 것이 삼당시인 문학의 특징이었다. 가령, 백광훈의 〈용강사龍江詞〉는 서울 가서 돌아오지 않는 님을 기다리는 아낙네의 그리움을 하소연한 노래로 다음과 같은 구절이 보인다.

> 떠나실 때 뱃속에 있던 아기
> 이제는 말을 익히고 죽마도 타네
> 이웃 애들을 본떠 아빠를 부르는데
> 만리 밖의 너의 아빠 그 소리 들으실까

이달은 관기官妓의 몸에서 태어나 한량으로 일생을 마친 삼당시인의 대표자로서 그의 〈만랑무가漫浪舞歌〉는 신선의 세계를 향해서 칼춤을 추는 한 노인의 거동을 비상한 상상력과 벅찬 감격으로 묘사하여 현실도피적인 의지를 예술적으로 표현했다.

서얼이나 노비와 같은 불우한 처지의 문인들이 등장하는 추세에 따라 규방 안에 갇혀 있던 부녀자들 사이에도 명망있는 작가들이 배출되었다. 서울과 인근지역의 이옥봉李玉峰, 황진이黃眞伊, 이계랑李桂娘, 허난설헌許蘭雪軒, 그리고 율곡의 어머니 신사임당申師任堂은 대표적 여류작가다. 특히 개성 기녀 황진이는 개성의 아름다움을 노래한 〈박연朴淵〉, 소세양蘇世讓과의 이별을 노래한 〈청산리 벽계수〉 등의 정감어린 시조를 많이 지어 큰 인기를 얻었다. 이옥봉은 양반의 첩으로서, 이계랑은 부안기생으로서, 허난설헌은 허엽의 딸이자 허균의 누이로서 각기 특이한 가정환경을 배경으로 하여 모성애와 남녀 간 애정을 소재로 한 우수한 작품을 남겼다. 그러나 허난설헌의 경우는 신선의 세계를 동경하는 도가적 세계관을 담은 작품도 생산했다.

16세기 서울지방의 새로운 문학풍조는 이미 서울 성리학이 실학으로 발전되어 가는 풍조를 문학이 앞장서서 열어놓았다고 할 수 있다.

4) 그림, 글씨, 건축

16세기 그림은 안견安堅의 15세기 화풍을 계승한 부류와 명나라 남부 절강지방(浙江) 화풍

소쇄원 광풍각 여기서 김인후, 고경명, 정철, 송순 등이 교유했다. 전라남도 담양군 가사문학로

당나귀를 끄는 어린이 보물 783호, 조선 16세기 후반, 김시(1524~1593) 그림, 111.0×46.0cm, 비단 수묵담채, 호암미술관 소장

보길도 세연정 윤선도(1587~1671)가 보길도에서 어부사시사(1651), 산중신곡, 금쇄동집과 한시문 35수, 시조 40수를 지은 곳이다. 전남 완도군 보길동로(1993년 새로 지음)

의 영향을 받은 부류, 그리고 문인화가 등 다양한 흐름이 있었다.

먼저 안견류의 화풍을 따르는 이는 이상좌李上佐의 아들인 이흥효李興孝가 명종 때 화원으로 산수를 잘 그렸고, 종실 이경윤李慶胤은 〈산수인물도〉와 개울에 발을 담그고 있는 〈탁족도濯足圖〉를 남겼는데 도가적 분위기를 풍기는 그림으로 알려지고 있다. 그의 서자인 이징李澄은 인조 때 화원으로 역시 산수를 잘했다. 이상좌의 손자이자 이흥효의 조카인 이정李禎도 30세에 요절했으나 산수로 이름이 높았다.

문인화가로는 김안로의 아들인 김시金禔가 명종~선조 때 도화서 책임을 맡은 관료화가로 이름이 높았고, 그의 종손인 김식金埴과 김집金集도 유명한 화가였다. 김시의 그림 중에 〈당나귀를 끄는 어린이童子牽驢圖〉와 〈한림제설도〉 등은 힘있는 필치로 특히 유명하다. 황집중黃執中과 이

초충도 사임당 그림, 국립중앙박물관 소장

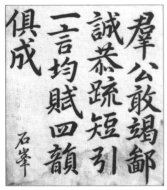

한호의 글씨 한호 호는 석봉,
30.5×27.0cm, 간송미술관 소장

계호李繼祜도 문인화가로서 포도그림에 능했고, 이정李霆은 대나무에, 어몽룡魚夢龍은 매화에 능했는데 이들을 삼절三絶이라고 불렀다. 율곡의 어머니 사임당 신씨는 그림에도 능하여 꽃과 나비, 채소를 즐겨 그렸으며, 자수刺繡에도 일가를 이루었다.

16세기의 대표적인 서예가는 한호韓濩(1543~1605)와 양사언이다. 개성 출신 한호는 이른바 석봉체石峰體로 알려진 독특한 서체를 창안했으며 문장가로 이름을 떨친 차천로車天輅, 최립崔岦과 더불어 송도삼절松都三絶로 알려졌다.

16세기 건축은 서원書院에서 특색이 발휘되었다. 대체로 서원은 향교와 마찬가지로 강당을 중앙에 두고 남쪽 좌우에 기숙사인 재齋를 마주보도록 배치하고, 강당 북쪽에는 선배 유학자의 위패를 모신 사당祠堂을 두고 사방을 담으로 둘렀다. 이런 서원구조는 기본적으로 사찰의 가람배치와 비슷하지만, 사찰보다는 한층 검소하며 단청을 쓰지 않았다. 지금 남아 있는 서원건축 가운데 16세기에 건설된 것은 경주의 옥산서원玉山書院(이언적), 해주의 소현서원紹賢書院(이이), 안동의 도산서원陶山書院(퇴계) 등이다.

한편, 건축과 관련하여 지방 선비들이 주거지에 건설한 정원의 아름다움도 빼놓을 수 없다. 그 대표적인 것으로는 조광조 문인 양산보梁山甫가 고향인 전라도 담양에 세운 소쇄원瀟灑園을 들 수 있다. 이 정원은 대나무 숲과 계곡이 어우러진 자연미를 최대로 살리면서 날렵한 정자와 나즈막한 담을 쌓아 16세기 선비의 절제된 정취와 풍류를 유감없이 보여주고 있다. 그 부근에 정철이 세운 식영정息影亭이나 윤선도가 보길도에 세운 세연정洗然亭 등도 아름다운 정원문화로 꼽힌다.

제6장 왜란과 호란

1. 임진왜란(1592~1598)

1) 도요토미 히데요시의 조선침략

15세기 조선과 일본의 무로마치 막부室町幕府는 서로 사신을 보내면서 비교적 평화로운 교린관계를 유지했으나, 일본은 조선의 불경佛經을 비롯한 선진문물과 식량 및 옷감부족을 타개하기 위해 조선정부와의 무역확대를 강청强請해 왔다. 그래서 1426년(세종 8) 삼포三浦[동래 부산포, 울산 염포, 웅천 제포]를 개항하여 무역을 허용하고, 1443년(세종 25) 계해약조를 맺어 무역량을 매년 50척으로 제한했다.

그러나 16세기에 들어와서 일본인의 무역요구는 더욱 늘어나고, 삼포에 거주하는 일본인 수도 갈수록 많아졌다. 이에 위협을 느낀 정부가 약속을 어긴 일본인들에 대한 통제를 강화하자, 도리어 일본인들은 대마도의 지원을 받아 소란을 자주 일으켰다. 1510년(중종 5)에 4~5천 명의 일본인이 일으킨 삼포왜란과 1555년(명종 10)에 일어난 을묘왜변乙卯倭變[66]은 그 대표적인 예이다. 조선정부는 비변사備邊司[67]라는 상설기관을 설치하여 군국기무를 장악하게 하는 등 대책을 세웠으나, 문치의 극성기인 16세기 말에 가서 국방과 군역제도는 더욱 허물어졌다. 율곡 이이가 '10만 양병설'을 내세웠을 때, 동인 인사는 이를 평지풍파라고 배격하였고, 일본에 다녀온 서인 정사[黃允吉]가 일본에 대한 경계를 주장하였을 때, 동인 부사[金誠一]는 이를 공박하고 대일 안심론을 폈다. 조정의 의논이 일치되지 않았다.

이미 16세기 중엽부터 일본의 역사는 새로운 변화가 일어났다. 15세기 말에 스페인과 포르투갈이 이른바 '지리상의 발견'[대항해시대]으로, 스페인은 아메리카대륙에 진출하기 시작하고,(1492) 포르투갈은 인도항로를 발견하여 아시아로 진출하기 시작했는데,(1498) 포르투갈은 인도, 중국을 거쳐 16세기 중엽에는 일본 규슈지역과 직접 교류하기 시작하여 총을 비롯한 서양무기와 천주교를 전달하고, 일본에서 은을 받아 중국에 수출했으며, 중국에서 비단을 사서 유

---

66) 일본은 삼포왜란 이후 세견선이 줄어든 것에 불만을 품고 1555년 5월 60여 척의 배를 끌고 와서 전라도 영암, 장흥, 강진, 진도 등지를 약탈했다. 그러나 조선은 이준경을 도순찰사로 파견하여 격퇴시켰다.

67) 비변사는 비국備局 또는 주사籌司라고도 한다. 창덕궁 앞에 청사를 두고 의정부 재상과 6조 판서, 낭관 등이 비변사의 도제조, 제조, 낭청을 겸임하는 합좌기관이었다. 비변사의 기능은 주로 국방에 관한 문제를 논의하는 것이었으나 조선 후기에는 일반행정에도 관여하여 그 권한이 의정부를 능가하기도 했다. 그러나 고종 때 대원군이 그 기능을 축소시키고 의정부 기능을 다시 강화했다. 비변사에서 논의한 중요사항을 기록한 것이 《비변사등록》으로 1617년에서 1892년까지의 기록(273책)이 지금 남아 있다.

베트남 호이안의 일본 내원교

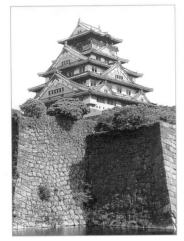
오사카성 천수각, 높이 54.8m, 도요토미가
건설, 1931년 콘크리트로 재건

럽에 팔았다. 그 뒤 스페인이 들어오고, 이어 1580년대에 스페인의 무적함대無敵艦隊가 영국에 의해 격파된 뒤로는 네덜란드와 영국도 동인도회사를 조직하여 아시아로 진출하면서 일본과 교류했다. 그리하여 일본은 서양문화를 '난학蘭學'이라 부르면서 배우고, 서양총을 개량하여 조총鳥銃을 만들었다.

이렇게 16세기 말의 일본은 이미 서양문화와 무기를 받아들이면서 일본 상인들이 베트남 등 동남아에도 진출하여 부를 축적했으며, 당시 유행한 노예장사에도 참여하여 동양인을 서양에 팔고 있었다.

그런데 일본이 변하는 동안 조선은 서양문화를 접하지 못했다. 서양은 아시아항로에서 조선을 제외시켰는데, 이는 쿠로시오黑潮로 불리는 해류의 영향이 컸다. 이 해류는 필리핀 부근에서 발생하여 규슈 남쪽에서 태평양으로 북상하는 빠른 조류로, 돛단배가 이 해류를 타고 규슈에 가기는 쉽지만 한반도로 오기는 어려웠다. 그래서 서양 배가 규슈로 가다가 난파되어 제주도로 표류하는 일이 가끔 있었다. 그래서 조선이 서양에 문호를 닫은 것이 아니라, 서양이 조선을 찾지 않은 것이다.

일본의 무로마치 막부는 15세기 중엽부터 약 100년간 지방의 호족세력인 다이묘大名들 사이에 전쟁을 벌이는 전국시대로 접어들었는데, 1573년(조선 선조 6)에 오다 노부나가織田信長가 교토 무로마치 막부의 쇼군將軍을 추방하여 막부를 무너뜨리고, 이어 1585년에 그의 부하였던 오사카 출신의 도요토미 히데요시豊臣秀吉(1537~1598)가 드디어 정권을 장악했다.

국내통일에 거의 성공한 도요토미 히데요시는 다이묘들의 불만을 밖으로 분출시켜 국내를 안정시키고, 밖으로 조선과 명을 정복하기 위해 대규모 침략전쟁을 계획했다. 일본 상공업자들이 전쟁물자를 공급했다. 일본은 먼저 정탐꾼을 조선에 보내 한반도의 지형과 정치정세를 세밀하게 조사하고, 드디어 침략의 명분을 찾기 위해 명나라를 치러가는 데 길을 빌려달라는 이른바 '정명가도征明假道'를 요구해 왔다. 조선은 물론 이것이 거짓임을 알고 거절했다.

도요토미는 한국침략에 앞서 규슈를 먼저 복속시키고, 여기서 약 16만 대군을 조직한 다음 1592년(선조 25) 4월 13일 드디어 규슈의 나고야名護屋를 출발하여 9개 부대로 나뉘어 조선을 침략하였다.[68] 그 가운데 제1부대가 4월 14일 부산포에 상륙했다. 뜻밖에 적군을 맞이한 부산포 군민軍民들은 첨사 정발鄭撥의 지휘 아래 장렬하게 싸웠으나 끝내 함락당하고 말았다. 부산포를 유린한 왜군은 동래성으로 밀려들었다. 이곳 군민들은 동래부사 송상현宋象賢의 지휘 아래

---

68) 일본군 제1부대장은 고니시 유키나가小西行長, 제2부대장은 가토 기요마사加藤淸正, 제3부대장은 구로다 나가마사黑田長政, 제4부대장은 모리 요시나리毛利吉成와 시마즈 요시히로島津義弘, 제5부대장은 후쿠시마 마사노리福島正則, 제6부대장은 고바야카와 다카카게小早川隆景, 제7부대장은 모리 모토유키毛利元之, 제8부대장은 우키타 히데이에宇喜多秀家, 제9부대장은 하시바 히데카쓰羽柴勝이다.

치열하게 항전하였으나 중과부적으로 패하였다.

그 뒤 제2부대와 제3부대가 4월 19일에 부산에 상륙하여, 여기서 조령방면, 경주방면, 추풍령방면 등 세 길로 나누어 서울을 향해 북상하였다. 이에 당황한 조정은 좌의정 유성룡柳成龍을 도체찰사都體察使로 삼아 총지휘를 맡겼는데, 이일李鎰과 신립申砬 장군을 내려 보내 각각 상주尙州와 충주에서 막게 했으나, 이일도 패하고, 신립도 탄금대彈琴臺에서 배수의 진을 치고 싸웠으나 역시 적을 막아 내지 못했다.

왜군이 서울 근교에 육박하자 선조는 4월 29일 세자[광해군], 그리고 영의정 이산해李山海를 비롯한 100여 명의 신하들과 함께 비가 오는 밤중에 말을 타고 의주義州를 향해 피난길을 떠났다. 임해군과 순화군 등 두 왕자를 함경도와 강원도로 보내 근왕병을 모집하게 하였다. 제대로 싸워보지도 못한 상태에서 5월 2일 제1부대가 동대문을 거쳐 서울로 들어오고, 제2부대가 5월 3일 남대문으로 들어왔으며, 이어 다른 부대들도 서울을 점령했다.

부산에 상륙한 지 20일도 안 되어 서울을 유린한 왜군은 평안도와 함경도로 나누어 진군하여 6월에 평양과 함경도까지 유린하고 왕자[임해군, 순화군]를 포로로 하였다. 정부의 무능에 분격한 국민들은 피난하는 선조의 어가를 막으면서 원성을 터뜨리고, 서울에서는 일부 노비들이 궁궐에 들어가 노비문서를 관장하는 장례원掌隷院을 불태우기도 했다.

2) 수군과 의병의 항쟁

왜군의 침략작전은 육군과 수군이 동시에 진격하되, 육군은 세 길로 나누어 북상하고, 수군은 남해와 서해를 돌아서 물자를 조달하면서 육군과 합세하여 북상하려는 것이었다. 그리하여 일본 수군은 경상도 해안지역을 약탈하면서 전라도 해안을 향하여 접근해 오고 있었다. 이때 전라도 해안 경비의 책임을 맡은 이는 일찍이 여진족 토벌에 공을 세운 바 있는 이순신李舜臣(1545~1598)이었다.

이순신은 1년 전에 유성룡柳成龍의 천거로 전라좌수사에 부임한 이래 왜군의 침입이 있을 것을 예견하여 수군을 훈련시키고 무장을 갖추며, 식량을 저장하여 두었다. 특히 그는 돌격선의 필요를 절감하여 조선 초기에 만들었던 거북선[龜船]을 개량하여 재건하였는데, 여기에 숨겨둔 화포火砲를 사용하여 적선을 파괴하고, 적선과 박치기를 하여 침몰시킬 수 있는 위력을 지녔다. 일본 수군은 주로 안택선安宅船[아타케부네]을 사용하고, 조선 수군은 판옥선板屋船을 사용했는데, 안택선은 전투선이 아니라 수송선의 성격이 강해 선체가 낮았으나 판옥선은 선체가 높아 적이 올라오기가 어려웠다. 조선 수군은 배와 대포의 성능에서 일본을 능가하였으며, 화공술火攻術이 뛰어났다.

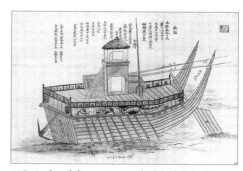

판옥선 을묘왜변(1555, 명종 10) 때 개발. 갑판이 2층구조로 전투군과 노젓는 비전투군의 보호가 가능하고 배바닥은 평면구조라 제자리 회전이 쉽다.

안택선 일본의 가장 큰 전투함으로 배바닥이 용골구조라 제자리 회전이 어렵다.

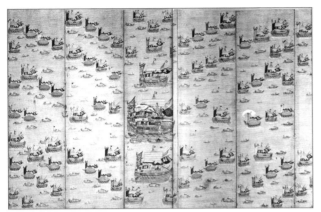

이순신 장군의 학날개진법 모습 10폭 병풍, 국립중앙박물관 소장

이순신 동상 서울 세종로

이순신이 이끄는 수군은 5월 초부터 적군을 맞아 옥포[거제도]에서 적선 37척을 격파하는 첫 승리를 거두고, 이어 5월 말부터 6월 초에는 이억기李億祺 장군이 이끄는 전라우수영 및 경상우수영의 함선과 합세하여 사천·당포·당항포 등지에서 거북선을 이용하여 적선 72척을 부수는 대승을 거두었다. 이어 6월 말에서 7월 초에 걸쳐 왜군이 다시 총공격을 가해 오자 이순신 함대는 한산도閑山島 앞바다로 적을 유인하여 교묘한 전술로 대파하였다. 적선 약 100척을 격파한 이 싸움은 전란 중에 거둔 3대 승리의 하나로 꼽힌다. 이러한 이순신 함대의 활약으로 해상권을 완전히 장악하여 북진하는 육군과 합세하려던 일본의 작전이 무너졌으며, 전라도의 곡창지대를 안전하게 지킬 수 있었다.

해전에서의 잇단 승리와 때를 같이하여 육지에서도 경상도에서 관찰사 한효순, 절도사 박진, 순찰사 김시민 등이 약 5만 명의 관군을 모집하여 도로를 회복하고, 사방에서 민병대가 일어나 향토방위를 위해 일어섰다. 이 자발적인 무장부대들은 나라에 대한 충의를 걸고 싸웠기 때문에 의병義兵이라고 부른다. 의병은 농민이 주축을 이루었으나, 그들을 조직하고 지도한 것은 전직관료와 사림 그리고 승려들이었다. 의병들은 향토지리에 익숙하고, 향토조건에 알맞은 무기와 전술을 터득하고 있었다. 그리하여 적은 병력으로 대군과 적대하기 위해서 정면충돌보다도 매복·기습·위장 등과 같은 유격전술을 많이 써서 적에게 큰 괴로움을 주었다.

의병은 전국 각지에서 일어나 그 수를 헤아리기 어려우나, 그 중에서도 많은 전과를 거두고 명성을 떨친 것은 평안도의 조호익曺好益·양덕록楊德祿·휴정休靜(西山大師), 함경도의 정문부鄭文孚,[69] 경기도의 김천일金千鎰·심대沈岱·홍계남洪季男, 경상도 의령의 곽재우郭再祐, 고령의 김면金沔, 합천의 정인홍鄭仁弘, 영천의 권응수權應銖, 충청도의 조헌趙憲,[70] 전라도의 고경명高敬命, 황해도의 이정암李廷馣, 강원도의 유정惟政(松雲大師) 등이다. 지역적으로 보면 유학이 발달한 남부지방이 가장 의병투쟁이 강하였다.

수군과 의병의 항전으로 전란이 장기화되면서 왜군은 갈수록 힘을 잃었다. 이에 비해 조

---

69) 1709년(숙종 35) 함경도 북평사 최창대는 가토 기요마사가 거느린 2만 명의 왜군을 크게 무찌른 정문부 의병의 대첩을 기념하기 위해 함경북도 길주에 북관대첩비北關大捷碑를 세웠다. 1905년 러일전쟁 때 이 지역에 주둔한 일본군이 이 비석을 일본으로 가져가 야스쿠니 신사 한 구석에 세워두었는데, 한국의 요청에 따라 2005년 10월에 한국으로 돌아왔다. 그러나 이 비를 다시 북한에 넘겨주고 그 복제물을 지금 경복궁 안에 세워 놓았다.

70) 조헌은 율곡의 제자로 의병에 참가하여 충청도 금산錦山에서 700여 명이 결사항전하다 모두 전사했다.

선의 반격작전은 한층 강화되어, 지금까지 산발적으로 일어난 의병부대 등을 정리하여 관군에 편입시켜 관군의 전투능력이 10만 명에 육박할 정도로 커졌으며, 작전이 한층 조직성을 띠게 되었다. 이해 10월 진주에서는 목사 김시민金時敏이 3,800명의 병력으로 2만 명의 일본군을 맞아 성을 방어하는 데 성공했다.

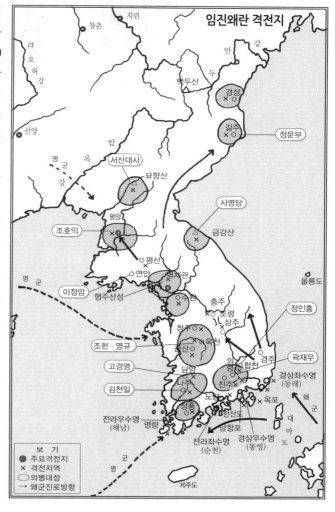

육해의 모든 전선에서 반격을 강화하던 무렵에 명나라가 드디어 1592년 7월부터 지원병을 보내기 시작했는데, 처음에는 조선이 일본과 손잡고 명나라를 친다는 잘못된 소문을 듣고 의심하다가 한응인韓應寅의 뛰어난 외교술로 설득하여 드디어 파병을 결정했다. 일본은 전쟁 초기부터 정명가도征明假道를 내세워 중국침략을 공언했으므로 명은 자위책으로 지원군을 파견한 것이다.

1593년(선조 26) 1월 한국계 중국인 이여송李如松이 거느린 5만 명의 명나라 지원군이 도착하여 조선군과 합세하면서 전세가 크게 뒤집어졌다. 조명연합군은 먼저 평양성을 탈환하고, 남으로 일본군을 추격하다가 고양의 벽제관碧蹄館 전투에서 패하자 명군은 평양으로 후퇴하였다. 이때 권율權慄은 행주산성幸州山城에서 웅거하여 명군과 합세하여 서울을 탈환하려다가 명군의 후퇴로 고립상태에 빠졌으나 1만 명의 병력으로 피나는 전투를 벌여 3만 명의 병력으로 공격해 온 일본군을 물리쳤다(1593년 2월). 이 전투에서는 부녀자들까지 참전하여 치마에 돌을 날라 '행주치마'라는 말이 나왔다 한다. 이 전투는 1592년 10월에 김시민金時敏이 진주성晋州城에서 거둔 방어전의 승리, 그리고 이순신의 한산도閑山島 승리와 아울러 임진왜란의 3대 승리의 하나로 기록되고 있다.

조명연합군의 반격에 예기가 꺾인 일본군은 휴전을 제의하였으며, 명도 이를 받아들여 일본군은 1593년 4월 서울을 떠나 경상도 해안일대로 물러났다. 그런데 일본군은 옛날 진주성의 패배를 설욕하고, 조명연합군의 기세를 꺾기 위해 이해 6월 3만 7천 명의 병력으로 진주성을 공격했다. 이때 김천일金千鎰이 이끄는 의병과 관군의 연합군 약 3,400명은 수만 명 주민의 지원을 받으면서 10일간 치열한 전투를 벌였으나, 거의 모두 전사했다. 일본군도 큰 피해를 입었다. 그 이후 큰 전투는 없었다.

1593년은 특히 심한 흉년이 들어 이쪽이나 저쪽이나 모두 전쟁을 지속할 힘이 없었다. 명과 일본 간의 화의담판은 피차 승리를 자처하는 가운데 3년간 끌다가 결렬되고 말았다. 명은 심유경沈惟敬을 일본으로 보내 도요토미를 일본 국왕으로 임명하고, 입공入貢을 허락한다는 조건을 제시했으나, 일본은 반대로 명의 황후를 일본의 후비后妃로 삼고, 조선 영토의 일부를 할양받으며, 조선의 왕자와 대신을 인질로 삼을 것 등을 명에 제의하여 서로 거절했다.

그 사이 일본군은 경상도와 전라도 연해지방에 성城을 쌓고[71] 방어시설을 갖추면서 재기의 기회를 노리고 있었다.

3) 정유재란과 조선의 승리

일본은 화의가 결렬되자 도요토미는 1597년(선조 30) 1월 14만 명의 병력을 동원하여 재차 침입했다. 이것이 정유재란이다. 그러나 휴전하는 사이 조선 측도 전투준비를 새로이 갖추었다. 왜군의 신무기인 조총을 우리가 제작하여 무기의 약점을 보완하였고, 훈련도감訓鍊都監을 설치하여 군대의 편제와 훈련방법을 바꾸었다. 속오법束伍法을 실시하여 지방군 편제를 능률적으로 개편하고, 명나라 장군 척계광戚繼光이 지은 《기효신서紀效新書》를 참고하여 군대를 살수殺手[창검]·사수射手[활]·포수砲手[총과 포]의 삼수三手로 나누어 훈련시켜 전문적 기능을 높였다. 특히 화약병기의 성능이 개량되어 전쟁 중에 비격진천뢰飛擊震天雷, 대완구大碗口, 현자총玄字銃, 황자총黃字銃 등이 새로 개발되어 조총과 대항할 능력을 갖추었다.

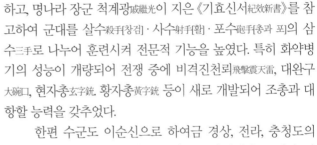

한편 수군도 이순신으로 하여금 경상, 전라, 충청도의 삼도수군통제사를 맡게 하고 군비를 증강시켰다. 그러나 이순신은 일본 간첩의 농간으로 모함을 받아 파직되고 원균元均이 그 직을 대신하였다.

죽성리 왜성 부산광역시 기념물 제48호, 임진왜란 때 구로다 나가마사黑田長政가 축성, 부산 기장군 기장해안로

일본군은 제해권을 빼앗으려고 1,000여 척의 전선을 동원하여 해전에서 맹렬한 공세를 취하였는데, 원균은 부산 쪽으로 진격하다가 칠전도와 고성固城 앞바다에서 대패하고 말았다. 왜군은 득의양양하여 처음으로 전라도에 상륙하여 육지를 마구 유린하고, 8월에는 남원성을 함락하고, 9월에는 충청도 지방에까지 북상하였다. 그러나 조선군과 양호楊鎬가 이끄는 명군은 충청도 직산稷山에서 왜군의 북진을 차단하여 남쪽으로 밀어내고, 울산까지 쳐내려가 이곳 왜성倭城에 주둔하고 있던 가토 기요마사의 군대를 포위공격했으나, 일본군의 총공세로 함락시키지는 못했다. 그러나 쌍방의 피해는 매우 컸다.

울돌목 해남과 진도를 연결하는 다리, 명량해전 때 왜선 130여 척을 궤멸시킨 곳

---

71) 현재 임진왜란 중에 일본군이 쌓은 왜성倭城은 24군데가 조사되었는데, 대부분 경상도 해안가에 있으며, 전라도지역에는 순천에만 한 곳이 있다.

한편 바다에서는 8월에 누명을 벗은 이순신이 다시 삼도수군통제사로 복귀하여 13척의 적은 함선을 이끌고 서해로 향하는 133척의 적선을 명량鳴梁(울돌목; 해남군)에서 접전하여 31척을 격침시키고, 나머지는 도망치게 만들었다(9월 16일).

육지와 바다에서 참패를 당한 일본군은 전의를 잃고 패주하여 저들이 쌓은 성안에 주둔하고 있다가 마침 1598년(선조 31) 8월 18일 도요토미가 죽자 본국으로 철수하기 시작하였다. 이순신은 이해 11월 명나라 수군장수 진린陳璘과 더불어 도망가는 고니시 유키나가군을 노량露梁 앞바다에서 가로막고 최후의 일격을 가하여 200여 척의 적선을 침몰시켜 50여 척만이 간신히 빠져 달아났다. 그러나 이순신은 적의 유탄을 맞고 쓰러졌다(11월 19일). 향년 54세였다. 이순신은 세계 해전사에서 가장 위대한 승리를 거둔 명장으로 알려지고 있다.

전후 7년간에 걸친 조일전쟁은 조선 측의 승리로 끝나게 되었다. 일본은 영토를 얻은 것도 없고, 조선의 항복을 받아내지도 못한 것이다. 전쟁 초반에는 우리가 고전했지만 전쟁이 장기화되면서 국민의 잠재된 국방능력이 발휘되고, 명의 도움까지 얻어 일본을 압도하게 된 것이다. 유교의 문치주의가 국방을 허술하게 만든 것도 사실이지만, 유교에 의해서 배양된 충의정신과 자존심이 나라를 지키는 정신적 원동력으로 나타난 까닭이었다.

도조(陶祖) 이삼평비 규슈 사가현 아리타

그러나 이 전쟁에서 가장 큰 손해를 입은 것은 조선 측이었다. 전국 8도가 전장으로 화하여 수많은 인명이 살상되고, 기근과 질병으로 쓰러졌다. 토지대장과 호적이 대부분 없어져 국가운영이 마비상태에 빠졌다. 전란이 끝난 지 50년이 지난 후에도 인구는 150만 명, 토지결수는 약 50만 결에 지나지 않았다. 이는 물론 국가의 대장에 등록된 수치이므로 실수를 의미하는 것은 아니지만, 조선 초기(15세기) 수치의 3분의 1도 채 안 되는 것이었다. 게다가 왜군의 방화와 약탈로 인한 문화적 손실이 매우 컸다. 불국사와 경복궁, 창덕궁, 창경궁, 서적, 기타 주요 문화재가 소실되거나 약탈당했다. 그리고 수만 명이 포로로 잡혀가 나가사키長崎의 포르투갈 상인에 의해 유럽 등지에 노예로 팔려갔다.

강항(1567~1618) 초상 포로로 일본 오쓰성에 유폐되었다 귀국

일본은 임진왜란을 통하여 도쿠가와 시대德川時代의 문화가 성장하는 도약대가 마련되었다. 활자, 그림, 서적을 약탈하고, 유명한 선비들과 우수한 활자인쇄공들을 포로로 데려가 성리학을 비롯한 여러 학문과 인쇄문화가 발전하는 데 기여하였다. 또 조선에서 데려간 이삼평李參平, 심당길沈當吉(沈壽官의 조상) 등 도자기 기술자에 의하여 일본의 도자기 문화가 큰 발달을 보게 되었다.[72] 이들은 일본의 도조陶祖로 불렸다. 일본군을 따라 들어온 상공업자들

---

72) 왜란 때 일본으로 잡혀간 도자기 기술자 이삼평은 규슈의 후쿠오카 부근 아리타有田에서 살았고, 심당길은 규슈 남쪽 가고시마鹿兒島의 미야마美山에 살았는데, 이 지역은 고대 한반도인이 집단적으로 살던 지역이기도 했다. 심당길의 14대손인 심혜길은 이름을 심수관으로 바꾸고 도자기문화를 계승해가고 있다.

이 계획적으로 상공업과 문화발전에 필요한 물자와 학자, 그리고 기술자들을 데려갔다.[73]

　　조선 다음으로 큰 피해를 본 것은 명나라였다. 만주의 여진족은 명과 조선이 전란에 시달리는 틈을 타서 급속히 세력을 키워 마침내 명을 멸하고 중원의 지배자가 되었다.

　　왜란 후 조선의 조야에서는 명나라를 나라를 재건해준 은인으로 생각하여 숭명사상이 높아지고, 명나라 군인들에 의해 관우關羽 숭배사상이 들어와 관왕묘關王廟가 여러 곳에 세워졌다.

4) 대일국교 재개와 통신사 파견

　　왜란이 끝난 뒤 일본에서는 도요토미를 대신하여 1603년(선조 36)에 도쿠가와 이에야스德川家康가 집권하여 에도江戶[지금의 도쿄]에 새로운 막부幕府[바쿠후]를 열었다. 이 시대를 도쿠가와 막부(1603~1868) 또는 에도 막부라고 부른다. 도쿠가와 이에야스는 전국시대 오다 노부나가, 도요토미 히데요시와 더불어 3대 명장名將으로 알려진 인물인데, 가장 참을성이 있고 관대한 인물로 알려져 있다.[74] 그는 조선과의 국교재개를 간청해 왔다. 조선은 막부의 사정도 알아보고, 왜란 때 끌려간 포로들을 쇄환刷還하기 위해 일본의 간청을 받아들여 1607년(선조 40) 사명당 유정惟政을 파견하여 일본과 강화를 맺고, 조선인 포로 7천여 명을 데려온 뒤 국교를 재개하였다.

　　그런데 조일국교는 조선이 한 단계 높은 위치에서 진행되었다. 일본 사신差倭의 서울 입경은 허락하지 않고 동래의 왜관倭館에서 실무를 보고 돌아가게 하였다. 일본은 조선의 예조참판이나 참의에게 일본국왕의 친서를 보내와 사신파견을 요청해 오는 것이 관례였다. 이에 따라 일본은 60여 차에 걸쳐 차왜差倭[일본의 대마도에서 조선에 수시로 파견한 외교사절]를 보냈으나, 조선은 1607년부터 1811년에 이르기까지 12회에 걸쳐 일본에 통신사通信使를 파견하여 약 250년간 평화관계를 지속했다.[75] 통신사의 정사正使는 보통 참의급(정3품)에서 선발되었으나 일본에 가서는 수상首相[關白]과 동격의 대우를 받았다.

　　통신사는 일본 막부의 수장인 쇼군將軍이 바뀔 때 그 권위를 국제적으로 보장받고, 조선의 선진문화를 전수받으려는 일본 측의 요청을 받아들여 축하사절의 이름으로 파견되었으며, 대략 4~5백 명의 통신사 일행을 맞이하는데 1,400여 척의 배와 1만여 명의 인원이 일본 측에서 동원

---

73) 왜란 때 일본으로 끌려간 유학자 가운데 대표적 인물은 강항姜沆, 정희득鄭希得, 홍호연洪浩然, 조완벽趙完璧 등이다. 강항은 전라도 영광 출신으로 이황의 문인이었으며, 정희득은 진주 출신이다. 이들은 일본에서 유학자들과 학문을 교류하다가, 강항과 정희득은 뒤에 귀국했으나 괴산 출신 홍호연은 일본에서 살다가 세상을 떠났다. 강항은 귀국 후 《간양록看羊錄》이라는 견문기를 썼다. 조완벽은 일본으로 끌려갔다가 일본 상인의 통역관으로 몇 차례나 안남[베트남]에 갔는데, 중국에 사신으로 갔다가 이수광과 친교를 맺고 시를 받아온 풍극관馮克寬을 만나 후한 대접을 받았다고 한다.

74) 일본에서는 3대 명장의 성격을 풍자한 이야기가 전해지고 있다. 울지 않는 새가 있을 때 오다 노부나가는 당장 죽이고, 도요토미 히데요시는 울도록 만들고, 도쿠가와 이에야스는 울 때까지 기다린다는 것이다.

75) 1607년부터 1811년에 걸쳐 12회 파견된 통신사의 사행연도와 정사, 그리고 인원은 다음과 같다.
　　제1회(1607, 선조 40): 여우길呂祐吉(504명)　　　제7회(1682, 숙종 8): 윤지완尹趾完(473명)
　　제2회(1617, 광해 9): 오윤겸吳允謙(428명)　　　제8회(1711, 숙종 37): 조태억趙泰億(500명)
　　제3회(1624, 인조 2): 정립鄭岦(460명)　　　　제9회(1719, 숙종 45): 홍치중洪致中(475명)
　　제4회(1636, 인조 14): 임광任絖(478명)　　　제10회(1748, 영조 24): 홍계희洪啓禧(477명)
　　제5회(1643, 인조 21): 윤순지尹順之(477명)　　제11회(1764, 영조 40): 조엄趙曮(477명)
　　제6회(1655, 효종 6): 조형趙珩(485명)　　　제12회(1811, 순조 11): 김이교金履喬(328명)

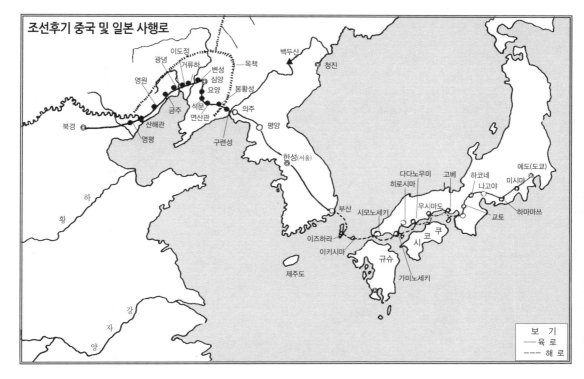

조선후기 중국 및 일본 사행로

보 기
—— 육 로
--- 해 로

되고 그 접대비로 한 주州의 1년 경비를 소비할 정도로 성대하였다. 한양에서 일본의 에도江戸(지금의 도쿄)로 가는 길은 처음에 부산포에서 배로 오사카에 이르고, 다음에는 육로로 가는데, 왕복기간은 대략 5개월에서 8개월이 걸렸다. 통신사는 국왕의 외교문서인 서계書啓를 휴대하고, 인삼·호피·모시·삼베·붓·먹·은장도·청심원 등을 예물로 가지고 갔다. 일본은 전국민적인 축제분위기 속에서 통신사를 맞이하고, 성대한 향응을 베풀었으며, 통신사의 숙소에는 수행원으로부터 글이나 글씨를 받기 위해 몰려든 군중으로 인산인해를 이루었다. 1636년(인조 14)부터는 막부의 요청에 의해 마상재馬上才로 불리는 2명의 광대를 데리고 가서 쇼군 앞에서 곡예를 연출했는데, 그 인기가 대단하여 그 묘기나 통신사의 행진을 자개로 새긴 도장주머니가 귀족 사이에 널리 유행하였다.

　　일본의 화가들은 다투어 통신사 일행의 활동을 대형병풍, 판화, 두루마리 그림 등으로 그려 수많은 작품이 지금까지도 전해지고 있으며, 통신사가 준 사소한 선물을 귀중하게 간직하여 지금 문화재로 지정되어 있는 것이 적지 않다. 통신사가 한 번 다녀오면 일본 내에 조선 붐이 일고, 일본의 유행이 바뀔 정도로 일본문화 발전에 심대한 영향을 주었다.

　　통신사의 인기는 요즘말로 엄청난 한류바람을 몰고 왔는데, 이에 대한 반발도 일어났다. 일본의 아라이 하쿠세키新井白石 같은 지식인은 통신사에 대한 환대가 중국 사신보다도 높은 데 불만을 품고 이를 시정할 것을 막부에 요청하기도 하였으나 받아들여지지 않았다. 일본에서 18세기 후반 이후 일본의 국수정신을 앙양하기 위해《일본서기日本書紀》를 새로이 연구하는 이른바 국학國學운동이 일어난 것은 일본 지식인의 조선 붐에 대한 견제심리가 작용한 것이다.

통신사 행렬 조선이 에도 막부에 파견한 대규모 공식 사절단, 인원은 400~500명에 이르렀다.(일본 측 그림)

나전 도장주머니 통신사 행렬을 생동감 있게 나전으로 조각한 휴대용 도장주머니 (1634년, 일본)

통신사 수행 소년이 글씨를 써 주는 모습 말 위에서 일본인에게 글씨를 써 주는 통신사 수행소년 (1711년, 英一蝶 그림, 幸基秀 소장)

일본은 19세기에 들어와 반한적인 국학운동이 한층 발전하여 1811년(순조 11)의 통신사는 대마도에서 일을 보고 돌아가게 했으며, 일본 국민들이 통신사와 접촉하는 것을 막았다. 그리하여 이해를 마지막으로 평화로웠던 문화교류는 막을 내렸다. 그 후 일본에서는 국학운동이 해방론海防論으로 발전하고, 다시 19세기 중엽부터는 조선을 무력으로 침략하자는 정한론征韓論이 대두하기 시작하였다. 그 연장선상에서 1875년의 운요호 사건이 일어나게 된 것이다.

한편, 일본에 다녀온 통신사는 일본에서 겪은 견문을 기록하여 많은 견문록이 전해지고 있다.[76] 이들 견문록은 일본이 문화는 낮으나 군사강국이라는 것과 재침략의 우려가 있다는 것이 지적되고 있어 조선 지식인들의 대일 경각심을 높여주었다. 조선 후기의 해방론海防論은 이러한 정보를 토대로 나타난 것이다. 또한 《일본서기》를 비롯한 역사책이 들어와 이를 고대사연구에 참고하는 현상도 나타났다. 한치윤의 《해동역사》는 그 대표적인 사례이다.

---

76) 통신사가 남긴 대표적인 견문록은 다음과 같다. 신유한申維翰의 《해유록海遊錄》, 강홍중姜弘重의 《동사록東槎錄》, 홍우재洪禹載의 《동사록》, 조엄趙曮의 《해사일기海槎日記》, 유상필柳相弼의 《동사록》, 조명채曹命采의 《봉사일본시문견록奉使日本時聞見錄》, 김세렴金世濂의 《해사록海槎錄》, 작자 미상의 《계미동사일기癸未東槎日記》, 남용익南龍翼의 《부상록扶桑錄》 등이다.

2. 광해군의 전후복구사업과 중립외교

선조는 왜란이 끝나고 9년이나 더 집권한 다음 세상을 떠나고, 1608년에 선조의 후궁 소생 광해군光海君(1608~1623)이 34세로 왕위에 올랐다. 광해군은 왜란 때 세자로 책봉되어 분조分朝를 이끌어 항일전쟁에 공로가 매우 컸는데, 선조의 계비 인목왕후仁穆王后가 뒤늦게 영창대군永昌大君(1606~1614)을 출산하자 유영경柳永慶 등이 어린 영창대군을 세자로 옹립하려고 하여 광해군을 따르는 정인홍鄭仁弘(1535~1623), 이이첨李爾瞻(1560~1623) 일파 사이에 갈등이 생겼다. 전자를 소북파, 후자를 대북파로 불렀다.

광해군이 왕이 되자 대북파가 정권을 장악하고 전혀 새로운 정책을 펴기 시작했다. 왜란 때 보여준 성리학적 왕도정치의 한계를 느끼고, 강력한 부국강병정책을 추진하면서 왕위를 넘보는 적대세력을 차례로 제거해갔다. 특히 이이첨이 실권을 장악하고 적대세력 제거에 앞장섰다. 광해군의 친형 임해군臨海君을 죽이고(1609), 이어 8세 된 영창대군을 서인庶人으로 강등하여 강화도로 유배 보냈다가(1613, 광해군 5, 계축옥사) 다음 해 살해했으며(1614), 그 배후세력인 인목대비마저 서인으로 폐출되어, 서궁西宮[지금의 덕수궁]에 유폐되었다. 인목대비를 폐위시키기 위해 서울 시민의 여론을 조성하고 뜻이 맞는 유생들을 무리하게 과거로 뽑아 세력을 강화했다.

한편, 문묘에 배향된 이언적李彦迪과 이황李滉을 삭제하고 정인홍의 스승인 조식曺植을 배향시키려고 하여 성균관 유생들의 큰 반발을 사기도 했다(1611, 광해군 3).

대북파는 이렇게 정치적으로는 무리한 일을 했으나, 7년 전쟁으로 무너진 왕조질서를 재건하는 사업에서는 볼만한 치적을 남겼다. 토지조사사업과 호적조사사업을 실시하고, 이원익李元翼의 건의를 받아들여 공납제를 대동법大同法으로 바꾸어 처음으로 경기도에 시행하였으며(1608), 성지城池와 무기를 수리하여 군사훈련을 강화했다.

이밖에 전란을 전후하여 기근이 연속되고 질병이 만연하여 인명의 손실이 많았던 경험을 살려 세자때부터 허준許浚과 정작鄭碏으로 하여금 《동의보감東醫寶鑑》(1596~1610)을 편찬하게 했다. 이 책은 도교의술을 도입하여 조선 초기에 정리된 의학서를 한 수준 높였으며, 동아시아 의학발전에 크게 공헌했다. 또한 《동국여지승람》,《국조보감》,《경국대전》,《악학궤범》,《고려사》,《용비어천가》,《삼강행실도》 등 국초에 간행되었던 문헌들을 재간하고, 전라도 무주茂朱의 적상산赤裳山에 사고史庫를 새로 설치하는 등 문화중흥에도 힘을 기울었다.

한편, 인왕산 기슭에 왕기王氣가 있다는 풍수가의 주장에 따라 1617년 (광해군 9) 돈의문(서대문) 부근에 경덕궁慶

중창된 경희궁 1617년 건설, 일제시대에 헐린 것을 최근 숭정문(앞), 숭정전(뒤) 등 일부 전각이 중창되었다. 서울 종로구 경희궁 1가길

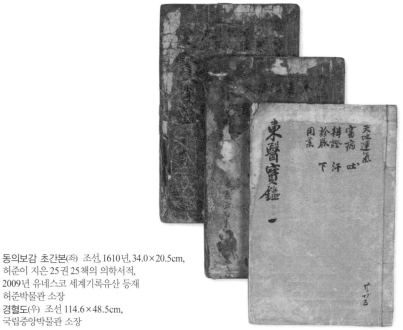

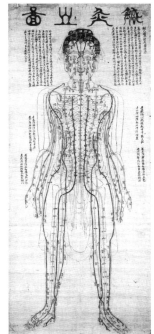

동의보감 초간본(좌) 조선, 1610년, 34.0×20.5cm,
허준이 지은 25권 25책의 의학서적,
2009년 유네스코 세계기록유산 등재
허준박물관 소장
경혈도(우) 조선 114.6×48.5cm,
국립중앙박물관 소장

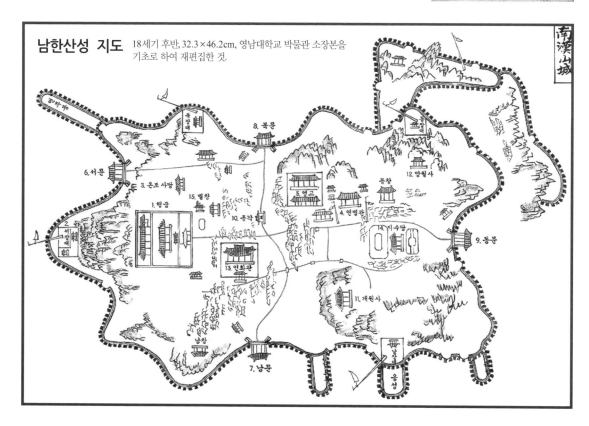

남한산성 지도 18세기 후반, 32.3×46.2cm, 영남대학교 박물관 소장본을
기초로 하여 재편집한 것.

德宮(西闕)[77]을 건설했으며, 상업입국의 요지인 교하交河(파주)로 수도를 옮기려는 계획도 세웠으나 신하들의 반대로 실현되지 않았다.

광해군 때 정책에서 가장 돋보이는 것은 대외정책이었다. 임진왜란 때 원병을 보내면서 조선을 도왔던 명나라는 왜란 후 국력이 한층 쇠약해졌다. 이 틈을 이용하여 압록강 북쪽에 살던 여진족 사회에서는 급속한 통일운동이 일어났다. 만포진 건너편 명의 건주위建州衛에 속한 여진족 추장 누르하치努爾哈赤는 흥경노성興京老城[지금의 카이위안 부근]을 근거로 하여 주변의 여진족들을 복속시키더니, 1616년(광해군 8) 마침내 나라 이름을 '대금大金'[후금]이라 하고 스스로 쿤둘런 칸[한汗, 왕]이라 칭했다. 그는 계속하여 서쪽으로 세력을 뻗쳐 1618년(광해군 10)에는 푸순撫順[무순]을 점령하고 명나라에 대하여 전쟁을 포고했다.

명나라는 큰 병력을 풀어서 후금을 공격하는 한편, 조선에 대해서 지원병을 보내줄 것을 요청해 왔다. 조선은 명나라의 요청을 받아들여 1619년(광해군 11) 1만 3천 명의 원병을 보냈으나, 도원수 강홍립姜弘立은 후금의 감정을 자극하지 않기 위해 후금과 휴전을 맺고 돌아왔다. 그 후 명은 모문룡毛文龍 부대를 압록강 입구의 가도椵島에 주둔케 했으나, 조선 측은 그들의 식량을 지원하면서, 다른 한편으로는 후금과 친선을 도모하여 중립적인 정책을 취했다. 다시 말해서 명과 후금의 싸움에 말려들지 않으면서 내치와 국방에 주력하는 실리정책을 펴나갔다.

3. 인조반정과 호란

광해군의 파격적인 부국강병정책과 실리를 추구하는 대외정책은 왕도주의王道主義를 존중하는 성리학을 정학正學으로 받아들이고, 왜란 때 도와준 명을 은인으로 생각하던 대다수의 유학자관료들에게는 크나큰 충격으로 받아들여졌다. 특히 영창대군을 죽이고 인목대비를 서인으로 강등시킨 사건은 반인륜적 패륜행위로 간주되었으며, 명나라와 후금 사이에서 중립적인 태도를 취한 것은 명에 대한 의리義理를 저버리는 배신행위로 보았다.

드디어 1623년(광해군 15)에 김류金瑬·이귀李貴·이괄李适 등 서인파 인사들은 광해군을 무력으로 몰아내고 선조의 후궁 인빈김씨 소생인 원종元宗의 아들 능양군綾陽君을 추대하여 왕으로 삼았다. 이 사건을 인조반정仁祖反正이라 한다. 명나라를 배신하고 폐모살제廢母殺弟의 패륜을 저질렀다는 죄목으로 광해군은 강화도와 제주도 등지로 유배되고, 대북파는 모두 처형되거나 유배당했다. 광해군은 1641년(인조 19)에 67세로 병사했다. 광해군과 대북파의 정책은 방향은 옳았으나, 동조세력을 키우지 못한 가운데 너무 급진적으로 일을 추진한데다 궁궐건설과 국왕 주변 인물의 부정행위로 민심을 잃은 것이 실패의 원인이었다.

---

77) 경덕궁은 창덕궁, 창경궁과 더불어 조선 후기 중심궁궐로 이용되었는데, 1760년(영조 36)에 이름을 경희궁慶熙宮으로 바꾸었다. 1,500칸에 달하는 이 궁전은 1829년(순종 29)에 큰 화재로 소실되었으나, 다시 재건되었다가 일제강점기인 1915년에 경성중학[뒤의 서울중·고교]이 들어서면서 모두 헐리고, 궁역의 일부를 총독부 관사로 이용했다. 광복 후 서울중학교와 서울고등학교를 다른 곳으로 옮긴 뒤 일부를 복원하여 숭정전崇政殿, 흥화문興化門 등을 재건하고, 나머지 땅에 서울시립역사박물관이 건립되었다.

임경업(1594~1646) 영정 국립중앙박물관 소장

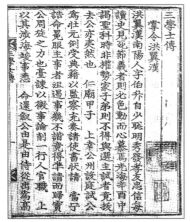

삼학사전 송시열 편. 1책 1671년(현종 12)
30.0×20.0cm. 병자호란 때 척화론을 주장하다
순절한 홍익한·윤집·오달제의 전기와 언행,
척화상소문 주요내용, 심양에서의 심문 내용
수록(개인 소장)

하지만, 정권을 잡은 서인파는 금방 내분이 일어났다. 반정의 논공행상에서 2등으로 책봉된 것에 불만을 품은 이괄李适이 평안도를 지키던 부원수로 있다가 반란을 일으켜 군대를 이끌고 서울까지 점령하는 사태가 벌어졌다(1624). 이괄의 난은 뒤쫓아 온 평안남도 군사에게 진압되었지만, 인조는 공주로 피난하지 않으면 안 되었다. 이 사건으로 나라 형편은 더욱 어려워졌다.

이괄의 난을 평정한 후 서인정권은 '사림을 숭용崇用한다'는 기치를 내걸고 이원익李元翼 등 남인과 소북세력을 등용하여 붕당연합을 정착시키면서, 밖으로는 친명반금정책을 밀고 나가 멸망해 가는 명明에 친선을 표하고 후금과의 관계를 끊었다. 후금의 신경을 더욱 자극한 것은 반란에 실패한 이괄의 잔당이 후금으로 도망가서 인조가 부당하게 즉위했다고 호소한 사건이었다.

조선의 친명정책에 불만을 품고 있던 후금의 태종太宗은 광해군을 위하여 보복한다는 명분을 내걸고, 1627년(인조 5) 3만여 명의 군대를 이끌고 쳐들어와 평안도 의주·정주·신천·곽산 등지를 거쳐 황해도 평산까지 이르렀다. 이괄의 난으로 평안도 방비가 허술해져 방어선이 쉽게 무너졌다. 그러나 후금은 전쟁보다는 강화를 원했다. 강화도로 피난을 간 조정도 아직 후금과 싸울 준비가 되어 있지 않아 최명길崔鳴吉과 이귀李貴 등 주화파의 의견을 받아들여 화의에 응했다(3월 3일). 명은 지원병을 보냈으나 이미 화의가 맺어진 뒤였다. 이해의 전쟁을 정묘호란丁卯胡亂이라 부른다.

강화도에서 맺은 화의로 양국은 '형제의 나라'가 되었으며, 그 대신, 압록강 이북으로 후금군이 철병하기로 약속했다. 조선으로서는 후금을 형님으로 부른다는 것이 자존심 상하는 일이지만, 일단 위기는 면할 수 있었다. 그런데 화약을 맺고 돌아가던 후금의 군대는 평안북도 철산의 용골산성龍骨山城을 근거로 활약하던 정봉수鄭鳳壽 의병부대의 완강한 저항을 받아 큰 타격을 입었고, 의주 부근에서는 이입李立 부대에 의해, 가산 부근에서는 김여기金礪器가 이끄는 의병부대에 의해 많은 손실을 입고 압록강 밖으로 쫓겨갔다. 관군보다는 의병의 힘이 크다는 것이 이번에도 드러났다.

그 뒤 후금은 요서지방과 내몽고를 정복하여 세력이 점점 더 커지더니, 1636년(인조 14)에는 국호를 청淸이라 고치고, 수도를 심양瀋陽에 정하고, 태종은 스스로 황제를 칭하면서 조선에 대하여 형제관계를 군신관계로 바꿀 것을 요구해 왔다. 청의 요구는 조정을 격분시켰는데, 그 대책을 둘러싸고 또다시 신하들의 논의는 둘로 갈라졌다. 외교적 교섭을 통해 문제를 해결하자는 주화론主和論으로 인조반정을 주도했던 이귀, 최명길崔鳴吉, 홍서봉洪瑞鳳 등 공신들이 이 주장을 폈다.

한편, 조경趙絅, 정온鄭蘊, 김상헌金尙憲, 유계兪棨 등 소장파 관인들은 '힘의 강약을 돌보지 말

고 옳은 길을 가야 한다'는 명분을 내걸고 강력한 무력응징
을 요구했다. 이러한 주전론主戰論의 밑바탕에는 우리의 강함
을 보여 주는 것이 협상에 유리하다는 판단도 포함되어 있었
다. 결국 대세는 주전론으로 기울고, 선전宣戰의 교서가 내려졌
다. 이에 청 태종은 1636년(인조 14) 12월 10만 명(청인·몽골인·중
국인)의 군대를 이끌고 질풍같이 쳐내려와 압록강을 넘은 지 5
일 만에 서울을 유린하고, 7일 만에 왕과 대신들이 피난해 있
던 남한산성을 포위했다. 왕자와 비빈은 미리 강화로 피난시
켰으나 인조는 길이 막혀 남한산성으로 들어간 것이다.

현절사 삼학사를 모신 사우, 1693년 사액,
경기도 광주 남한산성로

　　당시 남한산성에는 1만 4천 명의 군인과 50일간의 식
량만이 준비되어 있을 뿐이어서 도저히 싸움이 불가능한 것을 알고, 강화도까지 함락당했다는
소식까지 겹쳐 인조는 45일간의 농성을 풀고 1637년(인조 15) 1월 30일 삼전도三田渡(지금의 송파구 석
촌호수 부근)의 청 태종 진영에 나와 항복했다. 이로써 조선은 청과 군신관계를 맺고, 청은 인조의
두 아들 소현세자昭顯世子와 봉림대군鳳林大君, 그리고 김상헌金尙憲(1570~1652)을 비롯한 강경한 척화
론자들을 인질로 데려갔다. 그 가운데 평양서윤 홍익한洪翼漢 교리 윤집尹集, 교리 오달제吳達濟는
심양에 끌려가서도 끝까지 항복을 거부하다가 죽음을 당했는데, 이들은 삼학사三學士라 하여 후
세인의 높은 추앙을 받았다. 김상헌도 6년간 꿋꿋한 태도로 볼모살이를 하다가 돌아왔다.

　　청군은 돌아갈 때 수만 명의 백성들을 인질로 잡아갔는데, 무거운 송환대가를 요구하여
돌아오지 못한 사람도 많았다. 1636년의 청의 침략을 '병자호란丙子胡亂'이라고 부른다.

　　조정의 어이없는 항복에 분노한 국민들은 화의가 성립된 뒤에도 도처에서 의병을 조직
해서 싸웠는데, 특히 박철산이 이끈 의병부대는 용강 부근의 적산에서 적의 주력부대를 맞아
완강하게 저항했다. 그 싸움이 너무 치열해서 적산은 뒤에 '의병산'으로 불리게 되었다. 또한 의
주부윤 임경업林慶業(1594~1646)은 1642년(인조 20) 명과 연결하여 청淸을 치려고 계획하다가 실패
하여 청에 잡혀갔다가 돌아왔다.

　　심양에 볼모로 잡혀간 소현세자(1612~1645)는 1645년(인조 23) 9년 만에 돌아왔는데, 청나라
는 세자를 우대하여 인조를 대신하여 조선과의 문제를 해결하는 일이 많았다. 북경에 가서 아
담 샬湯若望과도 친교를 맺고, 서양 문물을 견문하여 장차 청나라와 교류하면서 조국을 발전시
킬 꿈을 안고 돌아왔다. 그러나 인조와 대신들은 그의 반명친청적인 태도를 못마땅하게 여겼으
며, 귀국한 지 두 달 만에 원인 모를 병으로 급사했는데, 독살설이 널리 퍼졌다. 세자빈 강씨姜
氏와 두 아들도 역모를 꾸민 죄로 억울하게 죽임을 당했다. 소현세자 및 강씨와 두 아들을 죽인
배후에는 권력을 잡으려는 김자점金自點과 후궁 조귀인趙貴人이 공모한 것으로 알려지고 있다.

　　인조가 재위 27년에 타계하고, 청에 인질로 잡혀갔다 돌아온 둘째 왕자 봉림대군鳳林大君
(1619~1659)이 소현세자를 대신하여 왕위에 오르니 이가 효종孝宗(1649~1659)이다. 봉림대군은 청에
우호적이었던 소현세자와 달리 아버지 인조가 삼전도에서 당한 수모를 복수하기 위해 북벌운
동이 필요하다고 주장하였다.

제7장 17~18세기의 왕조중흥

1. 효종~현종 대의 붕당연합과 북벌운동

인조(1623~1649)는 서인의 반정으로 왕위에 올랐으나 공신세력의 횡포를 견제하기 위해 남인을 함께 등용하여 붕당 간의 견제를 유도하면서 왕권을 안정시켰다. 서인과 남인은 학문적 뿌리도 다르지만, 정치사상에 있어서도 다른 점이 있었다. 서인은 재상중심의 권력구조를 지향하고, 재무구조의 개선과 국방력 강화를 위해 노비속량과 서얼허통에 적극적이었다. 이에 반해 남인들은 농촌경제의 안정에 치중하여 수취체제의 완화와 중소지주 및 자영농의 안정을 중요시하고, 서얼허통이나 노비속량 등 신분제 완화에 비교적 소극적이었다. 권력구조에 있어서는 고대 제왕帝王의 수준으로 왕권을 강화할 것과 삼사三司의 정책비판 기능에 큰 비중을 두었다.

인조 때 집권한 서인은 후금(청)과의 항쟁과정에서 국방력강화에 주력하여 호위청扈衛廳·총융청摠戎廳(세검정)·수어청守禦廳(남한산성)·정초군精抄軍 등의 새로운 부대를 설치했는데, 이것은 서인 정권의 권력기반을 유지해 나가는 데도 큰 몫을 하였다.

인조의 뒤를 이어 왕위에 오른 효종孝宗(1649~1659)은 아버지 인조가 당한 수모와 청에 인질로 잡혀갔던 수모를 설욕하기 위해 청을 무력으로 응징할 필요가 있다고 믿어 적극적인 북벌운동을 계획하고 어영청御營廳을 2만여 명으로 확대하였으며, 송시열宋時烈·송준길宋浚吉·김집金集·권시權諰·이유태李惟泰 등 서인이면서도 재야에서 학문을 닦던 충청도지역의 젊은 산림山林인사들을 대거 등용하고, 김자점金自點 등 친청파 대신들을 몰아내었다. 한편 허적許積·허목許穆·윤선도尹善道 같은 저명한 남인 인사들도 등용하여 붕당연합의 조화를 이루어 나갔다.[78]

효종 때는 권신의 발호도 억제되고, 민생안정을 위한 여러 조치가 시행되었다. 김육金堉의 건의로 경기도에만 시행되던 대동법을 충청·전라도에까지 확대 시행하고(1651, 효종 2), 전세를 매김에 있어서 토지의 등급에 따라 양전척量田尺을 달리하는 이른바 수등이척제隨等異尺制를 폐지하고 똑같은 자로 측량하는 동일양전척제同一量田尺制를 실시하여 농민의 부담을 완화했으며, 화폐유통을 위해 상평통보常平通寶를 주조하기도 했다. 1653년(효종 4) 표류해 온 네덜란드인 하멜Hamel[79]이

---

78) 효종 때 남인이 진출할 수 있었던 이유는 인조 때 약화된 왕권을 강화하려는 목적과 아울러 남인 윤선도尹善道가 효종의 사부師傅인 사실과도 관련이 있었다.

79) 하멜Hendrik Hamel은 네덜란드의 동인도회사 소속 무역선[스페르웨르 회]을 타고 자바와 대만을 거쳐 일본 나가사키로 가던 중 풍랑을 만나 1653년(효종 4) 8월 제주도에 표착했다. 조선은 인조 때 귀화해 온 벨테브레[박연]를 통역관으로 내려보내 생존자 36명을 서울로 데려와 훈련도감에 소속시켜 조총, 화포 등 서양식 신식무기를 제조하게 했다. 그러나 신무기제조에 관한 정보를 입수한 청이 외교적으로 트집을 잡자 할 수 없이 1663년(현종 4) 전라도지역으로 내려보내 여러 지역에 분산시켰다. 정부의 푸대접에 불만을 품은 하멜 일행 8명이

가져 온 조총鳥銃 기술을 도입하여 북벌에 필요한 서양식 무기를 제조한 것도 효종 때이다(1656).

그러나 북벌운동은 청의 국세가 점점 커져 시기를 잡지 못하고 있다가 1654년(효종 5) 청과 러시아 사이에 국경충돌이 일어나자, 청의 요구에 따라 수백 명의 조총부대를 두 차례에 걸쳐 영고탑[지금의 지린성]으로 파견하는 일까지 있었다(1654, 1658). 이를 나선정벌羅禪征伐이라 한다.

효종이 북벌의 꿈을 실현시키지 못하고 10년 만에 세상을 떠나자, 심양에서 태어난 아들 현종顯宗(1659~1674)이 19세로 즉위했다. 현종 즉위 초에는 허목·윤휴尹鑴·윤선도 등 남인이 죽은 효종에 대한 조대비趙大妃(인조의 계비이자 효종의 계모)의 복상문제를 들고 나와 서인을 맹렬히 공격했으나, 도리어 서인의 주장이 채택되어 남인은 실각하고, 허적을 비롯한 소수의 남인만이 참여해 송시열 등 서인의 우세가 지속되었다. 서인은 왕과 사족, 서인의 예禮가 같아야 한다는 이유로 조대비가 1년간 상복을 입어야 한다고 주장했으나, 남

송시열(1607~1689) 초상 국보 239호, 89.7×67.6cm, 견본채색, 윗쪽에 정조 어찬문(1778년)이 적혀 있다. 국립중앙박물관 소장

인은 왕과 사서士庶의 예가 같을 수 없다는 이유로 조대비가 3년복을 입어야 한다고 주장했다. 이러한 예론禮論의 차이는 학문적인 입장의 차이이기도 하지만, 왕권을 높이려는 남인과 신권을 높이려는 서인의 정치적 시각의 차이를 드러내기도 했다.

이렇게 현종 초반에는 서인이 정권을 차지했으나, 현종 중반 이후로 남인은 훈련별대訓練別隊라는 새로운 부대를 창설해 병권에 있어서도 서인과 경쟁할 수 있는 발판을 놓았고, 이것이 숙종 초에 남인이 승리할 수 있는 주요기반이 되었다.

현종 재위기간에는 계속된 흉년과 질병으로 전국적으로 굶어 죽고 병들어 죽는 사람이 수없이 나타나 인구가 대폭 줄었다. 한편, 왕실의 궁방宮房이 토지를 점탈하여 황해도·전라도·충청도·경상도 연해지역에서는 수많은 궁방전이 늘어났다. 자연재해와 질병에다 궁방과 관청 그리고 각 군영에서도 토지를 겸병하는 현상이 겹쳐 농민생활이 불안해지자, 일부 서인 중에서는 농민부담을 완화시키기 위해 양반자제에게도 군포軍布를 받자는 주장이 일어났으나 실현되지 못했다. 그 대신 노비의 몸값을 반 필씩 줄이고, 양인 여자와 노[남자종] 사이에 소생한 자식은 어머니를 따라 양인良人으로 해방시켜 주는 조치를 취해(1669), 양역인구를 늘려갔다. 또한 대동법을 산간지방에까지 확대했으며, 공명첩空名帖을 발행하여 곡식을 받고 관직을 팔기도 했다.

실학자 반계 유형원柳馨遠이 전라도 부안扶安에서 전제개혁을 비롯한 사회개혁안을 구상하여 《반계수록磻溪隨錄》을 쓰게 된 것은 특히 이 지방에 궁방전宮房田이 많아 농민들이 피해를 입는 현실을 목도한 데서 큰 자극을 받은 것이다.

1666년(현종 7) 여수를 탈출하여 나가사키를 거쳐 1668년 암스테르담에 도착하여 14년에 걸친 체류생활을 책으로 편찬했다. 이것이 《하멜표류기》로써 우리나라를 서양에 소개한 최초의 책이기도 하다.

2. 숙종 대 환국과 왕권강화

16년간 집권한 현종의 뒤를 이어 14세에 왕위에 오른 숙종肅宗(1674~1720)은 46년간 장기 집권하면서 자신의 왕권을 안정시키기 위해 지금까지의 붕당연립 방식을 버리고, 붕당을 자주 교체하는 방식을 택하였다. 이를 당시에는 '환국換局'이라 하였다. 환국정치운영은 말하자면 군주가 내각을 자주 교체하여 신하들의 충성심을 경쟁시키고 왕권을 강화하는 방법과 비슷했다. 붕당이 바뀌면서 패배한 붕당이 참담한 보복을 당하여 붕당싸움이 가장 치열하고 감정적 대립이 격화된 것은 사실이지만, 그대신 치열한 정책대결 속에서 정치가 깨끗해지고 국가발전이 가속화된 측면도 있었다.

숙종 초에는 왕권강화를 주장해 온 남인이 집권했다. 효종비[仁宣王后 張氏]가 사망하자 시어머니 조대비가 며느리의 상을 당하여 얼마동안 상복을 입어야 하느냐가 또 문제가 되었다. 이를 제2차 예송禮訟이라고 한다. 이때 송시열宋時烈 등 서인은 조대비가 입어야 할 상복을 9개월[大功]로 주장했고, 허목 등 남인은 1년 상복을 주장했는데, 이번에는 왕이 남인의 주장을 채택하여 남인의 집권을 가져온 것이다. 남인의 승리는 현종 중반 이후 기반을 다져 온 허적許積 일파의 정치적 성장이 바탕이 되었다.

숙종 즉위 초에 집권한 남인은 허적·윤휴 등 이른바 온건한 탁남濁南[80]이 주동이 되어 북벌론을 다시 들고 나왔다. 이를 위해서 '도체찰사'라는 새로운 군정기관을 부활시키고, 그 본진으로서 개성 부근의 대흥산성大興山城을 축조했으며(1676년, 숙종 2), 한꺼번에 18,000여 명의 무과 합격자를 뽑아 군사훈련을 강화하는 등 군비확장에 박차를 가했다. 평안도 용강의 황룡산성黃龍山城과 강화도의 48개 돈대[墩臺]도 이 무렵에 축조되었다. 이같은 북벌계획의 재등장은 마침 1678년(숙종 4) 중국의 원난성[운남성]에서 오삼계吳三桂가 반란을 일으켜 황제에 오르는 등 청나라가 어려운 처지에 빠진 것이 계기가 되었지만, 다른 한편으로는 남인 정권의 권력기반을 안정시키려는 뜻도 있었다.

그러나 수세에 몰렸던 서인은 1680년(숙종 6) 남인 영수 허적許積이 대흥산성의 군인을 동원해 역모를 꾸몄다고 고발하여, 허적·윤휴 등을 사형시키고 나머지 남인도 축출했다. 이 사건을 '경신환국庚申換局'이라 한다. 이 무렵 서인은 자체 분열을 일으켜 송시열을 영수로 하는 노론老論과 윤증尹拯을 중심으로 하는 소론少論으로 갈라졌다(1683). 송시열과 윤증은 모두 충청도 출신이지만, 노론은 대의명분을 존중하고 내수외양內修外攘, 곧 민생안정과 자치자강自治自强을 강조했으며, 소론은 실리를 중시하고 적극적인 북방개척을 주장한 점에서 정책적 차이가 있었다. 왕은 양파를 연립시켰으나 권력의 핵심을 장악한 것은 노론으로써 송시열과 삼척三戚으로 불리던 왕실의 외척, 즉 김석주金錫胄[현종비, 청풍김씨]·김만기金萬基[숙종비, 광산김씨]·민정중閔鼎重[숙종계비, 여흥민씨]이 연합하여 정치를 주도했다.

1680년 집권한 서인은 남인이 장악했던 훈련별대를 정초군精抄軍과 통합하여 금위영禁衛營으로 발족시켜(1682) 5군영제를 완성시켰다. 병권은 대체로 왕이 신임하는 종척宗戚이 장악하여

---

80) 숙종 초 집권한 남인은 반대당인 서인에 대한 처벌을 둘러싸고 강경파[청남]와 온건파[탁남]가 갈렸는데, 강경파의 대표자는 허목이고, 온건파의 대표자는 허적이다.

18세기 중엽의 강화도 《해동지도》중에서
강화도 안의 성곽과 48개 소의 망루가 상세하게 그려져 있다.

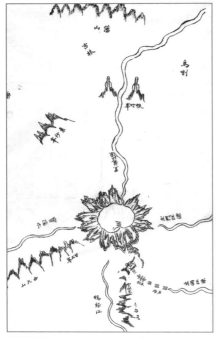

서명응의《보만재집》에 실린 백두산지도 토문강과 두만강이 확연히 구별되어 있고, ○ 안에 정계비가 보인다.

실제로는 왕이 군대 통수권을 장악한 셈이었다. 정부는 민생향상과 산업진흥을 위해 양인의 군포를 감해 주고(1703), 화폐주조[상평통보]와 화폐유통을 장려하여 상업을 진흥시켰다. 각 부대도 화폐를 주조하고 상업행위를 하여 점차 영리기관으로 변질되었다.

그러나 서인이 집권하던 시기에 자연재해가 계속적으로 이어져 농촌사회가 매우 불안했다. 미륵신앙을 가진 하층민의 반란이 일어나고, 도시에서는 노비들이 주축이 된 검계劍契·살주계殺主契 등 비밀결사의 저항운동이 일어났다.

9년간 집권한 노론은 1689년(숙종 15)에 권력에서 밀려났다. 남인계와 연결된 역관집안의 후궁 장희빈張禧嬪이 낳은 왕자[뒤의 景宗]가 세자로 책봉되는 과정에서 서인이 몰락하고 남인이 다시 집권했다. 그동안 노론의 핵심인물이던 송시열·김수항金壽恒 등이 보복을 받아 처형당했다. 이 사건을 '기사환국己巳換局'이라 한다.

남인집권기에는 청나라의 내란과 관련하여 강화도에 성城을 쌓고, 그 대안對岸의 통진에도 문수산성文殊山城(1694)을 쌓는 등 수도방위를 강화했다.

기사환국으로 집권한 남인도 1694년(숙종 20)에 왕이 마음을 바꾸어 폐위된 민비閔妃(인현왕후)를 복위하고, 남인과 연결된 장희빈을 사사하게 되자 5년 만에 다시 물러나게 되고 노론과 소론이 재집권했다. 이 사건을 '갑술환국甲戌換局'이라 한다. 이때부터 남인은 거의 재기불능의 상태로까지 전락하고 말았다. 노론과 소론은 서얼, 역관, 무인, 상인 그리고 노비층과도 연결하여 남인 측을 몰아내는데 필요한 거사자금과 힘을 빌렸다.

1694년(숙종 20)에서 1720년(숙종 46)에 이르는 기간에는 권력이 노론과 소론 사이에서 오갔다. 이 시기에도 잇따른 흉년과 홍수·질병으로 인구가 감소되어 1693년에서 1699년 사이에 약 142만 명의 인구감소 현상을 가져왔다. 더욱이 1697년(숙종 23)에는 10여 년 전부터 황해도 구월산을 무대로 활약해 오던 창우倡優 출신 장길산張吉山 농민군의 세력이 더욱 커져서 서북지방이 어수선했고, 서울에서는 중인과 서얼이 장길산 부대와 연결하여 새 왕조를 세우려다 발각되는 일까지 일어났다.

그러나 숙종 대에 대동법을 황해도지방까지 확대하였으며(1708, 숙종 34), 서북인을 무인武人으로 대거 등용하고(1709), 중인과 서얼을 수령에 등용하도록 조처했다(1697, 숙종 23). 특히 1712년(숙종 38)에는 청과 북방경계선을 확정지어 백두산 아래에 정계비定界碑[81]를 세워 서쪽으로는 압록강, 동쪽으로 토문강土門江을 경계로 삼았다. 여기서 토문강은 다소 애매한 상태에서 정해졌지

---

81) 정계비는 백두산 정상에서 동남방 4km 지점에 세웠는데, 청은 1880년(고종 17) 토문강이 두만강이라고 주장하여 논란이 일어났다. 그 뒤 1909년 일본은 만주철도부설권을 청으로부터 얻기 위해 청과 간도협약을 체결하면서 두만강을 조선과 청나라의 국경선으로 인정해주어 두만강 이북의 간도지역[지금의 연변]을 청나라에 넘겨주어 오늘에 이르고 있다.

만, 우리 측은 그 후 이 강을 두만강 북쪽에 있다고 인식
하였다. 백두산정계비는 조선 측의 영토확장에 유리한 국
면을 조성하였다.

　　울릉도와 독도를 영토로 확정한 것도 숙종 때였다.
수군水軍출신의 안용복安龍福이 1696년(숙종 22) 울릉도와 우
산도[독도]에 출몰하는 왜인을 쫓아내고 일본 당국과 담판
하여 우리의 영토임을 승인받았다.[82] 안용복 사건을 계기
로 조선 정부는 일본 막부와 울릉도 귀속문제를 확정하
고, 적극적으로 해방海防정책을 강화하면서, 울릉도 경영
에 나섰다. 울릉도 지도가 활발하게 제작된 것도 이 무렵
이다.

　　한편, 1704년(숙종 30) 노론의 주장에 따라 임진왜란
때 우리를 도와준 명나라의 은혜를 잊지 않고, 또 우리가
명의 유교문화를 계승한 유일한 문명국가임을 확인하기
위하여 임진왜란 때 원병을 보내준 신종神宗을 제사하는
대보단大報壇[83]을 창덕궁 안에 설치하였다. 그리고 이순신

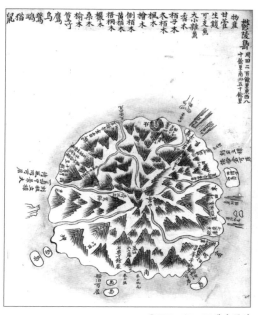

울릉도 지도 18세기 중엽
오른편에 우산도[독도]가 보인다. 《해동지도》 중에서

사당에 '현충顯忠'이라는 호를 내리고(1707, 숙종 33), 의주에
강감찬 사당을 건립하여(1709) 국민의 애국심을 고취시켰다. 숙종 말년에는 남구만南九萬의 노력
으로 세종 때 설치했다가 폐지한 '폐사군廢四郡'의 일부를 복설하여 압록강 연안이 본격적으로
개발되기 시작했다. 강화도의 농지를 대대적으로 개간하고, 강화도 내성內城(1704~1709), 북한산성
(1711~1712), 평양성, 안주성 등이 잇달아 축조되어 방위체제가 훨씬 강화되었다.

　　숙종 말년에는 삼남지방에서 양전사업이 완료되어 총 100만 결을 얻었는데, 그 가운데
국가에서 세금을 받는 수세지는 66만 7,800결[84]이었다. 이 수치는 광해군 때 파악한 54만 결에
비해 크게 늘어난 것이다. 전국의 인구는 680만 명으로 늘어났는데(1720), 실제의 인구는 이보다
많은 약 1천만 명이 넘었을 것으로 보인다.

　　숙종 때에는 문화사업 면에서도 중요한 성과가 나타났다.《경국대전》을 보완한《대전속록
大典續錄》,《열조수교列朝受敎》 등을 비롯하여 각종 국가통치질서를 강화하기 위한 편찬사업이 활기
를 띠었다.

---

82)　안용복은 동래東萊 사람으로 동래수군으로 복무하던 중 1693년(숙종 19) 동래어민 40여 명과 울릉도에서 고기
　　잡이하다가 일본인에게 붙들려 갔다. 그는 일본에 가서 울릉도가 우리 영토임을 주장하고 돌아왔다. 그 후
　　1696년에도 10여 명의 어부와 울릉도로 출어하여 일본어선을 발견하고 울릉, 우산 양도감세관을 자칭하면서
　　일본 오키주에 가서 태수의 사과를 받고 돌아왔다. 조정에서는 그가 국가의 허락도 없이 국제분쟁을 일으켰
　　다고 하여 극형이 논의되었으나 남구만南九萬의 만류로 귀양으로 끝났다. 그는 울릉도와 우산도于山島(지금의 독
　　도)를 몸으로 지키는 데 크게 공헌하였다.

83)　영조 때에는 조선왕조의 국호를 정해준 명나라 태조와 호란 때 원병을 보내준 의종毅宗의 위패를 추가로 대
　　보단에 안치했다.

84)　숙종 대 파악된 토지결수는 《실록》과 《문헌비고》의 기록이 서로 다르다. 《문헌비고》에는 1720년(숙종 46)의 토
　　지결수가 100만 결로 되어 있다. 《실록》의 결수는 실제로 수세지의 결수를 말하는 것으로 보인다.

숙종시대는 조선왕조가 전란의 피해복구와 국가재정비사업이 일단 마무리되어 중흥의 기틀을 다진 시기로 볼 수 있다.

3. 영조의 탕평정책과 왕조중흥

숙종의 뒤를 이어 왕위에 오른 이는 장희빈의 아들로 33세의 경종景宗(1720~1724)이었는데, 그를 따르던 소론이 정권을 장악했다. 소론은 집권 직후 노론의 추천으로 왕세제王世弟로 책봉된 이복동생 연잉군延礽君[뒤의 영조]의 대리청정을 요구한 노론 4대신[85]을 역적으로 몰아 처형하여 노론의 원한을 크게 샀는데, 경종이 재위 4년 만에 죽고, 31세의 연잉군이 왕위에 오르니 이가 영조英祖(1724~1776)이다. 숙종의 후궁 숙빈최씨의 아들로서 노론에 의해서 왕세제王世弟로 책봉되었다가 왕이 되었으므로, 영조 초기에는 노론이 집권했다. 이 시기는 청나라가 강희康熙, 옹정雍正, 건륭乾隆 연간의 융성기를 맞아 조청관계가 안정되면서 내치에 전념할 수가 있었다. 영조가 통치한 53년간은 청나라의 전성기와 유사한 조선왕조 중흥기였다.

영조는 집권 초기 1728년(영조 4)에 소론계 이인좌李麟佐의 도전을 받았다. 이인좌는 소론·남인세력과 중소상인, 노비를 규합하여 청주 등지에서 대규모 반란을 일으켰지만 진압되었다. 세력이 위축된 소론은 사도세자思悼世子(1735~1762)[86]와 연계하여 재기를 시도했으나, 위기감을 느낀 왕과 노론은 1762년(영조 38) 28세의 사도세자를 뒤주에 가두어 죽게 하는 비극을 초래했다[임오화변]. 이 사건을 계기로 노론은 임오화변을 찬성하는 벽파僻派와 세자를 동정하는 시파時派의 갈등이 있었지만, 숙종시대에 비하면 정치적 참극은 적은 편이었다.

영조는 노론의 지지를 받아 왕위에 올랐지만, 살육과 보복이 되풀이되는 붕당정치의 과열을 염려하여 왕권강화를 위해 종전과는 다른 군주상君主像을 세웠다. 첫째, 임금은 신민臣民의 부모와 같다는 군부일체론君父一體論을 내세워 임금에 대한 효와 충을 강조했다. 둘째, 요순과 같은 고대 성왕聖王을 자처하면서 임금인 동시에 스승이라는 이른바 군사君師라는 초월적인 군주상을 수립하고,[87] 이에 근거하여 탕평책蕩平策[88]을 썼다. 그래서 당파를 초월하여 온건하고 타협

---

85) 노론 4대신은 김창집金昌集, 이이명李頤命, 조태채趙泰采, 이건명李健命을 말한다.

86) 사도세자는 영조의 후궁인 영빈이씨[선희궁]의 소생으로 무예가 뛰어나서 18기를 만드는 등 재능이 있었으나 소론이 그를 옹호하여 노론과 영조의 의심과 미움을 사게 되자 시간이 갈수록 일탈하는 행동이 많았다. 그러다가 창경궁에 모셔진 영조의 왕비 정성왕후 서씨의 혼전魂殿에 영조가 참배하러 갔을 때 세자가 나타나지 않자 노여움이 폭발한 영조가 세자를 뒤주에 넣어 8일간 굶긴 끝에 숨을 거두게 했다. 이때 세자의 나이 28세였으며, 세손 정조는 11세였다.

87) 옛날의 성인聖人은 단순히 치통治統을 가진 권력자가 아니라 도덕적으로도 정통성을 가진 도통道統을 겸비했다고 보고, 이렇게 치통과 도통을 겸비한 성인을 군사君師로 불렀다. 군사론을 처음 주장한 사람은 성종 때의 양성지梁誠之와 선조 때의 율곡 이이李珥로서 율곡은 선조에게 군사가 되라고 누누이 요청했다. 영조는 바로 율곡이 주장한 군사론을 받아들여 스스로 군사로 자처한 것이다.

88) 탕평은 《서경書經》〈홍범조洪範條〉의 정치이념을 빌어온 것으로, 중국 고대 성인聖人이 불편부당不偏不黨한 정치를 펴서 어느 한쪽에 기울어지지 않고 만민을 모두 끌어안는 선정善政을 베풀었다는 뜻이다. 영조는 성균관 입구에 탕평비蕩平碑를 세웠는데, 거기에는 '周而不比 乃君子之心 比而不周 寔小人之私意'라고 썼다. 또 같은 당파끼리 혼인하는 것을 금하는 동색금혼패同色禁婚牌를 만들어 집집마다 걸어놓게 했다.

적인 인물을 등용하여 왕권에 순종시키는 데 주력하였다. 이를 '완론탕평緩論蕩平'이라고도 한다. 탕평정책은 숙종 때의 '환국정책'이 많은 부작용을 낳은 데 대한 반성으로, 초당적 정치운용으로 왕권을 세우자는 발상이었다.

영조는 다른 한편으로 붕당의 뿌리를 제거하기 위하여 재야 산림의 이른바 '공론公論'을 인정하지 않았고, 그들의 본거지인 서원書院을 대폭 정리하였다. 또한, 조정에서 공론의 대변자임을 자처하던 이조 낭관郎官과 한림翰林들이 자신의 후임을 자천自薦하는 제도를 폐지하였다. 그 대신 일반민의 여론을 직접 정치에 반영하기 위해 신문고申聞鼓 제도를 부활하고, 궁 밖에 자주 행차하여 직접 민의를 청취하였다. 백성들이 행차 도중의 왕을 직접 만나서 억울한 일을 호소하는 것을 당시 상언上言, 격쟁擊錚이라 했다.

영조는 사상정책에 있어서도 탕평을 지향했다. 성리학을 일단 중심에 두면서도 왕권강화를 지지하는 남인학자의 고학古學을 받아들이고, 《주례》나 《정관정요》와 같은 법가적 저서들도 경연에서 공부하여 개방적 자세를 보였다. 말하자면 당시 여러 붕당의 진보적 사상을 모두 포용하여 왕권강화와 국가중흥에 이용하였다.

영조(1694~1776) 어진 보물 932호, 1900년, 203.0×83.0cm, 조석진 · 채용신 그림, 국립고궁박물관 소장

한편, 강화된 왕권을 바탕으로 민생안정과 산업진흥을 위한 여러 개혁을 단행했다. 먼저, 백성들의 군역부담을 완화하기 위해 1750년(영조 26) 균역법均役法을 시행하고, 당인들이 장악한 병권을 병조에 귀속시켰으며, 탁지정제度支定制를 따라 국가재정을 개혁하고, 《무원록無寃錄》을 편찬하여 형벌제도를 완화했으며, 사형수에 대한 삼심제[三覆法]를 엄격하게 시행하였다.

영조 대에는 두만강 · 압록강 일대의 농지개간과 방어시설 확충에 많은 노력을 기울였으며, 강화도 · 덕적도 등 도서지방의 방어를 위한 해방정책海防政策을 강화했다. 그리하여 강화도에 외성을 쌓고(1744), 평양에 중성(1733)을 쌓는 등 축성사업과 아울러 각종 국방지도를 제작하였다.

수도방위를 강화하기 위해 서울의 부유한 시민[貢人, 市肆]을 주축으로 수도방어체제를 개편하고, 이를 《수성윤음守城綸音》(1751)으로 반포했다. 이는 서울의 상공업발달에 따른 국방개념의 변화를 의미한다. 영조는 1760년(영조 36) 서울 시민의 자발적인 협조를 얻어 청계천을 준설하여 도시를 재정비하고, 왕도王都와 상업도시로 번영하는 서울의 위상을 과시하기 위해 많은 서울지도를 제작하였다.

국토의 심층적 파악과 국가경영의 효율성을 높이기 위해 전국적인 지리지와 지도의 편찬도 활발하게 추진되었다. 16세기에 편찬된 《동국여지승람東國輿地勝覽》 이후 변화된 지리지식을 반영하기 위해 방대한 《여지도서輿地圖書》(1765)를 새로 편찬했으며, 지리전문가인 신경준申景濬을 시켜 《동국문헌비고東國文獻備考》의 〈여지고輿地考〉(1770)를 편찬케 하였다.

지도는 지리지와 국토의 모습을 한눈에 볼 수 있게 하는 것으로, 1770년(영조 46) 신경준을 시켜 《동국여지도東國輿地圖》라는 8권의 채색지도집을 편찬했는데, 이 책은 우리나라 전도全圖와 도지도道地圖 그리고 전국의 읍邑을 모두 그리고 모눈으로 선을 구획하여 지도의 정밀성을 높인 것이다. 이밖에 뛰어난 지도학자인 정상기鄭尙驥, 정항령鄭恒齡 부자의 지도를 입수하여 홍문관에

청계천 준설도 1760년, 영조와 신하들이 작업하는 모습을 다리 위에서 지켜보고 있다.
경남대학교 소장 데라우치문고

서 모사해 놓기도 하는 등 우리나라 지도발달사에 큰 업적을 쌓았다. 현재 서울대학교 규장각 한국학연구원에 있는 아름다운 채색지도집인《해동지도海東地圖》(8권)도 1750년대에 만들어진 것이다. 이 지도집에는 전국의 모든 읍과 진鎭 그리고 만리장성과 중국전도, 유구지도 등 370여 종의 지도가 수록되어 있다.

학문을 숭상하고 국가의 문물제도를 시의時宜에 맞게 재정비하려는 의욕에 넘쳤던 영조는 이 밖에도 많은 편찬사업을 이룩하여 문예부흥의 터를 닦았다.《속대전續大典》,《속오례의續五禮儀》,《속병장도설續兵將圖說》,《동국문헌비고》등은 대표적 업적이다. 영조는 군사君師를 자처할 만큼 학문이 뛰어나서 스스로《자성편自省編》을 비롯한 많은 책을 저술하여 경연에서 세자와 신하들에게 읽혔으며, 뒤에 자신의 글을 모아《어제집경당편집御製集慶堂編輯》(6권)을 간행했다. 또 율곡의 학문을 존경하여 그가 지은《성학집요聖學輯要》를 경연에서 읽기도 했다.

노비가 양인이 되는 길을 넓혀주고 서얼과 평안도 선비의 벼슬길을 열어준 것도 이때로써, 조선왕조의 국력과 문화수준이 크게 높아지고 사회경제의 발전과 안정이 증진되었다.

4. 정조의 탕평책과 민국을 위한 개혁

정조(1752~1800) 어진 선원보감

영조의 뒤를 이어 즉위한 정조正祖(1776~1800)는 비명으로 죽은 사도세자의 아들로서, 영조의 탕평정치를 계승했다. 할아버지 영조와 마찬가지로 성리학과 율곡의 학문을 정학正學으로 받아들이면서도 남인의 고학古學, 노론의 북학北學은 물론 불교와 한당유학에 이르기까지 왕권강화에 필요한 여러 학문을 넓게 수용하여 사상탕평을 동시에 추구했다.

그러나 영조의 '완론탕평'과 달리 당파의 옳고 그름을 명백히 가리는 '준론탕평峻論蕩平'으로 정책을 바꾸었다. 정조는 세손 때는 물론 왕위에 오른 뒤에도 사도세자를 죽음으로 몰아넣은 노론벽파로부터 여러 차례 생명의 위협을 받았다. 벽파는 정조의 보복을 두려워했고, 정조는 벽파를 두려워했다. 그래서 이들을 견제하기 위해 '준론탕평'을 내건 것이다.

정조는 세손 때부터 독서광으로 불릴 만큼 학문을 닦아 자신감을 가지고

군사君師의 군주상을 표방했다. 그래서 자신을 '만천명월주인옹萬川明月主人翁'
이라 칭하면서 모든 시냇물을 비추는 달처럼 모든 백성을 사랑하는 정치를
폈다. 정조의 글은 뒤에 《홍재전서弘齋全書》(184권 100책)로 간행되었는데, 이렇
게 많은 저술을 남긴 학자군주는 동서고금에 없었다.

　　정조는 양반＝사족중심의 국가운영을 탈피하여 서얼, 지방 선비, 중인,
농민 등 소외된 소민小民을 보호하는 '민국民國'[89] 건설을 목표로 두고, 소민을
적극적으로 과거를 통해 등용했는데, 문과급제자의 약 절반이 신분이 낮은
사람들이었다.

정조대왕필 파초도　보물 743호,
51.3×84.2cm, 동국대학교 도서관 소장

　　정조의 '민국' 건설을 뒷받침한 정치기구는 문신친위조직인 규장각奎
章閣[90]과 무신친위조직인 장용영壯勇營이었다. 1776년(즉위년) 창덕궁 안에 세운
규장각에는 수만 권의 한국책과 중국책을 모으고, 젊은 학자들을 학사學士로
임용하여 문한文翰의 기능, 비서실 기능, 과거시험 주관기능 등 여러 특권을
부여했다. 특히 40세 이하의 젊은 관료의 재교육을 위해 초계문신제抄啓文臣制
를 시행하여 시험성적에 따라 승진시킴으로써 정조의 친위세력을 키웠다. 규
장각은 바로 문예부흥과 개혁정치의 산실이 되었다. 장용영壯勇營은 서울 창경궁과 화성에 나누
어 주둔시켰다.

　　정조는 아버지 사도세자의 명예회복이 자신의 정통성과 관련된다는 것을 깨닫고 아버
지에 대한 효도를 극진히 했다. 1789년(정조 13)에 양주에 있던 아버지 묘소를 수원水原으로 옮겨
'현륭원顯隆園'이라 하고, 현륭원 북쪽의 팔달산 밑에 새로운 성곽도시로 화성華城을 건설했다(정
조 20, 1796).[91] 1804년에 15세가 되는 아들 순조에게 왕위를 물려주고, 어머니 혜경궁을 모시고
이곳으로 은퇴하려는 목적이 있었으나 1800년에 타계하여 은퇴의 꿈을 이루지 못했다.

　　화성은 실학의 정신과 기술이 담기고, 모범적인 현대적 성곽도시, 농업도시, 상공업도시로

---

89)　민국은 '백성의 나라'를 뜻하는데, 영조 때부터 쓰이기 시작하여 고종 때에는 대한제국 건설의 목표를 '민국건설'
　　에 두었으며, 1919년 대한민국 임시정부의 국호를 '대한민국'으로 정한 것도 '민국'을 계승한다는 뜻이 담겨 있다.

90)　규장각은 창덕궁과 강화도(1781)의 두 곳에 설치하여 전자를 내각內閣, 후자를 외각外閣이라 불렀다. 내각은 학
　　사들의 집무소인 이문원摛文院과 서고書庫로 구성되었는데, 창덕궁 후원의 주합루宙合樓 아래층에 규장각의 현
　　판을 걸었다. 이곳에는 정조 자신의 글과 글씨를 보관하고, 그 주변에 봉모당奉謨堂, 열고관閱古觀, 개유와皆有窩,
　　서고西庫 등을 지어 선왕들의 글과 글씨, 중국책, 우리나라 책들을 나누어 보관했다. 창덕궁 내각에는 약 3만
　　여 권의 책이 보관되어 있었다. 강화도의 외각은 1866년의 병인양요 때 불타버리고, 그 속에 있던 약 6천 권
　　의 도서 중 300여 권의 의궤儀軌는 프랑스군이 약탈하여 나폴레옹 3세에게 헌납했다. 이 책들은 프랑스 국립
　　도서관에서 보관하다가 2011년 대여형식으로 모두 반환되었다. 창덕궁 안에 있던 도서들은 대한제국기에 다
　　른 기관에 있던 도서와 합쳐져 약 10여만 권으로 늘어났으며, 일제시대 조선총독부와 경성제국대학에서 관
　　리하다가, 해방 후 서울대학교에 이관되어 현재 서울대학교 규장각 한국학연구원에 보관되어 있는데, 이를
　　'규장각도서'라고 부른다.

91)　화성 건설에는 약 80만 냥의 경비가 지출되고, 공사기간은 2년 4개월이 소요되었다. 공사에 참여한 노동자(장
　　인)들에게는 일당日當의 품값이 지불되고, 공사가 끝난 뒤에 《화성성역의궤華城城役儀軌》를 편찬하여 공사에 관
　　련된 모든 경비, 인력, 물자, 기계, 건축물을 상세히 기록하였다. 심지어 5천 명에 달하는 노동자의 이름과 거
　　주지까지 기록했다. 이 책은 오늘날 화성(수원) 연구와 화성복원 사업 그리고 정조의 개혁정책을 연구하는 데
　　귀중한 자료로 이용되고 있다. 18세기에는 전 세계적으로 이와 같이 정밀한 도시건설 기록을 남긴 예가 없
　　다. 화성은 1997년 유네스코 세계문화유산으로 지정되었다.

정조의 화성행차도 부분 가운데 가마에 혜경궁이 타고, 뒤에 양산을 받치고 있는 말에 정조가 타고 있다. 《원행을묘정리의궤》에서

설계되었다. 거중기, 녹로 등 최신식 공법을 사용하여 한국식[돌]과 중국식[벽돌]이 절충된 성곽을 쌓고, 그 안에 행궁行宮과 장용영壯勇營 외영外營을 건설하고, 주변에 국영농장을 설치하여 화성경비에 충당하고, 만석거萬石渠, 만년제萬年堤, 축만제祝萬堤[서호] 등 저수지를 만들어 흉년을 모르는 농업도시를 만들었다. 화성은 정조의 혁신정치를 상징하는 시범적인 자급도시였다. 화성을 건설한 뒤 개성松都, 강화도沁都, 광주廣州[남한산성]를 묶어 서울을 엄호하는 네 군데의 유수부留守府[위성도시]를 구축하여 서울을 중국 고대의 수도인 장안長安과 동등한 황제의 도시로 격상시켰다.

정조는 아버지 묘소를 참배하기 위해 자주 화성에 행차했는데, 특히 아버지와 어머니의 회갑을 기념하는 1795년(정조 19)의 행차에는 약 1,800명의 수행원과 800필의 말이 수행하여 그 위엄이 대단했으며, 신작로新作路(지금의 시흥대로)를 만들고, 한강에는 수십 척의 배를 묶어 처음으로 배다리[舟橋]를 만들어 건너갔다. 화성에 가서는 노인들에게 양로연을 베풀고, 빈민들에게 식량을 배급하고, 문과와 무과시험을 치러 선비들을 격려하고, 야간군사훈련을 실시하기도 했다.

행차가 끝난 뒤에는 행차에 관련된 일정, 비용, 참가자명단, 행차그림 등을 기록하여 《원행을묘정리의궤園幸乙卯整理儀軌》(1797)로 편찬하고, 김홍도 등 화원을 시켜 대형 병풍그림으로도 제작했다. 이 병풍그림이 지금 여러 종류가 전해져 당시의 정치와 문화수준이 어떠했던가를 생생하게 보여주고 있다.

정조는 민생안정과 문화부흥을 위한 여러 시책을 폈다. 계지술사繼志述事[92]를 내걸고 전통문화를 계승하면서 중국과 서양의 과학기술을 받아들여 국가경영을 혁신했다. 재정수입을 늘리고 상공업을 진흥시키기 위해 1791년(정조 15) 통공정책通共政策을 써서 시전상인들의 자유상인

---

92) 계지술사라는 말은 조상의 뜻을 계승하면서, 부분적으로 새로운 것을 가미한다는 뜻이다. '법고창신法古創新'이나 '온고지신溫故知新'과 비슷한 말이다.

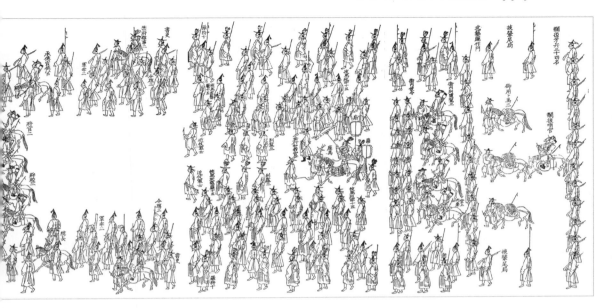

통제권[금난전권]을 폐지하여 자유상업을 진작시키고, 전국 각지의 광산개발을 장려했다. 이로써 상공업이 크게 발전하고, 서울은 인구가 집중되어 도성 밖에 새 마을[신촌]이 곳곳에 형성되고, 한강에는 많은 상선商船이 출입하면서 포구가 늘어났다.

한편, 재야사림이 주관하던 군현단위의 향약을 수령에게 맡겨 지방사족의 발호를 억제하고, 백성에 대한 국가의 통치력을 강화했다.

중국 문화를 전반적으로 이해하기 위해 강희제康熙帝 때 중국 역대의 서적을 집대성한 5,022권의 방대한 《고금도서집성古今圖書集成》을 수입하고, 《경국대전》 이후 바뀐 제도를 증보한 《대전통편大典通編》(1785), 역대의 외교관계를 정리한 《동문휘고同文彙攷》(1788), 호조의 기능을 정리한 《탁지지度支志》, 예조의 기능을 정리한 《춘관통고春官通考》, 역대의 형사법과 재판제도를 정리한 《추관지秋官志》, 홍문관의 역사를 정리한 《홍문관지》, 규장각의 직제를 설명한 《규장각지》, 성균관의 역사를 정리한 《태학지太學志》, 병법서인 《병학통兵學通》(1785), 전통무예 24기를 그림과 함께 설명한 《무예도보통지武藝圖譜通志》(1790), 영조 때 편찬된 《동국문헌비고》를 증보하고 수정한 《증정문헌비고》(1790), 영조 때 편찬된 《여지도서》를 보완한 《해동여지통재海東輿地通載》, 한자 음운을 새롭게 정리한 《규장전운奎章全韻》, 원나라 때 편찬한 송나라 역사를 우리 시각으로 다시 쓴 《송사전宋史筌》 등 수백 종의 거창한 서적을 국가사업으로 간행했다.

한편, 정조는 세손 때부터 매일매일의 생활을 반성하는 뜻에서 《일성록日省錄》[93]이라는 일

---

93) 《일성록》은 현재 1760년(영조 36)에서 1910년까지의 기록이 남아 있는데, 모두 2,327책이다. 특히 왕이 정치에 직접 관여한 일들, 예컨대 신하나 백성이 왕에게 올린 건의서나 왕의 명령, 왕의 동정, 서적 편찬, 경연에서 읽은 책의 내용, 군사훈련, 죄수심리, 백성에 대한 진휼 등이 상세하게 기록되어 있다. 이 책은 국보로 지정되어 있으며, 유네스코 세계기록문화유산으로 등록되었다.

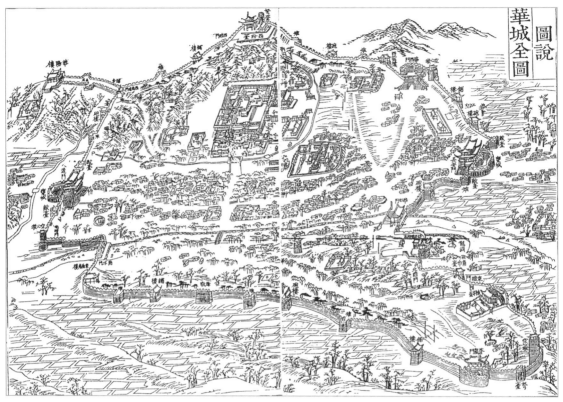

화성전도 위쪽 꼭대기에 서장대, 그 아래에 행궁, 오른편에 장안문, 왼편에 팔달문이 그려져 있다.《화성성역의궤》

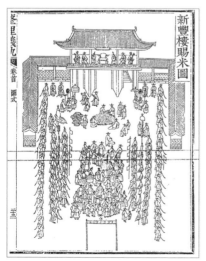

화성 신풍루에서 가난한 백성들에게
쌀을 나누어 주는 그림 《원행을묘정리의궤》

기를 쓰기 시작했고 왕이 된 뒤에는 규장각의 신하들이 왕을 대신하여 매일매일의 주요 정사를 상세하게 기록했는데, 그 뒤 모든 임금들이 이를 계승했다. 또한 규장각 설립 이후에는 규장각의 일을 매일 기록한《내각일력內閣日曆》을 편찬하기 시작했다.

문헌편찬사업과 병행하여 활자도 아름답게 개량되어 한구자韓構字, 정리자整理字 등이 새로 주조되고, 천문과학 및 미술 분야에서도 뛰어난 걸작이 나타났다. 지도제작에 있어서도 당시의 과학수준을 반영하여 현대지도와 방불한 정밀하고 아름다운 채색지도가 많이 제작되었다.

영조에 뒤이은 대대적인 편찬사업으로 조선왕조는 15세기에 이어 300년 만에 경제적으로 강력해지고, 문화적으로도 청淸의 강희·옹정·건륭 문화와 쌍벽을 이루는 찬란한 문화대국으로 올라섰다. 실로 정조시대는 숙종시대부터 기반이 다져진 왕조중흥의 꽃이 활짝 핀 전성기로, 한국사가 근대로 접어드는 과도기이기도 했다.

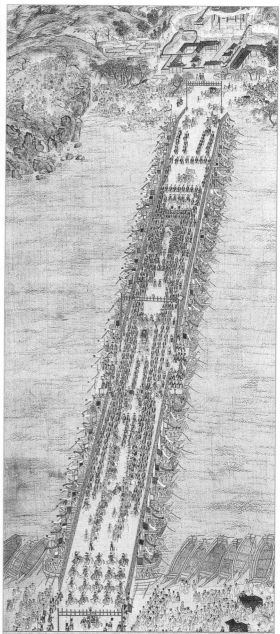

정조대왕 능행도 병풍(좌. 봉수당 진찬도, 우. 한강주교도)
1795년(정조 19) 사도세자와 혜경궁 홍씨의 회갑을 기념하여
정조대왕은 어머니를 모시고 화성에 가서 회갑잔치를 벌이고 서울로 돌아왔다.
왼쪽 그림은 화성 봉수당에서 열린 회갑잔치 모습이고,
오른쪽 그림은 노량진에 배다리를 놓고 건너오는 모습이다.
노량진 명수대 언덕에 많은 주민들이 나와 구경하고 있으며, 엿장수·술장수의 모습이 인상적이다.
한국고궁박물관 소장

5. 부세제도의 개선

1) 전세의 개편

왜란과 호란 후의 긴급한 과제는 파괴된 경제를 복구하여 민생을 안정시키고 국가재정을 확보하는 일이었다. 이와 관련하여 각종 부세제도를 개선하는 일이 추진되었고, 먼저 전세제도의 개선이 이루어졌다.

임진왜란 직후 전국의 전결수田結數는 전쟁 이전의 3분의 1로 줄어들었는데, 가장 피해가 컸던 경상도는 전쟁 전의 약 6분의 1로 농지가 감소되었다. 토지의 황폐화와 토지대장[量案]의 소실 등이 그 주요 원인이었다. 전후에 계속하여 진전陳田[묵힌 땅]이 개간되고 양전사업이 실시되면서 토지결수는 점차 늘어났다. 이에 따라 광해군 때 54만 결, 인조 때 90만 결, 숙종 때 140만 결, 영조~정조 때 최고 145만 결까지 증가했다.

그러나 토지결수의 증가에도 불구하고 국가의 수세지는 전결수의 약 60%에 지나지 않았으며, 그 나머지는 궁방전宮房田이나 관둔전官屯田 등 면세지였다. 더욱이 효종 때에는 전세부담을 낮추고 공평화하기 위해 영정법永定法을 실시한 결과 전세율이 1결마다 4~6두로 고정되고, 종전의 수등이척隨等異尺과 연분 9등을 폐지하여 양전하는 자[尺]를 통일하되, 그 대신에 토지의 등급에 따라 1결의 면적을 달리하는 이적동세異積同稅를 실시하였다. 그 결과 전세율이 종전보다 낮아진 것은 사실이나, 수세지와 전세율의 감소로 국가의 전세수입은 현저히 줄어들었다. 국가는 전세수입의 부족을 다른 방법으로 보충하지 않으면 안 되었으니, 삼수미三手米와 대동미大同米 등 각종 부가세가 추가되어, 18세기 말에는 대략 1결당 쌀 40두에 이르렀다. 이러한 농민부담은 당시의 토지생산력에 비추어 무거운 것은 아니었으며, 국가수입은 상대적으로 늘어나서 재정의 안정을 되찾게 되었다.

2) 공납제의 개선 - 대동법

국가의 3대 수입원 중 하나인 공납貢納은 국가수입의 약 60%를 차지할 정도로 컸는데, 이미 국초부터 공납청부방식인 방납防納 형식으로 운영되고 있었다. 그러나 방납자의 농간으로 국가수입을 축내고 농민부담을 가중시키는 폐단이 있었다. 그리하여 방납제의 모순이 16세기에는 가장 큰 사회문제의 하나를 이루어 여러 차례 방납의 시정에 대한 논의가 있었지만 실현되지 않았다. 특히 이이李珥는 방납에 대한 대안으로 수미법收米法을 주장했는데, 토지를 단위로 하는 것이기에 지주들의 반발이 컸다.

왜란을 거친 후 국가재정이 극도로 궁핍해지면서 수미법을 대동법大同法이라 이름하여 비로소 실시를 보게 되었다. 1608년(광해군 즉위년)에 이원익·한백겸 등의 주장에 따라 경기도에 시행한 것이 그 첫 시도였다. 그 후 실시지역을 점차 확대하여 1708년(숙종 34)에는 평안도와 함경도를 제외한 전국에 실시되고, 이를 관할하는 관청으로 선혜청宣惠廳을 두었다.

대동법의 실행으로 종전의 상공常貢이 면제되는 대신 대동미大同米라는 이름으로 1결마다 미곡 12두[처음에는 16두]를 받았는데, 산간지방에서는 미곡 대신에 포布나 돈을 받기도 했다. 국가는 선혜청에서 징수한 쌀·포·돈을 공인貢人이라 불리는 특허상인에게 공가貢價로 지불하여 관청수요품을 조달하게 했다. 그 결과 대동법 실시 이후 공인으로 막대한 부를 축적한 자본가가 성장하고 화폐유통이 활발해졌으며, 공인의 주문에 따라 생산하는 수공업이 활기를 띠었다. 경상도 삼랑진三浪津, 충청도 강경江景, 함경도 원산元山 등지가 미곡집산지로 각광을 받아 상업도시로 성장했다.

대동법은 공납을 전세로 바꾼 까닭에 토지가 많은 부호에게는 불리하고 토지가 적거나 없는 농민에게는 유리하여 농민 부담을 크게 덜어주었다. 그리고 국가의 전세수입의 부족을 이로써 보충하여 국가재정이 크게 호전되었다. 그러나 대동법 시행으로 매년 정기적으로 바치는 상공常貢은 없어졌지만, 왕실에서 소비하는 진상進上이나 별공別貢은 그대로 남아 현물징수가 완전히 폐지되지는 않았다.

3) 군역제도의 개선 - 균역법

임진왜란 중에 명나라 척계광의《기효신서》의 영향을 받아 훈련도감訓鍊都監이 설치되어 포수[砲]·사수[射]·살수[殺]의 삼수병三手兵을 훈련하고, 호란을 거치면서 총융청·어영청·수어청·금위영 등이 새로이 설치되어 숙종 때까지 이른바 5군영五軍營이 성립했다. 이는 조선 초기의 중앙의 기간부대인 5위五衛 체제가 무너진 뒤로 이를 대신하여 조선 후기 중앙군의 기간부대가 재정비된 것이다.

한편 지방군으로서 속오군束伍軍이 편성되어 양인과 함께 일부 노비도 참여했다. 그 가운데 중앙군은 대체로 국가에서 급료를 지급하는 모병募兵이었으며, 속오군은 경비를 스스로 부담했다. 모병의 경비는 양인이 바치는 군포軍布로 충당되었다. 세조 때 보법保法이 시행되면서 대역제代役制가 나타나다가 중종 때부터 군역 대신 군포를 바치는 것으로 통일되고 모병제가 정착된 것이다. 군포는 원칙적으로 양인 이상의 장정 수에 따라 받아들이는 것이지만, 국가는 군포의 총액을 미리 정해 놓고 이것을 마을단위로 할당하여 부과하는 방법을 택했다. 국가의 예산을 계획적으로 운영하기 위해서는 이러한 방법이 효과적이었다.

그러나 군포할당제는 집행과정에서 부작용이 없지 않았다. 각 마을은 실제 장정 수보다 많은 군포를 연대책임으로 징수하는 경우가 있어서 양반이 내지 않는 군포나, 이웃사람[隣徵] 혹은 친척의 군포[族徵]까지 떠맡아야 하고, 이미 죽은 사람[白骨徵布]이나 어린아이[黃口簽丁]에게조차도 군포를 부과하는 사례가 있었다. 그리하여 족징·인징·백골징포·황구첨정의 폐단으로 한 사람의 장정이 베 2필씩 바치도록 되어 있는 군포를 실제로는 그 몇 배를 물어야 하는 경우가 많았다. 포布 1필은 쌀 6~12두에 해당하므로 그 부담은 전세나 공납[대동미]보다 훨씬 무거웠다.

군포의 폐단은 17세기 말에서 18세기 초에 걸쳐 가장 심하여 군역은 양인의 부담 가운데 가장 큰 비중을 차지했다. 5군영의 설치와 북벌준비에 따른 군역의 강화가 군역부담을 가중시켰으며, 군역의 폐단은 농민의 이농을 초래하고, 군역을 피하기 위하여 모칭유학冒稱幼學으로 불리는 가짜 학생이 대량으로 창출되는 원인이 되기도 했다.

양역의 폐단을 시정하려는 노력은 일찍부터 있었으나, 1750년(영조 26)에 와서야 그 개선책이 마련되어 균역법均役法이 성립되었다. 이로써 종래 16개월마다 받던 군포 2필을 12개월마다 1필로 감해 주었다. 국가는 절감된 군포의 수입을 보충하기 위해 종래 군역이 면제되었던 상층 양인에게도 선무군관選武軍官이라는 칭호를 주는 대신 군포 1필을 부과시켰다. 그리고 지주에게서 토지 1결마다 미곡 2두 또는 5전을 결작結作(혹은 結米)이라는 이름으로 받아들였다. 또 종래 각 아문이나 궁방宮房에서 받아들이던 어세, 염세, 선세船稅를 균역청에서 관할하게 했다. 그 결과 국가의 수입은 줄지 않으면서 가난한 농민의 부담은 가벼워졌고, 종전에 군포를 면제받던 상층 양인의 일부와 지주들이 군포와 결작에 대한 부담을 지게 되었으므로 군역은 어느 정도 평준화가 되었다.

한편, 공사노비의 신공身貢도 원래 노奴는 면포 2필, 비婢는 1필 반을 내다가 17세기 중엽부터 점차 경감하여 1755년(영조 31)에는 노는 1필만 내고, 비는 1774년부터 부가세만 내게 하여 노비와 양인은 신역身役부담이 거의 비슷해졌다. 그러나 해마다 정부는 일정량의 신공과 결세結稅를 도道별로 할당하는 이른바 비총법比摠法을 실시하여 적지 않은 부작용이 있었지만, 국가의 재정관리가 계획적으로 운영되는 장점도 있었다.

6. 산업발전과 신분제의 변화

1) 상업적 농업

왜란과 호란으로 흐트러진 지방사회를 재정비하기 위해 호적戶籍 사업, 면리제面里制, 5가작통五家作統이 실시되었다. 한편, 농촌복구사업은 자신들의 옛 생활기반을 되찾으려는 지방양반들의 자발적인 노력으로도 나타나 읍지邑誌 편찬이 전후에 활기를 띠게 되었다.

농촌복구 사업은 우선 농업생산과 직결된 수리시설의 보완을 필요로 했다. 1662년(현종 3) 제언사堤堰司가 설치되고, 1778년(정조 2)에 제언절목堤堰節目이 반포되어 국가의 지원 아래 제언·보·저수지 등이 새로이 축조되거나 보수되었다. 18세기 말에는 큰 저수지[제언]가 3,590개 소, 작은 저수지[보]가 2,265개 소, 합하여 저수지의 총수가 약 6천 개에 달했다. 그 가운데 수원 서호西湖[만년제], 김제 벽골제碧骨堤, 홍주 합덕제合德堤, 연안 남대지南大池 등은 가장 큰 저수지로 꼽혔다. 한편 강화도를 비롯한 서해안 일대에는 간척사업이 활기를 띠어 농경지가 크게 늘어났다. 수리시설의 확장으로 수전농업이 발전하여 밭이 논으로 많이 바뀌고, 모내기법[이앙법]이 더욱 보급되었다. 모내기법은 논에 직접 씨를 뿌리는 직파법에 비해 김매기에 필요한 노동력이 크게 줄어들고, 단위면적당 수확량이 늘어났을 뿐 아니라, 모내기 이전에 본전本田에 보리를 심을 수가 있어서 벼와 보리[또는 밀]의 이모작二毛作이 가능하게 되었다.

밭에서도 밭고랑과 밭이랑을 만들어 밭고랑에다 곡식을 심는 이른바 견종법畎種法이 보급되어 노동력을 절감하는 효과를 가져왔다. 또 보리[또는 밀]와 콩[또는 조]을 매년 두 번씩 재배하는 그루갈이[根耕法]가 성행했다. 모내기법과 견종법이 널리 보급되자 노동력이 절감되어 한 사람이 경작할 수 있는 경지면적이 늘어나게 되면서 한 집에서 넓은 토지를 경영하는 이른바 광작廣作

이 성행했는데, 광작은 지주도 할 수 있고, 병작인도 할 수 있었다.

　광작이 성행함에 따라 부농과 빈농의 계급분화가 촉진되고, 농민들은 병작지를 얻기가 더욱 힘들어져서 점차 상공업자나 임노동자로 직업을 바꾸는 현상이 나타났다.

　한편 18세기경부터 상품유통이 활발해지면서 농업분야에서도 상품화를 전제로 하는 상업적 농업이 발달하기 시작했다. 인삼·담배·목면·채소·과일·약재의 재배에서 그런 현상이 두드러졌다. 특히 인삼과 담배는 수익성이 높아 가장 인기 있는 상업작물로 재배되었다. 특히 수출상품으로 인기가 높았던 인삼은 개성을 중심으로 하여 경상도·전라도·충청도 각지에서 널리 재배되었고, 담배도 17세기 초에 일본에서 전래된 뒤로 전라도 지방을 중심으로 전국에서 재배되었다. 서울 근교의 왕십리·송파 등지에서는 인구가 늘어난 서울시민을 상대로 채소재배가 성하였다.

벼타작　김홍도 그림, 국립중앙박물관

　전란을 겪으면서 기근에 대비한 구황작물의 필요성이 높아져서 고구마[감저]·감자[마령서]·고추·호박·토마토 등 새로운 작물이 널리 재배되어 전보다 먹거리가 많아졌다. 고구마는 1764년(영조 40)에 통신사로 갔던 조엄趙曮이 일본에서 가져오고, 감자는 청淸에서 종자를 들여왔다. 구황작물과 담배는 대부분 지리상의 발견으로 서양인들이 아메리카대륙에서 아시아로 가져와 퍼지게 된 것이다.

　농업의 발달에 따라 많은 농서農書가 출간되었다. 강필리姜必履·김장순金長淳 등은 고구마재배법을 깊이 연구하여《감저보》,《감저신보》등을 각각 저술하였다. 효종 때 신속申洬은《농사직설》,《금양잡록》기타 농서들을 묶어서《농가집성農家集成》을 편찬했고, 숙종 때 홍만선洪萬選은 농사와 의약에 관한 지식을 모아서《산림경제山林經濟》[94]

점심을 먹는 농민들　김홍도 그림

를 펴냈다. 영조 때 유중림柳重臨은 이를 증보하여《증보산림경제》를 편찬했다. 그 뒤 19세기 중엽에 서유구徐有榘는 전원생활을 하는 선비에게 필요한 지식과 기술 그리고 기예와 취미를 기르기 위해《임원경제지林園經濟志》(일명 林園十六志)[95]라는 방대한 농촌생활 백과사전을 편찬하였다.

　조선 후기에는 농가경제 면에서도 커다란 변화가 일어났다. 과전법이 무너지고 왕실과 관료들은 생계의 대안을 세우기 위하여 토지겸병에 나서게 되었다. 왕실은 내수사內需司를 통해 토지와 노비를 축적하고 장리長利로 불리는 고리대를 통해서 부를 축적했다. 특히 왜란 뒤에는 바닷가의 황무지를 불하받거나 민전民田을 사들여 수만 결의 궁방전宮房田을 차지했다. 관료들은

---

94) 《산림경제》의 목차는 다음과 같다. 복거卜居, 섭생攝生, 치농治農, 치포治圃, 구급救急, 종수種樹, 치선治膳, 구황救荒, 벽온辟瘟, 양화養花, 양잠養蠶, 목양牧養, 잡방雜方 등이다.

95) 《임원경제지》는 모두 113권 52책으로 800여 종의 문헌을 참고하여 농업, 식품, 원예, 수목, 옷감, 천문기상, 목축, 물고기, 가옥, 의약, 풍속, 기예, 취미, 풍수, 경제생활 등에 관한 지식을 총망라하여 집대성한 것이다. 모두 16개의 지志로 구성되어 있다.

대개 개간 혹은 매입을 통해 사유지를 늘려갔다. 고려시대와 다른 것은 토지겸병의 수단으로써 권력과 신분을 배경으로 한 약탈이 크게 줄어들었다는 사실이다. 지방사족들도 개간 혹은 매입을 통해 토지를 늘려갔으며, 각 관청도 경비조달을 위해 둔전屯田을 확대해 갔다.

토지겸병이 촉진됨에 따라 자작농은 갈수록 줄어들고, 대부분의 농민은 남의 토지를 빌어서 경작하는 병작농並作農이거나, 아니면 자작과 병작을 겸하는 예가 많았다. 그러나 병작농이라 해서 지주에게 인격적으로 예속되어 있지는 않았다. 대체로 병작인은 여러 지주의 토지를 병작하는 사례가 많아 한 사람의 지주에게 예속되지 않고 비교적 신분적으로 자유로울 수 있었다. 부자[지주]와 가난한 사람[병작인]이 한 마을에 섞여서 사는 모습은 우리나라에서만 볼 수 있는 현상이다.

병작농민이 지주에게 바치는 지대는 수확의 반을 나누는 타조법打租法이 그대로 관행되었으나, 18세기 말 무렵부터는 일부 지방에서 정액세인 도조법賭租法이 유행하기 시작했다. 도조는 대체로 수확량의 3분의 1을 표준으로 하여 정해졌으므로 타조보다 작인에게 유리하고, 또 일년 수입을 예상하여 계획된 농업경영이 가능한 이점이 있었다. 그러나 도조법은 작인이 토지를 개간했거나, 제방을 쌓거나 매수하였을 때 성립하는 것이므로 일반적인 현상은 아니었다. 그리고 도지권을 가진 작인은 그 토지를 매매할 수도 있었으며, 지주에 대하여 보다 자유스런 관계를 가지면서 부를 축적할 수 있는 가능성이 있었다. 이 도조법은 뒤에 가서 현물 대신 화폐를 지대로 바치는 금납제로 서서히 바뀌어 갔다.

2) 수공업과 광업의 발달

관청 수공업[官匠]이 중심이 된 조선 초기의 수공업은 조선 후기에 이르러 점차적으로 쇠퇴하고 민영수공업이 발달했다. 무기·종이·옷·자기·비단·유기[놋그릇], 화폐주조 등 국가의 수요가 많고 대량생산이 필요한 분야에서는 뒤늦게까지 관청수공업이 중심을 이루었으나, 그것도 점차로 민영화의 길을 걸었다. 조선 초기에 2,800여 명에 달하던 서울장인[京工匠]은 18세기 후반에는 약 10분의 1로 줄었으며, 지방장인[外工匠]의 경우도 사정은 비슷했다.

국가기관에 전속된 장인이 줄어든 대신, 국가에 장인세匠人稅를 바치기만 하는 납포장納布匠은 더욱 늘어서 18세기 중엽에는 10만여 명을 헤아리게 되었다. 이들은 대동법 시행 이후 새로 생겨난 공인貢人이나 일반시장을 상대로 물품을 제조했으므로 독립수공업자와 다름없었다. 대동법과 민영수공업은 서로 밀접한 관련을 가지면서 전개되었다. 국가는 공인으로부터 관수품을 사들이고, 공인은 수공업자에게 주문하여 관수품을 제조·구입하였다. 국가는 대규모 건축사업이 있을 때는 장인을 일당노동자로 고용하여 물품을 제조하기도 했다. 정조 때 화성을 건설하면서 수천 명의 장인을 고용하여 근무 날짜에 따라 일당日當을 지불한 것은 그 좋은 예이다. 이러한 사례는 그 뒤 관례화되었다.

수공업자는 공인하고만 연결된 것이 아니라 대상인大商人과도 손을 잡았다. 제조과정이 간단하고 소비 규모가 작은 상품은 수공업자가 자기 자본으로 제조·판매하여 상인과 경쟁할 수 있었지만, 종이·화폐·야철·자기 등과 같이 소비규모가 크고 막대한 원료를 필요로 하는 화성성역의궤 장인의 이름과 노동일수(왼편), 지급된 품값이 기록되어 있다.

물품은 대자본을 가진 상인의 힘을 빌지 않으면 안 되었다. 이 경우 대상인은 원료와 대금을 선대先貸해 주고 생산된 물품을 사들였는데, 대상인을 물주物主라고 불렀다. 가령, 지장紙匠은 지전상인, 야장冶匠은 잡철전인, 자기장磁器匠은 상인물주와 연결되어 가고 있었다. 물주의 등장은 17~18세기 수공업의 특징적인 현상이었다.

그러나 조선 후기에는 지방장시가 크게 확장되고 시장권이 넓게 형성되면서 수공업자가 자기자본으로 상품을 대량으로 제조하여 점촌店村을 만들어 직접 팔기도 하고, 보부상을 통해서 판매하는 사례도 많았다. 그 가운데 특히 제조규모가 큰 것은 솥과 놋그릇(유기)인데, 경기도 안성安城과 평안도 정주定州의 납청納靑은 놋그릇 생산지로 가장 유명했다. '안성맞춤'이라는 말이 그래서 유행했다. 이곳의 수공업자들은 자기의 자본으로 공장을 설비하고 원료를 구입했으며, 임금노동자를 고용하여 분업에 의해서 물품을 제조했다. 이들은 일종의 산업자본가로서, 서양에서 중세 말기에 나타났던 공장제 수공업[manufacture]과 유사한 것이다.

조선 초기에는 광업을 국가가 경영하여 개인의 광산개발[私採]이 금지되었으나, 17세기 중엽부터는 개인의 광산개발을 허용하면서 세금을 받아내는 정책으로 바뀌어갔다. 이를 설점수세제設店收稅制라 한다. 이에 따라 개인에 의한 광산개발이 촉진되었는데, 특히 청淸나라와의 무역에서 은銀의 수요가 늘어가자 은광銀店개발이 점차 활기를 띠었다. 그리하여 17세기 말에는 70개 소에 가까운 은광이 설치되었는데, 그 가운데 평안도 단천端川과 경기도 파주·교하는 특히 유명했다.

18세기 중엽부터는 농민들이 광산에 너무 모여들어 농업에 지장을 주는 것을 고려하여 공개적인 채취를 금지하고 높은 세금을 부과했다. 그러나 상인들은 광산개발이 이득이 많았으므로 금광·은광을 몰래 개발하여 이른바 '잠채潛採'가 날로 번창하여 갔고, 큰 자본을 모은 이도 나왔다. 이른바 덕대德大라고 불리는 물주가 노동자를 고용하여 대규모 광산을 개발했다. 금광은 평안도의 자산·성천·수안이 유명했다. 1811년(순조 11) 평안도에서 일어난 홍경래의 난 때 대상인이 자본을 대고, 광산노동자가 다수 참여하게 된 것도 이곳의 광산개발과 관련이 깊다.

금·은광만큼은 활기를 띠지 않았으나 놋그릇과 무기 그리고 동전주조의 원료로써 철광과 동광 개발이 촉진되고, 화약제조의 원료인 유황광업도 일어났다.

3) 상업발달과 화폐유통

조선 후기에는 도고都賈라고 불리는 독점적 도매상업이 성행했다. 도고상인은 관상官商인 시전상인과 이른바 '난전亂廛'이라고 불리는 서울의 사상私商이나 공인貢人 가운데서 출현했고, 지방의 상업도시에서도 나타났다. 먼저 시전상인들은 국가로부터 난전을 금압할 수 있는 특권으로 이른바 '금난전권'을 부여받아 이를 이용하여 독점판매의 혜택을 오래 누렸다. 특히 시전 가운데서도 비단·무명·명주·종이·모시·어물 등을 파는 육주비전[六矣廛]은 16세기 말에 서울의 상권을 장악했고, 조선 후기에도 수공업자를 지배하면서 큰 자본을 가지고 사상私商들과 경쟁하여 도고활동을 전개했다.

그러나 국가의 금압에도 불구하고 난전이 줄기차게 성장하여 마침내 1791년(정조 15)에 이른바 신해통공辛亥通共으로 육주비전을 제외한 나머지 시전상인의 금난전권을 철폐했다. 이로써 사상私商들은 육주비전 상품이 아닌 것은 자유롭게 관상官商과 경쟁하면서 판매할 수 있게 되었고, 마침내 시전 이외의 새로운 시장을 형성하게 되었다. 동대문 부근의 이현梨峴과 남대문 밖의 칠패七牌(지금의 서울역 부근) 그리고 종로 근방의 종루는 3대 상가를 형성하여 국내외의 다양한 물종이 일반시민을 상대로 거래되었다. 서울은 이제 국제적인 상업도시로 변모했으며, 상인들이 시민을 상대로 호객하는 풍속이 나타나서, 마치 오늘날의 남대문시장의 풍속을 방불케 했다. 번창한 상업도시로서의 서울의 면모는 19세기 초에 유행한 《한양가》라는 노래에도 잘 나타나 있다.

八路를 通하였고 燕京, 日本 다았구나.
우리나라 所産들로 부끄럽지 않건마는,
他國 物貨 交合하니 百各廛 壯할시고,
七牌의 生魚廛에 各色 生鮮 다 있구나。
民魚, 石魚, 石首魚며 도미, 준치, 高刀魚며
낙지, 소라, 烏賊魚며 조개, 새우, 전어로다。
南門안 큰 毛廛에 各色 實果 다 있구나。
청실뇌, 황실뇌, 건시, 홍시, 조홍시며
밤, 대추, 잣, 胡桃며 葡萄, 瓊桃, 오얏이며,
石榴, 柚子, 복숭아며 龍眼, 협지, 唐대추로다。
上米廛 左右 假家 十年之糧 쌓았어라。
下米, 中米, 極上米며 찹쌀, 좁쌀, 기장쌀과
綠豆, 靑太, 赤豆 팥과 馬太, 中太, 기름太로다。
되를 들어 자랑하니 民無飢色 좋을시고。
水閣다리 넘어 서니 各色 商廛 벌였어라。
면빗, 참빗, 얼레빗과 쌈지, 줌치, 허리띠며
총전, 보료, 모탄자며 簡紙, 周紙 唐周紙로다。
큰廣通橋 넘어서니 六注比廛 여기로다。
일 아는 列立軍과 物貨 맡은 廛市井은
큰 창옷에 갓을 쓰고, 소창 옷에 汗衫 달고,
사람 불러 흥정할 제 輕薄하기 測量 없다。
白木廛 各色房에 무명이 쌓였어라。
康津木, 海南木과 高陽낳이 江낳이며,
商賈木, 軍布木과 貢物木, 巫女布와
天銀이며, 丁銀이며, 西洋木과, 西洋紬라。
紙廛을 살펴보니 各色 종이 다 있구나。

白紙, 壯紙, 大好紙며 雪花紙, 竹靑紙며
蟬翼紙, 花草紙며 깨끗할사 白綿紙며
霜花紙, 咨文紙, 初塗紙, 上疏紙며
川連紙, 毛土紙와 毛綿紙, 粉唐紙와
宮淺紙, 詩軸紙와 各色 菱花 고울시고。
베廛을 살펴보니 各色 麻布 들어쳤다。
農布, 細布, 中山치며 咸興 五升 심의포며
六鎭 長布, 安東布와 계추리, 海南布와
倭베, 唐베, 생계추리, 門布, 造布, 永春布며
吉州, 明川 가는 베는 바리 안에 드는 베로다。
靑布廛 살펴보니 唐物貨가 벌여 있다。
中針 細針 繡바늘과 茶紅 三升 靑三升과
綠氈, 紅氈, 粉紅氈과, 膏藥, 貢緞 膏藥
감투 모자 回回布와 민강 沙糖 五花糖과
軟環糖, 玉春糖과 갖은 糖屬 벌여 있다。
선전은 首廛이라, 돈 많은 市井들이
豪奢도 混亂하고, 人物도 俊秀하다。
各色 緋緞 벌였으니 華麗도 壯할시고,
貢緞, 大緞, 紗緞이며 宮초, 生초, 설한초며,
金鷄 啼破 一輪紅하니, 날 돋았다 日光緞과
一年 明月 今宵多하니, 달이 밝은 月光緞과
秋雲淡淡 暎悠悠하니, 보기 좋은 雲紋 大緞,
春風 桃李 花開夜하니 繁華로운 桃李 佛手
(後略)

〈한양가〉의 일부 시전에서 판매되는 물품이 기록되어 있다.

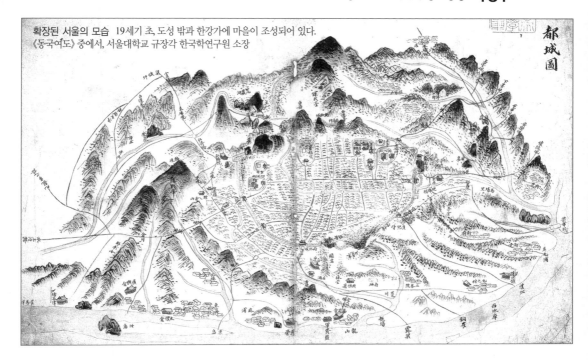

확장된 서울의 모습 19세기 초, 도성 밖과 한강가에 마을이 조성되어 있다.
《동국여도》중에서, 서울대학교 규장각 한국학연구원 소장

한편, 시전상인이 사상私商의 침식을 크게 받은 것
과는 대조적으로 공인貢人의 활동은 사상私商의 침해를
받지 않는 가운데 특허상인으로서 날로 번창했다. 공인
들은 대개 시전상인[市시]이나 경주인京主人 또는 장인匠
人 등 과거에 공납과 관련을 맺은 부류에서 나왔으며, 선
혜청이나 상평청·진휼청·호조 등에서 공가貢價를 받아
소요물품을 사서 관청에 납품했다. 이들은 한 가지 물품
을 대량으로 구입하는 관계로 큰 자본을 가지고 상품을
거래했으며, 거래규모만큼 이득도 커서 손쉽게 자본을
축적했다. 그러나 그들도 국가에 대한 국역國役으로서 공
인세를 바치지 않으면 안 되었다.

남대문 밖 칠패시장 개화기

　사상私商은 앉아서 판매하는 난전에만 종사한 것이 아니라, 전국의 지방 장시를 연결하면
서 물화를 교역하기도 하고, 전국 각지에 지점을 설치하여 판매를 확장하기도 했으며, 또 대외
무역에 참여하는 등 여러 가지 방법을 통해서 부富를 축적했다. 사상私商 가운데서도 서울의 경
강상인京江商人, 개성의 송상松商, 동래의 내상萊商, 의주의 만상灣商, 평양의 유상柳商 등은 대표적
인 거상巨商으로 출현했다. 경강상인은 한강을 이용하여 운수와 조선造船을 통해 돈을 벌기도 하
고, 미곡·소금·어물 등을 경기도와 충청도일대에 판매하여 막대한 이득을 취했다. 경강상인
의 활동으로 뚝섬에서 양화진에 이르기까지 한강유역에는 많은 나루터가 늘어났으며, 지방민
의 서울 유입에 따라 도성 밖에 많은 신촌新村이 건설되고, 서울의 행정구역도 4대문 밖으로 확

장텃길 김홍도 그림

귀시도 김득신 그림, 지본, 27.5×33.5cm, 개인 소장

대되었다. 개성의 송상은 전국에 송방松房이라는 지점을 차려놓고 인삼을 직접 재배·판매하고, 의주와 동래상인을 매개로 하여 청·일간 중개무역에 종사하기도 했다.

한편 15세기 말 전라도지방에서 발생하기 시작한 장시場市도 조선 후기에는 전국적으로 확대되어, 18세기 중엽에는 1,000여 개소를 헤아리게 되었다. 이는 한 군현에 평균 3~4개의 장시가 형성된 것을 의미한다. 장시는 보통 5일마다 열려서 인근주민들이 농산물과 수공업제품 등을 교환했고, 보부상褓負商이라는 행상단이 먼 지방의 특산물을 가지고 와서 팔았다. 그러나 장시는 시장의 기능만 가진 것이 아니라, 농민들이 서로 정보를 교환하고 음식을 즐기며, 각종 놀이도 구경하는 축제의 장소이기도 했다.

장시는 시간이 흐름에 따라 일부가 상설시장으로 발전하기도 하고 통·폐합 과정을 거쳐서 점차 대형화해 가는 동시에 전국적인 시장권을 확대해 갔다. 특히 항구를 낀 장시에서는 대규모 교역이 행해져서 도고업과 위탁판매업·창고업·운송업·숙박업·은행업 등에 종사하는 객주客主·여각旅閣 등이 나타나고,

거래를 붙이는 거간居間도 생겨났다. 그리고 서울 부근의 송파·칠패·이현·누원樓院(서울 노원구) 등 시장을 상대로 하는 중간도매상이 나타나 이들을 특히 중도아中都兒라고 불렀다.

장시가 발달함에 따라 도로도 많이 개설되었다. 배의 수송능력이 커지고, 해로가 개척되고 수상운수도 발달했다. 조선 후기 장시 가운데서 충청도의 강경, 전라도의 전주, 경상도의 대구·마산·안동, 황해도의 은파, 함경도의 원산, 강원도의 대화장[평창] 등이 유명하여 새로운 상업도시로 성장해갔다.

국내의 상업발달과 병행하여 대외무역도 활기를 띠었다. 17세기 중엽부터 청과의 무역이 활발해지면서 의주의 중강中江과 중국 봉황의 책문柵門 등 국경을 중심으로 관무역과 사무역이 동시에 이루어졌다. 의주의 만상이 사무역에 종사했다. 청에서 들여오는 물품은 비단·모자·약재·말·문방구 등이었고, 우리나라에서 수출하는 물품은 은을 비롯하여 가죽·종이·무명 등이었으며, 19세기 이후로는 개성 인삼[홍삼]이 대종을 이루었다.

한편 17세기 이후로 일본과의 관계가 점차 정상화되면서 대일무역도 활발하게 전개되었다. 조선에서는 인삼·쌀·무명 등이 나가고, 청에서 수입한 물품을 중개했다. 반면에 일본으로부터는 은·구리·유황·후추 등을 들여 오고, 은을 다시 청에 수출하여 중간 이득을 취했다. 대일무역에서는 특히 동래[왜관] 상인[萊商]의 활약이 컸다.

조선 후기의 보편적인 상업형태인 도고상업의 발달은 유통경제를 활성화시키고 상업자

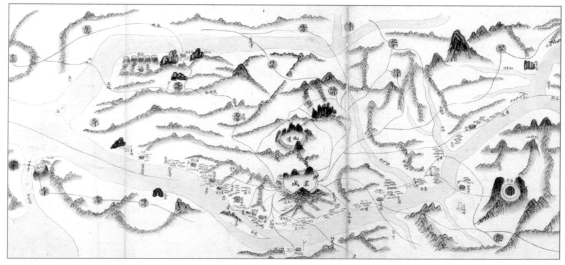

한강가의 나루터 19세기 초, 서울대학교 규장각 한국학연구원 소장, 《동국여도》 중에서

본의 축적을 가져왔으며, 그 자본
의 일부는 정치자금으로 이용되었
다. 그러나 한편으로는 많은 영세
상인의 몰락을 가져오고, 상품판매
의 독점행위를 이용하여 물가를 올
리기도 하고, 국가에 대한 탈세행
위가 논란이 되었다. 그리하여 국
가는 도고상업이 국가와 민생에 끼
치는 폐단을 우려하여 이를 막는
정책에 부심하였고, 유수원柳壽垣을
비롯한 많은 지식인들도 사상과 도

통영지도 고종 대 군현지도 중, 68.0×114.5cm, 길게 지어진 건물에
싸전(米廛, 흰선 표시 부분)이 보인다. 서울대학교 규장각 한국학연구원 소장

고에 대하여 비판적인 입장을 취했다. 그러나 18세기 후반에는 상공업 진흥을 강조하는 북학北
學이 대두하여 지식인들의 상업관이 크게 변했다.

상공업이 진흥함에 따라 금속화폐에 대한 수요가 커졌다. 1678년(숙종 4)에 상평통보常平通寶
라는 동전(속칭 엽전)을 주조한 이래 계속하여 화폐를 주조했는데, 17세기 말에는 전국적으로 유통
되기에 이르렀다. 그러나 아직도 금속화폐의 대종을 이룬 것은 은자銀子였으며, 그밖에 미米 · 포布
가 현물화폐로써 광범하게 민간에 사용되었으므로 동전은 보조적 기능밖에 갖지 못했다.

그러나 18세기 후반에 들어서서 대동미와 기타 세금이 금납화되어가고, 지대地代도 화폐
로 지불되면서 동전은 일차적인 유통수단의 지위를 얻게 되었다. 금속화폐의 보급은 상품유통
과 교환경제를 활성화시키는 데 크게 기여했으나, 다른 한편으로는 심각한 사회문제를 일으키
기 시작했다. 양반 · 상인이나 지주들은 화폐를 유통수단으로만 이용한 것이 아니라, 많은 화폐
를 감추어 두고 고리대의 방식으로 부富를 늘려갔으며, 사사로이 화폐를 주조하여 사용하는 사

례가 많았다. 국가가 동전을 대량으로 발행하면 할수록 퇴장되는 화폐가 많아져 유통화폐의 부족을 가져왔다. 이러한 현상을 '전황錢荒'이라 한다.

화폐유통이 가져 온 치부욕과 전황 그리고 그로 인한 빈부격차의 가속화 등은 18세기 중엽 이후로 심각한 사회문제로 대두되어 실학자 이익李瀷을 비롯한 많은 식자들은 화폐의 공헌을 인정하면서도 그 부정적 기능에 대하여 심각한 우려를 나타내고, 일부에서는 화폐폐지론까지 일어나게 되었다.

4) 신분제의 변화

조선 후기의 산업발달은 전통적인 신분계급구조에 변화를 가져왔다. 양인과 노비의 엄격한 차별과 세습성을 특징으로 하는 양천제良賤制가 무너지고 양반[사족]과 상민[평민과 노비]이 대칭되는 새로운 계급구조가 형성되었다. 이른바 반상班常의 구별이다. 그러나 양천제가 법에 의해서 규제되는 신분제라면, 반상구조는 사회관행으로 형성된 것이어서 구속력이 약하고 서로 간의 상하이동이 비교적 활발했다. 따라서 반상체제는 신분사회에서 근대적 계급사회로 넘어가는 과도기적 형태라 할 수 있다.

신분제의 변화는 지주제의 발전이 그 단서를 열었다. 16세기 이후로는 병작제가 보편화되면서 양인 가운데 지주의 위치에 있던 부류가 양반[사족]으로 상승하고, 작인作人의 처지에 있던 부류는 양인이건 노비이건 상한常漢으로 불리게 된 것이다.

16세기 말의 왜란과 17세기 전반의 호란을 거치면서 양천제는 더욱 급속하게 무너졌다. 노비 스스로 도망하여 신분을 해방시키기도 하고, 국가는 군역대상자와 재정의 궁핍을 보충하기 위하여 노비를 단계적으로 해방시켜 주는 것이 유리하다고 판단하였다. 그래서 군공軍功을 세우거나 곡식을 바치는 자[納粟]를 양인으로 풀어주고, 속오군으로 편제하여 군역을 지우기도 했다. 또한 노비인구를 제도적으로 줄이기 위해 어머니가 비婢인 경우에는 그 자식을 노비로 만들고, 어머니가 양인이면 자식도 양인이 되게 하는 노비종모법奴婢從母法을 시행하였다. 이 제도는 1669년(현종 10)에 시작되어 여러 차례 치폐를 거듭하다가 1731년(영조 7)에 정착되었다. 당시에는 양천제가 무너지면서 양인여자와 노비남자 사이의 결혼이 활발했기 때문에 노비종모법은 양인인구를 늘리는데 크게 기여했다.

국가에 소속된 공노비도 도망자가 속출하여 국가에서는 신공身貢과 입역立役을 완화해 주기도 했으나 별로 효과가 없자 마침내 1801년(순조 1)에 일부 공노비를 제외한 66,000여 명의 공노비[內寺奴婢]를 양인으로 해방시켜 주었다. 그 뒤 1886년(고종 23)에 노비세습제가 폐지되고, 이어 1894년 갑오경장 때 모든 노비를 해방시켜 노비의 역사는 종말을 고하게 되었다.

양천신분제가 붕괴되면서 나타난 반상체제는 양

호패 조선 후기, 16세 이상의 남자가 차고 다닌 패, 7.4×2.0×0.7cm~10.1×2.5×1.3cm

반의 계급적 구성을 매우 복잡하게 만들었다. 우선 양반의 개념이 조선 초기와 달라졌다. 원래 양반이란 문무의 관직을 가진 사람을 가리켰으나, 조선 후기의 양반은 뚜렷한 법제적·객관적 기준이 없었다. 대체로 양반은 학문과 벼슬의 유무를 기준으로 척도를 삼는 것이 관행이었다. 따라서 명성이 높은 학자나 서원의 유생, 생원, 진사 그리고 벼슬아치의 친족들이 양반을 자처했으며, 이들은 족보를 만들어 족단전체가 양반가문으로 행세하고, 상한常漢과는 통혼하지 않았다. 또 이들은 청금록靑衿錄 혹은 향안鄕案이라는 양반명단을 만들어 향약 등 향촌자치기구의 주도권을 장악했다.

빨래터와 양반 김홍도 그림

국가는 기준이 모호한 양반을 특권층으로 인정하지 않았으며, 특권을 부여하지도 않았다. 다만, 학생[幼學]에게 군역면제의 특권을 주었기 때문에 족보를 위조하거나 호적을 위조하여 가짜유학 또는 가짜양반이 범람했지만 그것은 불법이었다. 조선 후기에는 상민常民 가운데 신분을 속여 유학이나 양반행세를 하는 가짜양반이 시대가 내려갈수록 많아져서 19세기에 들어가면 전체주민의 과반수가 양반으로 호적에 기록되어 있었다.

조선 후기에 양반인구가 급증한 것은 그만큼 계급이동이 활발해진 것을 의미한다. 과거에 급제한 사람들의 신분을 조사해보면, 족보 자체가 없는 자, 족보에 올라 있어도 조상 가운데 벼슬아치가 없는 자, 내외 4대조 가운데 벼슬아치가 없는 자, 서얼, 중인 등이 차지하는 비율이 광해군 때 14.63%를 차지하다가 점차 그 비율이 높아져서 정조 때에는 50%를 넘어섰음을 볼 수 있다.[96]

소 타고 가는 부인, 걸어가는 남편 김홍도 그림

그러나 과거에 급제했다 하더라도 관직을 주는 경우에는 가문 차별과 지방 차별이 있었다. 이른바 청요직이라 불리는 승문원·홍문관 등에는 문벌양반이 임용되고, 평안도 사람은 사헌부, 사간원, 성균관, 중인은 교서관에 임용되는 것이 관례였다. 무과武科의 경우에도 마찬가지여서, 문벌양반은 왕을 호종하는 선전관宣傳官에, 중인은 궁궐이나 성문을 지키는 수문청에 임용되었다. 하지만 이런 차별도 영조~정조 대에는 크게 완화되었다.

조선 후기 중인中人은 양반과 상민의 중간에 속하는 부류인데, 17세기경에 형성되었으며, 크게 두 부류가 있었다. 하나는 의관[의사]·역관[통역]·천문관·산관[수학]·율관[법률], 화원·서리 등 전문기술직에 종사하는 관료와 서얼층을 가리키고, 다른 하나는 지방의 향임鄕任, 교생校生, 군교軍校, 향리鄕吏를 가리킨다. 후자는 평민 가운데 신분이 상승하여 중인이 된 부류이고, 전자는 사족이었다가 중인으로 내려간 부류이다. 국초에는 전문기술직에 종사하는 가문이나 신분이 따로 있었던 것이 아니었으나, 17세기 중엽 이후 그 직업이 세습되면서 중인中人이라는 계

---

96) 조선 후기 각 왕대별로 신분이 낮은 자의 급제비율을 알아보면 다음과 같다.
    광해군 대: 14.63%, 인조 대: 20.96%, 효종 대: 19.59%, 현종 대: 23.78%, 숙종 대: 30.20%, 경종 대: 34.42%,
    영조 대: 37.25%, 정조 대: 53.02%

노인들의 계모임 기로세련계도, 1804년, 김홍도 그림,
개성 만월대에서 열린 이 계회에는 64명의 기로(노인)들이 참석, 아래에
참석자 이름이 기록되어 있다.

층이 형성된 것이다. 특히 서얼에게 잡과응시가 허용되어 전문기술직에 함께 참여하면서 서얼도 중인으로 불리게 되었다.

그러나 기술직 중인은 법제상으로는 문무과 응시가 가능하고, 과거에 급제하면 문반의 현직顯職[正職]으로 나갈 수 있었으나, 홍문관을 비롯한 청요직 진출은 쉽지 않았다. 이에 불만을 가진 중인들은 철종 대 대대적인 연합상소운동을 벌였으나, 그 세력이 미미하여 청요직 허통이 실패로 돌아갔다. 그러나 중인들은 경제력이 높아서 서울의 여러 곳에 시사詩社를 조직하여 양반들과 어울려 문예활동을 통해 자신들의 위상을 높여갔다.

기술직 중인의 위상이 뚜렷하게 높아진 것은 개항 이후로써 그들이 지닌 전문적 지식과 출세의욕이 서양문화를 적극적으로 받아들이게 하였다. 급진적 개화파의 대부분이 중인층에서 나온 것은 우연한 일이 아니다. 그러나 급진 개화파에서 뒷날 친일파가 많이 나타난 것은 중인이 양반처럼 자존심이 강하지 못하고, 전문가로서의 공리적, 출세지향적 기질이 있는 것과 관련이 있다.

중인의 일부인 서얼의 지위는 기술직 중인보다 더 빨리 개선되었다. 인구가 많아 집단적인 운동이 가능했을 뿐 아니라, 서얼의 아버지 가운데 높은 벼슬아치가 많은 까닭이었다. 그래서 이미 16세기 중엽 명종 때부터 양첩서얼의 문과응시가 허용되다가 조선 후기에는 천첩서얼의 문과응시도 허용되고, 영조~정조 대 이후로는 문과에 급제하면 청요직 진출이 부분적으로 허용되고, 향교나 서원의 입학도 허용되었다. 정조 때 서얼출신 유득공柳得恭, 박제가朴齊家, 이덕무李德懋, 서이수徐理修 등이 규장각 검서관檢書官으로 등용된 것은 유명한 사례이다. 그 뒤 1851년(철종 2)에 '신해허통'으로 청요직 허통이 완전히 이루어지고, 고종 초에 서얼차대에 대한 모든 법령이 폐지되고, 개항 이후로 서얼 출신 벼슬아치가 무수히 배출되었다. 다만, 가정이나 사회적으로는 서얼에 대한 차별의식이 오래도록 지속되었다.

제8장 조선 후기 문화와 중흥

1. 17~18세기 전반 실학의 대두와 발전

1) 17세기 초 서울 실학의 대두

16세기에 이황[호는 퇴계]과 이이[호는 율곡]가 출현하여 절정에 올랐던 조선성리학은 조선을 뛰어난 도덕국가로 만들었으나, 왜란과 호란을 경험하면서 심각한 도전에 직면했다. 성리학 자체가 본연의 건강성을 상실하고 출세를 위한 도구학문으로 변질되었을 뿐 아니라, 강력한 군사력을 가진 일본과 여진족의 도전을 막아내는데 한계가 있음을 드러냈다.

여기에 천재지변이 겹치면서 냉해와 지진 등으로 기근과 질병이 만연하고, 농업이 피폐하면서 수취체제의 모순은 더욱 커졌다. 부를 얻는 수단이 농업에서 상업으로 바뀌어가고, 대외교역을 통한 상인층이 성장했다. 이에 따라 아래로는 농촌사회가 동요하고, 위로는 붕당 간의 권력투쟁이 치열해졌다. 붕당은 원래 도덕정치의 산물로서 정치적 민주화를 위한 수단이었지만, 현실은 권력과 부를 얻기 위한 수단으로 변질되어 갔다.

밖에서 새로운 사조도 들어왔다. 명으로부터 들어온 양명학·천주교·고문사古文辭의 영향 등이 성리학에 대한 반성을 촉구했다. 이것들을 더 이상 이단으로만 배척하기 어려운 시대가 되었다. 새로운 사회변화에 대응하기 위해서는 성리학 자체가 도구학문에서 개혁지향적이고 진실한 수기치인修己治人의 학문으로 되돌아가고, 아울러 부국안민에 필요한 전문기술학이 필요하다는 자각이 싹텄다.

가장 민감한 변화는 문학에서 먼저 나타나 왜란 이전에 낭만적인 당시唐詩와 고문사古文辭[秦漢文]의 유행을 가져왔다. 도덕적인 문학의 한계를 느낀 것이다. 또한 성리학을 정면으로 거부하는 기인奇人들도 나타났다. 명종~선조 때의 임제林悌[호 白湖]는 문학을 통해서, 이지함李之涵[土亭]은 자신이 직접 상업활동에 뛰어들면서 기행으로 성리학을 거부하고 나섰다. 이이의 문인 정여립鄭女立은 군주세습제와 신분적 차별을 거부하면서 역성혁명을 꿈꾸다가 자살하고 그 일당은 처형당하였다. 민간에서는 말세의식을 고취하는 정감록鄭鑑錄 등 비결이 유행했고, 지식인층에서는 변화의 철학인 주역周易과 정신수양을 위한 단학丹學에 대한 관심이 높아졌다. 과거응시자의 답안지에는 노자, 장자, 불경의 글이 자주 등장하여 조정에서 논란이 되기도 하였다.

광해군대 서경덕徐敬德과 조식曺植의 문인들로 구성된 북인北人과 서울 남인이 정권을 잡게 된 것은 이들이 대일 항전에도 공이 컸지만 도구화된 성리학에 대한 반발이 배경을 이룬 것이다. 이 시기에 서울에서는 성리학 본래의 정신을 살리기 위해서 이단적 조류를 절충하여 새

이수광의 묘 경기도 양주시 일영로

로운 학풍을 형성하려는 움직임이 나타났다. 이른바 침류대학사
枕流臺學士[97]로 불리는 수십 명의 학자·문인들이 서로 교류하면서
문학과 경학의 새로운 학문체계를 세우고 사회 개혁안을 제시했
다. 한백겸韓百謙(호 久庵, 1552~1615), 유몽인柳夢寅(호 於于堂, 1559~1623),
이수광李睟光(호 芝峯, 1563~1628), 이정구李廷龜(호 月沙, 1564~1635), 신
흠申欽(호 象村, 1566~1628), 허균許筠(호 蛟山, 1569~1618), 이식李植(호 澤堂,
1584~1647), 최명길崔鳴吉(호 遲川, 1586~1647), 장유張維(호 谿谷, 1587~1638)
등이 그런 인물들이다.

이들은 문학에 있어서 당시唐詩와 고문古文에 능하고, 경학
에 있어서는 6경[시, 서, 역, 예기, 춘추, 주례]을 중요시하면서 서경덕의 상수역학象數易學과 도가道家,
양명학, 선禪불교 등에 대해서도 포용적 태도를 취했다. 이들은 성리학이 자기 수양, 즉 수기修己
를 소홀히 하면서 치인治人에만 치우쳤기 때문에 정치의 실효를 거두지 못했다고 판단하고, 수
기를 강화하여 선비로서의 수양을 쌓은 다음에 치인에 나서야 한다고 생각했다. 그리고 자기
수양을 위해서는 양명학이나 도교[丹學], 선禪 불교 등 소위 이단異端 사상도 평가할 점이 있다고
믿었다. 다시 말해 이단 사상은 학문으로는 적절하지 못하지만, 마음을 다스리는 종교로서는
긍정적인 면이 있다고 본 것이다.

17세기 초 서울지식인들은 이처럼 6경과 상수역학을 중심으로 이단을 포용하면서 수기
치인修己治人의 실천적 성리학을 세우고 이를 실학實學이라 불렀다. 실학을 최초로 이론화시킨 인
물은 이수광[98]으로 《지봉유설芝峰類說》(1614)을 저술하여 중국과 우리나라의 문화전통을 폭넓게
정리함으로써, 우리가 중국과 동등한 문화선진국임을 자랑했다. 그가 자랑하는 민족문화는 유
교 전통뿐만 아니라 경제, 사회, 종교, 과학, 기술 등 포괄적인 것이었다. 나아가 유교문명 이외
에도 유럽문명, 회교문명, 불교문명권을 소개하여 시야를 넓혀주었다. 그런 점에서 《지봉유설》
은 17세기 초 법고창신주의를 앞서서 주창한 명저라 할 수 있다. 그는 인조 초에는 12조의 상
소를 올려 실학에 의한 여러 개혁방안을 제시하기도 했다.

한백겸[99]은 독자적으로 6경을 해석하여 신선한 충격을 주었으며, 《동국지리지東國地理志》
를 저술하여 역사지리 연구의 단서를 열어 놓았다. 한백겸의 숙부 한효순은 《신기비결神器秘訣》
(1603)과 《진설陣說》을 저술하여 우리나라 현실에 맞는 병법兵法을 세웠다.

---

97) 침류대枕流臺는 창덕궁 서쪽 계곡[지금은 창덕궁 안에 들어 있다]에 있었는데, 유희경劉希慶[서경덕 문인]이라는 서얼출
   신 문인이 이곳에 거주하면서 붙인 이름이다. 유희경은 경치가 아름다운 이곳에 많은 장안의 인사를 모이게
   하여 시문詩文을 서로 주고 받으면서 친목을 도모했다. 이들은 스스로 '침류대학사枕流臺學士' 또는 '성시城市 속
   의 산림山林'이라 칭했는데, 그 인원이 수십 명에 이르렀다.

98) 이수광은 동대문 밖 지봉芝峰[지금의 창신동 소재, 낙산 기슭]에 살았는데, 그 집은 외 5대조인 유관柳寬[태종 때 청백리
   정승]이 비가 오면 우산을 받고 살았다는 일화가 전해지는 초라한 초가였다. 이수광은 이러한 외가의 전통을
   자랑스럽게 생각하여 자기 집을 비우당庇雨堂이라고 이름지었다. 비나 막으면서 청렴하게 살겠다는 뜻이 담
   겨 있다.

99) 한백겸은 서경덕 계열의 학자로서 동생은 인조의 장인 한준겸韓浚謙이다. 그는 처음에 수령을 지냈으나 벼슬
   을 그만두고 서울의 서쪽 서호西湖[지금의 수색]에 살면서 학문생활에 전념하여 《동국지리지東國地理志》를 저술하
   고, 주자성리학을 비판하고, 6경 고학古學으로 돌아가자는 글을 발표했다.

인조 초에 광해군 복위를 도모했다는 혐의로 죽은 유몽인柳夢寅은 은광 개발, 화폐 유통, 선박·수레·벽돌 사용, 노포路鋪[여관과 상점의 기능을 합친 짓] 설치 등을 주장하여 유통경제의 활성화를 통해 부국안민의 실효를 거두고자 하였다. 이와 비슷한 주장은 당시대의 지식인들 사이에 적지 않게 나타나고 있었는데, 이는 뒷날 이른바 '북학론'으로 발전하게 되었다. 《홍길동전》의 작자로 알려진 허균許筠이 홍길동 같은 힘 있는 호민이 혁명을 일으켜야 한다는 호민혁명豪民革命을 주장하고 나선 것도 왜란 직후의 혁신적인 분위기를 반영하는 것이다.

2) 17세기 후반~18세기 초 실학의 발전

선조~광해군 대의 절충적 실학은 인조 때 두 차례의 호란을 거치면서 반청감정이 고조되자, 지금까지의 서울학풍이 냉각되고 주자성리학이 학계의 주류로 올라서게 되었다. 남송의 반금反金감정을 배경으로 성립된 주자학의 대의명분론이 북벌주의를 내세우면서 자치자강自治自强을 도모하던 서인집권층에게는 통치이데올로기의 효과가 있었다. 호란으로 상처받은 국민정서를 통합하는 데 유리했던 것이다. 17세기 후반에서 18세기 전반에 주자성리학이 맹위를 떨치고, 이를 비판하는 학자들이 사문난적斯文亂賊[유학의 반역자]으로 몰리기도 했다.

그러나 호란 후 주자성리학이 서울의 분위기를 지배하는 가운데서도, 서인과의 경쟁에서 밀려나 서울부근 100리 권의 농촌에서 생활하던 근경남인近京南人은 초기 실학자들의 사상을 꾸준히 계승·발전시키면서 야당의 학풍을 형성했다. 이들은 서울 서인들의 정책을 농촌지식인의 시각에서 바라보고 비판했다. 경기도 연천 출신의 허목許穆(眉叟, 1595~1682), 서울 출신으로 전라도 부안에 내려가 일생을 야인으로 지낸 유형원柳馨遠(磻溪, 1622~1673), 그리고 유형원과 허목의 영향을 받은 경기도 안산의 이익李瀷(星湖, 1681~1763)은 17세기 후반기와 18세기 초의 저명한 남인 실학자들이었다.

근경남인들은 대부분 북인北人의 후예들로서 서울 집권층의 북벌운동과 서울의 상업발달 그리고 경직된 주자학적 명분론이 정권유지와 문벌형성에 이용되고, 농촌경제와 농촌질서에 심각한 부작용을 가져왔다고 믿었다. 이들은 선배 실학자들의 고문古文 운동을 한 단계 발전시켜 6경 중심의 고학古學을 성립시켰다. 그리하여 경전해석에 있어서 주자의 주석에 얽매이지 않고, 제자백가에 박통하고, 이단을 포용하는 절충적 학풍을 세웠다. 이 점은 이수광·한백겸 등 17세기 초 실학자들과 상통하였지만, 그들의 주된 관심이 서울보다는 농촌에 있다는 점이 달랐다.

남인 실학자들은 17세기의 사회경제적 변화와 붕당정치를 부정적 시각으로 바라보고, 성인聖人 군주가 주도하는 정치개혁을 통해 중국의 삼대[夏·殷·周]와 같은 이상사회를 건설하고자 했으며, 우리나라 상고시대에도 이상사회가 있었다고 믿기 시작했다. 이제 6경고학의 세계는 단순한 학문적 관심사에 머물지 아니하고, 이 땅에 실현되어야 할 개혁의 모델로서 받아들여지게 된 것이다.

먼저, 임제林悌의 외손자인 허목은 《기언記言》을 써서 붕당정치와 북벌정책의 폐단을 시정하기 위해 왕과 육조의 기능 강화, 중농정책 강화, 사상私商의

허목
서울대학교 규장각 한국학연구원

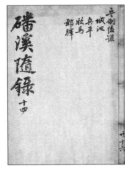

반계수록(좌) 조선 중기, 유형원이 통치제도에 관한 개혁안을 중심으로 저술한 책. 26권 13책
이익의 묘(우) 경기도 안산시 상록구 광덕로

난전 금지, 부세의 완화, 호포제戶布制 실시 반대, 서얼허통의 방지 등을 주장했다. 이는 궁극적으로 농촌의 자급자족 경제와 재야 선비사회를 안정시키는 데 주안점을 둔 것이다.

광해군 복위를 도모하다가 죽은 유흠柳欽의 아들로 태어난 유형원은 한 걸음 더 나아가 《반계수록磻溪隨錄》(1670)을 써서, 농촌사회의 안정을 위해서는 공전제와 과전제에 의한 토지재분

배가 필요하다고 주장했다. 이는 국초의 과전법과는 달리, 사·농·공·상 모두에게 차등을 두어 토지를 재분배하자는 것으로 모든 국민을 자영농으로 안정시키자는 것이다. 그리고 종래 수확량을 단위로 토지를 계산하는 결부법結負法 대신에 면적을 단위로 토지를 계산하는 경무법頃畝法을 사용하고, 호구戶口에 부과하던 역역力役을 토지에 일괄 부과함으로써 민생안정과 국가재정을 충실히 할 것을 내세웠다. 그리하여 자영농을 바탕으로 병농일치의 국방체제를 수립하고, 사농일치士農一致의 교육제도를 마련해야 하고, 양반문벌·과거제도·노비제도 등의 모순을 지적했다.

유형원의 개혁사상을 한층 심화시킨 이가 숙종~영조 대의 이익李瀷이었다. 유형원과 내외종 형제로서 그를 몹시 흠모했던 이익은 북인에서 전향한 남인 가정에서 태어났으나 둘째 형인 이잠李潛이 당쟁으로 희생되는 것을 보고 벼슬을 단념, 광주 첨성촌瞻星村[지금의 경기도 안산]에서 일평생 학문에 전념하고 많은 제자를 길러냈다. 그는 《성호사설星湖僿說》을 비롯한 많은 저술을 내고 추종자를 배출하여, '성호학파'를 형성했다. 안정복, 이가환, 이중환 등이 그들이다.

이익의 학문과 사상은 기본적으로 6경고학에 토대를 두고 있었으나, 한당유학이나 천주교·민간신앙·민속 등에도 관심을 가져, 학문과 사상의 폭이 매우 넓었다. 《성호사설》은 천지·만물·인사·경사·시문 등 5개 부문으로 나누어 우리나라와 중국의 문화를 백과사전식으로 소개·비판한 것이며, 특히 인사부문은 정치·경제·가족 등 사회문제를 다룬 것이다. 이것은 그의 또 다른 저서 《곽우록藿憂錄》과 더불어 그의 개혁사상을 가장 집약적으로 드러내 보이고 있다.

이익의 주된 관심은 농촌재건에 있었으며, 농가경제를 안정시키는 방법으로 매호마다 영업전永業田을 갖게 하고, 그 나머지 토지는 매매를 허락하여 점진적으로 토지균등을 이루도록 하자고 주장했다. 또 그는 농가경제에 막대한 해를 끼치는 고리대·화폐제도·환곡의 개선책을 주장하고, 나라를 좀먹는 여섯 가지의 악폐로 노비제도·과거제도·양반문벌·기교技巧[사치와 미신]·승려·게으름을 들었다. 이는 결국 서울문화에 대한 비판이었다.

한편, 이익은 붕당이 선비들의 이권 다툼에서 생겼다고 보고, 이를 극복하기 위해서는 선비들도 농사를 지어 생리生理를 가질 것과 과거시험의 주기를 3년에서 5년으로 늘려 합격자를 줄일 것, 천거제도를 병행하여 재야인사를 등용할 것, 이조·병조의 전랑들이 가진 후임자 천거

권[낭청권]과 청직淸職[三司]으로의 승진을 막을 것, 그리고《주례》의 정신을 받아들여 군주와 재상의 권한을 높이고, 특히 군주가 친병親兵을 거느려야 한다고 주장했다. 영·정조의 탕평책과 왕권강화는 이런 주장들이 반영된 것이다.

이익은 또한 붕당정치와 국제관계가 세勢에 의한 약육강식의 논리가 지배한다는 것을 깨달았으며, 유통경제의 발전이 농촌경제를 파탄시키고 있음을 우려하기도 했다.

이익의 개혁사상은 정약용丁若鏞에게 영향을 주었으나, 정약용은 북학사상의 영향도 함께 받아들인 것이 이익과 다르다.

3) 17세기 후반~18세기 전반 주자학과 조선중화 사상

호란을 경험하고 난 17세기 후반에서 18세기 전반에 이르는 시기의 서울 집권층의 분위기는 반청숭명反淸崇明의 북벌운동이 주류를 이루었고, 그 운동은 조선이 중화문화의 유일한 계승자라는 조선중화주의와 주자성리학에 의해서 뒷받침되었다. 남송의 주자朱熹에 의해 정립된 성리학은 북송의 성리학과는 다른 성격을 가졌다. 송나라를 침략한 여진족의 금金나라를 오랑캐[夷]로 멸시하고, 도덕문명의 정통성은 오직 중화족中華族에만 있다는 이른바 화이론華夷論이 중심으로 이루고 있었다.

그런데 바로 여진족=청의 침략을 받은 조선도 청을 오랑캐로 볼 수밖에 없고, 그런 점에서 주자의 화이론이 큰 호소력을 지녔다. 여기서 왜란과 호란 때 우리를 도와준 명나라는 당연히 중화中華[도덕국가]가 되고, 침략자인 청은 이夷[오랑캐]가 될 수밖에 없었다. 그러나 명나라가 이미 망했으므로 중화의 정통성은 우리나라가 갖게 되어 현실적으로 중화는 조선밖에 없다고 보는 것이 조선중화朝鮮中華 사상이다. 따라서 조선과 청의 관계는 중화와 오랑캐의 관계가 되고, 명과 조선은 중화를 공유하는 문화공동체가 되어 '반청反淸'과 '숭명崇明'은 표리를 이루게 된 것이다.

'반청숭명'의 중화사상은 얼핏 생각하면 주체성이 결여된 것으로 보이지만, 본질은 정반대다. 그 본질은 '우리를 도와준 명나라의 은혜를 잊지 말고, 우리에게 치욕을 안겨준 청나라가 침략자임을 잊지 말고 분발하자'는 정신적인 다짐에 불과하다. 1704년(숙종 30) 창덕궁 안에 대보단大報壇을 설치하여 명나라 황제를 제사지낸 것이나, 노론의 영수이던 송시열의 유지遺志를 따라 충청북도 괴산槐山에 만동묘萬東廟를 세워 우리나라에 원병을 보내준 명나라 신종神宗과 의종毅宗을 제사지낸 것, 그리고 정조~순조 때《존주휘편尊周彙編》을 편찬하여 왜란과 호란 이후의 숭명반청운동을 총정리한 것도 그런 목적을 가진 것이었다. 이런 정신은 청나라와 사대외교를 하고, 청나라 문화를 받아들이는 동안에도 잊혀진 일이 없었다. 그리고 그런 정신이 조선왕조의 중흥을 가져온 정신적 기둥이 되었으며, 1897년에 세운 대한제국의 건국이념에도 담겨 있었다.

만동묘 묘정비 조선에 구원병을 보내준 명나라 신종과 마지막 황제 의종의 신위를 모신 사당인 만동묘의 사적을 적은 비석. 충청북도 괴산군 청천면 화양동길 소재

2. 18세기 후반 북학의 등장

18세기 중엽 이후로 서울 학계를 지배하고 있던 노론의 일각에서는 숭명반청과 조선중화주의를 계승하면서도 시대의 변화를 능동적으로 수용하려는 새로운 학풍이 일어났다. 이 학풍은 청나라를 배우자는 내용을 담고 있어서 흔히 '북학北學'이라고 한다. 이때는 청이 옹정雍正(1723~1735)·건륭乾隆(1736~1795)의 문화적 전성기를 구가하고 있던 시기로써, 중국 역대문화의 정수가 총정리되고, 산업발전과 서양 과학기술문명 도입도 앞서 있었다. 따라서 청淸이 비록 오랑캐이긴 해도, 그 안에 담긴 중국문화와 산업, 기술문화는 수용한다는 유연한 자세가 바로 북학北學이었다. 그러니까 청의 지배자인 여진족을 존경하고 배우자는 것이 아니고, 청나라 안에서 중국인들이 꽃피우고 있는 새로운 사회와 문화를 배우자는 것이다. 이런 북학의 대표자는 유수원柳壽垣(聾巖, 1694~1755), 홍대용洪大容(湛軒, 1731~1783), 박지원朴趾源(燕巖, 1737~1805), 박제가朴齊家(楚亭, 1750~1805), 이덕무李德懋(1741~1793) 등이었다.

북학의 핵심은 이용후생利用厚生에 필요한 상업문화와 기술문화에 있었다. 이 점에서 농촌문제에 집착한 근경 남인의 실학과 달랐다. 그래서 17세기 초 침류대학사初期 實學者들이 추구한 절충적 학풍과 이지함李之涵이나 유몽인柳夢寅 등이 주장한 상업문화 긍정론이 다시 북학에 접목되었다. 그러나 북학자들은 17세기 후반 근경남인들이 제기한 고학古學이나 농촌경제에 대한 관심도 적극 수용하여 서울의 상업경제와 농촌경제를 동시에 해결하고자 했다.

북학사상의 선구적 학자인 소론파의 유수원은 《우서迂書》(1729~1737)라는 명저를 내어 중국과 우리나라의 문물을 비교하면서 정치·경제·신분·사상 등 여러 분야에 걸쳐 체계적인 개혁안을 내놓았다. 그 가운데 가장 주목되는 것은 상공업의 진흥을 통해 농업중심의 경제구조를 바꾸자는 것이었다. 그리고 이를 실현시키기 위해서는 무위도식하면서 문벌에 끼려고 애쓰는 양반들을 농·공·상으로 전업시키고, 사·농·공·상을 평등한 직업으로 만들어 전문화시켜야 한다고 역설했다. 농업에 있어서는 무리한 토지개혁보다는 상업적 경영과 기술의 혁신을 통하여 생산성을 높여야 하고, 상업에 있어서는 상인 간의 합자合資를 통해 경영규모를 확대하고, 상인이 생산자를 고용하여 생산과 판매를 주관할 것을 주장했다. 그리고 대상인大商人이 학교와 교량을 건설하고, 방위시설을 구축하여 국방의 일익을 담당하는 등 지역사회 발전에 공헌할 것을 제안했다. 그러나 물자의 낭비와 가격조작을 방지하기 위해 상업활동을 국가가 통제해야 한다고 생각했다.

노론파에 속한 북학사상의 선두주자는 홍대용이었다. 충남 천안에서 출생한 그는 1765년(영조 41)에 청을 왕래하면서 얻은 경험을 토대로 《임하경륜林下經綸》, 《의산문답醫山問答》, 《연기燕記》 등의 저술을 남겼는데, 이것이 《담헌서湛軒書》에 수록되어 있다. 《임하경륜》에서는 놀고먹는 선비들이 생산활동에 종사할 것을 역설하고, 성인남자들에게 2결의 토지를 나누어 줄 것과, 병농일치의 군대조직을 제안했다. 《의산문답》에서는 실옹實翁과 허자虛子의 문답형식을 빌어 지금까지 믿어 온 고정관념을 상대주의 논법으로 비판했다. 그는 지구 자전설을 주장하고, 인간은 다른 생명체보다 우월하지 않다는 것, 다른 별들에도 우주인이 있을 수 있다는 것 등 파격적인 우주관을 피력했다. 마찬가지로 중국이 세계의 중심이라는 당시 지식인의 세계관을 거부하고, 만일 공자가 중국에서 태어나지 않았다면, 그곳의 역사를 중심으로 《춘추》를 썼을 것이라고 말했다. 이밖에도 그는 기술의 혁신과 문벌제도의 철폐, 성리학의 극복이 부국강병의 요체라는 것을 강조하였다.

《의산문답》담헌서 중에서

노론벽파로서 서울에서 태어나 황해도 금천金川의 연암燕巖에 은거했던 박지원은 홍대용과 비슷한 생각을 가졌으나 개혁의 주체로서 선비의 자각을 강조했다. 소년시절에 《양반전》 등 소설을 써서 양반사회의 허위를 고발한 그는 청나라 열하에 다녀와 유명한 《열하일기熱河日記》(1780)를 써서 청의 문물을 소개하고 자신의 사회·문화·역사에 대한 소신을 피력했으며, 《과농소초課農小抄》 등 농업관계 저술도 냈다.

남인 실학자들이 토지분배에 주로 관심을 가졌던 것과는 달리, 박지원은 한전론限田論의 중요성을 인정하면서도 영농법의 혁신, 상업적 농업의 장려, 농기구 개량, 관개시설의 확충 등과 같은 경영과 기술적 측면의 개선을 통해 농업생산력을 높이는 문제에 더 큰 관심을 보였다. 그는 상공업의 진흥에도 비상한 관심을 가져, 수레와 선박의 이용, 화폐유통의 필요성에 주목하였고, 양반문벌의 허위성과 비생산성을 극복하려고 노력했다.

한편, 승지 박평朴坪의 서자로 태어나 정조의 사랑을 받아 규장각 검서관이 되었던 박제가는 1778년(정조 2) 청나라에 다녀온 뒤 《북학의北學議》를 저술하여 상공업의 육성과 청과의 통상무역, 신분차별의 타파, 배와 수레의 이용, 벽돌 이용 등을 강조하였다. 그는 소비가 생산을 촉진시킨다는 주장도 폈다. 그는 정조의 명을 받아 《무예도보통지》를 편찬하기도 했으며, 그의 개혁사상은 정조의 정책에 적극 반영되었다.

이덕무는 정종定宗의 후손으로 역시 서출이었으나 정조의 사랑을 받아 규장각 검서관이 되고, 중국에 사신으로 다녀오면서 청나라의 각종 문물을 소개했으며, 특히 청나라 고증학의 영향을 받아 19세기 고증학 발달에 기여했다.

북학은 19세기에도 그대로 이어지다가 1876년 개항 이후에는 개화사상으로 계승되었다.

3. 철학·종교의 새 경향

1) 수련도교와 양명학

조선 초기에 국가적 종교행사의 하나였던 초제醮祭를 주관하는 소격서昭格署가 중종 때 폐

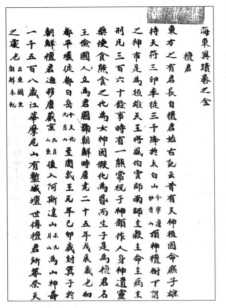

홍만종의 《해동이적》

지되고, 성리학의 발달에 따라 이단으로 취급되면서 도교道敎는 크게 위축되었다. 그러나 잇따른 사화와 당쟁을 겪으면서 향촌에 은거한 지식인들 사이에서는 심신의 연마를 위한 수련도교修鍊道敎[內丹]가 널리 유행하기 시작했다. 왜란 전후의 시기에는 전 세계적인 기온강하로 기근과 질병이 계속되면서 질병치료의 수단으로서도 수련도교에 대한 관심이 더욱 높아졌다. 이에 따라 수련도교 혹은 신선사상을 이론적으로 정리하려는 움직임이 나타났는데, 선조~광해군 때 정렴鄭𥖝이 지은 《용호비결龍虎秘訣》, 한무외韓無畏의 《해동전도록海東傳道錄》(1610), 곽재우郭再祐의 《양심요결養心要訣》, 광해군~인조 때 권극중權克中의 《참동계주해參同契註解》 등이 그런 것들이다. 특히 권극중은 도교를 유교나 불교보다도 철학적으로 윗자리에 놓으려는 이론을 구성하여 주목을 끌었고, 한무외는 우리나라 도교의 기원이 신라에서 시작된 것으로 체계화했다.

수련도교가 유행함에 따라 성리학자 가운데에도 관심을 가진 이가 많이 나타났는데, 17세기 전반기 한백겸, 이수광, 허균, 이식, 장유, 유몽인, 정두경鄭斗卿, 허목, 유형원 그리고 17세기 말의 홍만종洪萬宗이 대표적 인물이다.

이수광은 《지봉유설》에서 우리나라의 선도仙道와 방술方術의 유래를 소개했고, 유몽인은 《어우야담於于野談》에서, 허균은 《사부고四部稿》에서 선도仙道와 관련된 인물의 행적을 소개했다. 이를 계승하여 허목은 《청사열전淸士列傳》을 쓰고, 홍만종은 《해동이적海東異蹟》(1666)을 저술하여 단군에서 곽재우에 이르는 40여 명의 단학인丹學人을 소개했다. 특히 홍만종은 우리나라 산수의 아름다움 때문에 수련도교가 자연적으로 발생했다고 보고, 그 시초를 단군에서 찾음으로써 수련도교가 우리의 고유종교임을 강조했다. 18세기에는 황윤석黃胤錫이 《해동이적》을 증보하여 《증보해동이적》을 편찬했다.

한편, 수련도교에서 한 걸음 더 나아가 도교의 사상적 뿌리인 노장老莊에 대한 관심도 높아졌다. 17세기 말 박세당朴世堂의 《신주도덕경新註道德經》, 18세기 서명응徐命膺의 《도덕지귀론道德指歸論》 그리고 홍석주洪奭周의 《정로訂老》 등이 그것이다.

도교와 더불어 또 하나의 흐름이 양명학陽明學이다. 양명학이 우리나라에 들어온 것은 16세기 전반기였으나 이황 등 성리학자의 비판으로 이단으로 몰리다가 왜란을 전후한 시기에 이요李瑤·남언경南彦經·최명길崔鳴吉·이수광·장유 등에 의해 다시 주목을 받았고, 선조 같은 왕도 깊은 관심을 보였다. 특히 왜란 때 들어온 명나라 장수들이 양명학을 홍보한 것도 계기가 되었다. 그런데 양명학을 학문으로 받아들이기보다는 마음을 수양하는 종교의 차원에서 이해하려는 것이 일반적이었다. 즉 정학正學은 성리학이지만, 양명학은 수신修身에 이로운 것으로 본 것이다. 사람은 누구나 양지良知를 가지고 있고, 이 양지에 의해 사물을 바로잡아야 한다는 지행일치知行一致의 이론이 개혁지향적인 인사들의 관심을 끌었다.

그러다가 18세기 초 정몽주의 후손 정제두鄭齊斗(호 霞谷, 1649~1736)가 나타나 뚜렷한 학문적 자리를 차지하게 되었다. 그는《존언存言》,《만물일체설萬物一體說》등을 써서 이론체계를 세웠는데, 그의 영향을 받아 전주이씨 출신 이광려李匡呂, 이광사李匡師, 이충익李忠翊 등이 배출되었다. 대체로 양명학은 정권에서 소외된 소론파와 이왕가의 종친 그리고 서얼출신 인사들 사이에서 가학家學으로 이어지면서 퍼졌고, 강화도를 중심으로 개성, 서울, 충청도 등 서해안 지방에서 호응을 얻었다. 이 지역은 상업의 중심지로서 상업과 양명학의 연결도 무시할 수 없었다.

그러나 양명학자들은 학문적으로 성리학을 기본으로 하고 양명학을 겸행하는 경우가 많아서 크게 떨치지는 못했다. 한말~일제 시대의 이건창李建昌, 이건방李建芳, 김택영金澤榮, 박은식朴殷植, 정인보鄭寅普 등은 양명학을 계승하여 국학운동을 벌인 저명한 인사들이다.

2) 18세기 후반의 호락논쟁

18세기 후반기 철학사에서 특기할 것은 노론 성리학자들 자체 안에서 벌어진 이기논쟁理氣論爭이다. 원래 이기논쟁은 16세기에 가장 활발하여 서경덕의 유기론唯氣論, 이황의 주리론主理論 그리고 이이의 이기합일론理氣合一論이 대립되었는데, 조선 후기에 와서는 이황의 주리론이 김성일金誠一(호 鶴峰, 1538~1593), 유성룡柳成龍(호 西厓, 1542~1607)을 거쳐 이현일李玄逸(호 葛庵, 1627~1704), 이재李栽(1657~1730), 이상정李象靖(1711~1781), 유치명柳致明(1777~1861)으로 이어지고, 19세기에는 다시 김흥락金興洛, 이원조李源祚, 이진상李震相, 곽종석郭鍾錫 등으로 계승되면서 이일원론理一元論으로 발전해 갔다. 이들의 학풍은 주자성리학의 테두리를 벗어나지 않으면서 이단을 엄격하게 배격했고, 그런 토대 위에서 서양문화를 배척하는 '위정척사衛正斥邪' 운동의 한 흐름을 형성하게 되었다.

한편, 이이의 이기합일론은 송시열宋時烈(호 尤庵, 1607~1689)로 이어지고 그의 문인들이 노론老論을 형성하여 오랫동안 중앙의 정치와 학문을 지배했다. 그러나 18세기 중엽에 이르러 노론 내부에 인성人性과 물성物性이 같으냐 다르냐를 놓고 이른바 '호락시비湖洛是非'라 불리는 큰 학술논쟁이 일어났다.

영조 때 홍성 출신 한원진韓元震(호 南塘, 1682~1751)과 제천 출신 윤봉구尹鳳九(호 屛溪, 1681~1767)를 대표로 하는 충청도 노론[세칭 湖論]은 인성人性과 물성物性을 다르다고 보는 '인물성이론人物性異論'을 내세우고, 이간李柬(1677~1727)), 김창협金昌協(호 農巖, 1651~1708), 어유봉魚有鳳(1672~1744), 이재李縡(1680~1746), 박필주朴弼周(1665~1748), 김원행金元行(1702~1772) 등이 중심이 된 서울 노론[세칭 洛論]은 인성과 물성이 같다는 '인물성동론人物性同論'을 주장했다. 전자가 이기합일론을 따른 것이라면, 후자는 기의 차별성을 강조한 것이다. 동시에 '인물성동론'에는 만물의 평등을 강조하는 불교·양명학·노장사상의 영향이 깊게 배어 있었다.

호락논쟁을 실천적 측면에서 본다면 호론은 사람과 짐승을 구별하면서 이것을 화이론華夷論으로 연결시켜 청淸을 오랑캐로, 조선을 중화로 보려는 대의명분론이 깔려 있었다. 반면 서울 낙론은 사람과 모든 우주만물의 본성이 같다고 보면서 만물에 대한 관심을 높이고, 만물을 적극적으로 이용후생에 끌어들이는 자연과학정신이 담겨 있었다. 북학파의 과학기술 존중과 이용후생

김원행 김창집의 손자

사상이 서울 낙론에서 나타난 이유가 여기에 있었다.

그러나 낙론의 이론이 모두 북학으로만 발전된 것은 아니었다. 오히려 양평 출신 이항로 李恒老(호 華西, 1792~1868)와 전라도 순창 출신 기정진奇正鎭(호 蘆沙, 1798~1879) 등은 이일원론理一元論으로 발전하여 영남학파와 마찬가지로 위정척사운동의 철학적 배경을 이루기도 하였다.

한편, 서경덕의 유기론唯氣論은 18세기 후반 충청도 청풍 출신 임성주任聖周(호 鹿門, 1711~1788)를 거쳐 철종~고종 대의 개성 출신 최한기崔漢綺(호 明南樓, 1803~1877)에 이르러서는 서양의 경험철학과 연결되어 한층 심오한 이론으로 발전되었다. 김정호金正浩(호 古山子, ?~1866)와도 친했던 최한기의 철학은 조선 말기의 중인과 상공인들 사이에 큰 영향을 끼쳐 개화사상의 철학적 바탕을 이루게 되었다.

4. 국학 및 과학의 발달

1) 역사 편찬

왜란과 호란을 겪으면서 애국심이 높아지고, 또 흐트러진 제도와 문물을 재정비하는 과정에서 나라를 사랑하는 국학國學이 발달하게 되었고, 이에 따라 새로운 역사의식을 부추기는 사서史書가 잇달아 편찬되었다. 달리 말하면, 옛것을 사랑하면서 새것을 창조하자는 법고창신法古創新의 개혁의지가 자연스럽게 역사의식의 발달을 부추겼다.

왜란 직후에 편찬된 대표적 역사서는 한백겸의 《동국지리지東國地理志》(1614~1615), 이수광의 《지봉유설芝峰類說》(1614), 오운吳澐의 《동사찬요東史纂要》(1606~1614) 그리고 조정趙挺의 《동사보유東史補遺》(1630년경) 등이다.

한백겸의 《동국지리지》는 고대사의 지명을 새롭게 고증하여 역사지리 연구의 단서를 열어 놓았다. 특히 한강을 경계로 하여 북쪽에 조선, 남쪽에 삼한[한국]이 위치했다는 것과, 고구려의 발상지가 평안도 성천成川이라는 통설을 뒤집고 만주지방이라는 것을 처음으로 고증하여 후세에 큰 영향을 주었다.

오운의 《동사찬요》는 임진왜란 때 경상도에서 의병에 참여했던 경험을 살려 역대 애국명장의 활약을 크게 드러내고, 기자箕子 이후 유교문화의 전통을 자랑함으로써 애국심을 고취하려 했다.

이수광의 《지봉유설》에서는 중국을 마치 전세계로 보는 잘못을 지적하고, 기독교문명권, 불교문명권, 이슬람문명권 등이 더 있음을 지적했다. 또 우리 역사의 유구성과 문화수준이 중국과 대등하다는 것과 한사군漢四郡이 조선 땅의 일부에 지나지 않는다는 것, 한반도에 비정해 온 고대의 여러 지명이 사실은 만주에 있었다는 것을 새롭게 고증하여, 잃어버린 만주땅에 대한 관심을 환기시켜 주었다. 아시아와 유럽을 포함한 세계 50여 국의 지리·풍속·물산 등을 소개하여 세계에 대한 시야를 넓혀준 것도 이 책의 중요한 공헌이다.

조정의 《동사보유》는 그동안 무시되었던 《삼국유사》의 신화·전설들을 많이 수록하여 단군에서 고려 말에 이르는 역사에 대한 자부심을 다시 일깨워 주었다.

한편, 호란을 경험하고 난 17세기 중엽 이후에는 북벌운동을 고취하는 사서와 이를 비판하는 시각에서 쓰여진 사서가 양립되었다. 먼저 북벌운동을 고취하는 대표적 사서는 현종 때 서인 유계俞棨가 쓴《여사제강麗史提綱》(1667)이다. 송시열 등 내수외양內修外攘을 강조하던 북벌론자들의 칭송을 받은 이 책은 고려가 자치자강自治自强에 힘쓰면서 북방족에게 강력히 항전한 것과, 재상이 정치적 주도권을 잡은 사실을 강조했는데, 뒷날 노론 측에서 가장 추앙받는 사서가 되었다.

한백겸 신도비
경기도 여주군 가마섬길

이와 반대로 북벌운동과 붕당정치를 비판하는 시각에서 쓰여진 대표적 사서는 근경남인 허목許穆의《동사東事》(1667)이다. 이 책은 현종 때 써서 숙종에게 바쳤는데, 그 내용은 신성한 제왕帝王이 인후仁厚한 정치를 편 단군·기자·신라를 중국의 삼대三代에 비유할만한 이상시대로 그려내고, 우리나라의 자연환경과 인仁을 사랑하는 풍속 및 인성人性의 독자성을 강조하면서 그에 맞는 정치를 촉구했다. 다시 말해 전쟁보다는 도덕과 평화를 사랑하고, 제왕帝王이 권위를 가진 정치가 나라를 오래 보전하는 방책이라는 역사의식이 담겨 있다.

17세기 중엽 영남 남인 홍여하洪汝河(1621~1678)가 쓴《동국통감제강東國通鑑提綱》(1672)과《휘찬여사彙纂麗史》(1639년경)도 우리나라가 기자로부터 도덕과 평화를 사랑하는 유교국가였음을 강조하고, 그 전통이 마한을 거쳐 신라로 이어져 왔다고 하여 기자-마한-신라를 정통국가로 내세웠다. 이 책은 최초로 성리학의 강목체綱目體와 정통론正統論을 받아들여 우리 역사를 편찬한 책이기도 하다. 홍여하는 송시열 일파와 예론에서 첨예하게 맞섰던 인물로서 왕권강화를 강조하고 붕당정치의 폐지를 역설했다. 이 책들은 그 후 영남 남인들 사이에 가장 추앙받는 사서가 되었다.

유계의《여사제강》송시열이 쓴 서문

18세기에는 대체로 서인과 남인의 역사의식을 계승하면서 이를 한 단계 높은 문헌고증방법에 의해 심화시킨 역사서술이 나타났다. 소론파에 속하는 홍만종洪萬宗(1643~1725)의《동국역대총목東國歷代總目》(1705), 임상덕林象德(1683~1719)의《동사회강東史會綱》(1711), 이긍익李肯翊(1736~1806)의《연려실기술燃藜室記述》, 이종휘李種徽(1731~1797)의《동사東史》, 남인계에 속하는 이익의《성호사설》, 안정복安鼎福(1712~1791)의《동사강목東史綱目》(1778), 신경준申景濬(1712~1781)의《강계고疆界考》, 그리고 노론계 유득공柳得恭(1749~1807)의《발해고渤海考》(1784) 등이 그것이다.

홍만종의《동국역대총목》은 단군을 정통국가의 시발로 하여 기자-마한-통일신라로 이어진다고 보고, 삼국은 정통이 없는 시대로 간주했으며, 고려·조선의 역사는 왕실을 중심에 두고 서술했다. 이런 단군정통론은 이익과 안정복에 의해서도 그대로 받아들여졌다.

임상덕의《동사회강》은 유계의《여사제강》을 계승하여 강목체를 따르면서, 고대의 강역과 단군·기자에 관한 고증을 첨가했는데, 이는 뒤에《동사강목》에 큰 영향을 주었다. 안정복의《동사강목》은 강목체와 정통론을 따르고 있지만, 지금까지의 명분론에 입각한 역사의식과 실증적 역사연구를 집대성하였다는 점에서 조선 후기의 대표적 통사通史로 꼽힌다.

이종휘의《동사東史》는 고구려전통을 강조하면서 만주수복을 희구하고, 유득공의《발해고》는 발해를 신라와 대등한 국가로 인정하여 남북국사로 체계화했다는 점에서 독특한 의의를 지닌다. 신경준의《강계고》는 한백겸의 역사 지리연구를 계승·발전시킨 역사지리 전문서로 이름이 높다.

이긍익의《연려실기술》은 400여 종의 야사野史를 참고하여 조선왕조의 정치사를 객관적 입장에서 서술하고, 우리나라 역대의 문화를 백과사전식으로 정리한 것으로 자료적 가치가 크다.

2) 지리지와 지도 편찬

16세기 무렵부터 향촌사회의 발전에 부응하여 군읍 단위의 읍지邑誌가 편찬되기 시작하더니 왜란 이후 황폐된 향촌사회의 재건을 위해 각 지방의 수령 혹은 유지인사들에 의한 읍지 편찬이 활기를 띠었다. 그리고 읍지를 바탕으로 도道 단위 또는 국가단위의 지지地誌가 편찬되었는데, 18세기 영조~정조 시대에는 국가사업으로 문화백과사전인《동국문헌비고》가 편찬되고, 그 가운데 우리나라 지리를 정리한《여지고輿地考》가 신경준에 의해 편찬되었다.

한편, 16세기에《동국여지승람》이 편찬된 뒤로 이를 보완하는 작업이 숙종 때부터 시작되어 영조 때《여지도서輿地圖書》(1757~1765)라는 방대한 전국지리지가 완성되었다. 이 책은 처음으로 군현별로 채색 읍지도邑地圖가 첨부되었다는 점에서도《동국여지승람》보다 발전된 형태를 보였다.

관찬지리지가 주로 국방이나 재정 등 행정의 편의를 위해 만들어진 것이라면, 각 지방의 자연과 풍속, 인심 그리고 물산 등 인문지리적 지식을 얻기 위해 만들어진 민간지리지도 많이 편찬되었다.

17세기 중엽 허목은《지승地乘》을 써서 우리나라를 몇 개의 풍토권과 문화권으로 나누어 각 지방문화의 특성을 찾아내고, 중국과 다른 인문지리적 특성을 설명했다. 특히 그는 풍토風土 즉 자연환경이 인성人性에 영향을 미친다는 시각을 제시했다. 비슷한 시기에 유형원은《동국여지지東國輿地誌》를 썼다.

18세기 중엽 남인학자 이중환李重煥(1690~1752)은 30년간의 국토답사에서 얻은 지식을 토대로 선배 남인학자들의 인문지리서를 계승, 발전시켜《택리지擇里志》(일명 八域志)[100]를 편찬했다. 이 책은 풍수지리를 바탕으로 우리 국토를 작은 구역으로 나누고, 각 지역의 인심·산천·인물·풍속·산물을 소개하면서 어느 곳이 선비들이 살기 좋은 곳인가를 논하고 있는데, 자연과 인간생활의 관계를 인과적으로 이해하려 한 것이 주목된다. 다만, 이 책은 남인의 시각에서 국토를 바라보았기 때문에 노론집권층이 사는 지역에 대해서는 비판적으로 평가하고, 경상도를 선비가 가장 살기 좋은 곳으로, 평안도를 평민이 살기 좋은 곳으로 보았다.

---

100) 《택리지》는 크게 사민총론四民總論, 팔도총론八道總論, 복거총론卜居總論의 세 부분으로 구성되어 있으며, 사민총론에서는 사농공상士農工商의 유래와 역할을, 팔도총론에서는 8도의 풍수적 지세와 옛날의 역사 그리고 각 읍치별邑治別로 자연환경·인심·물산·풍속을 서술했다. 복거총론에서는 지리地理(풍수)·생리生利·인심人心·산수山水의 좋고 나쁨을 논했다.

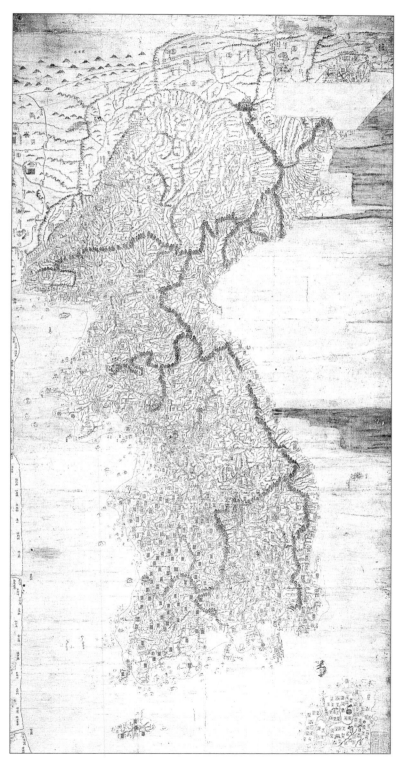

정상기의 《동국지도》
1757년, 비단에 채색, 271 × 139cm,
정상기(鄭尙驥 1678~1752)와
그의 아들 정항령에 의해서 만들어진
최초의 100리척 지도로,
백두산(머리)을 기점으로
남쪽으로 뻗어내린 백두대간(척추)을
크게 강조함으로써
국토를 인체(人體)로 인식하는
전통적 지리관이 잘 나타나 있다.
이 지도에는 백리척이 들어갈 부분이
파손되어 있어서 확인할 길이 없지만,
본래 백리척이 그려져 있었을 것으로
추정된다.
국립중앙박물관 소장

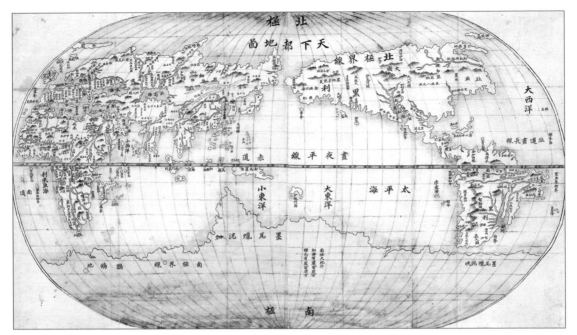

천하도지도 1770년대 제작된 〈여지도〉에 포함된 지도로 적도와 아메리카 대륙까지 들어있다.

이밖에 신경준의 《도로고道路考》와 《산수경山水經》, 작자 불명의 《산경표山經表》 등은 우리나라의 산과 강 그리고 도로 등을 정리한 것으로 국방과 경제 그리고 행정상 큰 도움을 주었다. 특히 《산경표》는 풍수지리를 통해 우리나라의 산과 강을 체계적으로 정리한 것으로, 오늘날의 지질학적 특성을 바탕으로 한 산맥체계와는 매우 다르다. 예를 들어 가장 큰 산맥을 백두대간白頭大幹으로 부르고, 여기서 뻗어 나간 13개의 산맥을 정맥正脈으로 불렀다.

조선 후기의 지리학은 우리 국토의 고유한 특성을 풍수지리의 시각에서 이해하면서도 이를 과학적으로 발전시켜 민족지리학의 토대를 만들어 놓았다는 데 중요한 의의가 있다. 19세기에 들어와 김정호金正浩와 같은 걸출한 지리학자가 나올 수 있었던 것은 18세기에 그 토대가 마련된 까닭이다.

한편 왜란과 호란 이후로 국방에 대한 관심이 커지면서 국가사업으로 수많은 국방지도[關防地圖]가 제작되었는데 비변사가 이를 관리했다. 그밖에 행정용 지도들도 대량으로 제작되어 동아시아에서 가장 선진적인 지도문화를 만들었다. 17~18세기에 집중적으로 제작된 지도들은 세계 지도와 동아시아 지도, 우리나라 전도, 도와 군현 그리고 군사요새지인 진鎭지도 등 종류가 다양하고, 화원들이 채색을 넣어서 보기에도 매우 아름다웠다. 그 가운데 숙종 대 내수외양의 북벌정신을 담은 방대한 10폭 병풍의 〈요계관방지도遼薊關防地圖〉[101]가 있는데, 우리나라 북

---

101) 〈요계관방지도〉는 청에 사신으로 다녀 온 노론 대신 이이명李頤命의 주도 하에 비변사에서 1706년(숙종 32)에 제작한 것으로, 중국에서 입수한 중국 지도를 화원이 모사해 가지고 들어와 여기에 우리나라 지도를 합성하여 만든 것이다. 현재 서울대학교 규장각 한국학연구원에 소장되어 있으며 보물 1,542호로 지정되어 있다.

방지역과 만주 그리고 만리장성을 포함하여 중국 동북지방의 군사요새지[關防]가 상세히 그려진 걸작이다.

조선 후기 지도제작 수준을 한 단계 높인 이는 영조 대 정상기鄭尙驥(1678~1752)·정항령鄭恒齡 부자이다. 정인지 후손인 정상기 부자가 만든 〈동국지도東國地圖〉(1757)는 최초로 백리척[100리를 1척으로 함][102]을 사용하여 지도제작의 과학화에 크게 기여했다. 백리척 지도는 그 후 널리 유행되었으며, 뒷날 동양 최고의 지리학자로 평가되는 김정호의 〈대동여지도大東輿地圖〉(1861)와 〈청구도靑丘圖〉는 그의 영향을 크게 받았다.

조선 후기에는 모눈종이를 사용한 지도도 유행하여 지도제작이 한층 정밀해졌으며, 음양오행의 풍수사상을 바탕으로 국토를 살아있는 생명체로 바라본 것이 특색이다. 백두산을 사람의 머리로 보고, 백두산에서 뻗어내린 백두대간白頭大幹을 척추로, 제주도와 대마도를 두 다리에 비유하고 있다. 8도의 색깔을 5방색[청(靑), 적(赤), 황(黃), 백(白), 흑(黑)]으로 칠한 것도 한국 지도만의 특징이다. 현재 남아 있는 조선 후기 채색지도는 수천 종에 달한다.

조선 후기에는 서양인들이 제작한 세계지도도 수입되어 세계에 대한 지식을 한층 정확하게 가질 수 있었다. 이미 1603년(선조 36) 명나라 사신으로 갔던 권희權僖·이광정李光庭이 마테오 리치가 제작한 〈곤여만국전도坤輿萬國全圖〉를 가져온 일이 있는데, 그밖에 마테오 리치의 〈양의현람도兩儀玄覽圖〉, 페르비스트Ferbiest(南懷仁)의 〈곤

요계관방지도 1706년, 135×635cm, 10폭으로 된 병풍 가운데 제2폭의 한 부분이다. 청록색을 위주로 한 산세 표현이 독특하며, ○ 부분은 백두산과 백두산을 예찬한 글이다. 서울대학교 규장각 한국학연구원 소장

여전도坤輿全圖〉[103], 〈천형도天形圖〉, 〈구라파국여지도〉등이 들어왔다. 이수광은 《지봉유설》(1614)에서 이러한 지도들을 소개하고 있다. 그가 중국에 대한 지리인식이 과장되어 있다고 비판하고, 세계 50여 개국을 소개할 수 있었던 것도 이러한 서양지도를 보았기 때문이다. 조선 후기 조선 정부는 세계지리에 대한 비교적 정확한 정보를 가지고 있었으며, 이를 토대로 중국중심 세계관을 극복해 갔다.

3) 국어학·금석학·유서의 편찬

국학의 일환으로 국어에 대한 연구도 활발해졌다. 먼저 훈민정음에 관한 연구서로 최명

---

102) 정확한 지도제작에는 정확한 직선거리 측정이 필수적이다. 그러나 산과 도로의 굴곡이 심한 우리나라의 경우에는 정확한 직선거리의 측정이 매우 어렵다. 정상기는 이 점을 고려하여 평지는 100리를 1척尺으로 정하고, 굴곡이 심한 도로는 120리 혹은 130리를 1척으로 정하여 차등을 두고 거리를 계산했다. 그 결과 비교적 정확한 직선거리의 계산이 가능해졌다. 그 전에는 중국의 획정법劃井法(또는 방안도법方眼圖法)을 받아들여 모눈을 그리고, 도로의 길이와 방위만을 가지고 지도를 제작했기 때문에 지도의 정확성이 상대적으로 떨어졌다.

103) 페르비스트가 만든 〈곤여전도〉는 1860년에 8폭의 목판으로 제작하여 널리 보급되었는데, 8폭 중 6폭의 목판이 보물로 지정되어 현재 서울대학교 규장각 한국학연구원에 보관되어 있다.

길의 손자 최석정崔錫鼎(1646~1715)의 《경세정운經世正韻》(1678)과 신경준의 《훈민정음운해》(1750), 황윤석黃胤錫(1729~1791)의 《자모변字母辯》, 용인 출신 유희柳僖(1773~1837)의 《언문지諺文志》(1824) 등이 나와서 훈민정음의 기원, 글자모습 및 음운에 관해 다양한 해석이 내려졌다. 특히 한글 글자모습의 기원에 대한 연구가 활발하여 범자梵字(산스크리트)기원설, 몽골글자 기원설, 상형설象形說, 발음기관설, 천원지방설天圓地方說, 고전古篆 기원설, 측간설厠間說 등이 주장된 것이 흥미롭다.

우리말의 어휘를 정리한 사전은 두 가지 형태로 나타났다. 하나는 천문·지리·신체 등을 물수物數에 따라 항목을 분류·해설한 것인데, 7,000여 항의 물명物名을 수록한 유희의 《물명고物名考》(1820년대)가 대표적 저술이다. 또 하나는 어휘의 맨 끝자를 기준으로 하여 운韻으로 분류한 사전으로서 선조 때 학자 권문해權文海(1534~1591)의 《대동운부군옥大東韻府群玉》(1589)이 유명하다. 이 책은 단군시대 이래의 지리·역사·인물·문학·식물·동물 등을 총망라한 어휘백과사전이다.

한편, 정조 때 학자 이의봉李儀鳳(1733~1801)은 《고금석림古今釋林》(40권 20책)을 편찬하여 우리의 방언과 산스크리트어, 몽골어, 만주어, 일본어, 타이어, 거란어, 퉁구스어, 돌궐어, 안남어, 티베트어 등 외국어를 정리했는데, 이 책을 편찬하는 데 1,500여 권의 문헌을 참고했다.

한자의 음운서로는 1794년(정조 18) 규장각에서 이서구李書九와 이덕무李德懋가 엮은 《규장전운奎章全韻》(2권 1책)이 뛰어나다. 이 책은 사성四聲에 따라 글자를 나누어 설명한 것인데, 한자음 운서 가운데 가장 정확한 것으로 알려지고 있다.

역사에 대한 관심은 금석문金石文에 대한 관심을 촉발시켰다. 영조 때 홍양호洪良浩(1724~1802)는 사비寺碑, 능비陵碑, 묘비墓碑, 진흥왕순수비[황초령비] 등에 관해 연구했고, 순조·철종 때의 김정희金正喜(1786~1856)는 《금석과안록金石過眼錄》을 지어 북한산비와 황초령비 등 진흥왕순수비를 소개했다.

유서類書로 불리는 백과사전이 널리 편찬된 것도 조선 후기 문화계의 특기할 일이다. 우리나라의 전통문화를 폭넓게 정리하여 중국에 뒤지지 않는 문화국가임을 자부하려는 욕구와 방대한 자료수집 능력이 합쳐져서 이룩된 것이 바로 유서 편찬이다.

이수광의 《지봉유설》(1614)은 유서의 효시이다. 이 책은 348명의 저서를 참고하여 편찬된 것인데, 2,265명의 인물을 소개했으며 3,435개의 항목을 25부로 나누어 서술했다. 우리나라와 중국문화를 포괄적으로 비교하면서 서술한 것으로 일종의 세계백과사전이라고도 할 수 있다. 그 뒤 18~19세기에는 이 책에 자극을 받아 수많은 유서가 편찬되었는데, 이익의 《성호사설》, 이덕무의 《청장관전서靑莊館全書》(1795), 서유구의 《임원경제지》, 이덕무의 손자 이규경李圭景(五洲, 1788~?)의 《오주연문장전산고五洲衍文長箋散稿》(60권 60책)는 가장 뛰어난 유서들이다.

한편, 국가사업으로 편찬된 백과사전으로는 1770년(영조 46) 초판이 나오고, 1790년(정조 14)과 1908년에 거듭 증보된 《동국문헌비고》[104]가 있다. 250권의 방대한 분량을 차지하는 이 책은

---

104) 영조 때 편찬된 《동국문헌비고》는 象緯·輿地·禮·樂·兵·刑·田賦·市糴·選擧·財用·戶口·學校·職官 등 총 13考 100여 권이었으나, 정조 때 이만운李萬運에 의해 개찬된 후에는 物異·宮室·王系·氏族·朝聘·諡號·藝文 등이 합쳐져 20考 146권으로 늘어났다. 한편, 1908년의 《증보동국문헌비고》는 象緯·輿地·帝系·禮·樂·兵·刑·田賦·財用·戶口·市糴·交聘·選擧·學校·職官·藝文 등 16考로 줄어들고, 분량은 250권으로 늘어났다.

16분야로 나누어 우리나라 역대의 문물제도를 총정리한 최초의 관찬 한국학 백과사전이라고 할 수 있다.

4) 과학과 기술의 발전

조선 후기에는 그 동안 축적된 전통과학기술을 계승하면서 중국에서 들여온 서양과학·기술을 수용하여 한 단계 높은 과학이론과 기술을 발전시켰다. 조선 후기의 산업발전과 국력신장은 여기에 힘입은 바가 크다.

먼저 농업경영 및 농사기술에 관한 관심이 커지면서 이 방면의 저서가 다수 출간되었다. 1655년(효종 6)에 나온 신속申洬의《농가집성農家集成》은 쌀농사 중심의 수전농법을 소개한 것이다. 그 뒤 상업적 농업이 발달하고 원예작물을 비롯하여 농업의 영역이 확대됨에 따라 새로운 농서의 출간이 요청되었다. 숙종 때 박세당의《색경穡經》(1676)과 홍만선洪萬選의《산림경제山林經濟》, 영조 때 박지원의《과농소초課農小抄》(1799, 15권 6책), 그리고 정조 때 왕명으로 편찬한 서호수徐浩修의《해동농서海東農書》등은 새로운 농업경영에 바탕을 두고 편찬된 것이다.

《색경》은 과수, 축산, 원예, 수리, 기후 등에 중점을 둔 것이고,《산림경제》는 농업, 임업, 축산, 양잠, 식품가공·저장 등 의식주 전반의 중요사항을 소개한 것이다.《해동농서》는 우리 고유의 농학을 중심에 두고 중국 농학을 선별적으로 수용하여 한국농학의 새로운 체계화를 시도했다.

축산·어업과 관련하여 동식물학에 대한 관심이 커졌는데,《색경》과《산림경제》등에도 이에 관한 설명이 있다. 한편, 정약용의 형 정약전丁若銓은 순조 때《자산어보玆山魚譜》(1814)를 지어 어류학의 신기원을 이룩하였다. 이 책은 저자가 흑산도에서 귀양살이하는 동안 근해의 해산물 등을 직접 채집·조사하여 155종의 해산물에 대한 명칭·분포·형태·습성 등에 관한 사실을 기록한 것이다.

의학분야에서는 광해군 때 허준許浚(1546~1615)과 정작鄭碏 등이《동의보감》(1613)을 펴내 우리나라뿐 아니라 중국과 일본의 의학발전에도 큰 영향을 주었다. 이 책은 수련도교의 영향을 받아 예방의학에 중점을 두고 값싼 시골 약재를 사용한 치료방법을 개발한 것이 특색이다. 허준은 이밖에도《벽역신방辟疫新方》(1612),《신찬벽온방》(1612) 등을 저술하여 전염병치료의 경험 등을 체계적으로 정리했다.

허준과 같은 시기의 허임許任은《침구경험방針灸經驗方》(1644)을 지어 침구술을 집대성했으며, 그 뒤 영조 대 박진희朴震禧, 이헌길李獻吉 등은 마진[홍역]에 관한 연구를 발전시키고, 정약용은 여러 마진에 관한 서적을 정리하여《마과회통麻科會通》(1798)을 저술했다. 특히 그는 박제가 등과 더불어 종두법을 처음으로 연구·실험했다. 이러한 의학전통은 고종 년간에 와서 더욱 발전되어 황필수黃泌秀의《방약합편邦藥合編》(1884), 이제마李濟馬의《동의수세보원東醫壽世保元》(1894)과 같은 명저를 낳게 했다. 특히 후자는 인체를 태양·태음·소양·소음으로 나누어 치료하는 독특한 사상의학四象醫學으로 유명하다.

천문학분야에서도 서양과학의 영향을 받아 새로운 학설이 제기되었다. 천리경[망원경]을 비롯한 천문기구가 들어오고, 서양역법이 전래되면서 우리나라 천문학 발달에 큰 자극을 주었다. 효종 때 김상범金尙範은 김육의 도움으로 서양역법을 배워《시헌력時憲曆》을 만들었으며, 그 뒤 한국 사정에 맞는 역법이 계속 연구되어 마침내 정조 때《천세력千歲曆》(1782)을 만들어냈다. 그리고 철종 때 남병길南秉吉은 역산서曆算書를 정리하여《시헌기요時憲紀要》(1860)를 편찬했다.

　이미 17세기 초에 이수광은《지봉유설》에서 일식, 월식, 벼락, 조수의 간만 등에 관하여 소개한 일이 있고, 17세기 말 숙종 대 김석문金錫文(1658~1735)은 처음으로 지구가 1년에 366회씩 자전한다고 주장하여 천동설을 부정하였다. 그 뒤 18세기에는 이익, 홍대용 등이 나와 서양과학에 대한 이해를 깊이 가졌다. 이익은 "만약 공자가 지금 살아 있다면 서양 천문학을 기준으로 할 것"이라고 하면서, "지구가 둥글다면 중국이 한 가운데 있을 수는 없고 어느 나라든 세계의 중앙이 될 수 있다"고 하였다. 홍대용은 지구자전설에서 한 걸음 더 나아가, 인간을 중심으로 우주를 해석하려는 입장에서 벗어나, 동물의 입장에서는 인간이 별 것이 아닐 수도 있다면서 모든 것을 상대적으로 파악했다. 그리고 지구에서만 인간이 있는 것이 아니라, 다른 천체에서도 인간과 비슷한 생명체가 있을 수 있다고 상상했다.

　18세기 말~19세기 초의 정약용은 서양의 과학기술을 배워오기 위해 이용감利用監이라는 관청을 두자고까지 제안했다. 그는 기술의 진보가 인간사회 발전에 결정적인 영향을 준다고 믿어 스스로 많은 기계를 제작하거나 설계했다. 특히 정조가 청으로부터 5천여 권의《고금도서집성》을 사들여 오자 그 속에 실린 테렌츠Terrenz(鄧玉菡)의《기기도설奇器圖說》(1627)을 참고하여 거중기擧重機 등 건축기계를 제작하고, 한강에 가설할 배다리[舟橋]도 설계했다. 그의 이러한 노력은 정조가 화성[지금의 수원]을 축조하고 한강에 배다리를 건설하는 데 큰 도움을 주었다.

　서양에서 들어온 과학기술로는 이 밖에도 인조 때 정두원鄭斗源(1581~?)이 명에서 가져온 화포[총]와 자명종[시계] 등이 있으며, 1627년(인조 5) 표류해 온 네덜란드인 벨테브레Weltevree(朴淵)와 1653년(효종 4) 표착한 하멜Hendrik Hamel 일행은 우리나라에 14년간 체류하면서 서양식 대포를 만드는 기술을 전해 주었다.

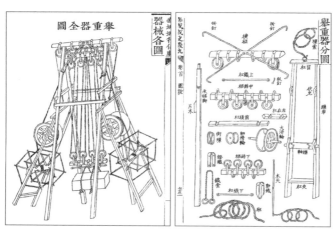

거중기와 거중기 분해도 《화성성역의궤》에서

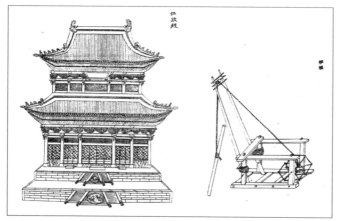

인정전과 녹로 1804년,《인정전 영건도감의궤》, 서울대학교 규장각 한국학연구원 소장

조선 후기에는 수학도 서양의 영향을 받았다. 서양의 수학책을 중국어로 번역한 《기하원본幾何原本》이 중국에서 전래되어 기하학과 대수학 등 서양수학에 대해 관심을 가진 학자들이 나타났다. 17세기 말 최석정崔錫鼎(1645~1715)은 《구수략九數略》(1700)이라는 수학책을 써서 무한대와 무한소의 수학적 개념을 해명했으며, 대수·기하 및 삼각과 관련된 실학적 문제들을 풀어냈다. 홍대용도 서양과학의 본질은 실험기구와 수학에 있다고 생각하여 《주해수용籌解需用》이라는 수학책을 썼다.

조선 후기의 기술 발전은 주로 농업 및 의학과 관련된 분야에 집중되고, 교통·통신 그리고 제조업이나 군사 분야에서는 상대적으로 미미하였다. 이것이 서양에 비해 산업혁명이 뒤지게 된 근본 이유다. 서양 과학기술의 수용과 발전이 18세기까지만 해도 비교적 순탄하게 이루어졌으나, 19세기 이후 정체되기 시작한 것은 서양 과학이 천주교와 더불어 전래되어 천주교 억압이 과학에 대한 관심을 냉각시킨 까닭이었다. 또 서양과 직접 교류할 기회를 갖지 못한 것이 더욱 산업화에 실패한 결정적 원인이다.

5. 문학과 예술의 새 경향

1) 문학의 변화

조선 후기에도 한문학이 양반=사대부 문학의 주류를 이루었으나, 그 경향이 바뀌었다. 17세기에는 6경고학六經古學과 진한秦漢의 고문古文을 숭상하는 '실학'이 나타나면서 문학에 있어서도 문장에 도덕이 담겨야 한다는 성리학의 도문일치론道文一致論이 후퇴하고, 인간의 타고난 감정, 곧 천기天機를 중요시하는 당나라의 시와 고문古文이 유행했다. 17세기 초의 4대 문장가로 알려진 이정구李廷龜(月沙), 신흠申欽(象村), 장유張維(谿谷), 이식李植(澤堂)을 비롯하여 이른바 '침류대학사'들이 이 부류에 속했다. 17세기 후반기의 남인실학자들이나 소론계 학인들 사이에서도 이런 흐름이 계속되었다. 17세기 말 홍만종이 《소화시평小華詩評》을 저술하여 우리나라 시학사詩學史를 정리한 것도 고문의 흐름을 배경으로 한 것이다.

성리학적 문학관에 과감하게 도전한 것은 17세기 초 침류대학사의 한 사람인 허균許筠이었다. 그는 문학에 있어서 천기天機를 중시하여 이성理性을 중요시하는 성리학적 문학관에 도전했다. 그가 한글소설 《홍길동전洪吉童傳》을 쓴 것은 이런 문학관에 기초한 것이다. 홍길동이라는 도술가를 주인공으로 정치의 부패상과 서얼차대의 모순을 비판한 것은 당시의 수련도교의 유행과 관련이 크다.

작자불명의 《전우치전田禹治傳》, 《윤군평전尹君平傳》, 《곽재우전》 등도 홍길동과 비슷한 도술가를 주인공으로 한 전기이다. 숙종 대 김장생의 증손 김만중金萬重(1637~1692)이 한글로 〈사씨남정기〉와 〈구운몽〉 등 소설을 쓴 것도 앞선 시기의 영향을 받은 것이다.

17세기 문학의 새로운 경향은 호란 이후 주자성리학의 문학관에 젖어 있던 서울 노론 인사들에게 큰 자극을 주어 18세기 중엽 이후에는 새로운 변화가 나타났다. 김창협金昌協(農巖, 1651~1708), 김창흡金昌翕(三淵, 1653~1722) 형제와 그의 문인들은 '천기' 혹은 진기眞機를 존중하는 문학

김창흡 초상 작가 미상, 견본담채,
29×37cm, 일본 덴리대학 중앙도서관

이론을 폈는데, 박지원·홍대용 등 북학파 인사들은 이를 더욱 발전시켜 이른바 신체문을 만들어냈다. 이들은 우리의 자연풍토에서 저절로 생겨난 우리의 고유한 정서를 그대로 표현하기 위해서 비속한 언어들을 거침없이 받아들였다. 이 신체문에 의한 대표적 작품이 박지원의 《열하일기》와 홍대용의 《의산문답醫山問答》이다. 그러나 신체문이 지나치게 품위를 상실하고, 또 이 문체가 자신의 정치노선에 대한 도전이라고 생각한 정조는 이른바 문체반정文體反正을 일으켜 신체문을 억압하고 도문일치道文一致로 나아가려고 했다.

박지원은 《열하일기》 속에 들어있는 〈허생전許生傳〉과 〈호질虎叱〉 그리고 《방경각외전方璥閣外傳》에 들어있는 〈양반전兩班傳〉, 〈민옹전閔翁傳〉 등의 소설에서 북벌론과 화이사상의 허구성, 무위도식하고 있는 양반의 위선 등을 폭로했다. 홍대용의 《의산문답》도 비슷한 내용을 담고 있다.

18세기 후반에 이르러 중인과 서얼층이 많은 재산을 모아 신분상승 추세가 나타나면서 이른바 위항인委巷人으로 불리는 중인의 문학이 태동했다. 위항인들은 남인 혹은 북학파 인사들과 교유하면서 처음에는 양반사대부 문학을 모방하여 고문 혹은 신체문을 많이 따랐으며, 19세기 이후에는 자신들의 신분상승과 관련하여 중서층中庶層의 역사적 유래를 밝히는 사서史書와 명인名人들의 전기를 다투어 출간했다. 철종 대 편찬된 《규사葵史》(1858)는 서얼의 역사이며, 헌종 때 이진흥李震興이 편찬한 《연조귀감掾曹龜鑑》(1777, 1848)은 향리의 역사를 적은 것이다. 조희룡趙熙龍의 《호산외기壺山外記》(1844)와 유재건劉在健의 《이향견문록里鄕見聞錄》(1862) 그리고 이경민李慶民의 《희조일사熙朝軼事》(1866) 등은 기예나 공로가 뛰어나면서도 신분이 낮아 출세하지 못한 위항인들의 전기를 모은 것이다.

위항인들은 인왕산, 삼청동, 청계천, 광교 등 지역에 많은 시사詩社를 결성하여 문학활동을 벌이면서 자신들의 위상을 높여갔고, 또 역대 시인들의 시를 모아 시집을 간행하기도 했다. 영조 때 서리출신 시인 김천택金天澤과 김수장金壽長은 우리나라 역대의 시조와 가사를 모아 《청구영언靑丘永言》(1728)과 《해동가요海東歌謠》(1763)를 각각 편찬했다. 이밖에 위항인들의 시만을 모은 것으로는 홍세태洪世泰의 《해동유주海東遺珠》(1712)와 고시언高時彦의 《소대풍요昭代風謠》(1737) 그리고 1797년에 간행된 《풍요속선風謠續選》 등이 있다.

야담·잡기류의 성행도 조선 후기 문학사조의 한 특색이다. 17세기 초 침류대학사의 일원인 차천로車天輅의 《오산집五山集》, 유몽인의 《어우야담於于野談》을 비롯하여 많은 야담·잡기류가 나오고, 17세기 중엽에는 그 이전까지의 야사·야담류 57종을 모아 《대동야승大東野乘》이라는 방대한 야사전집이 출간되었다. 한편, 선조 때 중국의 설화집을 모은 《태평광기太平廣記》가 언해되어 설화문학의 발달을 촉진시켰다. 야담·설화는 체계적인 사상을 담고 있는 것이 아니라, 서민들의 인생관·세계관이 담겨져 있는 일화가 많아서 서민문화를 이해하는 데 좋은 자료가 된다.

이밖에도 18세기 이후에는 민중들 사이에 자연발생적으로 창작된 국문소설이 널리 유행했다. 《장화홍련전》, 《콩쥐팥쥐전》, 《심청전》, 《흥부전》, 《옥루몽》, 《숙향전》, 《춘향전》 등과 같은 권선징악과 애정문제를 소재로 한 소설들이 있으며, 《임진록》, 《임경업전》 등과 같은 군담소설도 적지 않았다. 그러나 대중의 사랑을 가장 많이 받은 것은 《춘향전》이었다. 이는 이 작품이

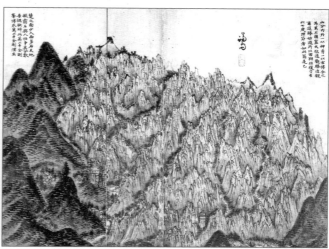

호방 정선 그림, 사공도시품첩, 견본담채, 27.8×25.2cm
금강산전도 정선 그림, 외금강을 양(남성), 내금강을 음(여성)으로 이해하여
강한 선과 부드러운 선으로 표현했으며, 외금강의 1만 2천 봉우리를 1만 2천 명의 금강역사로 이해하여 그린 그림

애정문제와 사회문제를 함께 다루고 있을 뿐 아니라, 양반·상민이 모두 부담을 갖지 않고 공감할 수 있는 보편적 가치를 담고 있는 까닭이었다.

2) 예술의 새 경향

조선 후기에는 문화의 모든 분야가 새롭게 변화하는 추세에 맞추어 그림·건축·글씨 등 예술분야에서도 새로운 경향이 나타났다.

먼저 그림에 있어서는 17세기 인조 때 궁정화원의 중심적 위치에 있던 이징李澄의 그림이 정교하면서도 격식을 탈피하여 자유분방하고 대담한 필치로 인물과 산수를 그려내어 사랑을 받았다. 그는 특히 달마達磨와 같은 선승과 신선을 주로 그렸는데, 이는 17세기 초 이단사상의 유행과 짝하는 화단의 이단이었으며, 명나라 절강지방 화단의 영향을 받은 것이기도 했다. 그러다가 17세기 말 이후로 청초 남종화南宗畵가 들어와서 그 영향을 받기 시작했다. 반청감정을 가진 중국 남방인의 남종화가 역시 반청사상에 젖어 있던 서울 문인들에게 호소력을 준 까닭이다.

그러나 18세기 영·정조시대에 들어가면 남종문인화를 우리의 고유한 자연과 감정에 맞추어 토착화하는 또 다른 화풍이 일어났다. 이른바 '진경산수眞景山水'가 그것이다. 진경산수의 등장은 왜란과 호란 이후 활발하게 일어나고 있던 사대부들의 국토순례와 의궤儀軌[105]와 국방

---

105) 의궤는 국가의 여러 행사, 예컨대 제사, 왕실혼인, 국장國葬, 책봉冊封, 태실胎室 봉안, 대사례大射禮, 궁궐 건설, 영정影幀 제작, 진찬進饌, 진연進宴, 능행陵幸, 친경親耕, 친잠親蠶 행사 등을 자세히 기록해 놓은 책이다. 의궤는 행사의 일정, 참가자, 행사에 쓰인 도구, 행사경비 등을 상세하게 적고, 행사의 주요장면과 도구, 복식, 건축양식을 그림을 그려서 설명한 것이 특징이며, 색채그림이 많다. 따라서 의궤는 제도풍속사연구와 사회경제사, 미술사연구의 주요 자료가 된다. 현재 서울대학교 규장각 한국학연구원에는 약 2천 7백 권의 의궤가 있고, 한국학중앙연구원 장서각에도 수백 권의 의궤가 있다. 의궤는 유네스코 세계기록문화유산으로 등록되었다.

금강산 옹천 정선 그림, 견본담채, 36.1×37.6cm, 국립중앙박물관 소장

금강산 옹천 김홍도 그림, 옹천을 주관적으로 그린 정선의 그림과 대비된다.
1788년, 견본담채, 30×43.7cm, 개인 소장

송하맹호도 김홍도·강세황 그림, 견본담채,
90.4×43.8cm, 호암미술관 소장

지도제작에 화원들이 참가하여 우리의 산수를 그려 넣는 과정에 개성있는 화풍을 발전시킬 수 있게 된 것이다. 또한, 서울 문단에서 사람의 자연스런 감정을 표현하려는 천기天機와 진기眞機주의가 풍미한 것과도 관련이 있다. 한국인은 자연과 사람이 하나로 어울릴 때 '신바람'과 '흥'을 느끼는데, 이를 문학이나 그림으로 표현하고자 하는 것이 천기와 진기이다.

　18세기 중엽 천기·진기주의 문학을 강조하던 김창업金昌業, 김창협, 김창흡 3형제의 후원을 받은 영조 대 정선鄭敾(호 謙齋, 1676~1759)이 '진경산수'의 대가로 등장하게 된 것은 우연이 아니다. 양반출신으로서 화원이 된 그는 금강산을 비롯하여 서울 주변의 수려한 경관을 독특한 필치로 그려냈는데, 자연을 있는 그대로 묘사한 것이 아니라, 자연이 발산하는 음양의 생명력과 그 자연을 바라보는 사람의 신바람과 흥취를 강조해서 그린 것이 특징이다.

　정선의 뒤를 이어 산수화와 풍속화의 새 경지를 열어 놓은 화원은 정조 때 김홍도金弘道(호 檀園, 1745~1806?)와 신윤복申潤福(호 蕙園, 1758~?)이다. 김홍도는 현감을 지낸 양반이었으나 정조의

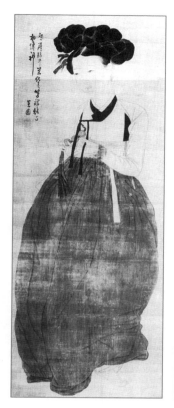 

미인도 19세기 초,
신윤복 그림,
견본담채, 114×45.2cm,
간송미술관 소장

채제공 초상(시복본)
보물 1,477호, 이명기 그림, 채
제공 73세 상으로 사모에 관
대를 한 옅은 분홍색의
관복 차림에 손부채와
향낭을 들고 화문석에
편하게 앉은 전신좌상이다.
수원시 소장

각별한 사랑을 받고 궁정화가의 중심인물이 되었다. 그는 정조의 화성행차와 관련된 병풍, 행렬도, 의궤 등 궁중 풍속을 많이 그렸는데, 이는 기록화의 의미를 지닌 까닭에 활달하고 간결한 필치보다는 섬세하고 정교한 필치를 더 필요로 했다.

김홍도의 기록화에는 서양식 화법이 보인다. 정조의 화성행차도 병풍그림에는 원근법이 보이고, 《의궤》에 들어있는 〈화성행차도〉는 등장하는 인물을 모두 측면에서 그려놓았다. 이런 형식은 종전에 중앙의 인물만을 측면에서 그리고, 좌우에 따라가는 인물은 모두 중앙을 향해 넘어진 형태로 그린 것과 다르다.

김홍도는 사대부들의 감상을 위한 그림도 많이 그렸다. 신선神仙이나 산수도 즐겨 그렸는데, 그의 산수화는 주관적 흥취를 강조한 진경산수화와는 달리 자연을 사실 그대로 표현하는데 주력했다. 이른바 실경산수實景山水로써 객관적 기록화의 정신이 담긴 것이다. 그는 이밖에도 밭갈이, 추수, 집짓기, 대장간, 씨름, 풍악놀이, 혼인풍속 등 농촌 서민들의 생활상을 낙천적이고 익살스런 필치로 즐겨 그렸다. 말하자면 일상생활 속의 신바람과 흥취를 그린 것이다. 이는 정조시대에 민국으로 나아가던 밝고 활기찬 사회상을 반영하는 것이기도 하다. 김홍도와 비슷한 화풍을 지닌 풍속화가로서 김득신金得臣(1754~1822)·김석신金碩臣 형제도 정조의 궁정화가로 활약하고 사대부들의 사랑을 받았다.

화각공예 3층장 63.4×37×111cm,
온양민속박물관 소장

화각함 조선 후기, 나무·쇠뿔,
71.0×37.3×37.7cm, 국립고궁박물관 소장

김홍도와 비슷한 시기에 활약한 신윤복은 김홍도와 대조적으로 주로 도시인의 풍류생활과 부녀자의 풍속을 감각적이고 해학적인 필치로 묘사하여 풍속화의 또 다른 정형을 세웠다. 심사정沈師正(호 玄齋, 1707~1769)도 18세기 화가로서 높은 명성을 떨쳤다. 그는 정교하고 세련된 필치의 산수를 잘 그려 정선의 그림과는 대조를 보였다. 그밖에 조영석趙榮祏, 변상벽卞相璧, 윤덕희尹德熙, 김두량金斗樑, 최북崔北 등 개성 있는 화가들이 배출되어 18세기 화단을 화려하게 장식했다.

한편 일반 선비 가운데서도 그림에 뛰어난 재주를 보인 문인화가가 적지 않았다. 정조 때의 이인상李麟祥과 강세황姜世晃(호 豹菴, 1713~1791)은 뛰어난 문인화가였다. 특히 강세황은 시·서·화의 삼절로 널리 알려진 인물인데, 그는 서양 수채화의 기법을 동양화와 접목시켜 새로운 산수화풍을 성립시켰다.

조선 후기에는 산업부흥에 따라 공예예술도 다채롭게 발전했다. 그릇공예는 종전의 분청사기粉靑沙器가 자취를 감추고, 다종다양한 형태의 청화백자靑華白磁가 널리 유행했다. 흰 바탕에 푸른 유약을 발라 꽃, 새, 산수, 인물 등 다양한 그림을 넣어 예술성이 높아졌는데, 중국에서 수입하던 푸른 유약을 자체 개발·생산한 것이 큰 원인이었다. 더욱 한국적 특색을 보인 것은 크고 둥근 달항아리의 유행이다.

나무공예가 뛰어나게 발전한 것도 특기할 일이다. 장롱, 책상, 소반, 의자 등 실생활과 문방도구로서 실제 기능을 가진 나무공예의 발전은 조선 후기 산업발달에 따라 주민생활의 문화수준이 높아지면서 나타난 현상이다. 특히 쇠뿔을 쪼개어 아름다운 무늬를 표현하는 화각華角 공예의 발달은 조선 특유의 멋이기도 했다.

제9장 19세기 전반 서울과 지방의 갈등

1. 순조시대 세도정치와 홍경래의 난

1) 순조시대 세도정치

강력한 지도력을 행사하면서 소민小民을 끌어안아 민국民國으로 나아가려던 정조가 돌아가고 어린 임금 순조純祖(1800~1834)와 헌종憲宗(1834~1849) 그리고 '강화도령'으로 알려진 시골 소년 철종哲宗(1849~1863)이 잇달아 즉위하면서 왕권이 약화되고 정치적 실권은 왕의 외척과 서울의 노론명문가에게 돌아갔다. 세도가들이 권력을 잡았다 해서 흔히 세도정치勢道政治라고 한다.

1800년 19세기 역사를 연 순조는 11세의 소년으로 친정을 하지 못하고, 영조의 계비 정순왕후 김씨가 대비가 되어 수렴청정을 하면서 노론벽파가 권력을 쥐고 정조를 따르던 시파를 사교邪敎인 천주교에 물들었다는 이유로 내몰았다. 그래도 1801년에 중앙관청에 속했던 내사노비內司奴婢를 해방시키는 긍정적 조치도 있었으나 정조의 개혁정치를 뒷받침하던 장용영은 폐지되고, 규장각은 신하들의 친목기구처럼 변질되었다.

그러나 정순왕후의 수렴정치가 몇 년 만에 끝나고 순조의 친정이 시작되면서 정조의 신임을 받았던 장인 김조순金祖淳(1765~1832)을 비롯한 안동김씨[106] 일가가 정치의 중심에 서고, 여기에 반남박씨,[107] 풍양조씨,[108] 풍산홍씨,[109] 여흥민씨, 동래정씨, 경주김씨, 대구서씨, 연안이씨 등 왕실의 외척이거나 영·정조 시대 왕조중흥에 기여했던 대표적인 서울 명문양반들이 함께 참여하여 마치 문벌 연합정권 같은 성격을 지녔다. 세도정치의 중심 권력기관은 비변사로써 당상자리를 차지한 약 300여 명이 핵심 정치집단을 형성하여 모든 권력을 장악했다. 의정부와 6조 그리고 3사는 고유기능을 상실하고 행정실무를 집행하는 기구로 변질되었다.

김조순 초상 오한근 소장

---

106) 안동김씨는 인조 때 척화파 명신 김상헌金尙憲의 후손이다. 그의 손자로서 17세기 명신이던 김수증金壽增, 김수흥金壽興, 김수항金壽恒 3형제, 김수항의 아들로서 영·정조 시대에 명성을 날린 김창집金昌集, 김창협金昌協, 김창흡金昌翕, 김창업金昌業 등 여러 형제를 배출하였다. 낙파洛派의 거두인 김원행金元行도 김창협의 손자이다. 순조의 장인으로서 안동김씨 세도를 연 김조순金祖淳은 바로 영의정 김창집의 현손인데 정조의 신임을 받은 시파계열의 규장각 출신 인물이다. 한편, 헌종의 비는 김조근金祖根의 딸이며, 철종의 비는 김문근金汶根의 딸이다.

107) 반남박씨는 순조의 생모인 수빈박씨綏嬪朴氏 집안이다.

108) 풍양조씨는 순조의 세자빈[효명세자]의 부인의 집안이다.

109) 풍산홍씨는 정조의 어머니 혜경궁 홍씨의 집안이다.

세도가들은 오랫동안 서울의 도시적 분위기에서 살면서 세련된 도시귀족의 체질을 지녔고, 규장각에서 학문을 닦은 인물도 많았다. 그러나 강력한 지도자를 잃은 그들의 학문은 권력을 잡은 후 차츰 고증학에 치우쳐 개혁의지를 상실하고, 상대적으로 뒤떨어진 지방사회와 소민小民들을 적극적으로 포용하지 못했다. 그것은 탕평정치를 이끌어간 강력한 군주만이 할 수 있었던 일이었다.

그래도 순조는 친정을 하면서 세도가를 누르고 아버지 정조의 유훈을 계승하여 왕권을 다시 세우고 민국民國으로 가려는 의지를 보여주었다. 그래서 친위부대를 다시 양성하고, 아버지 문집인 《홍재전서弘齋全書》를 간행하고, 탕평정치를 정리하여 《만기요람萬機要覽》을 편찬하기도 했다. 1827년(순조 27)에는 영리한 자질을 타고난 19세의 효명세자孝明世子[110]에게 대리청정을 시키면서 부자가 합심하여 세도가를 누르고 친위세력을 양성하여 정조시대로 되돌아가는 듯한 모습도 보였다. 세자의 대리청정은 3년 만에 요절하여 꿈이 깨지고, 권력은 다시 김조순의 안동김씨 가문과 효명세자의 장인 조만영趙萬永(1776~1846)의 풍양조씨 가문으로 돌아갔다.

순조시대를 어렵게 만든 것은 세도정치만이 아니었다. 잇따른 기근과 질병으로 인구가 급감하고, 농촌사회의 피폐를 가져왔다. 국가는 재정부족을 해결하기 위해 모든 세금을 지역별로 정액을 할당하는 방법을 택하고, 벼슬아치들은 매관매직으로 돈벌이에 나섰다. 수령과 향리, 그리고 향임鄕任들은 부과된 정액을 받아내기 위해 무리한 방법을 동원했다. 전정田政[토지세], 군정軍政[군포], 환곡還穀[고리대] 등 이른바 삼정三政의 문란이 극도에 달하고, 돈으로 벼슬자리를 산 사람들은 이를 보충하기 위해 백성들을 수탈했다.

2) 홍경래의 난(1811)

이미 지방사회의 동요는 17~18세기에도 없지 않았지만, 지역탕평과 소민보호정책으로 영·정조 대에는 큰 민란은 없었으나, 여러 형태의 무장한 도적떼가 나타났다. 숙종 때 일어난 장길산張吉山을 비롯하여 야간에 횃불을 들고 다니면서 화공火攻을 일삼던 명화적明火賊, 바다나 강에서 약탈을 일삼던 수적水賊, 재인과 화척으로 구성된 채단綵團 등이 그것이다. 그러다가 순조 대 이후 탕평과 소민보호정책이 약화되고, 자연재난이 겹치면서 대규모 민란이 발생했다. 1811년(순조 11)에 평안도에서 홍경래의 난이 일어났다. 이미 영조 때도 평양지역에 폐사군단廢四郡團으로 불리는 도적떼가 있었지만, 규모가 크지는 않았다. 그런데 홍경래의 난은 단순한 도적떼가 아니라 정부를 전복하려는 민란이었다. 이 난은 과거시험에 여러 번 낙방한 선비 홍경래를 우두머리로 하여 우군칙, 김사용, 이희저, 김창시 등이 주동자로 참여하여 평안도 가산군嘉山郡 다복동多福洞에서 1,000여 명의 무리가 무기를 들고 일어났다. 돈 많은 상인과 향임층이 자금을 대고, 무사와 광산노동자 등이 합세했다. 그들이 내건 요구사항은 평안도가 단군조선과 기

---

110) 효명세자 대리청정기에 창덕궁과 창경궁을 방대한 병풍으로 그린 〈동궐도〉가 제작되고, 창덕궁 안에 일반 양반주택을 닮은 연경당演慶堂을 지었으며, 9세 때 성균관에 입학한 것을 기념하여 그린 〈왕세자입학도〉가 지금 남아 있다. 순조비 순원왕후의 생일을 기념한 잔치를 베풀고 의궤로 만들었는데, 한 권은 한문본으로, 한 권은 한글본으로 만들었다. 효명세자는 죽은 뒤에 익종翼宗으로 추존되었고, 고종은 익종의 아들로 입양되었으며, 대한제국이 성립하자 익종을 문조익황제文祖翼皇帝로 추존했다.

자조선의 발상지임에도 지방차별을 받고
있는 것은 부당하니 이를 철폐하라는 것
이었다.

홍경래의 거병은 평안도 전지역의
광범한 호응을 얻어 순식간에 지금의 평
안북도지역에 해당하는 청천강 이북의
아홉 개 군을 점령하는 전과를 올렸다.
그러나 박천博川 송림전투에서 관군에게
패하고, 정주성定州城에 들어가 저항하다
가 거병한 지 4개월 만에 성이 함락되어
실패로 끝났다.

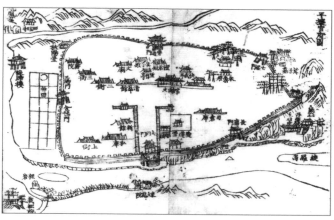

평양관부도　1770년, 위백규 제작, 허영환 소장

홍경래의 난이 실패한 원인은 지방차별에 대한
호소력이 평안도에만 국한되어 전국적인 호응을 얻
지 못한 데 있었다. 하지만, 서북지역에 대한 지방차별
이 문제된 것은 상당한 이유가 있었다. 평안도는 18세
기 이후 전국에서 가장 빨리 경제와 문화가 성장한 지
역이었다. 의주상인, 평양상인, 정주의 놋그릇상인 등
이 국내 또는 중국과의 국제무역을 통해 부를 축적하
고, 금, 은, 동 등에 대한 수요가 커지면서 곳곳에 광산
이 개발되어 돈을 모은 덕대德大들이 성장했으며, 인구
성장 속도도 전국에서 가장 빨라 8도 가운데 인구서
열이 인조 대 4번째, 헌종~숙종 대 3번째였다가 영조
~정조 대에는 경상도 다음 2번째로 올라갔다.

정주목지도　18세기 중엽, 홍경래가 지휘하는 반군과
관군의 전투가 벌어졌던 곳,《해동지도》에서

경제성장을 바탕으로 부유한 서민이 성장하여 향임鄕任을 차지하여 향권鄕權을 장악하고,
문과시험에도 적극적으로 도전하여 8도 가운데 급제자 비율이 영조 대 2위, 정조~순조 대에는
1위, 헌종~철종 대에는 2위, 고종 대에는 다시 1위로 올라섰다. 특히 평안도 가운데서도 놋그
릇산업의 중심지인 정주定州는 전국 군현 가운데 가장 많은 급제자를 낸 지역이 되었다. 그만큼
서북지역의 교육문화 수준이 높았다는 것을 말해준다.

그러나 높은 급제율에 비해 벼슬을 얻는 취직률은 8도 가운데 가장 낮았으며, 그나마 홍
문관이나 승문원 등 청요직清要職 벼슬은 거의 받기 어려웠다. 그 이유는 오랫동안 권력을 장악
해온 서울 이남 지역의 기성양반층의 배타성에도 원인이 있지만, 평안도 급제자들은 거의 대부
분《족보》를 갖지 못하고, 성씨 자체도 믿기 어려운 평민층이었기 때문이었다.

그래도 탕평정치를 추진하던 영·정조 때에는 서북 출신을 의도적으로 보호하고, 홍문관
을 제외한 사헌부와 사간원의 진출을 허용했다. 그런데 순조 대 이후에는 서북 출신에 대한 배
려가 약화되고, 서울 양반의 눈에는 평안도의 경제성장이 수탈의 대상으로만 보였다. "평안감
사도 저 싫으면 그만"이라는 유행어가 나돌 정도로 평안도관찰사는 돈벌이가 잘 되는 가장 부

러운 벼슬자리가 되었다. 평안도에서만 지역차별에 대한 불만이 터진 이유가 여기에 있었다.

서북지역의 사기를 다시 높여준 것은 고종시대로, 문과급제율도 전국 1위로 올라가고, 높은 벼슬아치나 개화파 사상가도 이 지역에서 많이 배출되었다. 이는 평안도를 북진정책의 전진기지로 생각한 고종의 정책과 관련이 있었다.

2. 헌종~철종 대의 세도정치와 삼남민란

1) 헌종~철종 대의 세도정치

34년의 통치를 마친 순조의 왕통은 아들 효명세자孝明世子[뒤에 翼宗으로 추존]가 왕위에 오르기 전에 세상을 떠나 세자의 아들 8세의 헌종憲宗(1834~1849)에게 돌아갔다. 헌종의 어머니는 풍양조씨 조만영趙萬永(1776~1846)의 딸[111]이었으므로 풍양조씨도 외척의 한 축을 담당했다. 헌종의 나이가 어려 한동안 할머니인 순조비 순원왕후純元王后 김씨[김조순의 딸]가 수렴청정했다. 그런데 순원왕후는 헌종의 왕비를 다시 안동김씨 김조근金祖根(1793~1844)의 딸로 맞이하고, 그 다음 철종의 왕비도 안동김씨 김문근金汝根(1801~1863)의 딸로 정했다. 이렇게 안동김씨에서 왕비 3명이 잇따라 배출되면서 안동김문의 세도는 60여 년을 이어가게 된 것이다. 이러한 안동김문의 오랜 세도를 무너뜨린 것이 대원군이다.

순조 때만 해도 안동김문의 세도가 있었어도 폐단이 크지는 않았다. 김조순이 정조가 키운 규장각 출신 신하이고, 순조와 효명세자의 견제가 있었기 때문이다. 그런데 헌종 대 이후의 상황은 매우 달랐다. 헌종은 글씨도 잘하고, 공부도 열심히 한 왕이었지만, 재위 15년 만에 23세로 세상을 떠났다. 그러나 후사가 없어 부득이 종친 가운데서 추대하게 되었다. 이때 선택된 인물이 사도세자와 후궁 숙빈임씨肅嬪林氏 사이에 태어난 은언군恩彦君의 손자인 철종哲宗(1849~1863)이었다. 은언군은 정조 때 아들 담湛[뒤의 전계대원군]과 함께 모반죄로 강화도로 쫓겨났는데, 철종은 바로 담의 아들로서 강화도에서 농사를 짓고 살다가 갑자기 왕이 된 것이다. 그래서 철종을 '강화도령'으로도 부른다.

왕자수업을 받지 못한 19세의 철종이 왕이 되자 순조비 순원왕후 김씨가 또 몇 년간 수렴청정을 했다. 몇 차례나 수렴청정을 한 순원왕후는 실제로 왕과 다름 없는 존재로서 세상 사람들은 순원왕후를 '여군女君'으로 불렀다. 말하자면 세도정치시대는 실제로 순원왕후가 통치한 시대로 불러도 좋다. 1857년(철종 8) 순원왕후가 69세로 세상을 떠난 뒤로 익종비 신정왕후神貞王后 조씨(1808~1890)가 왕실의 큰 어른이 되어 1890년(고종 27)까지 대비로 활약하다가 83세로 세상을 떠났다. 고종을 임금으로 만든 것이 바로 신정왕후였다.

철종 대에는 덕망이 높은 권돈인權敦仁(1783~1859), 김좌근金左根(1797~1869), 정원용鄭元容

---

111) 효명세자의 세자빈은 조만영의 딸이었는데, 철종이 죽고 나서 대비가 되어 섭정하면서 대원군과 상의하여 대원군의 둘째 아들을 양자로 받아들여 왕으로 추대했다. 이가 고종高宗이다. 그래서 조대비는 법적으로 고종의 어머니가 되고, 효명세자[익종]는 법적으로 고종의 아버지가 되었다.

(1783~1873) 등이 영의정을 맡았으나, 세 번이나 영의정을 맡은 김좌근이 안동김씨의 중심인물로 실권을 장악했다. 그러나 지방의 수령, 향리, 향임 등 모든 벼슬자리가 돈으로 매매되고, 백성들에게는 삼정의 무거운 짐을 지워 민심이 이탈하는 도도한 흐름을 막지는 못했다.

하지만 철종 대에도 정치적으로 전향적인 조치가 이루어졌다. 1851년(철종 2)에 1,200여 명의 서얼들이 집단적으로 통청通淸을 요청하는 상소를 올리자 권돈인, 김좌근 등이 적극적으로 호응하여 모든 벼슬을 차별 없이 받을 수 있도록 조치했다. 1863년(고종 즉위년)에는 수렴청정을 하고 있던 신정왕후가 서얼차대에 관한 모든 법령을 없애라는 조치를 내려 500년간 이어져 온 서얼차대는 일단 법적으로는 완전히 철폐되었다.

서얼의 통청이 이루어진 것을 보고 자극을 받아 1851년(철종 2) 서울의 역관譯官, 의관醫官, 천문관天文官, 화원畵員, 율관律官 등 1,800여 명의 중인中人이 연합하여 자금을 모으고, 청요직에 나갈 수 있게 해 달라는 통청운동通淸運動을 벌였는데, 임금에게 직접 상소를 올리려던 계획은 실천에 옮기지 못했다. 중인이 차별을 받은 것은 정부의 차별정책만이 원인이 아니라 아버지의 직업을 그대로 세습하려는 중인 스스로의 책임도 크다는 자기반성이 일어났기 때문이다.

2) 철종시대 삼남지방의 민란

철종시대는 조선왕조 역사상 민란民亂이 가장 크게 일어난 시대였다. 그 원인은 삼정三政의 문란으로 일컬어지는 과중한 세금 때문이었다. 정부는 안정적인 재정을 확보하기 위해 전세田稅, 군포軍布, 환곡還穀의 세 가지 재원을 지역별로 배당하는 총액제總額制를 실시하고, 이를 실천하기 위해 수령의 권한을 강화시켜 향리鄕吏와 향임鄕任을 동원하여 수취체제를 강화했다. 그러나 배당된 총액을 채우기 위해 갖가지 부정한 방법이 동원되어 백성의 분노를 샀다. 상업이나 상업적 농업으로 돈을 모은 요민饒民들이나 가난한 백성이나 모두가 수탈의 대상이 되었다.

전정田政이라고 하는 토지세는 원래 1결당 20두[전세 4두, 대동미 12두, 결작 2두, 삼수미 1.2두] 정도였으나, 비총제比總制에 따른 정액을 채우기 위해 실제로는 인정미人情米, 선가미船價米, 낙정미落庭米, 민고미民庫米 등의 이름을 붙여 1결당 100두 정도를 거두어 갔다.

군정軍政으로 불리는 군포軍布는 장정마다 1필에 지나지 않는 것이었지만 군총제軍總制에 따른 총액을 채우기 위해 젖먹이 아이[黃口添丁], 죽은 사람[白骨徵布], 60세가 넘은 노인의 나이를 내림[降年侵], 이웃[隣徵], 친척[族徵]으로부터도 군포를 받아냈다. 그리하여 군포가 농민을 가장 괴롭혀 부유한 농민들은 이를 피하기 위해 양반신분을 위조하거나 사들였다. 특히 지방의 향임鄕任으로 올라가는 예가 많았다. 이 시기의 호적을 보면 양반인구가 전체인구의 반을 넘어선 이유가 여기에 있었다.

환곡還穀은 본래 빈민구제책으로 춘궁기에 국가의 곡식을 농민에 대여했다가 추수 후에 10%의 이자[耗穀]를 가산하여 받아들였던 것이다. 그런데 지방관아의 재정이 궁핍해지자 필요 이상의 곡식을 강제로 빌려주기도 하고, 반작反作이라 하여 출납을 허위보고하여 잉여분을 차지하고, 가분加分이라 하여 창고에 남은 곡식까지 대출하여 이식을 취하고, 허류虛留라 하여 창고에 없는 곡식을 있는 것처럼 장부에 꾸미고, 반작半作 혹은 분백分白이라하여 반은 겨를 섞어

평양 대동문 놀이 19세기 초, 10폭 병풍(각 131×39cm) 중 일부, 서울대학교 박물관 소장

서 1석을 2석으로 만들기도 했다. 정부에서는 이런 폐단을 시정하기 위해 이자를 세금 형식으로 토지와 호구에 배당했다. 즉 환곡이 부세형식으로 바뀐 것이다. 그러나 그 결가結價가 너무 높아 농민의 불만은 여전했다.

농민의 불만은 처음에는 학정虐政의 금지를 요청하는 소청운동으로 나타났고, 때로는 정부와 탐관오리를 비방하는 방서榜書, 괘서掛書[벽보] 사건으로 표출되었다. 세금을 거부하는 항조·항세 투쟁도 점차 격화되어 갔다. 그러다가 1862년(철종 13)에 이르러서는 조직적인 무장투쟁으로 불만이 표출되었다. 이해 2월 경상도 단성丹城에서 시작된 민중봉기는 이웃 진주晋州로 이어지고 경상도 20개 군현, 전라도 37개 군현, 충청도 12개 군현 그리고 부분적으로 경기도·함경도·황해도 등지에서도 일어났다. 그야말로 전국이 민란의 소용돌이에 빠졌다.

민란 가운데 가장 격렬한 것은 진주민란晋州民亂이었다. 경상도병사兵使 백낙신白樂莘의 가렴주구에 못이긴 진주 민중은 향임鄕任 유계춘柳繼春의 지도 아래 머리에 흰 두건을 쓰고 스스로 초군樵軍[나무꾼]이라 부르면서 죽창과 곤봉을 들고 일어나 관아를 부수고 농촌의 부민富民을 습격한 다음 스스로 해산했다.

이 시기 민중운동은 가난한 농민뿐 아니라 요호부민饒戶富民으로 불리던 부자들과 토호들까지 가세한 것이 특징이었다. 그들은 자치적 회의기구인 향회鄕會를 조직하고, 처음에는 합법적인 소청운동을 펴다가 뜻을 이루지 못하자 죽창 등의 무기를 들고 일어나 수령이나 향리 그리고 지주, 고리대금업자 등을 공격했다. 정부는 이를 무력武力으로 진압하면서 회유책을 써서 선무사, 안핵사, 암행어사 등을 파견하여 실정을 조사하고, 원한의 대상이 되는 수령을 처벌하고 삼정이정청三政釐整廳을 설치하여 농민부담을 완화하는 조치를 취했다. 그 결과 민중봉기는 다소 진정되었으나, 근본적인 해결이 이루어진 것은 아니었다. 그리하여 대원군집권기에도 광양 난(1869), 이필제李弼濟 난(1871), 명화적明火賊 등의 활동이 그대로 지속되고, 그 연장선상에서 1894년의 동학농민전쟁이 발생하게 된 것이다.

3. 19세기 전반기의 문화

1) 19세기 전반기의 개혁사상

19세기 전반 세도정치의 모순을 시정하려는 개혁사상이 지식인들 사이에 나타났다. 이들은 세도정치의 실무관료로 참여하기도 했으나 마침내 세도가들에 의해 밀려나 서울부근의 농촌에 은거하면서 학문을 연구하고 농촌현실을 목도하여 새로운 개혁안을 제시했다. 홍석주, 서유구, 성해응, 정약용, 최한기, 이규경 같은 인사들이 그러하다. 유교정치의 도덕성을 회복하면서 시대의 흐름을 따라 새로이 성장한 부민富民들을 정치에 참여시키고, 부강한 산업국가를 건설하고자 하는 데 목표를 두었다.

홍석주洪奭周(1774~1842)는 서울 노론의 후예였으나 세도정권의 편협한 인사정책과 가혹한 수탈을 반대하고 정조가 추구했던 이상적 유교정치로 돌아갈 것을 촉구했다. 이러한 시각에서

서유구 초상

정약용 초상 91.5×53.5cm,
이원기 소장

그는 성리학末學을 일차적으로 중요시하면서도 한나라 훈고학訓詁學의 장점을 흡수하여 이른바 한송漢末 절충의 새로운 학문체계를 세웠다. 그의 문집《연천집淵泉集》이 전한다.

서울 소론으로서 북학파의 한 사람이던 서유구徐有榘(1764~1845)는 서울 주변의 농촌에 거주하면서《임원경제지》(113권)를 써서 경영방법 개선과 기술혁신을 통한 농업 생산력 제고와 농촌의 의료 및 문화생활을 높이기 위한 광범한 개혁안을 제시했다. 다시 말해 도시발전에 치중했던 북학사상을 농촌발전에 응용한 것이라 할 수 있다. 또 그는《의상경제책擬上經濟策》(1820년경)을 써서 전국 주요지역에 국가시범농장인 둔전屯田을 설치하여 혁신적 농법과 경영방법으로 수익을 올려서 국가재정을 보충하고, 부민富民들의 참여를 유도하여 유능한 자를 지방관으로 발탁할 것을 제안했다. 이러한 그의 생각은 정조가 화성에 시범농장인 대유둔전大有屯田을 설치 운영한 것에서 큰 암시를 받은 것이었다.

정조 때 유득공, 박제가, 이덕무와 더불어 서얼 출신 규장각 검서관이었던 성해응成海應(1760~1839)은 세도정치기에 포천으로 귀향하여(1815) 저술에 몰두한 결과 160권의 방대한《연경재집研經齋集》을 남겼다. 그는 청나라가 강희·건륭의 전성기를 넘어서서 점차 쇠락의 길로 접어들고 있는 것을 간파하고 서북지방 경비를 강화하여 청의 침략에 대비하고 나아가 청을 공격하여 고구려의 옛 땅을 되찾고, 명明에 대한 의리를 실천할 구체적 방안을 제시했다. 한편 중앙의 세도가를 정점으로 하여 지방의 감사, 수령, 서리, 부민富民으로 이어지는 중층적 수탈구조를 개혁하고 부민들이 참여하는 지방자치의 활성화를 주장하기도 했다.

성해응의 개혁안은 기본적으로 성리학에 토대를 둔 것이었지만, 한대漢代 학자들의 경전연구漢學를 긍정적으로 받아들여 이를 절충하는 이른바 한송漢末 절충의 경학체계를 세웠다. 그리고 자질구레한 것을 깊이 고증하는 청대의 고증학은 현실개혁에 도움이 되지 않는 것으로 배격했다.

정조의 사랑을 크게 받았던 남인학자 정약용丁若鏞(호 茶山, 1762~1836)은 천주교에 관여한 것이 문제가 되어 1801년(순조 원년) 신유사옥辛酉邪獄 때 유배를 당하여 전라도 강진에서 학문에 전념하다가 1818년(순조 18) 고향인 경기도 양주군 마현(지금의 남양주시 다산로)으로 돌아와《경세유표經世遺表》,《목민심서牧民心書》,《흠흠신서欽欽新書》등의 명저를 남겼다. 그의 학문은 이익 등 선배 남인학자의 실학古學을 계승하면서도 과학기술과 이용후생을 강조하는 북학사상을 흡수하여 19세기 전반기의 학자로서는 가장 포괄적이고 진보적인 개혁안을 내놓았다.

먼저《경세유표》에서는《주례》에 나타난 주周나라 제도를 모범으로 하여 중앙과 지방의 정치제도를 개혁할 것을 제안했다. 정치적 실권을 군주에게 몰아주고, 군주가 수령을 매개로 민을 직접 다스리도록 하되, 민民의 자주권을 최대로 보장하여 아랫사람이 통치자를 추대하는 형식에 의해서 권력이 짜여져야 한다고 했다. 중앙의 행정기구인 6조의 기능을 평등하게 재조정하고 이용감利用監을 새로 설치하여 과학·기술의 발전 등 북학北學을 수행할 수 있도록 바꾸며, 지방의 부유한 농민들에게 향촌사회에서의 공헌도에 따라 관직을 주어야 한다고 주장했다.

《목민심서》는 수령들이 백성을 수탈하는 도적으로 변한 현실을 바로잡기 위해 백성을 기르는 목민관으로서 지켜야 할 규범을 제시한 일종의 수신교과서이다. 그는 벼슬아치의 청렴을 여자의 정절에 비유하기도 했다. 《흠흠신서》는 백성들이 억울한 벌을 받지 않도록 형법을 신중하게 집행하기 위해 지은 책이다.

정약용은 국가재정과 농촌경제의 안정을 위해 중국의 정전제도井田制度를 우리나라 현실에 맞게 조정하여 여전제閭田制를 시행할 것을 주장했다. 국가가 장기적으로 토지를 사들여 가난한 농민에게 나누어 주어 자영농을 육성하고, 아직 국가가 사들이지 못한 지주의 토지는 농민에게 골고루 병작권을 주자는 것이었다.

정약용은 자신의 개혁사상을 학문적으로 뒷받침하기 위해 유교경전을 깊이 연구하면서 홍석주, 신작申綽 등 학자들과 토론을 벌이기도 했으며, 《아방강역고我邦疆域攷》를 써서 역사지리를 새롭게 고증하기도 했다. 그의 저술은 500여 권에 달하는데, 지금 《여유당전서與猶堂全書》 속에 수록되어 전해지고 있다.

다산초당 전라남도 강진군 도암면 다산로

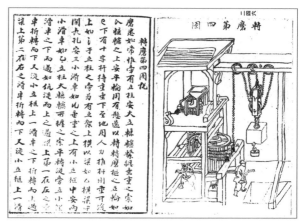

전마도(轉磨圖) 최한기의 《심기도설》 중에서 각종 톱니바퀴를 이용한 기계에 관한 설명을 담았다.

19세기 중엽에는 중인층에서도 뛰어난 학자들이 많이 배출되었는데, 개성출신으로서 서울에 살면서 북학사상을 발전시킨 이가 바로 최한기崔漢綺(호 惠崗, 1803~1877)이다. 무관武官 집안에서 태어나 개성과 서울의 상업문화와 부민富民의 성장을 목도한 그는 부민이 주도하는 상공업국가의 건설을 목표로 여러 개혁안을 제시하며, 외국과의 개국통상도 적극적으로 주장했다. 그는 뉴턴의 만유인력설을 비롯한 천문학, 지리학, 의학, 농학 등 서양과학과 기술에도 조예가 깊어 앞선 시기의 학자들보다 한층 깊이 있는 과학지식을 소개했으며, 이를 바탕으로 하여 새로운 주기적主氣的 경험철학을 발전시켰다. 1천 권에 달하는 방대한 그의 저서는 지금 《명남루총서明南樓叢書》로 전해오고 있다.

최한기와 비슷한 시기 이규경李圭景(호 五洲, 1788~1856?)도 《오주연문장전산고五洲衍文長箋散稿》(60권)라는 방대한 문화백과사전을 편찬하여 중국과 우리나라 고금의 사물 1,417항을 고증적 방법으로 소개했다. 북학사상가인 이덕무의 손자로서 가학의 전통을 계승한 그는 동양의 전통사상인 유교·불교·도교를 넓게 포용하려는 자세와 아울러 서양과학을 실용적 학문으로 받아들임으로써 동서양의 문명을 형이상과 형이하의 체계 속에 통합시키려고 노력했다. 말하자면 동도서기東道西器와 법고창신의 개혁사상이라 할 수 있다. 오주五洲라는 그의 호는 전 세계 5대주를 포용하려는 넓은 시야가 담겨져 있다.

홍석주의 문인 유신환兪莘煥(1801~1859)도 동도서기의 입장에서 후학을 길렀는데, 그의 문하에서 대한제국 성립과정에 큰 역할을 담당한 남정철南廷哲과 김윤식金允植 등이 배출되었다. 경직된 세도정치하에서 이들의 진보적 개혁사상은 정부시책으로 적극 수용되지 못하고 말았으나, 뒷날 개화사상가들에게 큰 영향을 주어 자주적 근대화정책의 토대를 쌓았다.

2) 국학의 발달 – 역사 · 지리지 · 지도

세도정치기의 불우했던 개혁사상가 가운데에는 18세기의 역사의식을 계승하면서 이를 한층 학문적으로 심화시킨 역사가들이 적지 않았다. 정약용, 한치윤, 홍석주, 홍경모, 윤정기가 그러한 이들이다. 정약용은 《아방강역고我邦疆域攷》(1811, 1833)를 써서 우리나라 고대사의 강역을 새롭게 고증했다. 특히 백제의 첫 도읍지가 지금의 서울이라는 것과, 백제가 멸망한 원인은 한성을 포기한 것, 그리고 발해의 중심지가 백두산 동쪽이라는 것을 해명한 것은 탁월한 견해로, 그의 지리고증은 대부분 지금까지도 통설로 받아들여지고 있다.

서울 남인학자인 한치윤韓致奫(1765~1814)은 일평생 역사편찬에 몰두하여 조카 한진서韓鎭書와 합작으로 85권의 방대한 《해동역사海東繹史》(1814, 1823)를 편찬했다. 540여 종의 중국과 일본 서적을 참고하여 쓴 이 책은 동이문화東夷文化에 뿌리를 둔 우리나라 문화의 선진성과 아울러 우리나라와 중국 및 일본과의 문화교류가 상세히 정리되어 있어서 자료로서의 가치가 매우 높다. 특히 한진서가 쓴 《지리고》는 정약용의 《아방강역고》와 더불어 역사지리 고증의 높은 수준을 보여준다.

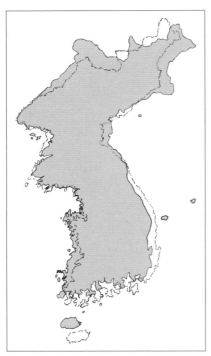

홍석주는 삼국과 발해의 강역에 특별한 관심을 가지고 《동사세가東史世家》를 쓰고, 또 우리가 청나라 사람들보다 더 정확한 중국사를 쓸 수 있다는 자신감에서 《명사관견明史管見》을 비롯한 여러 종류의 역사책을 썼다. 중국인이 쓴 중국사에 잘못이 많아 이를 바로 잡으려는 노력은 정조 때 송사宋史의 잘못을 바로 잡은 《송사전宋史筌》의 편찬으로도 나타났는데, 이는 조선 후기 학자들의 문화적 자신감에서 나온 것이다.

홍석주의 친족인 홍경모洪敬謨(1774~1851)는 정약용과 한치윤 등 선배학자들의 문헌고증방법을 계승하여 우리나라 상고사의 여러 의문점을 하나하나 고증했는데, 《동사변의東史辨疑》(1848년경)는 대표적 사서이다. 그의 뒤를 이어 철종 대에는 소론학인 이원익李源益이 《동사약東史約》(1851)을, 남인학자 윤정기尹廷琦가 《동환록東寰錄》(1859)을, 고종초에는 남인학자 박주종朴周鍾이 《동국통지東國通志》

대동여지도와 현대지도의 비교 회색이 대동여지도 (1868)를 써서 고증적 역사서술의 전통을 이어갔다.

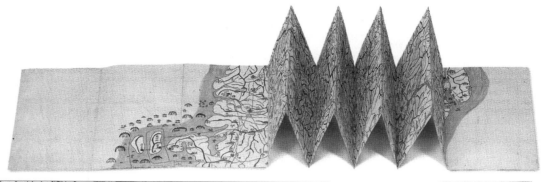

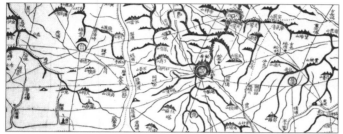

대동여지도의 일부 개성 부근, 풍수지리의 관점에서 산맥을 그리고, 10리마다 점을 찍어 거리를 표시, 국립중앙박물관에 목판 소장

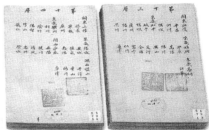

동여도 보물 1358호, 김정호가 만든 필사본의 전국채색지도로 병풍처럼 접고 펼 수 있게 되어 있다. 서울대학교 규장각 한국학연구원 소장

19세기의 과학적이고 고증적인 학풍은 지도와 지리지 편찬에도 나타나 앞 시기보다 한, 층 정밀하고 규모가 큰 지도·지리지가 제작되었다. 이 시기의 가장 뛰어난 지리·지도 연구자는 김정호金正浩(?~1866)이다. 그는 황해도의 평민출신으로 서울에 살면서 신헌申櫶·최한기 등의 도움을 얻어 여러 관찬지도를 보고, 이를 집대성하여《청구도靑丘圖》라는 지도책을 발간하고, 이를 더욱 발전시켜서 23폭으로 이루어진 약 7m 길이의 전국지도인《동여도東輿圖》와《대동여지도大東輿地圖》(1861)를 제작했다. 전자는 필사본 채색지도이고, 후자는 목판으로 찍어내어 대중들에게 널리 보급되었다.[112]《대동여지도》는 풍수지리의 시각에서 산맥을 입체적으로 그리고, 기호를 사용하여 중요 시설을 표현했으며, 10리마다 점을 찍어 거리를 알기 쉽게 하여 일반 대중들이 이용하기에 편하게 만들었다. 그는 또한《동여도지東輿圖志》,《여도비지輿圖備志》,《대동지지大東地志》등 3대 지리서를 편찬하기도 했다. 그는 근대 이전 아시아 최고의 지리학자로 평가받고 있다.

---

112) 김정호에 대해서는 잘못된 이야기가 많이 전해진다. 첫째, 그가 대동여지도 제작을 위해 백두산을 일곱 번이나 다녀왔다는 것 둘째, 그는 대동여지도를 만든 후 국가기밀을 누설했다는 혐의로 감옥에 갔다는 것 셋째, 대동여지도의 목판이 불태워지고 없다는 것. 이 이야기들은 모두 거짓이라는 것이 최근 밝혀졌다. 그러나 그는 기호화 방법을 도입하여 지도제작기술을 과학화하고, 국가에서 독점하던 정밀한 전국지도를 목판으로 대량 인쇄하여 대중에게 보급함으로써 지도의 대중화에 크게 공헌하였다.

3) 천주교의 전래와 금압

서양의 가톨릭이 천주교로 불리면서 처음 소개된 것은 16세기 말~17세기 초이다. 명明에 다녀온 사신이 서양의 자연과학서적과 더불어 천주교에 관한 한역서적漢譯書籍을 얻어 왔다. 천주교는 종교로서보다도 서양 학문의 하나로서 이해되어 서학西學이라 불렸다.

서학에 대하여 관심을 가지기 시작한 것은 성리학에 대한 비판의식이 강했던 북인계열의 학자들이었다. 1610년(광해군 2) 명에 사신으로 갔던 허균은 천주교 12단端을 얻어 왔다. 역시 광해군 때 이수광은《지봉유설》에서 이탈리아 신부 마테오 리치Matteo Ricci(利馬竇)가 지은 천주교 해설서인《천주실의天主實義》를 소개하면서 불교와의 차이점을 언급했다. 같은 시기에 유몽인도《어우야담》에서 천주교 교리를 더욱 자세히 설명하고 유교 · 불교 · 도교와의 차이점을 논했다.

인조 때는 정두원鄭斗源이 명에서 천주교 서적을 가져오고, 그 뒤 소현세자昭顯世子도 북경에 인질로 잡혀 갔다가 돌아오는 길에 천주교 서적을 가지고 왔으나 호란 후의 반청감정 때문에 광해군 때만큼 관심을 끌지 못했다.

18세기 후반 정조 때 이익의 문인들을 중심으로 서울 부근의 남인학자들은 유교의 고경古經을 연구하는 가운데 하늘[天]의 의미를 주희와 달리 해석하면서 천주교의 천주天主[하느님]를 옛 경전의 하늘과 접합시켜 받아들이게 되었다. 자신의 유학을 천주교를 통해 보완하면서 차츰 신앙의 길로 들어서게 된 것이다. 권철신權哲身, 권일신權日身, 이벽李蘗, 정약종丁若鍾, 정약용, 이가환李家煥 등 남인 명사들이 천주교에 입교했다. 이들은 지금의 팔당호수 부근에 살던 인사들이었다. 특히 스승 이벽의 권유로 이승훈李承薰(1756~1801)이 1784년(정조 8) 북경에 갔다가 서양인 신부로부터 세례를 받고 귀국하면서 신앙열은 고조되었다. 남인들은 서울과 아산 · 전주 등지에 신앙조직을 만들고 포교에 들어갔는데, 불우한 처지의 양반이나 중인 그리고 일부 유식한 평민들이 입교했다.

서양선교사가 들어오기 전에 천주교가 퍼진 것은 유례가 없는 일이었다. 우리나라 무교巫敎의 하느님 숭배가 천주교 전파를 쉽게 하는 한 요인이 되었다. 그러나 신도가 늘어갈수록 유교식 제사를 무시하는 신도의 행위가 불효와 패륜으로 비쳐졌다. 제사는 한국인에 있어서 가장 중요한 효행이었기 때문이다. 또한, 서양인들과 연결된 행위가 국법을 어기는 일이 많아 국가의 금압을 받게 되었다.

유학자 가운데에도 천주교에 대한 이론적 비판이 나타났다. 18세기 말 안정복安鼎福이 성리학의 입장에서 천주교를 비판하는《천학문답天學問答》(1785)을 쓴 것은 그 대표적 예이다. 그는 천주교의 중심지인 경기도 광주에 살았기 때문에 더욱 위기의식을 느꼈다.

1785년(정조 9)에 천주교는 드디어 사교邪敎로 규정되고, 북경으로부터 서적수입을 금했으며, 어머니 제사에 신주를 없앤 윤지충尹持忠을 사형에 처했다(1791년). 그러나 남인에 우호적이었던 정조는 천주교에 대해 비교적 관대한 정책을 써서 큰 탄압은 없었다.

天主實義序

天主實義 大西國利子及其鄕會友與吾中國人問答之詞也。

天主何。天地人物之上主也。實云者不空也。吾國六經四子聖聖賢賢有日。臨下有赫日。監觀四方日。小心昭事夫誰以爲空空之說漢明自吾天竺得之好事者日。孔子嘗稱西方名中國之西。而大西又天竺之西也。佛家之西竊閉他臥剌中竊老氏狗萬物之說而衍之愚俗之言而衍之爲輪廻中聖人殆謂佛與相與鼓煽其說若出吾六經上。烏知天竺中之勸誘爲寂滅。一切塵芥六合。直欲超脫之以爲高中國聖遠言淫。

五

천주실의 1603년, 명나라에서 선교활동을 한 예수회 소속 이탈리아 신부 마테오 리치가 한문으로 저술한 천주교 교리서

천당직로 1884년 목판본, 천주교 세례 이후 재교육 교리서(백요왕 감준), 개인 소장

김대건 신부(1822~1846) 문학진 그림

정조의 뒤를 이어 순조가 즉위하고 노론벽파가 득세하자, 그들과 정치적으로 대립되어 있던 남인시파를 숙청하는 과정에서 대규모의 천주교도 탄압이 가해졌다. 1801년(순조 1)의 대탄압을 '신유사옥辛酉邪獄'이라 하는데, 이때 이승훈, 이가환, 정약종, 권철신 등 300여 명의 신도와 청나라의 신부[주문모, 1795년 입국]가 처형되고, 정약전丁若銓·정약용 형제가 유배되었다. 이와 더불어 서양 과학기술의 수입도 거부되었다.

신유사옥 때 신도 황사영黃嗣永은 북경에 있는 프랑스인 주교에게 군대를 동원하여 조선에서의 신앙과 포교의 자유를 보장받게 해달라는 서신을 보내려다 발각된 사건[황사영 백서사건]이 일어났다. 이러한 외세의존적 행위는 정부를 더욱 자극시켜 천주교에 대한 박해가 가혹해졌다.

그러나 정부의 금압에도 불구하고 교세는 더욱 번성하여 1831년(순조 31)에는 조선교구가 독립되고, 1836년(헌종 2)에는 파리외방전교회에 소속된 세 명의 프랑스 신부[모방, 샤스탕, 앙베르]가 들어와 포교했다. 이에 1839년(헌종 5)에는 프랑스 신부 3인[묘지 서울 신림동 삼성산]과 수십 명의 신도를 처형했다. 이를 '기해사옥己亥邪獄'이라 한다. 그 뒤 마카오에서 신학교를 졸업하고 최초의 신부가 된 김대건金大建(1822~1846)이 귀국하여 충청도 당진唐津(솔뫼)을 근거로 포교하다가 붙잡혀 처형되었다.

그러나 철종 이후로 세도정치가 극성하여 기강이 무너지고 법망이 허술해짐을 계기로 교세는 더욱 팽창하여 19세기 중엽에 1만 명이던 신도 수가 19세기 말에는 3만 명 가까이 늘었다. 이렇게 신도 수가 늘어난 것은 중인과 평민의 입교가 급증한 까닭이었다. 특히 부녀자 신도가 많았다. 그들은 남인학자와는 달리 현실개혁의 의지로 천주교를 믿기보다는 내세의 천국을 바라보고 현실의 불만을 달래보려는 신앙 그 자체의 욕구가 컸으며, 더러는 외국신부의 특권에 의지하여 치외법권적 자유를 누리려는 심리도 작용했다. 그러나 1860년(철종 11)에 영국과 프랑스연합군이 북경을 점령하는 사건이 일어나자 천주교가 서양의 아시아 침략을 선도하고 있다는 의심이 생기면서 민중 사이에는 천주교에 대한 배척이 일어나기 시작했다. 1860년대 이후로 서양과 천주교에 대항한다는 것을 표방한 동학東學이 농민층의 광범한 호응을 얻으면서 확산된 이유가 여기에 있었다.

4) 동학의 성립과 전파

천주교가 서울과 서해안 일대를 중심으로 급속히 퍼져나가던 19세기 중엽에 충청도, 전라도, 경상도 농촌에서는 새로운 민중종교가 태동하고 있었다. 철종 때 최제우崔濟愚(水雲, 1824~1864)가 창시한 이른바 동학東學이 그것이다. 교조 최제우는 경주 출신의 가난한 몰락양반으로서 최치원의 후예를 자칭하면서 오랜 편력을 거친 끝에 서학(천주교)에 대항한다는 의미에서 동학을 창도하게 되었다. 동학은 그 후 머슴 출신의 최시형崔時亨(호 海月, 1827~1898) 등에 의하여 교리가 다듬어지면서《동경대전東經大全》과《용담유사龍潭遺詞》로 정리되었다.《동경대전》은 한문으로 되어 있어 지식층을 상대로 만들어진 것이고,《용담유사》는 한글 가사체로 되어 무식한 대중이 쉽게 이해할 수 있게 했다.

동학은 유·불·선 3교三敎의 장점을 취하고, 천주교의 교리도 일부 받아들였으며, 무교의 부적과 주술을 채용했다. 철학으로서의 동학은 주기론主氣論에 가까웠다. 귀신을 기氣로 해석하고 귀신을 매개로 사람과 하늘이 하나가 될 수 있다고 했다. 사람과 하늘을 하나로 보는 입장은 무교의 삼신신앙과 유교에서도 긍정되고 있었다. 그리고 주역周易의 변화의 논리를 받아들여 지금은 말세에 해당하며, 머지 않아 천지개벽이 와서 새로운 시대가 온다고 선전했다. 말세사상과 개벽사상은 이미《정감록》등을 통해서도 유포되어 있던 것이므로 민중들 사이에 큰 호소력을 지닐 수 있었다.

최제우 초상

종교로서의 동학은 천주(한울님)를 모시는 일과 부적 휴대를 중요시했다. 모든 사람은 마음 속에 천주를 모실 때(侍天主) '사람이 곧 하늘(神)이 된다'고 보아 이른바 인내천人乃天을 주장하고, 사람을 섬기기를 하늘처럼 해야 한다는 사인여천事人如天의 인간주의·평등주의를 부르짖었다. 부적은 무교 및 음양오행사상과 관련이 깊은 것으로 '궁궁을을弓弓乙乙'이라고 쓴 부적을 태워 마시면 병을 고치고 죽지 않고 영원히 산다고 했다. 또 궁弓은 활이요, 을乙은 새로, 활이 새를 제압하는 것인데, 궁弓은 동東을 상징하고 을乙은 서西를 상징하므로, 동이 서를 제압한다고 했다.

동학은 또한 신앙운동으로만 그친 것이 아니라, 보국안민輔國安民[나라를 지키고 백성을 편안하게 함]과 광제창생廣濟蒼生[백성을 널리 구제함]을 내세워 사회개혁과 외세배척을 적극적으로 주장하고 나섰다.

동경대전 최제우가 지은 동학의 경전

이처럼 민족적이고 민중적인 동학이 창도되자, 구원의 길을 갈망하던 민중이 구세주를 만난 듯이 모여들어 삼남일대의 농촌사회를 중심으로 교세가 날로 확장되고, 포包·접接 등의 교단조직도 이루어졌다. 반체제적인 동학이 날로 번성하고, 갑자년(1864, 고종 1)에 좋은 소식이 올 것이라는 예언이 널리 퍼지자 불안에 빠진 조정에서는 최제우를 체포하여 혹세무민惑世誣民[세상을 현혹시키고 백성을 속임]의 죄를 씌워 1864년(고종 원년) 사형에 처했다. 이에 교도들은 산속에 숨어 그 교세가 한 때 약해졌으나, 2세 교주 최시형이 충청도 보은을 중심으로 동학을 계속 퍼뜨려 그 세력이 차츰 회복되었다. 그 신도들은 대부분 가난한 농민과 시골양반鄕班이었다.

5) 문학과 예술

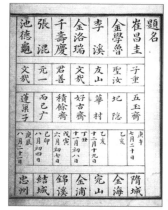

옥계시사 회원 명단(일부)
자료: 서울시립대학교 서울학총서—유럽편

19세기에는 상품화폐경제가 발전함에 따라 상업으로 부를 축적한 서민층이 성장하면서 세도정치에 소외된 양반·중인층 사이에서 새로운 문학풍조가 나타났다. 흔히 위항인委巷人으로 불리는 서울의 중인, 서얼층 문인들이 시사詩社라는 시동아리를 결성하여 활발한 문학활동을 전개했다. 19세기의 대표적 시사詩社로는 인왕산 기슭[지금의 종로구 옥인동]에 천수경千壽慶이 살던 송석원松石園을 중심으로 한 옥계시사玉溪詩社, 김희령金羲齡의 일섭원日涉園 및 칠송정七松亭을 중심으로 한 서원시사西園詩社, 장지완張之琬의 비연시사斐然詩社 그리고 최경흠崔景欽과 유재건劉在建이 중심이 된 직하시사稷下詩社, 그리고 청계천의 광통교를 중심으로 강위姜瑋 등이 활약한 육교시사六橋詩社 등을 들 수 있다.

이들 시사의 중심인물은 역관譯官을 비롯한 서울 중인이었지만, 명망 높은 서울 양반들과도 긴밀하게 교류할 만큼 한문학의 수준이 높았다. 그리고 이들이 서울의 명승지에 모여 들어 시주詩酒를 즐길 수 있었던 것은 대외교역을 통해서 안정된 생활을 누릴 수 있었기 때문이었다. 그들은 경제적으로나 학문적으로나 양반과 거의 동등한 수준으로 성장했다. 당시 중인문학의 대표적 인물은 장지완張之琬, 정수동鄭壽銅, 조희룡趙熙龍, 이경민李慶民, 박윤묵朴允默, 조수삼趙秀三, 강위姜瑋 등이다.

옥계 10경의 하나

문학작품이 판소리와 잡가, 소설과 가면극의 형태로 나타난 것도 이 시대 문학의 주요특징이다. 판소리는 광대들이 소설의 줄거리를 아니리獨白와 타령唱을 섞어가며 전달하는 것인데, 〈춘향가〉, 〈적벽가〉, 〈심청가〉, 〈토끼타령〉, 〈흥부가〉, 〈가루지기 타령〉은 가장 인기 있는 판소리 사설이었다. 판소리 사설을 창작하고 정리하는 데 가장 큰 공헌을 한 사람은 19세기 후반기의 전라도 고창사람 신재효申在孝로서, 그는 판소리 12마당을 정리했다고 하는데 지금은 11마당만 전한다. 판소리는 지방마다 창법이 달라 서편제와 동편제로 나뉜다. 19세기 판소리의 명창은 모흥갑牟興甲 등 8명창이 있었다.

해학과 풍자성이 강한 잡가雜歌는 주로 도시 평민 사이에서 유행했는데, 〈새타령〉, 〈육자배기〉, 〈사랑가〉, 〈수심가〉 등이 있었다.

각종 가면을 쓰고 노래와 춤으로 엮어지는 가면극[탈춤]은 19세기에 이르러 더욱 정리되고 성행되었는데, 황

신재효의 생가 전북 고창군 고창읍 동리로

김정희의 세한도 1844년, 종이에 수묵, 107.5×23.7cm, 국보 180호, 15자×19행 285자, 손창근 소장

해도 〈봉산탈춤〉·〈강령탈춤〉, 안동의 〈하회탈춤〉, 양주의 〈별산대놀이〉, 통영의 〈오광대놀이〉, 함경도 북청의 〈사자춤〉이 유명하다. 탈춤은 무당의 굿판과 연계되어 뒤풀이로 벌어지는 것이 관례로써, 그 내용은 귀신을 축복하고 양반사회를 풍자하는 것이 중심을 이루었다.

19세기에는 이야기책으로 불리는 대중소설이 유행하여 민간부녀자 사이에 널리 인기를 끌었다. 이 시기에 유행한 국문소설[이야기책]로는 중국소설인 《옥루몽玉樓夢》, 한국소설인 《배비장전裵裨將傳》, 《채봉감별곡》 등이 유명하며, 특히 19세기 중엽에 필사된 《완월회맹연玩月會盟宴》은 180권이나 되는 방대한 분량의 소설로 효제충신의 내용을 담은 것이다. 또한, 농촌의 세시풍속을 노래한 《농가월령가農家月令歌》, 서울의 아름다움과 번영을 노래한 《한양가》, 중국으로의 사행使行을 노래한 《연행가》 등이 있고, 양반 부녀자들은 《규방가사閨房歌詞》를 널리 읽었다. 이 밖에 꼭두각시극과 같은 인형극이 유행한 것도 이 시기의 한 특색이다.

사당패로 불리는 천민 음악가들은 엄격한 조직체를 유지하면서 각종 묘기와 사물놀이 등의 음악활동을 했는데, 이것은 삼국시대부터 내려오던 '두레' 또는 '향도'의 전통을 이은 것으로 돈을 받고 연기하는 상업적 예술단체로 변화한 것이 다른 점이다.

19세기의 그림은 서울의 도시적 번영과 서울양반의 귀족적 취향을 반영하여 화려하고 세련된 모습으로 발전했다. 우선, 서울의 여러 궁궐과 도시의 번영을 그린 대작大作이 병풍 형식으로 많이 제작되었다. 그 가운데서도 1828년경 익종이 대리청정할 때 창덕궁과 창경궁의 전모를 그려낸 〈동궐도東闕圖〉[113]는 가장 우수한 작품으로 꼽히고 있다. 가로 567cm, 세로 273cm의 초대형 그림을 16폭으로 나누어 그린 이 작품은 기록화로서의 정확성과 정밀성이 뛰어날 뿐 아니라 배경산수의 묘사가 극히 예술적이어서 현재 국보로 지정되어 있다. 이 그림은 18세기 궁궐도에서 보이던 서양화의 기법이 한층 적극적으로 도입되어 마치 비행기에서 비스듬히 내려다 보는 듯한 부감법과 평행사선平行斜線구도의 기법을 사용한 것이 특징이다. 말하자면 전통적 기법에 서양화 기법이 합쳐져 새로운 형태의 민족화법이 창조된 것이다.

〈동궐도〉와 비슷한 시기에 그려진 병풍그림 〈경기감영도〉(136×444cm, 삼성미술관 리움 소장) 역시 그 규모와 그림수준에 있어서 걸작으로 꼽힌다. 특히 이 그림은 거리의 행인들 모습까지 함께 묘사하여 기록화와 풍속화를 합한 성격을 지닌다. 이와 비슷한 성격의 대형 병풍그림으로 〈평양성도〉(서울대학교 박물관 소장)가 있다.

---

113) 〈동궐도〉는 지금 고려대학교 박물관과 동아대학교 박물관에 소장되어 있다.

홍백매화도10폭 병풍 허련, 1888, 100×395.0cm

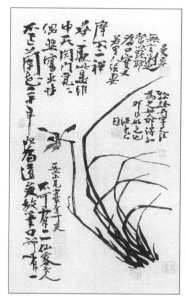
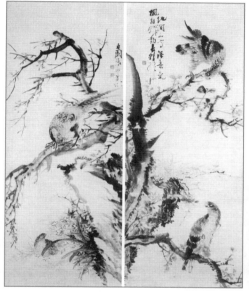

(왼쪽부터) 김정희의 부작란도 19세기 중엽, 종이에 수묵, 30.6×55cm, 손창근 소장
장승업의 호취도 19세기 후반, 종이·수묵담채, 55.0×135.5cm
안중식의 풍림정거도 1913년, 비단·채색, 70.0×164.4cm

경희궁의 모습을 대형화폭으로 담아낸 〈서궐도西闕圖〉(127.5×401.5cm, 고려대학교 소장)는 묵화로 된 점이 위의 여러 그림과 다르나, 부감법과 평행사선구도를 사용한 것은 똑같다. 이 그림들은 회화사적으로 가치가 클 뿐 아니라, 오늘날 파괴된 옛 궁궐을 복원하는 데 기본적인 참고자료가 되고 있다.

19세기의 대표적 화가로는 김득신金得臣(1754~1822), 이인문李寅文(1745~1821), 장준량張俊良(1802~1870), 이재관李在寬(1783~1837), 김수철金秀哲(호 北山), 장승업張承業(호 吾園, 1843~1897), 이윤민李潤民, 이의양李義養, 강희언姜熙彦, 허련許鍊(호 小癡, 1808~1893), 안중식安中植(호 心田, 1861~1919) 등이 유명하며 문인화가로는 전기田琦, 김정희金正喜(1786~1856), 신위申緯(1769~1845) 등이 뛰어나다. 특히 신위[114]는 대

---

114) 신위는 지금 서울대학교 구내에 있는 자하골[규장각 일대]에 살았으며, 동네이름을 따서 호를 자하紫霞라 했다.

(왼쪽 위부터 시계방향으로)
이광사 초상 보물 2,486호,
조선시대, 국립중앙박물관 소장

김정희 초상 허련 그림, 조선
19세기, 종이에 수묵담채,
24.7×51.9cm
삼성 미술관 리움 소장

이광사 글씨
해남 대흥사 대웅전

신위의 방대도 지본수묵,
27×17cm, 국립중앙박물관 소장

나무에, 김정희는 난초 그림[묵란]에 이름이 높았고, 〈세한도歲寒圖〉라는 걸작을 남겼다. 김정희[115]
는 그림도 잘 그렸지만, 그보다는 '추사체秋史體'로 불리는 독특한 서법을 만든 것으로 유명하다.
이는 금석문金石文 연구에 바탕을 두고 고대의 금석문에서 서도의 원류를 찾아서 그것을 자기
개성에 맞게 발전시킨 것이다. 김정희보다 앞서 이광사李匡師(호 圓嶠, 1705~1777)도 서예에 일가를
이루었는데, 일반 대중에게는 김정희보다 더 큰 영향을 주었다.

---

115) 김정희는 충남 예산 출신으로 훈척 가문으로 이름이 높은 경주김씨 병조판서 김노경金魯敬의 아들로 태어
나 큰 아버지 노영으로 출계했다. 벼슬이 병조참판에 이르렀으나, 아버지 일로 1830년(고금도), 1840~1848(제
주도), 1851년에는 영의정 권돈인權敦仁의 일로 북청으로 유배되었다. 유배에서 돌아온 후 경기도 과천果川에
은거하면서 일생을 마쳤다. 24세에 청에 가서 옹방강翁方綱, 완원阮元 등 고증학자들과 접촉하여 큰 자극을
받아 귀국 후 금석학을 발전시켰다. 그는 약 100여 개의 호를 가지고 있었는데 가장 널리 쓰인 것은 추사秋
史, 완당阮堂, 과옹果翁, 노과老果, 예당禮堂 등이다.

부록

한국의 유네스코유산

세계유산(문화, 자연, 복합유산)

한국의 서원(2019)
산사, 한국의 산지 승원(2018)
백제역사유적지구(2015)
남한산성(2014)
한국의 역사마을 : 하회와 양동(2010)
조선 왕릉(2009)
제주 화산섬과 용암 동굴(2007)

경주역사유적지구(2000)
고창, 화순, 강화의 고인돌 유적(2000)
창덕궁(1997)
수원 화성(1997)
해인사 장경판전(1995)
종묘(1995)
석굴암과 불국사(1995)

인류무형문화유산

씨름 (2018)
제주해녀문화(2016)
줄다리기(2015)
농악農樂(2014)
김장, 김치를 담그고 나누는 문화(2013)
아리랑, 한국의 서정민요(2012)
줄타기(2011)
택견, 한국의 전통 무술(2011)
한산韓山 모시짜기(2011)
대목장大木匠, 한국의 전통 목조 건축(2010)

매사냥, 살아있는 인류 유산(2010)
가곡歌曲, 국악 관현반주로 부르는 서정적 노래(2010)
처용무(2009)
강강술래(2009)
제주 칠머리당 영등굿(2009)
남사당놀이(2009)
영산재(2009)
강릉단오제(2005)
판소리(2003)
종묘제례宗廟祭禮 및 종묘제례악宗廟祭禮樂(2001)

세계기록유산

조선왕실 어보와 어책(2017)
국채보상운동 기록물(2017)
조선통신사에 관한 기록(2017)
『무예도보통지』(2017; 북한)
한국의 유교책판(2015)
KBS특별생방송 '이산가족을 찾습니다' 기록물(2015)
새마을운동 기록물(2013)
『난중일기亂中日記』: 이순신 장군의 진중일기陣中日記
(2013)
『일성록日省錄』(2011)

1980년 인권기록유산 5·18 광주 민주화운동 기록물
(2011)
『동의보감東醫寶鑑』(2009)
조선왕조 『의궤儀軌』(2007)
고려대장경판 및 제경판高麗大藏經板–諸經板(2007)
『승정원일기承政院日記』(2001)
『불조직지심체요절佛祖直指心體要節』하권下卷(2001)
『조선왕조실록』(1997)
『훈민정음(해례본)』(1997)

* ( )안은 등재 연도

왕실세계도

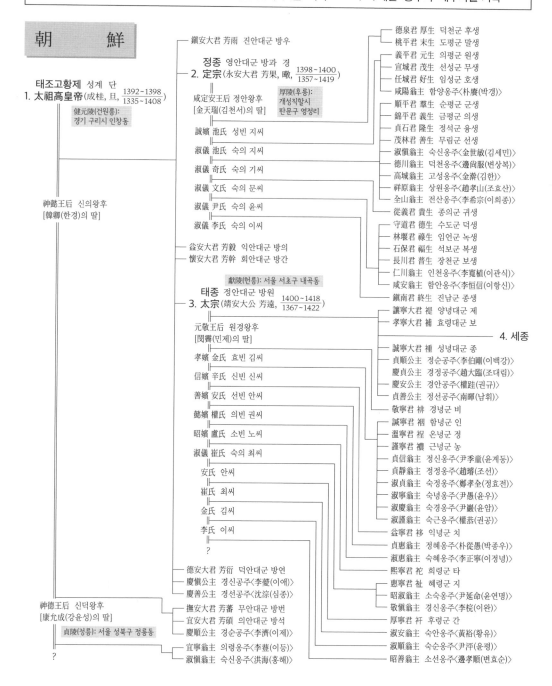

朝　　鮮

太祖高皇帝 성계 단
1. 太祖高皇帝(成桂, 旦, 1392~1398/1335~1408)
健元陵(건원릉): 경기 구리시 인창동

神懿王后 신의왕후
[韓卿(한경)의 딸]

神德王后 신덕왕후
[康允成(강윤성)의 딸]
貞陵(정릉): 서울 성북구 정릉동
?

鎭安大君 芳雨 진안대군 방우

정종 영안대군 방과 경
2. 定宗(永安大君 芳果, 曔, 1398~1400/1357~1419)
厚陵(후릉): 개성직할시 판문구 영정리
咸定安王后 정안왕후 [金天瑞(김천서)의 딸]
德泉君 厚生 덕천군 후생
桃平君 末生 도평군 말생
義平君 元生 의평군 원생
宣城君 茂生 선성군 무생
任城君 好生 임성군 호생
咸陽翁主 함양옹주〈朴賡(박갱)〉

誠嬪 池氏 성빈 지씨
淑儀 池氏 숙의 지씨
淑儀 奇氏 숙의 기씨
淑儀 文氏 숙의 문씨
淑儀 尹氏 숙의 윤씨
淑儀 李氏 숙의 이씨

順平君 羣生 순평군 군생
錦平君 義生 금평군 의생
貞石君 隆生 정석군 융생
茂林君 善生 무림군 선생
淑愼翁主 숙신옹주〈金世敏(김세민)〉
德川翁主 덕천옹주〈邊尙服(변상복)〉
高城翁主 고성옹주〈金澣(김한)〉
祥原翁主 상원옹주〈趙孝山(조효산)〉
全山翁主 전산옹주〈李希宗(이희종)〉
從義君 貴生 종의군 귀생
守道君 德生 수도군 덕생
林堰君 祿生 임언군 녹생
石保君 福生 석보군 복생
長川君 普生 장천군 보생
仁川翁主 인천옹주〈李寬植(이관식)〉
咸安翁主 함안옹주〈李恒信(이항신)〉

益安大君 芳毅 익안대군 방의
懷安大君 芳幹 회안대군 방간

獻陵(헌릉): 서울 서초구 내곡동
태종 정안대군 방원
3. 太宗(靖安大公 芳遠, 1400~1418/1367~1422)
元敬王后 원경왕후 [閔霽(민제)의 딸]

孝嬪 金氏 효빈 김씨
信嬪 辛氏 신빈 신씨
善嬪 安氏 선빈 안씨
懿嬪 權氏 의빈 권씨
昭嬪 盧氏 소빈 노씨
淑儀 崔氏 숙의 최씨
安氏 안씨
崔氏 최씨
金氏 김씨
李氏 이씨
?

鎭南君 終生 진남군 종생
讓寧大君 禔 양녕대군 제
孝寧大君 補 효령대군 보
4. 세종
誠寧大君 褈 성녕대군 종
貞順公主 정순공주〈李伯剛(이백강)〉
慶貞公主 경정공주〈趙大臨(조대림)〉
慶安公主 경안공주〈權跬(권규)〉
貞善公主 정선공주〈南暉(남휘)〉
敬寧君 裶 경녕군 비
誠寧君 裀 함녕군 인
溫寧君 裎 온녕군 정
謹寧君 襛 근녕군 농
貞信翁主 정신옹주〈尹季童(윤계동)〉
貞靜翁主 정정옹주〈趙璿(조선)〉
淑貞翁主 숙정옹주〈鄭孝全(정효전)〉
淑寧翁主 숙녕옹주〈尹愚(윤우)〉
淑慶翁主 숙경옹주〈尹巖(윤암)〉
淑謹翁主 숙근옹주〈權恭(권공)〉
益寧君 袳 익녕군 치
貞惠翁主 정혜옹주〈朴從愚(박종우)〉
淑惠翁主 숙혜옹주〈李正寧(이정녕)〉
熙寧君 秖 희령군 타
惠寧君 祉 혜령군 지
昭淑翁主 소숙옹주〈尹延命(윤연명)〉
敬愼翁主 경신옹주〈李梡(이완)〉
厚寧君 衦 후령군 간
淑安翁主 숙안옹주〈黃裕(황유)〉
淑順翁主 숙순옹주〈尹泙(윤평)〉
昭善翁主 소선옹주〈邊孝順(변효순)〉

德安大君 芳衍 덕안대군 방연
慶愼公主 경신공주〈李蘐(이애)〉
慶善公主 경선공주〈沈淙(심종)〉
撫安大君 芳蕃 무안대군 방번
宜安大君 芳碩 의안대군 방석
慶順公主 경순공주〈李濟(이제)〉
宜寧翁主 의령옹주〈李薆(이등)〉
淑愼翁主 숙신옹주〈洪海(홍해)〉

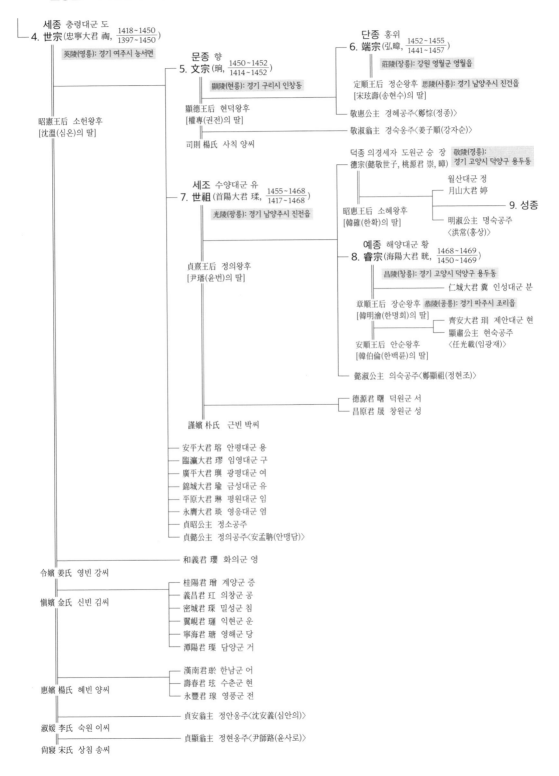

세종 충령대군 도
4. 世宗(忠寧大君 祹, 1418~1450 / 1397~1450)

英陵(영릉): 경기 여주시 능서면

昭憲王后 소헌왕후
[沈溫(심온)의 딸]

문종 향
5. 文宗(珦, 1450~1452 / 1414~1452)

顯陵(현릉): 경기 구리시 인창동

顯德王后 현덕왕후
[權專(권전)의 딸]

司則 楊氏 사칙 양씨

단종 홍위
6. 端宗(弘暐, 1452~1455 / 1441~1457)

莊陵(장릉): 강원 영월군 영월읍

定順王后 정순왕후 思陵(사릉): 경기 남양주시 진건읍
[宋玹壽(송현수)의 딸]

敬惠公主 경혜공주〈鄭悰(정종)〉

敬淑翁主 경숙옹주〈姜子順(강자순)〉

세조 수양대군 유
7. 世祖(首陽大君 琈, 1455~1468 / 1417~1468)

光陵(광릉): 경기 남양주시 진전읍

貞熹王后 정의왕후
[尹璠(윤번)의 딸]

덕종 의경세자 도원군 숭 장
德宗(懿敬世子, 桃源君 崇, 暲) 敬陵(경릉): 경기 고양시 덕양구 용두동

昭惠王后 소혜왕후
[韓確(한확)의 딸]

월산대군 정
月山大君 婷

明淑公主 명숙공주
〈洪常(홍상)〉

9. 성종

예종 해양대군 황
8. 睿宗(海陽大君 晄, 1468~1469 / 1450~1469)

昌陵(창릉): 경기 고양시 덕양구 용두동

仁城大君 糞 인성대군 분

章順王后 장순왕후 恭陵(공릉): 경기 파주시 조리읍
[韓明澮(한명회)의 딸]

齊安大君 玥 제안대군 현
顯肅公主 현숙공주
〈任光載(임광재)〉

安順王后 안순왕후
[韓伯倫(한백륜)의 딸]

懿淑公主 의숙공주〈鄭顯祖(정현조)〉

德源君 曙 덕원군 서
昌原君 晟 창원군 성

謹嬪 朴氏 근빈 박씨

安平大君 瑢 안평대군 용
臨瀛大君 璆 임영대군 구
廣平大君 璵 광평대군 여
錦城大君 瑜 금성대군 유
平原大君 琳 평원대군 임
永膺大君 琰 영응대군 염
貞昭公主 정소공주
貞懿公主 정의공주〈安孟聃(안맹담)〉

和義君 瓔 화의군 영

令嬪 姜氏 영빈 강씨

愼嬪 金氏 신빈 김씨

桂陽君 璔 계양군 증
義昌君 玒 의창군 공
密城君 琛 밀성군 침
翼峴君 璭 익현군 운
寧海君 瑭 영해군 당
潭陽君 璩 담양군 거

惠嬪 楊氏 혜빈 양씨

漢南君 𤥽 한남군 어
壽春君 玹 수춘군 현
永豊君 瑔 영풍군 전

貞安翁主 정안옹주〈沈安義(심안의)〉

淑媛 李氏 숙원 이씨

貞顯翁主 정현옹주〈尹師路(윤사로)〉

尙寢 宋氏 상침 송씨

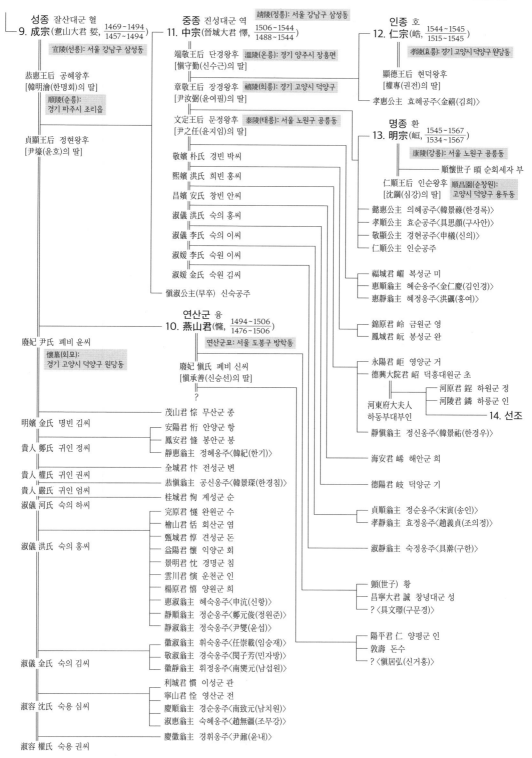

성종 잘산대군 혈
9. 成宗(乽山大君 娎, 1469~1494 / 1457~1494)
宣陵(선릉): 서울 강남구 삼성동

恭惠王后 공혜왕후
[韓明澮(한명회)의 딸]
順陵(순릉): 경기 파주시 조리읍

貞顯王后 정현왕후
[尹壕(윤호)의 딸]

중종 진성대군 역
靖陵(정릉): 서울 강남구 삼성동
11. 中宗(晉城大君 懌, 1506~1544 / 1488~1544)

端敬王后 단경왕후
溫陵(온릉): 경기 양주시 장흥면
[愼守勤(신수근)의 딸]

章敬王后 장경왕후
禧陵(희릉): 경기 고양시 덕양구
[尹汝弼(윤여필)의 딸]

文定王后 문정왕후
泰陵(태릉): 서울 노원구 공릉동
[尹之任(윤지임)의 딸]

敬嬪 朴氏 경빈 박씨

熙嬪 洪氏 희빈 홍씨

昌嬪 安氏 창빈 안씨

淑儀 洪氏 숙의 홍씨

淑儀 李氏 숙의 이씨

淑媛 李氏 숙원 이씨

淑媛 金氏 숙원 김씨

愼淑公主(早卒) 신숙공주

인종 호
12. 仁宗(峼, 1544~1545 / 1515~1545)
孝陵(효릉): 경기 고양시 덕양구 원당동

顯德王后 현덕왕후
[權專(권전)의 딸]

孝惠公主 효혜공주〈金禧(김희)〉

명종 환
13. 明宗(岹, 1545~1567 / 1534~1567)
康陵(강릉): 서울 노원구 공릉동

順懷世子 暊 순회세자 부

仁順王后 인순왕후
[沈鋼(심강)의 딸]
順昌園(순창원): 고양시 덕양구 용두동

懿惠公主 의혜공주〈韓景祿(한경록)〉
孝順公主 효순공주〈具思顔(구사안)〉
敬顯公主 경현공주〈申檥(신의)〉
仁順公主 인순공주

福城君 嵋 복성군 미
惠順翁主 혜순옹주〈金仁慶(김인경)〉
惠靜翁主 혜정옹주〈洪礰(홍여)〉

錦原君 岭 금원군 영
鳳城君 岏 봉성군 완

永陽君 岠 영양군 거
德興大院君 岹 덕흥대원군 초
河原君 鋥 하원군 정
河陵君 鏻 하릉군 인
14. 선조
河東府大夫人 하동부대부인

靜愼翁主 정신옹주〈韓景祐(한경우)〉

海安君 㟅 해안군 희

德陽君 岐 덕양군 기

貞順翁主 정순옹주〈宋寅(송인)〉
孝靜翁主 효정옹주〈趙義貞(조의정)〉

淑靜翁主 숙정옹주〈具澣(구한)〉

연산군 융
10. 燕山君(㦕, 1494~1506 / 1476~1506)
연산군묘: 서울 도봉구 방학동

廢妃 愼氏 폐비 신씨
[愼承善(신승선)의 딸]
?

茂山君 悰 무산군 종

安陽君 㤿 안양군 항
鳳安君 㦀 봉안군 봉
靜惠翁主 정혜옹주〈韓紀(한기)〉

全城君 忭 전성군 변

恭愼翁主 공신옹주〈韓景琛(한경침)〉

桂城君 恂 계성군 순

完原君 㦕 완원군 수
檜山君 恬 회산군 염
甄城君 惇 견성군 돈
益陽君 懷 익양군 회
景明君 忱 경명군 침
雲川君 愃 운천군 인
楊原君 憘 양원군 희
惠淑翁主 혜숙옹주〈申沆(신항)〉
靜順翁主 정순옹주〈鄭元俊(정원준)〉
靜淑翁主 정숙옹주〈尹燮(윤섭)〉

徽淑翁主 휘숙옹주〈任崇載(임숭재)〉
敬淑翁主 경숙옹주〈閔子芳(민자방)〉
徽靜翁主 휘정옹주〈南燮元(남섭원)〉

利城君 慣 이성군 관
寧山君 恮 영산군 전
慶順翁主 경순옹주〈南致元(남치원)〉
淑惠翁主 숙혜옹주〈趙無彊(조무강)〉

慶徽翁主 경휘옹주〈尹甹(윤내)〉

廢妃 尹氏 폐비 윤씨
懷墓(회묘): 경기 고양시 덕양구 원당동

明嬪 金氏 명빈 김씨

貴人 鄭氏 귀인 정씨

貴人 權氏 귀인 권씨
貴人 嚴氏 귀인 엄씨
淑儀 河氏 숙의 하씨

淑儀 洪氏 숙의 홍씨

淑儀 金氏 숙의 김씨

淑容 沈氏 숙용 심씨

淑容 權氏 숙용 권씨

頵(世子) 황
昌寧大君 誠 창녕대군 성
?〈具文璟(구문경)〉

陽平君 仁 양평군 인
敦壽 돈수
?〈愼居弘(신거홍)〉

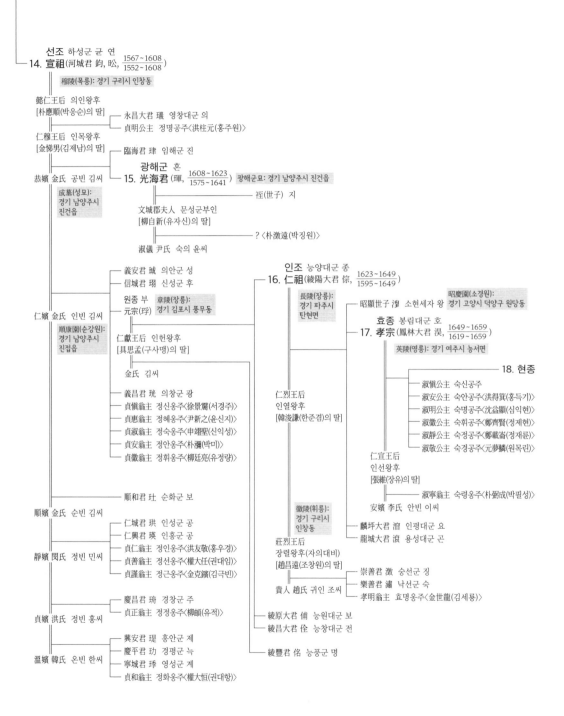

선조 하성군 균 연
14. 宣祖(河城君 鈞, 昖, $\frac{1567\sim1608}{1552\sim1608}$)

穆陵(목릉): 경기 구리시 인창동

懿仁王后 의인왕후
[朴應順(박응순)의 딸]

永昌大君 㼁 영창대군 의
貞明公主 정명공주〈洪柱元(홍주원)〉

仁穆王后 인목왕후
[金悌男(김제남)의 딸]

臨海君 珒 임해군 진

光海君 혼
15. 光海君(琿, $\frac{1608\sim1623}{1575\sim1641}$) 광해군묘: 경기 남양주시 진건읍

恭嬪 金氏 공빈 김씨

成墓(성묘):
경기 남양주시
진건읍

祬(世子) 지

文城郡夫人 문성군부인
[柳自新(유자신)의 딸]

?〈朴澂遠(박징원)〉

淑儀 尹氏 숙의 윤씨

義安君 珹 의안군 성
信城君 珝 신성군 후

인조 능양대군 종
16. 仁祖(綾陽大君 倧, $\frac{1623\sim1649}{1595\sim1649}$)

長陵(장릉):
경기 파주시
탄현면

昭顯園(소현원):
경기 고양시 덕양구 원당동

昭顯世子 㸌 소현세자 왕

효종 봉림대군 호
17. 孝宗(鳳林大君 淏, $\frac{1649\sim1659}{1619\sim1659}$)

英陵(영릉): 경기 여주시 능서면

원종 부
元宗(琈) 章陵(장릉): 경기 김포시 풍무동

仁嬪 金氏 인빈 김씨

順康園(순강원):
경기 남양주시
진접읍

仁獻王后 인헌왕후
[具思孟(구사맹)의 딸]

金氏 김씨

18. 현종

淑愼公主 숙신공주
淑安公主 숙안공주〈洪得箕(홍득기)〉
淑明公主 숙명공주〈沈益顯(심익현)〉
淑徽公主 숙휘공주〈鄭齊賢(정제현)〉
淑靜公主 숙정공주〈鄭載崙(정재륜)〉
淑敬公主 숙경공주〈元夢麟(원몽린)〉

義昌君 珖 의창군 광
貞愼翁主 정신옹주〈徐景霌(서경주)〉
貞惠翁主 정혜옹주〈尹新之(윤신지)〉
貞淑翁主 정숙옹주〈申翊聖(신익성)〉
貞安翁主 정안옹주〈朴瀰(박미)〉
貞徽翁主 정휘옹주〈柳廷亮(유정량)〉

仁烈王后
인열왕후
[韓浚謙(한준겸)의 딸]

仁宣王后
인선왕후
[張維(장유)의 딸]

淑寧翁主 숙령옹주〈朴弼成(박필성)〉

安嬪 李氏 안빈 이씨

順和君 玒 순화군 보

順嬪 金氏 순빈 김씨

仁城君 珙 인성군 공
仁興君 瑛 인흥군 공
貞仁翁主 정인옹주〈洪友敬(홍우경)〉
貞善翁主 정선옹주〈權大任(권대임)〉
貞謹翁主 정근옹주〈金克鑌(김극빈)〉

靜嬪 閔氏 정빈 민씨

徽陵(휘릉):
경기 구리시
인창동

麟坪大君 㴐 인평대군 요
龍城大君 滾 용성대군 곤

莊烈王后
장렬왕후(자의대비)
[趙昌遠(조창원)의 딸]

崇善君 澂 숭선군 징
樂善君 潚 낙선군 숙
孝明翁主 효명옹주〈金世龍(김세룡)〉

貴人 趙氏 귀인 조씨

慶昌君 珫 경창군 주
貞正翁主 정정옹주〈柳頔(유적)〉

貞嬪 洪氏 정빈 홍씨

綾原大君 俌 능원대군 보
綾昌大君 佺 능창대군 전

興安君 㻋 흥안군 제
慶平君 玏 경평군 늑
寧城君 㻝 영성군 계
貞和翁主 정화옹주〈權大恒(권대항)〉

溫嬪 韓氏 온빈 한씨

綾豐君 佲 능풍군 명

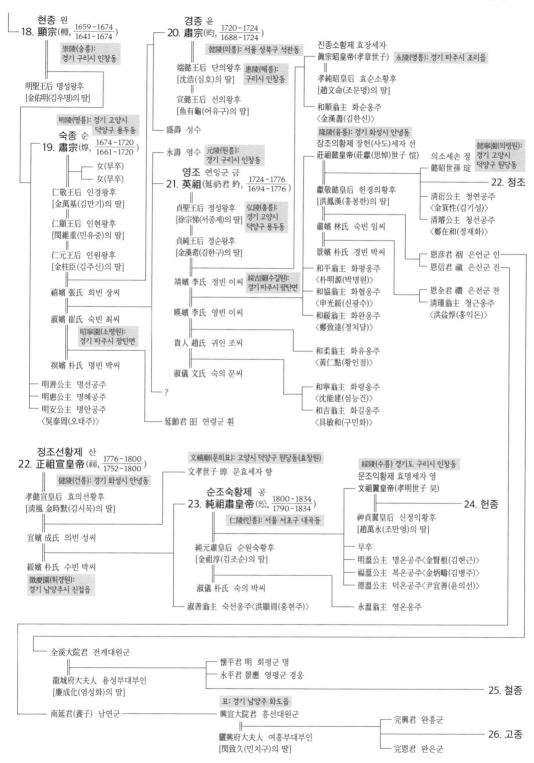

현종 원
18. 顯宗(棩, $\binom{1659\sim1674}{1641\sim1674}$)
崇陵(숭릉): 경기 구리시 인창동

明聖王后 명성왕후
[金佑明(김우명)의 딸]

明陵(명릉): 경기 고양시 덕양구 용두동
숙종 순
19. 肅宗(焞, $\binom{1674\sim1720}{1661\sim1720}$)

女(早卒)
女(早卒)

仁敬王后 인경왕후
[金萬基(김만기)의 딸]

仁顯王后 인현왕후
[閔維重(민유중)의 딸]

仁元王后 인원왕후
[金柱臣(김주신)의 딸]

禧嬪 張氏 희빈 장씨

淑嬪 崔氏 숙빈 최씨
昭寧園(소령원):
경기 파주시 광탄면

䄷嬪 朴氏 명빈 박씨

明善公主 명선공주
明惠公主 명혜공주
明安公主 명안공주
〈吳泰周(오태주)〉

경종 윤
20. 肅宗(昀, $\binom{1720\sim1724}{1688\sim1724}$)
懿陵(의릉): 서울 성북구 석관동

端懿王后 단의왕후
[沈浩(심호)의 딸]
惠陵(혜릉): 구리시 인창동

宣懿王后 선의왕후
[魚有龜(어유구)의 딸]

盛壽 성수

永壽 영수
元陵(원릉):
경기 구리시 인창동
영조 연잉군 금
21. 英祖(延礽君 昑, $\binom{1724\sim1776}{1694\sim1776}$)

貞聖王后 정성왕후
[徐宗悌(서종제)의 딸]
弘陵(홍릉): 경기 고양시 덕양구 용두동

貞純王后 정순왕후
[金漢耉(김한구)의 딸]

靖嬪 李氏 정빈 이씨
綏吉園(수길원):
경기 파주시 광탄면

暎嬪 李氏 영빈 이씨

貴人 趙氏 귀인 조씨

淑儀 文氏 숙의 문씨

?

延齡君 田 연령군 훤

진종소황제 효장세자
眞宗昭皇帝(孝章世子)
永陵(영릉): 경기 파주시 조리읍
孝純昭皇后 효순소황후
[趙文命(조문명)의 딸]
和順翁主 화순옹주
〈金漢藎(김한신)〉

隆陵(융릉): 경기 화성시 안녕동
장조의황제 장헌(사도)세자 선
莊祖懿皇帝(莊獻(思悼)世子 愃)
懿寧園(의령원):
경기 고양시 덕양구 원당동
의소세손 정
懿昭世孫 琔

獻敬懿皇后 헌경의황후
[洪鳳漢(홍봉한)의 딸]
22. 정조

肅嬪 林氏 숙빈 임씨

景嬪 朴氏 경빈 박씨

和平翁主 화평옹주
〈朴明源(박명원)〉
和協翁主 화협옹주
〈申光綏(신광수)〉
和緩翁主 화완옹주
〈鄭致達(정치달)〉

和柔翁主 화유옹주
〈黃仁點(황인점)〉

和寧翁主 화령옹주
〈沈能建(심능건)〉
和吉翁主 화길옹주
〈具敏和(구민화)〉

淸衍公主 청연공주
〈金箕性(김기성)〉
淸璿公主 청선공주
〈鄭在和(정재화)〉

恩彦君 䄄 은언군 인
恩信君 禛 은신군 진

恩全君 禶 은전군 찬
淸瑾翁主 청근옹주
〈洪益惇(홍익돈)〉

정조선황제 산
22. 正祖宣皇帝(祘, $\binom{1776\sim1800}{1752\sim1800}$)
健陵(건릉): 경기 화성시 안녕동

孝懿宣皇后 효의선황후
[淸風 金時默(김시묵)의 딸]

宜嬪 成氏 의빈 성씨

綏嬪 朴氏 수빈 박씨
徽慶園(휘경원):
경기 남양주시 진접읍

文禧廟(문희묘): 고양시 덕양구 원당동(효창원)
文孝世子 暊 문효세자 향

순조숙황제 공
23. 純祖肅皇帝(玜, $\binom{1800\sim1834}{1790\sim1834}$)
仁陵(인릉): 서울 서초구 내곡동

純元肅皇后 순원숙황후
[金祖淳(김조순)의 딸]

淑儀 朴氏 숙의 박씨

淑善翁主 숙선옹주〈洪顯周(홍현주)〉

綏陵(수릉) 경기도 구리시 인창동
문조익황제 효명세자 영
文祖翼皇帝(孝明世子 旲)
24. 헌종
神貞翼皇后 신정익황후
[趙萬永(조만영)의 딸]

早卒
明溫公主 명온공주〈金賢根(김현근)〉
福溫公主 복온공주〈金炳疇(김병주)〉
德溫公主 덕온공주〈尹宜善(윤의선)〉

永溫翁主 영온옹주

全溪大院君 전계대원군

龍城府大夫人 용성부대부인
[廉成化(염성화)의 딸]

南延君(養子) 남연군

懷平君 明 회평군 명
永平君 景應 영평군 경응
25. 철종

묘: 경기 남양주 화도읍
興宣大院君 흥선대원군

驪興府大夫人 여흥부대부인
[閔致久(민치구)의 딸]

完興君 완흥군
26. 고종
完恩君 완은군

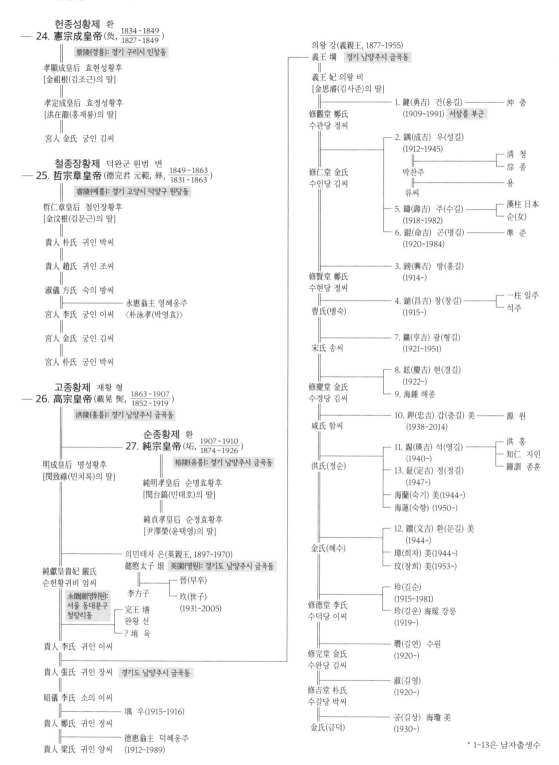

— 24. **憲宗成皇帝**(奐, $\dfrac{1834\sim1849}{1827\sim1849}$) 헌종성황제 환
景陵(경릉): 경기 구리시 인창동

孝顯成皇后 효현성황후
[金祖根(김조근)의 딸]

孝定成皇后 효정성황후
[洪在龍(홍재룡)의 딸]

宮人 金氏 궁인 김씨

— 25. **哲宗章皇帝**(德完君 元範, 昪, $\dfrac{1849\sim1863}{1831\sim1863}$) 철종장황제 덕완군 원범 변
睿陵(예릉): 경기 고양시 덕양구 원당동

哲仁章皇后 철인장황후
[金汶根(김문근)의 딸]

貴人 朴氏 귀인 박씨

貴人 趙氏 귀인 조씨

淑儀 方氏 숙의 방씨

永惠翁主 영혜옹주
宮人 李氏 궁인 이씨   〈朴泳孝(박영효)〉

宮人 金氏 궁인 김씨

宮人 朴氏 궁인 박씨

— 26. **高宗皇帝**(載晃 㷩, $\dfrac{1863\sim1907}{1852\sim1919}$) 고종황제 재황 형
洪陵(홍릉): 경기 남양주시 금곡동

— 27. **純宗皇帝**(坧, $\dfrac{1907\sim1910}{1874\sim1926}$) 순종황제 환
裕陵(유릉): 경기 남양주시 금곡동

明成皇后 명성황후
[閔致祿(민치록)의 딸]

純明孝皇后 순명효황후
[閔台鎬(민태호)의 딸]

純貞孝皇后 순정효황후
[尹澤榮(윤택영)의 딸]

의민태자 은(英親王, 1897~1970)
懿愍太子 垠 英園(영원): 경기도 남양주시 금곡동

李方子
晉(조졸)
玖(세자)
(1931~2005)

純獻皇貴妃 嚴氏 순헌황귀비 엄씨
永徽園(영휘원):
서울 동대문구
청량리동
完王 墡
완왕 선
?堉 육

貴人 李氏 귀인 이씨

貴人 張氏 귀인 장씨   경기도 남양주시 금곡동

昭儀 李氏 소의 이씨
墡 우(1915~1916)

貴人 鄭氏 귀인 정씨

德惠翁主 덕혜옹주
貴人 梁氏 귀인 양씨   (1912~1989)

의왕 강(義親王, 1877~1955)
義王 堈 경기 남양주시 금곡동

義王 妃 의왕 비
[金思濬(김사준)의 딸]

修觀堂 鄭氏
수관당 정씨
1. 鍵(勇吉) 건(용길) ─── 冲 충
(1909~1991) 서삼릉 부근

修仁堂 金氏
수인당 김씨
2. 鏞(成吉) 우(성길)
(1912~1945)
박찬주
류씨
淸 청
淙 종
용

5. 鑄(壽吉) 주(수길)
(1918~1982)
漢柱 日本
순(女)

6. 鋧(命吉) 곤(명길)
(1920~1984)
準 준

修賢堂 鄭氏
수현당 정씨
曹氏(병숙)
3. 鎊(興吉) 방(홍길)
(1914~)

4. 鍢(昌吉) 창(창길)
(1915~)
一柱 일주
석주

宋氏 송씨
7. 鏞(亨吉) 광(형길)
(1921~1951)

修慶堂 金氏
수경당 김씨
8. 鉉(慶吉) 현(경길)
(1922~)
9. 海鍾 해종

咸氏 함씨
10. 鉀(忠吉) 갑(충길) 美 ─── 源 원
(1938~2014)

洪氏(정순)
11. 錫(瑛吉) 석(영길)
(1940~)
洪 홍
知仁 지인
鐘訓 종훈

13. 鉦(定吉) 정(정길)
(1947~)
海蘭(숙기) 美(1944~)
海蓮(숙향) (1950~)

金氏(혜수)
12. 鐶(文吉) 환(문길) 美
(1944~)
璋(희자) 美(1944~)
珱(창희) 美(1953~)

修德堂 李氏
수덕당 이씨
玲(길순)
(1915~1981)
珍(길운) 海瑗 강릉
(1919~)

修完堂 金氏
수완당 김씨
贊(길연) 수원
(1920~)

修吉堂 朴氏
수길당 박씨
淑(길영)
(1920~)

金氏(금덕)
공(길상) 海瓊 美
(1930~)

* 1~13은 남자출생수

참 고 도 서

* 이 목록은 대학 교양한국사 과목 수강생과 일반교양인을 표준으로 하여 작성하였다.
* 대상서적은 대체로 최근 30년 이내에 출간된 연구서적 중에서 대중성을 고려하여 선별하였다.
* 배열순서는 시대순으로 먼저 나누고, 다음에 간행연도순으로 하였다.
* 북한의 연구서적도 학술성이 높은 것은 포함시켰다.

1. 사학사

한영우, 1981, 《조선전기 사학사연구》(서울대 출판부)
박 미하일, 1987, 《Korea: Essays of Korea》(한국사학사)
　　(모스크바)
한영우, 1989, 《조선후기 사학사연구》(일지사)
한영우, 1994, 《한국 민족주의 역사학》(일조각)
조동걸·한영우, 박찬승 편, 1994, 《한국의 역사가와 역사
　　학》상하 (창작과 비평사)
한영우, 2002, 《역사학의 역사》(지식산업사)
한영우 외, 2005, 《21세기 한국학, 어떻게 할 것인가》(푸
　　른역사)
이만열, 2007, 《한국근현대 역사학의 흐름》(푸른역사)

2. 고고학

림영규 편, 1984, 《조선의 청동기시대》(평양, 사회과학출
　　판사)
이융조, 1984, 《한국의 구석기문화 2》(탐구당)
윤무병, 1987, 《한국 청동기문화연구》(예경산업사)
박진욱·황기덕·강인숙, 1987, 《비파형단검문화에 관한 연
　　구》(평양, 과학백과사전출판사)
손보기, 1988, 《한국 구석기학 연구의 길잡이》(연세대출
　　판부)
윤세영, 1988, 《고분출토부장품연구》(고려대 민족문화연
　　구소)
사회과학원 고고학연구소, 1988, 《조선고고학전서-고대
　　편》(과학백과사전종합출판사)
윤동석, 1989, 《삼국시대 철기유물의 금속학적연구》(고려
　　대출판부)
이선복, 1989, 《동북아시아 구석기연구》(서울대 출판부)
임효재, 1991, 《강원도 오산리 신석기토기연구》
임효재, 1992, 《한국고대문화의 흐름》(집문당)

임효재, 1997, 《동아시아 속의 오산리 신석기문화의 위치》
임효재, 2000, 《한국신석기문화》(집문당)

3. 고조선 및 고대

천관우 편, 1975, 《한국상고사의 쟁점》(일조각)
김철준, 1975, 《한국고대국가발달사》(한국일보사)
김철준, 1975, 《한국고대사회연구》(지식산업사)
이기백, 1975, 《한국고대사론》(탐구당)
최택선·이난우, 1976, 《고조선문제 연구론문집》(평양, 사
　　회과학출판사)
사화과학원 고고학연구소, 1979, 《고조선문제 연구론문
　　집》(북한)
전해종, 1980, 《동이전의 문헌적 연구-위략·삼국지·후한
　　서 동이관계 기사의 검토》(일조각)
황기덕, 1984, 《조선원시 및 고대사회의 기술발전》(과학
　　백과사전출판사)
홍윤식, 1985, 《삼국유사와 한국고대문화》(원광대출판국)
역사학회 편, 1985, 《한국고대의 국가와 사회》(일조각)
최몽룡, 1986, 《한국고대사의 제문제》(삼화사)
이기백 편, 1988, 《단군신화논집》(새문사)
조희승·김석형, 1988, 《초기조일관계사》상하 (북한 사회
　　과학원출판사)
한국상고사학회, 1989, 《한국상고사: 연구현황과 과제》(민
　　음사)
천관우, 1989, 《고조선사·삼한사연구》(일조각)
사회과학원, 1989, 《조선사람의 기원》(북한 사회과학원출
　　판사)
이종욱, 1993, 《고조선사연구》(일조각)
윤이흠 외, 1994, 《단군》(서울대 출판부)
윤내현, 1994, 《고조선연구》(일지사)
한국역사연구회, 1995, 《한국고대의 신분제와 관등제》(민
　　음사)

서영대, 1995,《북한학계의 단군신화연구》(백산)

삼한역사문화연구회, 1997,《삼한의 역사와 문화-마한편》(자유지성사)

윤내현, 1998,《한국 열국사연구》(지식산업사)

송호정, 1999,《고조선 국가형성과정 연구》(학위논문)

이형구, 1999,《단군과 고조선》(살림터)

최몽룡·이형구·조유전·심봉근, 1999,《고조선문화연구》(한국정신문화연구원)

노태돈 외, 2000,《단군과 고조선사》(사계절)

전덕재, 2002,《한국 고대사회의 왕경인과 지방민》(태학사)

송호정, 2003,《한국고대사 속의 고조선사》(푸른역사)

고구려연구재단, 2005,《고조선, 단군, 부여 자료집》전 3권, (고구려연구재단)

김용섭, 2008,《동아시아 역사 속의 한국문명의 전환-충격, 대응, 통합의 문명으로》(지식산업사)

김정배, 2010,《고조선에 대한 새로운 해석》(고려대 민족문화연구원)

한영우, 2010,《한국선비지성사》(지식산업사)

신용하, 2010,《고조선 국가형성의 사회사》(지식산업사)

4. 고구려

박시형, 1966,《광개토대왕능비연구》

이진희, 1972,《광개토왕능비의 연구》(日文, 吉川弘文館)

사회과학원 력사연구소, 1975,《고구려문화》(평양, 사회과학출판사)

이지린·강인숙, 1976,《고구려 역사연구》(평양, 사회과학출판사)

王健群, 1985,《好太王碑研究》(역민사)

채희국, 1985,《고구려력사연구》(평양, 종합대학출판사)

김문경, 1986,《당 고구려유민과 신라교민》(일신사)

왕건군 외, 1988,《好太王碑와 고구려유적》(讀賣新聞社)

武田幸男, 1988,《廣開土王碑 原石拓本集成》(동경대학출판부)

이형구·박노희, 1988,《광개토대왕릉비 신연구》(동화출판공사)

이용범, 1989,《한만교류사연구》(동화출판공사)

武田幸男, 1989《高句麗史と東アジア》(岩波書店)

박진석, 1996,《고구려 호태왕비 연구》

여호규, 1997,《1~4세기 고구려 정치체제 연구》(박사논문)

노태돈, 1999,《고구려사연구》(사계절)

전호태, 1999,《고분벽화로 본 고구려이야기》(풀빛)

전호태, 2000,《고구려고분벽화 연구》(사계절)

김기흥, 2002,《고구려 건국사》(창작과 비평사)

지배선, 2002,《유럽문명의 아버지 고선지평전》(청아출판사)

신형식, 2003,《고구려사》(이화여자대학교출판부)

이형구, 2004,《발해연안에서 찾은 한국고대문화의 비밀》(김영사)

고구려연구재단, 2005,《중국소재 고구려관련 금석문자료집》(고구려연구재단)

백위드 저, 정광 번역, 2006,《고구려어-일본을 대륙과 연결시켜주는 언어》(고구려연구재단)

5. 백제

坂元義種, 1978,《百濟史の研究》塙書房

김성호, 1982,《비류백제와 일본의 국가기원》(지문사)古書房

김동욱, 1985,《백제의 복식》(백제문화개발연구원)

김영태, 1985,《백제불교사상연구》(동국대출판부)

노중국, 1988,《백제정치사연구》(일조각)

윤무병, 1992,《백제고고학연구》백제연구총서 제2집, (충남대 백제연구소)

충남대 백제연구소, 1993,《백제사의 비교연구》백제연구총서 3집

신호철, 1993,《후백제 견훤정권 연구》(일조각)

홍원탁, 1994,《백제와 大和日本의 기원》

이도학, 1995,《백제 고대국가연구》(일지사)

임동권, 1996,《일본 안의 백제문화》(규장각)

이기동, 1996,《백제사연구》(일조각)

김영심, 1997,《백제 지방통치체제 연구》

충남대 백제연구소, 1997,《백제의 중앙과 지방》백제연구총서 제5집

권태원, 2000,《고대 한민족문화사연구》(일조각)

6. 신라

이기백, 1974,《신라정치사회사연구》(일조각)

井上秀雄, 1974,《新羅史基礎研究》(東出版)

이기백, 1978,《신라시대의 국가불교와 유교》(한국연구원) [1986 ,《신라사상사연구》(일조각)

김영태, 1979,《삼국유사소전의 신라불교사상연구》(신흥출판사)

이기동, 1980,《신라골품제사회와 화랑도》(한국연구원) [1985 (일조각)]

이종욱, 1980,《신라상대왕위계승연구》(영남대 민족문화

연구소)

이종욱, 1982, 《신라국가형성사연구》(일조각)

신형식, 1985, 《신라사》(이화여대출판부)

김문경, 1986, 《당 고구려유민과 신라교민》(일신사)

이기백, 1986, 《신라사상사연구》(일조각)

김갑동, 1990, 《나말여초의 호족과 사회변동 연구》(고려
대 민족문화연구소)

신형식, 1990, 《통일신라사연구》(삼지원)

최재석, 1990, 《백제의 대화왜와 일본화과정》(일지사)

김상현, 1991, 《신라화엄사상사연구》(민족사)

이명식, 1992, 《신라정치사연구》(형설출판사)

이인철, 1993, 《신라정치제도사연구》(일지사)

전해주, 1993, 《의상화엄사상사연구》(민족사)

김상현, 1994, 《역사로 읽는 원효》(고려원)

이기영, 1994, 《원효사상연구 1》(한국불교연구원)

김두진, 1995, 《의상: 그의 생애와 화엄사상》(민음사)

최재석, 1996, 《정창원소장품과 통일신라》(일지사)

전덕재, 1996, 《신라 6부체제연구》(일조각)

이기동, 1997, 《신라사회사연구》(일조각)

정병삼, 1998, 《의상 화엄사상 연구》(서울대 출판부)

남동신, 1999, 《원효》(새누리)

김상현, 1999, 《신라의 사상과 문화》(일지사)

이성시 저, 김창석 번역, 1999, 《동아시아의 왕권과 교역–
신라, 발해와 정창원 보물》(청년사)

강종훈, 2000, 《신라상고사 연구》(서울대 출판부)

노명호 외, 2000, 《한국고대중세 고문서연구》(서울대 출
판부)

김기흥, 2000, 《천년의 왕국 신라》(창작과 비평사)

정수일, 2004, 《혜초의 왕오천축국전》(학고재)

노태돈, 2009, 《삼국통일전쟁사》, 서울대학교 출판부

7. 가야

이종항, 1987, 《고대 가야족이 세운 구주왕조》(대왕사)

윤석효, 1987, 《가야사》(민족문화사)

이병선, 1989, 《임나는 대마에 있었다》(서울서림)

천관우, 1991, 《가야사연구》(일조각)

김태식, 1993, 《가야연맹사》(일조각)

김현구, 1993, 《임나일본부연구》(일조각)

이영식, 1993, 《가야제국과 임나일본부》(吉川弘文館)

조희승, 1994, 《가야사연구》(북한 사회과학출판사)

김병모, 1994, 《김수로왕비 허황옥》(조선일보사)

김태식, 2002, 《미완의 문명 7백년 가야사 1,2,3》
(푸른역사)

8. 발해

주영헌, 1971, 《발해문화》(북한 사회과학출판사)

駒井和愛, 1977, 《中國都城·渤海研究》(雄山閣)

박시형, 1979, 《발해사》(김일성종합대학 출판사)

사회과학원 역사연구소, 1979, 《발해사》(조선전사 중)

왕승례, 1984, 《발해간사》(新華書店) [송기호 역, 1987, 한
림대 아시아문화연구소]

황유한, 1987, 《발해국기》(신서원)

김정배외 편역, 1988, 《발해국사 1》(정음사)

최무장 편역, 1988, 《발해의 기원과 문화》(예문출판사)

방학봉, 김정배 외 역,1989, 《발해사연구》(정음사)

방학봉, 1992, 《발해유적과 그에 관한 연구》(연변대학 출
판사)

송기호, 1993, 《발해를 찾아서–만주·연해주 답사기》(솔)

한규철, 1994, 《발해의 대외관계사 연구–남북국의 형성
과 전개》(신서원)

송기호, 1995, 《발해정치사연구》(일조각)

방학봉, 1996, 《발해의 강역과 행정제도에 관한 연구》(연
변대학 출판사)

송기호, 1999, 《발해를 다시 본다》(주류성)

이성시 저, 김창석 번역, 1999, 《동아시아의 왕권과 교역–
신라, 발해와 정창원보물》(청년사)

유득공 저, 송기호 번역, 2000, 《발해고》(홍익출판사)

고구려연구재단, 2004, 《러시아 연해주 크라스키노 발해
사원지 발굴보고서》(고구려연구재단)

고구려연구재단, 2005, 《2004년도 러시아연해주 발해유
적 발굴보고서》(고구려연구재단)

9. 고려

김상기, 1961, 《고려시대사》(동국문화사) [1985, 서울대 출
판부]

이기백, 1968, 《고려병제사연구》(일조각)

변태섭, 1971, 《고려정치제도사연구》(일조각)

旗田巍, 1972, 《朝鮮中世社會史の研究》(法政大出版局)

이용범, 1976, 《중세동북아세아사연구》(아세아문화사)

이재창, 1976, 《고려 사원경제의 연구》(아세아문화사)

황운룡, 1978, 《고려 벌족에 관한 연구》(친학사)

홍희유, 1979, 《조선상업사》(과학백과사전출판사)

홍희유, 1979, 《조선중세수공업사연구》(1989, 지양사)

강진철, 1980, 《고려토지제도사연구》(고려대출판부)

박용운, 1980, 《고려시대 대간제도연구》(일지사)

周藤吉之, 1980, 《高麗朝官僚制の研究》(法政大出版局)

이기백, 1981, 《고려 광종연구》(일조각)

허흥식, 1981,《고려 과거제도사연구》(일조각)
허흥식, 1981,《고려사회사연구》(아세아문화사)
홍승기, 1981,《고려시대 노비연구》(한국연구원)
동북아세아연구회 편, 1982,《삼국유사의 연구》(중앙출판)
변태섭, 1982,《고려사의 연구》(삼영사)
신천식, 1983,《고려교육제도사연구》(형설출판사)
홍승기, 1983,《고려귀족사회와 노비》(일조각)
영남대 민족문화연구소, 1983,《삼국유사연구》(영남대)
김충렬, 1984,《고려유학사》(고려대출판부)
경희대 전통문화연구소, 1984,《최충연구논총》
이수건, 1984,《한국중세사회사연구》(일조각)
이희덕, 1984,《고려유교정치사상의 연구》(일조각)
홍윤식, 1984,《고려불화의 연구》(동화출판공사)
김성준, 1985,《한국중세정치제도사연구》(일조각)
有井智德, 1985,《高麗李朝史の硏究》(國書刊行會)
김의규 외, 1985,《고려사회의 귀족제설과 관료제론》(지
　식산업사)
박용운, 1985~1987,《고려시대사》상하 (일지사)
백산자료원, 1986,《삼국유사 연구논선집 1》(백산자료원)
변태섭 외, 1986,《고려사의 제문제》(삼영사)
허흥식, 1986,《고려불교사연구》(일조각)
김당택, 1987,《고려무인정권연구》(세문사)
김용선, 1987,《고려 음서제도연구》(한국연구원)
문경현, 1987,《고려태조의 후삼국통일연구》(형설출판사)
황운룡, 1987,《한국중세사회연구》(부산대출판부)
한국정신문화연구원, 1987,《삼국유사의 종합적 연구》
송방송, 1988,《고려음악사연구》(일지사)
정용숙, 1988,《고려왕실족내혼연구》(새문사)
하현강, 1988,《한국중세사연구》(일조각)
황선영, 1988,《고려초기왕권연구》(동아대출판부)
강진철, 1989,《한국중세토지소유연구》(일조각)
김남규, 1989,《고려양계지방사연구》(새문사)
하현강, 1989,《한국중세사론》(신구문화사)
이기백, 1990,《고려귀족사회의 형성》(일조각)
박용운, 1990,《고려시대 음서제와 과거제연구》(일지사)
박종기, 1990,《고려시대 부곡제연구》(서울대 출판부)
김광철, 1991,《고려후기 세족층연구》(동아대 출판부)
김용선, 1991,《고려 음서제도연구》(한국연구원)
윤용혁, 1991,《고려대몽항쟁사 연구》(일지사)
이우성, 1991,《한국중세사회연구》(일조각)
이정신, 1991,《고려 무신정권기 농민·천민항쟁 연구》(고
　려대 출판부)
채상식, 1991,《고려후기 불교사연구》(일조각)
최정환, 1991,《고려·조선시대 녹봉제 연구》(경북대 출
　판부)
이기백 외, 1993,《최승로상소문 연구》(일조각)

허흥식, 1994,《한국중세불교사연구》(일조각)
노계현, 1994,《고려외교사》(갑인출판사)
최상준 외, 1994,《조선기술 발전사-고려편》(평양, 과학
　백과사전 종합출판사)
신천식, 1995,《고려교육사연구》(경인문화사)
박용운, 1996,《고려시대 개경 연구》(일지사)
홍승기, 1996,《고려태조의 국가경영》(서울대 출판부)
박경안, 1996,《고려후기 토지제도연구》(혜안)
목은연구회, 1996,《목은 이색의 생애와 사상》(일조각)
이원명, 1997,《고려시대 성리학 수용연구》(국학자료원)
신호철, 1997,《임연, 임연정권연구》(충북대 출판부)
한국역사연구회, 1997,《고려시대 사람들은 어떻게 살았
　을까》(청년사)
김일우, 1998,《고려초기 국가의 지방지배체계 연구》(일
　지사)
신천식, 1998,《목은 이색의 학문과 학맥》(일조각)
김기덕, 1998,《고려시대 봉작제연구》(청년사)
도현철, 1999,《고려말 사대부의 정치사상연구》(일조각)
박용운, 2000,《고려시대 중서문하성 재신연구》(일지사)
채웅석, 2000,《고려시대의 국가와 지방사회》(서울대 출
　판부)
이희덕, 2000,《고려시대 천문사상과 오행설 연구》(일조각)
박종기 외, 2000,《고려시대연구 1》(한국정신문화연구원)
박용운 외, 2000,《고려시대연구 2》(한국정신문화연구원)
김용섭, 2000,《한국중세농업사 연구-토지제도와 농업개
　발정책》(지식산업사)
박종진, 2000,《고려시기 재정운영과 조세제도》(서울대
　출판부)
박용운, 2000,《고려시대 상서성연구》(경인문화사)
김난옥, 2001,《고려시대 천사, 천역양인 연구》(신서원)
안병우, 2002,《고려전기의 재정구조》(서울대 출판부)
한영우 외, 2002,《행촌 이암의 생애와 사상》(일지사)
박종기, 2002,《지배와 자율의 공간, 고려의 지방사회》(푸
　른역사)
한국역사연구회, 2002,《고려의 황도 개경》(창작과 비평사)
허흥식, 2004,《고려의 문화전통과 사회사상》(집문당)
김용선, 2004,《고려금석문연구-돌에 새겨진 사회사》(일
　조각)
박재우, 2005,《고려 국정운영의 체계와 왕권》(신구문화사)
문철영, 2005,《고려 유학사상사의 새로운 모색》(경세원)
안지원, 2005,《고려의 국가불교의례와 문화》(서울대 출
　판부)
한국역사연구회, 2007,《개경의 생활사》(휴머니스트)
노명호, 2009,《고려국가와 집단의식》(서울대 출판부)
한영우, 2010,《한국선비지성사》(지식산업사)
노명호, 2011,《고려 태조왕건의 동상》(지식산업사)

10. 조선 전기

김석형, 1957,《조선봉건시대 농민의 계급구성》(북한 과학원출판사)

田川孝三, 1964,《李朝貢納制の研究》(東洋文庫)

田花爲雄, 1972,《朝鮮鄕約敎化史の硏究-歷史篇》(鳴鳳社)

차문섭, 1973,《조선시대 군제연구》(단국대출판부)

한영우, 1973,《정도전사상의 연구》(서울대 한국문화연구소)

Wagner, Edward, 1974, The Literati Purges: Political Conflict in Early Yi Korea (East Asian Research Center, Harvard University, Cambridge)

이정동, 1974,《퇴계의 생애와 사상》(박영사)

김재근 1976,《조선왕조 군선연구》(서울대 한국문화연구소) [1977 (일조각)]

최승희, 1976,《조선초기 언관·언론연구》(서울대 한국문화연구소)

김태준, 1977,《임진란과 조선문화의 동점》(한국연구원)

이수건, 1979,《영남 사림파의 형성》(영남대 민족문화연구소)

천관우, 1979,《근세조선사연구》(일조각)

홍희유, 1979,《조선중세수공업사연구》(과학백과사전종합출판사)

김길환, 1980,《조선조유학사상연구》(일지사)

김옥근, 1980,《한국토지제도사연구》(대왕사)

송방송, 1980,《악장등록연구》(영남대민족문화연구소)

이성무, 1980,《조선초기 양반연구》(일조각)

정순목, 1980,《한국 서원교육제도연구》(영남대민족문화연구소)

田代和生, 1981,《近世日朝通交貿易の研究》(創文社)

한영우, 1981,《조선전기 사학사연구》(서울대 출판부)

손인수, 1982,《조선시대 여성교육연구》(성균관대출판부)

연정열, 1982,《조선초기 노비법제고》(경희대 박사논문)

김태영, 1983,《조선전기 토지제도사연구》(지식산업사)

민현구, 1983,《조선초기의 군사제도와 정치》(한국연구원)

정두희, 1983,《조선초기 정치지배세력연구》(일조각)

한영우, 1983,《조선전기 사회경제연구》(을유문화사)

한영우, 1983,《조선전기 사회사상연구》(지식산업사)

한영우, 1983,《개정판 정도전사상의 연구》(서울대 출판부)

김옥근, 1984~1988,《조선왕조 재정사연구》(일조각)

이병휴, 1984,《조선전기 영남사림파연구》(일조각)

이재룡, 1984,《조선초기 사회구조연구》(일조각)

유승원, 1986,《조선초기 신분제연구》(을유문화사)

김영주, 1986,《조선시대불화연구》(지식산업사)

윤국일, 1986,《경국대전연구》(북한 과학백과사전출판사)

이경식, 1986,《조선전기 토지제도연구》(일조각)

이태진, 1986,《한국사회사연구》(지식산업사)

이호철, 1986,《조선전기 농업경제사》(한길사)

Choi, Yong-ho, 1987, The Civil EXaminations and the Social Structure in Early Yi Dynasty Korea: 1392 - 1600(The Korean Research Center, Seoul)

長 節子, 1987,《中世韓日關係と對馬》(吉川弘文館)

민성기, 1988,《조선농업사연구》(일조각)

장학근, 1988,《조선시대 해양방위사》(창미사)

김용숙, 1989,《조선조 궁중풍속연구》(일지사)

박 주, 1989,《조선시대 정표정책에 대한 연구》(일조각)

이수건, 1989,《조선시대 지방행정사》(민음사)

이태진, 1989,《조선유교사회사론》(지식산업사)

정두희, 1989,《조선성종대의 대간연구》(한국연구원) [1994, 일조각]

홍희유, 1989,《조선상업사》 고대·중세편, (북한 과학백과사전종합출판사)

이존희, 1990,《조선시대 지방행정제도연구》(일지사)

이범직, 1991,《한국중세 예사상연구》(일조각)

방상현, 1991,《조선초기 수군제도》(민족문화사)

최정환, 1991,《고려·조선시대 녹봉제 연구》(경북대 출판부)

Martina, Deuchler,1992, The Confucian Transformation of Korea: A Study of Society and Ideology(cambridge: Harvard University Press)

손정목, 1992,《한국지방제도·자치사연구》(일지사)

한우근, 1993,《유교정치와 불교》(일조각)

이태진 외, 1993,《한국사회발전사론》(일조각)

민덕기, 1994,《전근대 동아시아의 한일관계》(早稻田大學出版部)

지두환, 1994,《조선전기 의례연구》(서울대 출판부)

최이돈, 1994,《조선중기 사림정치구조연구》(일조각)

허선도, 1994,《조선시대 화약병기사연구》(일조각)

정두희, 1994,《조선시대 대간연구》(일조각)

고영진, 1995,《조선중기 예학사상사》(한길사)

지승종, 1995,《조선전기 노비신분연구》(일조각)

심정보, 1995,《한국 읍성의 연구-충남지방을 중심으로》(학연문화사)

남문현, 1995,《한국의 물시계》(건국대 출판부)

장병인, 1997,《조선전기 혼인제와 성차별》(일지사)

김돈, 1997,《조선전기 군신권력관계연구》(서울대 출판부)

한영우, 1997,《조선시대 신분사연구》(집문당)

김용만, 1997,《조선시대 사노비연구》(집문당)

이경식, 1998,《조선전기 토지제도연구》(지식산업사)

김경수, 1998,《조선시대의 사관연구》(국학자료원)

이병휴, 1999,《조선전기 사림파의 현실인식과 대응》(일조각)

한영우, 1999,《왕조의 설계자 정도전》(지식산업사)

한영우 외, 1999,《우리 옛지도와 그 아름다움》(효형출판)

홍순민, 1999,《우리 궁궐 이야기》(청년사)

John B. Duncan, 2000, Origins of the Choson Dynasty(Seattle and London: University of Washington Press)

박 주, 2000,《조선시대의 효와 여성》(국학자료원)

김성우, 2001,《조선중기 국가와 사족》(역사비평사)

조원래, 2001,《임진왜란과 호남지방의 의병항쟁》(아세아문화사)

김성우, 2001,《조선중기 국가와 사족》(역사비평사)

한형주, 2002,《조선초기 국가제례연구》(일조각)

이태진, 2002,《의술과 인구 그리고 농업기술》(태학사)

최승희, 2002,《조선초기 정치사연구》(지식산업사)

임민혁, 2002,《조선시대 음관연구》(한성대 출판부)

남문현, 2002,《장영실과 자격루》(서울대학교출판부)

한영우, 2003,《창덕궁과 창경궁》(열화당, 효형출판)

최승희, 2004,《조선초기 언론사연구》(지식산업사)

한영우, 2006,《조선의 집 동궐에 들다》(열화당, 효형출판)

고동환, 2007,《조선시대 서울도시사》(태학사)

신병주, 2008,《이지함평전》(글항아리)

한영우, 2008,《조선 수성기 제갈량 양성지》(지식산업사)

한영우, 2010,《한국선비지성사》(지식산업사)

한영우, 2013,《율곡 이이평전》(민음사)

한영우, 2013,《과거, 출세의 사다리 – 태조~선조대》(지식산업사)

한영우, 2016,《나라에 사람이 있구나 – 월탄 한효순 이야기》(지식산업사)

한영우, 2016,《우계 성혼 평전》(민음사)

11. 조선 후기

김용덕, 1970,《정유 박제가연구》(중앙대출판국)

김용섭, 1970,《조선후기 농업사연구 – 농촌경제·사회변동》(일조각)

전석담·허종호·홍희유, 1971,《조선에서의 자본주의적 관계의 발생》(과학백과사전 종합출판사)

김용섭, 1971,《조선후기농업사연구 – 농업변동·농학사조》(일조각)

田花爲雄, 1972,《朝鮮郷約教化史の研究 – 歷史篇》(鳴鳳社)

강만길, 1973,《조선후기 상업자본의 발달》(고려대출판부)

송찬식, 1973,《이조후기 수공업에 관한 연구》(서울대 한국문화연구소)

차문섭, 1973,《조선시대 군제연구》(단국대출판부)

정성철, 1974,《실학파의 철학사상과 사회정치적 견해》(북한 사회과학출판사)

원유한, 1975,《조선후기 화폐사연구》(한국연구원)

김재근, 1976,《조선왕조 군선연구》(서울대 한국문화연구소)

최완수, 1976,《김추사연구초》(지식산업사)

김옥근, 1977,《조선후기 경제사연구》(서문당)

김용덕, 1977,《조선후기 사상사연구》(을유문화사)

변인석, 1977,《사고전서조선사료의 연구》(영남대출판부)

손정목, 1977,《조선시대 도시사회연구》(일지사)

김용덕, 1978,《향청연구》(한국연구원)

원유한, 1978,《조선후기 화폐유통사》(정음사)

권병탁, 1979,《전통 도자의 생산과 수요》(영남대출판부)

천관우, 1979,《근세조선사연구》(일조각)

홍희유, 1979,《조선중세 수공업사연구》(과학백과사전종합출판사)

김길환, 1980,《조선조 유학사상연구》(일지사)

김옥근, 1980,《한국토지제도사연구》(대왕사)

송방송, 1980,《악장등록연구》(영남대 민족문화연구소)

이을호, 1980,《한국 개신유학사시론》(박영사)

정순목, 1980,《한국 서원교육제도연구》(영남대 민족문화연구소)

한우근, 1980,《성호 이익연구》(서울대 출판부)

김길환, 1981,《한국양명학연구》(일지사)

田代和生, 1981,《近世日朝通交貿易の研究》(創文社)

김태준, 1982,《홍대용과 그의 시대》(일지사)

손인수, 1982,《조선시대 여성교육연구》(성균관대출판부)

윤남한, 1982,《조선시대의 양명학연구》(집문당)

平木實, 1982,《조선후기 노비제 연구》(지식산업사)

武田幸男, 1983,《朝鮮戶籍臺帳の基礎的研究》(학습원대학 동양문화연구소)

유명종, 1983,《한국의 양명학》(동화출판공사)

정석종, 1983,《조선후기 사회변동연구》(일조각)

김옥근, 1984~1988,《조선왕조 재정사연구》(일조각)

강만길, 1984,《조선시대 상공업사연구》(한길사)

이태진 편, 1985,《조선시대 정치사의 재조명 – 사화. 당쟁 편》(지식산업사)

이태진, 1985,《조선후기의 정치와 군영제변천》(한국연구원)

三品英利, 1986,《近世日朝關係史の研究》(文獻出版)

이원순, 1986,《한국 서학사연구》(일지사)

이준걸, 1986,《조선시대 일본과 서적교류연구》(홍익재)

금장태, 1987,《한국 실학사상연구》(집문당)

김옥근, 1987,《조선왕조 재정사연구 2》(일조각)

김태준, 1987,《홍대용평전》(민음사)

손승철, 1987,《근세한일관계사》(강원대출판부)

송준호, 1987,《조선사회사연구》(일지사)

長 節子, 1987,《中世朝日關係と對馬》(吉川弘文館)

김옥근, 1988,《조선왕조 재정사연구 3》(일조각)

김용섭, 1988,《조선후기 농학사연구》(일조각)

민성기, 1988,《조선농업사연구》(일조각)

이영훈, 1988,《조선후기 사회경제사》(한길사)

이용범, 1988,《중세서양과학의 조선전래》(동국대출판부)

이은순, 1988,《조선후기 당쟁사연구》(일조각)

정옥자, 1988,《조선후기 문화운동사》(일조각)

조 광, 1988,《조선후기 천주교사연구》(고려대 민족문화
  연구소)

한명기, 1988,《광해군-탁월한 외교정책을 펼친 군주》(역
  사비평사)

김용숙, 1989,《조선조 궁중풍속연구》(일지사)

오 성, 1989,《조선후기 상인연구》(일조각)

이수건, 1989,《조선시대 지방행정사》(민음사)

이태진, 1989,《조선유교사회사론》(지식산업사)

전형택, 1989,《조선후기 노비신분연구》(일조각)

최승희, 1989,《한국고문서연구》(한국정신문화연구원)
  [1981, 지식산업사]

최완기, 1989,《조선후기 선운업사연구》(일조각)

하우봉, 1989,《조선후기실학자의 일본관연구》(일지사)

한영우, 1989,《조선후기 사학사연구》(일지사)

허종호, 1989,《조선봉건말기의 소작제연구》(한마당)

윤희면, 1990,《조선후기 향교연구》(일조각)

이존희, 1990,《조선시대 지방행정제도연구》(일지사)

이훈상, 1990,《조선후기 향리연구》(일조각)

정옥자, 1990,《조선후기 문학사상사》(서울대 출판부)

향촌사회사연구회, 1990,《조선후기 향약연구》(민음사)

한국역사연구회, 1990,《조선정치사: 1800~1863》
  (청년사)

김용섭, 1991,《증보판 조선후기농업사연구 2》(일조각)

원경렬, 1991,《대동여지도의 연구》(성지문화사)

이 찬, 1991,《한국의 고지도》(범우사)

정옥자, 1991,《조선후기 지성사》(일지사)

손정목, 1992,《한국지방제도·자치사연구》(일지사)

심희기, 1992,《한국 법사연구》(영남대출판부)

한우근, 1992,《기인제연구》(일지사)

이성무 외, 1992,《조선후기 당쟁의 종합적 검토》(한국정
  신문화연구원)

이준구, 1993,《조선후기 신분직역변동연구》(일조각)

정옥자, 1993,《조선후기 역사의 이해》(일지사)

이해준, 김인걸 외, 1993,《조선시기 사회사연구법》(한국
  정신문화연구원)

김동철, 1994,《조선후기 공인연구》(한국연구원)

손승철, 1994,《조선시대 한일관계사연구》(지성의 샘)

須川英德, 1994,《李朝商業政策史硏究》(東京大 出版部)

허선도, 1994,《조선시대 화약병기사연구》(일조각)

서울대 규장각, 1995,《해동지도-영인, 해설, 색인》(서울
  대 규장각)

유봉학, 1995,《연암일파 북학사상연구》(일지사)

최홍규, 1995,《우하영의 실학사상연구》(일지사)

손승철, 1995,《조선시대 한일관계사연구》(지성의 샘)

김문식, 1996,《조선후기 경학사상연구-정조와 경기학인
  을 중심으로》(일조각)

한상권, 1996,《조선후기 사회와 소원제도》(일조각)

이해준, 1996,《조선시기 촌락사회사》(민족문화사)

박인호, 1996,《조선후기 역사지리학연구》(이회문화사)

James B. Palais, 1996, Confucian Statecraft and Korean
  Institutions-Yu Hyongwon and the Late Choson
  Dynasty(University of Washington Press, Seattle and
  London)

JaHyun Kim Haboush, 1996, The Memoirs of Lady
  Hyegyong - The Autobiographical Writings of a
  Crown Princess of 18th-Century Korea
  (University of California Press, Berkeley, Los Angeles,
  London)

정만조, 1997,《조선시대 서원연구》(집문당)

차장섭, 1997,《조선후기 벌열연구》(일조각)

김용만, 1997,《조선시대 사노비연구》(집문당)

이성미·유송옥·강신항, 1997,《조선시대 어진관계도감의
  궤 연구》(한국정신문화연구원)

유봉학, 1998,《조선후기 학계와 지식인》(신구문화사)

윤용출, 1998,《조선후기의 요역제와 고용노동》(서울대
  출판부)

고석규, 1998,《19세기 조선의 향촌사회연구》(서울대 출
  판부)

한영우, 1998,《정조의 화성행차 그 8일》(효형)

최완수 외, 1998,《진경시대-사상과 문화》(돌베개)

최완수 외, 1998,《진경시대-예술과 예술가들》(돌베개)

박광용, 1998,《영조와 정조의 나라》(푸른역사)

오주석, 1998,《단원 김홍도》(열화당)

이재숙 외, 1998,《조선조 궁중의례와 음악》(서울대 출판
  부)

진준현, 1999,《단원 김홍도연구》(일지사)

서태원, 1999,《조선후기 지방군제연구》(혜안)

우인수, 1999,《조선후기 산림세력연구》(일조각)

한명기, 1999,《임진왜란과 한중관계》(역사비평사)

이남희, 1999,《조선후기 잡과중인 연구》(이회)

정옥자 외, 1999,《정조시대의 사상과 문화》(돌베개)

장동표, 1999,《조선후기 지방재정연구》(국학자료원)

한영우 외, 1999,《우리 옛 지도와 그 아름다움》(효형)

정옥자·유봉학·김문식·배우성·노대환, 1999,《정조시대의
  사상과 문화》(돌베개)

김현영, 1999,《조선시대의 양반과 향촌사회》(집문당)
한명기, 1999,《임진왜란과 한중관계》
김 호, 2000,《허준의 동의보감 연구》(일지사)
신병주, 2000,《남명학파와 화담학파연구》(일지사)
정옥자, 2000,《정조의 수상록 일득록연구》(일지사)
김문식, 2000,《정조의 경학과 주자학》(문헌과 해석사)
임미선·송지원·김종수·노영구·김호, 2000,《정조대의 예술
　　과 과학》(문헌과 해석사)
이태진 외, 2000,《서울상업사》(태학사)
한명기, 2000,《광해군》(역사비평사)
강석화, 2000,《조선후기 함경도와 북방영토의식》(경세원)
문중양, 2000,《조선후기 수리학과 수리담론》(집문당)
방병선, 2000,《조선후기 백자연구》(일지사)
이예성, 2000,《현재 심사정연구》(일지사)
안휘준, 2000,《한국회화사 연구》(시공사)
박정혜, 2000,《조선시대 궁중기록화연구》(일지사)
이성미, 2000,《조선시대 그림 속의 서양화법》(대원사)
김종수, 2001,《조선시대 궁중연향과 여악연구》(민속원)
이수환, 2001,《조선후기 서원연구》(일조각)
김준형, 2001,《조선후기 단성 사족층 연구》(아세아문화사)
신병주, 2001,《66세의 영조, 15세 신부를 맞이하다》(효형
　　출판)
오수창, 2002,《조선후기 평안도 사회발전연구》(일조각)
송찬섭, 2002,《조선후기 환곡제 개혁연구》(서울대 출판부)
김동욱, 2002,《실학정신으로 세운 조선의 신도시, 수원황
　　성》(돌베개)
한영우, 2003,《창덕궁과 창경궁》(열화당, 효형출판)
김건태, 2004,《조선시대 양반가의 농업경영》(역사비평사)
이원명, 2004,《조선시대 문과급제자 연구》(국학자료원)
구만옥, 2004,《조선후기 과학사상사연구 1-주자학적 우
　　주론의 변동》(혜안)
한영우, 2005,《조선왕조 의궤-국가의례와 그 기록》(일
　　지사)
조원래, 2005,《새로운 관점의 임진왜란사 연구》(아세아
　　문화사)
한영우, 2007,《실학의 선구자 이수광》(경세원)
한영우 외, 2007,《다시, 실학이란 무엇인가》(푸른역사)
이경구, 2007,《조선후기 안동김문 연구》(일지사)
신병주, 2007,《조선 중후기 지성사 연구》(새문사)
고동환, 2007,《조선시대 서울도시사》(태학사)
한영우, 2007,《꿈과 반역의 실학자 유수원》(지식산업사)
김문식, 2007,《정조의 제왕학》(태학사)
한영우, 2008,《문화정치의 산실 규장각》(지식산업사)
이성미, 2008,《왕실혼례의 기록 가례도감의궤와 미술사》
　　(소와당)
이경구, 2009,《17세기 조선지식인지도》(푸른역사)

한영우, 2010,《한국선비지성사》(지식산업사)
한영우, 2013,《과거, 출세의 사다리-광해군~영조대》(지
　　식산업사)
한영우, 2013,《과거, 출세의 사다리-정조~철종대》(지식
　　산업사)

12. 개항기~대한제국

오길보, 1968,《갑오농민전쟁》(북한 로동당출판사)
이영래, 1968,《한국근대토지제도사연구》(보문각)
이광린, 1969,《한국개화사연구》(일조각) [1974]
팽택주, 1969《明治初期日韓淸關係の硏究》(塙書房)
김준보, 1970·1974·1977,《한국자본주의사연구》(일조각)
강재언, 1970,《조선근대사연구》(일본평론사) [1892, 《한
　　국근대사》(한울)]
한우근, 1970,《한국개항기의 상업연구》(일조각)
Ledyard, Gari, 1971, The Dutch Come to Korea (Korea
　　Branch of the Royal Asiatic Society)
정요섭, 1971,《한국여성운동사-일제하의 민족운동을 중
　　심으로》(일조각)
한우근, 1971,《동학난 기인에 관한 연구》(서울대 한국문
　　화연구소)
Choi, ching Young, 1972, The Rule of the Taewongun,
　　1864~1873 (East Asian Research Center, Harvard
　　University, Cambridge)
Cook, Harold, 1972, Korea's 1884 Incident (Korea Branch
　　of the Royal Asiatic Society, Seoul)
김의환, 1972,《조선을 둘러싼 근대노일관계연구》(통문관)
조항래, 1972,《한말사회단체사론고》(형설출판사)
신복룡, 1973,《동학당연구》(탐구당)
이광린, 1973,《개화당연구》(일조각)
조기준, 1973,《한국자본주의 성립사론》(고려대출판부)
Palais, James, 1975, Politics and Policy in Traditional
　　Korea (East Asian Research Center, Harvard
　　University, Cambridge)
김용섭, 1975,《한국근대 농업사연구》(일조각)
박용옥, 1975,《한국근대 여성사》(정음사)
안병태, 1975,《조선근대경제사연구》(일본평론사)
이현종, 1975,《한국개항장연구》(일조각)
김용욱, 1976,《한국개항사》(서문당)
신용하, 1976,《독립협회연구》(일조각)
최태호, 1976,《개항전기의 한국관세제도》(한국연구원)
한우근, 1976,《동학농민봉기》(세종대왕기념사업회)
Deuchler, Martina, 1977, Confucian Gentleman and
　　Barbarian Envoys: The Opening of Korea, 1975~1885

(University of Washington Press, Seatle)

백종기, 1977, 《근대 한일교섭사연구》(정음사)

유원동, 1977, 《한국근대 경제사연구》(일지사)

高嶋雅明, 1978, 《朝鮮のおける植民地金融史の硏究》(雄山閣)

고병운, 1978, 《근대조선경제사의 연구》(일본 웅산각)

김원모, 1979, 《근대한미교섭사》(홍성사)

이광린, 1979, 《한국개화사상연구》(일조각)

Swarout, Robert R. Jr., 1980, Mandarins, Gunboats, and Power Politics : Owen Nikerson Denny and the International Rivalries in Korea (The University Press of Hawaii, Honolulu)

신용하, 1980, 《한국근대사와 사회변동》(문학과 지성사)

박일근, 1981, 《미국의 개국정책과 한미외교관계》(일조각)

전봉덕, 1981, 《한국근대법사상사》(박영사)

강재언 외, 1981, 《근대조선의 사회와 사상》(일본 미래사)

박종근, 1982, 《일청전쟁과 조선》(청목서점) [박영재 역, 1989, 일조각]

손정목, 1982, 《한국개항기 도시사회경제사연구》(일지사)

신복룡, 1982, 《전봉준의 생애와 사상》(양영각)

안병태, 1982, 《한국 근대경제와 일본제국주의》(백산서당)

임형택, 1982, 《한국근대문학사론》(한길사)

강재언, 1983, 《근대한국사상사연구》(한울)

한우근, 1983, 《동학과 농민봉기》[1995, 일조각]

강만길, 1984, 《한국근대사》(창작과 비평사) [고쳐쓴 한국근대사]

강재언, 1984, 《근대조선의 사상》(미래사) [1985, 한길사]

고병익, 1984, 《동아시아의 전통과 근대사》(삼지원)

김용섭, 1984, 《증보판 한국근대농업사연구(상,하)》(일조각)

김윤식, 1984, 《한국 근대문학사상사》(한길사)

박용옥, 1984, 《한국 근대여성운동사연구》(한국정신문화연구원)

윤병석, 1984, 《이상설전》(일조각)

이석륜, 1984, 《한국 화폐금융사연구》(박영사)

한국사연구회 편, 1985, 《한국근대사회와 제국주의》(삼지원)

한국정치외교사학회, 1985, 《갑신정변연구》(평민사)

강만길, 1985, 《한국민족운동사론》(한길사)

송병기, 1985, 《근대한중관계사연구》(단국대출판부)

신복룡, 1985, 《동학사상과 갑오농민혁명》(평민사)

유영렬, 1985 《개화기의 윤치호연구》(한길사)

澤村東平, 1985, 《近代朝鮮の棉作綿業》(未來社)

波形昭一, 1985, 《日本植民地金融政策史の硏究》(早稻田大學 出版部)

권석봉, 1986, 《청말 대조선정책사연구》(일조각)

이현희, 1986, 《정한론의 배경과 영향》(대왕사)

천관우, 1986, 《한국근대사산책》(정음문화사)

최윤규, 1986, 《조선근대 및 현대경제사》(과학백과사전출판사) [1988, 갈무지]

고병운, 1987, 《근대조선조계사의 연구》(웅산각)

김용숙, 1987, 《조선조말기 왕실복식》(민족문화문고간행회)

森山茂德, 1987, 《近代日韓關係史硏究》(동경대출판회) [김세민 역, 1994, 현음사]

신용하, 1987, 《한국근대사회사연구》(일지사)

유동준, 1987, 《유길준전》(일조각)

권태억, 1989, 《한국 근대 면업사연구》(일조각)

김영작, 1989, 《한말 내셔널리즘연구》(청계연구소)

이광린, 1989, 《개화파와 개화사상연구》(일조각)

이병천, 1989, 《북한학계의 한국근대사논쟁》(창작과 비평사)

이완재, 1989, 《초기개화사상연구》(민족문화사)

조동걸, 1989, 《한말의병전쟁》(독립운동사연구소)

유영익, 1990, 《갑오경장연구》(일조각)

윤경로, 1990, 《105인사건과 신민회 연구》(일지사)

황공률, 1990, 《조선근대애국문화운동사》(북한 과학백과사전종합출판사)

한국역사연구회, 1991~1995, 《1894년 농민전쟁연구 1~4 》(역사비평)

최문형, 1992, 《명성황후시해사건》(민음사)

천관우 외, 1993, 《위암 장지연의 사상과 활동》(민음사)

신용하, 1993, 《동학과 갑오농민전쟁연구》(일조각)

우 윤, 1993, 《전봉준과 갑오농민전쟁》(창작과 비평사)

이광린, 1993, 《개화기의 인물》(연세대 출판부)

동학농민혁명기념사업회 편, 1993, 《동학농민혁명과 사회변동》(한울)

김경태, 1994, 《한국근대경제사연구》(창작과 비평사)

김도형, 1994, 《대한제국기의 정치사상사연구》(지식산업사)

한영우, 1994, 《한국민족주의 역사학》(일조각)

홍순권, 1994, 《한말 호남지역 의병운동사 연구》(서울대출판부)

역사학연구소, 1994, 《농민전쟁 100년의 인식과 쟁점》(거름)

한국역사연구회, 1995, 《대한제국의 토지조사사업》(민음사)

한국사연구회, 1995, 《근대국민국가와 민족문제》(지식산업사)

박경룡, 1995, 《개화기 한성부연구》(일지사)

유영익, 1998, 《동학농민봉기와 갑오경장》(일조각)

오영섭, 1999, 《화서학파의 사상과 민족운동》(국학자료원)

김원모, 1999, 《한미수교사 - 1883》(철학과 현실사)

정재정, 1999, 《일제침략과 한국철도》(서울대 출판부)
송병기, 1999, 《울릉도와 독도》(단국대 출판부)
이태진, 2000, 《고종시대의 재조명》(태학사)
이태진 외, 2000, 《서울상업사》(태학사)
권혁수, 2000, 《19세기말 한중관계사 연구》(백산자료원)
김용구, 2001, 《세계관 충돌과 한말외교사 – 1866~1882》(문학과 지성사)
금장태, 2001, 《화서학파의 철학과 시대인식》(태학사)
한영우, 2001, 《명성황후, 제국을 일으키다》(효형출판)
이영호, 2001, 《한국근대 지세제도와 농민운동》(서울대학교 출판부)
조재곤, 2001, 《한국근대사회와 보부상》(혜안)
연갑수, 2001, 《대원군집권기 부국강병정책연구》(서울대학교출판부)
강창일, 2002, 《근대 일본의 조선침략과 대아시아주의》(역사비평사)
서영희, 2003, 《대한제국 정치사연구》(서울대 출판부)
신용하, 2003, 《의병과 독립군의 무장독립운동》(지식산업사)
한영우, 2005, 《조선왕조 의궤 – 국가의례와 그 기록》(일지사)
이태진, 2005, 《동경대생들에게 들려준 한국사》(태학사)
이태진 외, 2005, 《고종황제 역사청문회》(푸른역사)
한영우 외, 2006, 《대한제국은 근대국가인가》(푸른역사)
연갑수, 2008, 《고종대 정치변동 연구》(일지사)
강상규, 2008, 《19세기 동아시아의 패러다임 변환과 한반도》(논형)
한영우, 2013, 《과거, 출세의 사다리 – 고종대》(지식산업사)

13. 일제강점기

국사편찬위원회, 1965~1969, 《한국독립운동사》
독립운동사편찬위원회, 1970~1978, 《독립운동사》
사회과학원 력사연구소, 1970, 《일본군국주의의 조선침략사 – 1910~1945》
이해창, 1971, 《한국신문사연구》(성문각)
정요섭, 1971, 《한국여성운동사 – 일제하의 민족운동을 중심으로》(일조각)
淺田喬二, 1972, 《日本帝國主義下の民族革命運動》(未來社)
Nahm, Andrew, edt., 1973, Korea under Japanese Rule (The Center for Korean Studies, Western Michigan University, Kalamazoo)
박경식, 1974, 《일본제국주의의 조선지배》(청목서점) [1986 청아출판사]
임중빈, 1974, 《한용운일대기》(정음사)
강덕상, 1975, 《관동대지진》(중앙공론사)
小林英夫, 1975, 《大東亞共榮圈の形成と崩壞》(お茶の水書房)
윤병석, 1975, 《삼일운동사》(정음사)
이강훈, 1975, 《대한민국립시정부사》(서문당)
이강훈, 1975, 《무장독립운동사》(서문당)
정세현, 1975, 《항일학생민족운동사연구》(일지사)
정진석, 1975, 《일제하한국언론투쟁사》(정음)
박경식, 1976, 《조선삼일독립운동》(평범사)
이민수, 1976, 《윤봉길전》(서문당)
최준, 1976, 《한국신문사논고》(일조각)
김민수, 1977, 《주시경연구》(탑출판사)
梶村秀樹, 1977, 《朝鮮のおける資本主義の形成と展開》(龍溪書舍)
조선무정부주의운동사 편찬위원회, 1978, 《한국 아나키즘운동사》
Lee Chong-sik, 1978, The Korean Workers Party: A Short History (Hoover Institution Press fo Stanford University)
김중렬, 1978, 《항일노동투쟁사》(집현사)
박영석, 1978, 《만보산사건연구》(아세아문화사)
서상철, 1978, Growth and Structual Change in the Korean Economy: 1910-1945(Harvard University)
최민지, 1978, 《일제하민족언론사론》(일월서각)
강동진, 1979, 《일본의 조선지배정책사연구》(동경대출판회) [1980, 한길사]
신용하, 1979, 《조선토지조사사업연구》(한국연구원) [1981, 지식산업사]
이구홍, 1979, 《한국이민사》(중앙일보사)
이현희, 1979, 《3·1운동사론》(동방도서)
조동걸, 1979, 《일제하한국농민운동사》(한길사)
최문형, 1979, 《열강의 동아시아정책》(일조각)
송건호 외, 1979~2006, 《해방전후사의 인식》(전6권, 한길사)
박성수, 1980, 《독립운동사연구》(창작과 비평사)
한정일, 1981, 《일제하 광주학생민족운동사》(전예원)
김윤환, 1982, 《한국노동운동사 – 일제하편 1》(청사)
박영석, 1982, 《한민족독립운동사연구》(일조각)
신용하, 1982, 《박은식의 사회사상연구》(서울대 한국문화연구소)
이현희, 1982, 《대한민국임시정부사》(집문당)
고준석, 1983, 《코민테른과 조선공산당》(동경 사회평론사) [김영철 역, 1989, 공동체]
최홍규, 1983, 《신채호의 민족주의사상》(단재신채호선생기념사업회)

스칼라피노 외, 1983,《신간회연구》(동녘)

송건호 외, 1983~1985,《한국민족주의론》(창작과 비평사)

강재언, 1984,《일제하 40년사》(풀빛)

역사학회 편, 1984,《일본의 침략정책사연구》(일조각)

박영석, 1984,《일제하독립운동사연구》(일조각)

신용하, 1984,《신채호의 사회사상연구》(한길사)

宮田節子, 1985,《朝鮮民衆と皇民化政策》(未來社)

金森襄作, 1985,《1920年代朝鮮の社會主義運動史》(未來社)

신용하, 1985,《한국민족독립운동사연구》(을유문화사)

임영태, 1985,《식민지시대 한국사회와 운동》(사계절)

한국근대사자료연구협의회, 1985,《獨島연구》

佐佐木春隆, 1985,《朝鮮戰爭前史としての韓國獨立運動の研究》(國書刊行會)

川瀬俊治, 1985,《奈良·在日朝鮮人史 1910~1945》(奈良·在日朝鮮敎育を考える會)

단재신채호선생 기념사업회, 1986,《신채호의 사상과 민족독립운동》

이재화, 1986,《한국근대민족해방운동사 1》(백산서당)

河合和男, 1986,《朝鮮における産米增殖計劃》(未來社)

이만열 외, 1986,《한국기독교와 민족운동》(보성)

강만길, 1987,《일제시대빈민생활사연구》(창작과 비평사)

정진석, 1987,《대한매일신보와 배설》(나남)

역사학회, 1987,《한국근대 민족주의운동사연구》(일조각)

국사편찬위원회, 1987,《한민족독립운동사》

川瀬俊治, 1987,《朝鮮人勞動者と大日本帝國》(Press Center)

임종국, 1988~1989,《일본군의 조선침략사》(일월서각)

박영석, 1988,《재만한인독립운동사연구》(일조각)

신성려, 1988,《하와이 이민약사》(고려대출판부)

신용하, 1988,《한국근대민족운동사연구》(일조각)

이우재, 1988,《한국농민운동사》(한울)

이재화, 1988,《한국근현대민족해방운동사》(백산서당)

한석희, 1988,《일본의 조선지배와 종교정책》(미래사)

Robinson, Michael, E., 1989, Cultural Nationalism in Colonial Korea, 1920~1925 (University of Washington Press, Seattle)

鈴木敬夫, 1989,《法을 통한 朝鮮植民地 支配에 관한 硏究》(고려대 民族文化硏究所)

박영석, 1989,《만주 노령지역의 독립운동》(독립운동사연구소)

방선주, 1989,《재미한인의 독립운동》(한림대 아시아문제연구소)

손정목, 1989,《일제강점기 도시계획연구》(일지사)

신용하, 1989,《3·1독립운동》(독립운동사연구소)

이배용, 1989,《한국근대광업침탈사연구》(일조각)

이정식, 1989,《만주혁명운동과 통일전선》(사계절) [허원 역]

이한구, 1989,《일제하 한국기업설립운동사》(청사)

이현희, 1989,《한민족광복투쟁사》(정음문화사)

조동걸, 1989,《한국민족주의의 성립과 독립운동사연구》(지식산업사)

조선일보사, 1989,《3·1운동과 대한민국임시정부 수립의 현대적 해석》(조선일보사)

추헌수, 1989,《대한민국임시정부사》(독립운동사연구소)

이병천 편, 1989,《북한학계의 한국근대사논쟁》(창작과 비평사)

한국역사연구회, 역사문제연구소 편, 1989,《3.1민족해방운동연구》(청년사)

동아일보사, 1989,《3·1운동과 민족통일》(동아일보사)

한국역사연구회, 1989,《3·1민족해방운동 연구》(청년사)

이현희, 1989,《임정과 이동녕연구》(일조각)

이만열, 1990,《단재신채호의 역사학연구》(문학과 지성사)

박 환, 1990,《만주한인민족운동사연구》(일조각)

윤병석, 1990,《국외한인사회와 민족운동》(일조각)

최문형, 1990,《제국주의시대의 열강과 한국》(민음사)

손정목, 1990,《일제강점기 도시계획연구》(일지사)

Carter J. Eckert, 1991, Offspring of Empire: The Kochang Kims and the Colonial Origins of Korean Capitalism 1876-1945 (University of Washington Press, Seattle and London)

강만길, 1991,《조선민족혁명당과 통일전선》(화평사)

박찬승, 1991,《한국근대정치사상사연구》(역사비평사)

박 환, 1991,《홍범도장군》(연변인민출판사)

飛田雄一, 1991,《日帝下の朝鮮農民運動》(未來社)

松本武祝, 1991,《植民地期 朝鮮水利組合事業》(未來社)

한국역사연구회, 1991,《일제하 사회주의운동사》(한길사)

김경일, 1992,《일제하 노동운동사》(창작과 비평사)

김용섭, 1992,《한국근현대 농업사연구》(일조각)

방기중, 1992,《한국근현대 사상사연구－1930·40년대 백남운의 학문과 정치경제사상》(역사비평사)

山本有造, 1992,《日本植民地經濟硏究》(名古屋大學 出版會)

桶口雄一, 1992,《協和會》(社會評論社)

이영훈 외, 1992,《근대조선 수리조합연구》(일조각)

홍성찬, 1992,《한국근대 농촌사회의 변동과 지주층》(지식산업사)

和田春樹, 이종석 역, 1992,《김일성과 만주항일전쟁》(창작과비평사)

김기승, 1993,《배성룡의 정치경제사상연구》(신서원)

이준식, 1993,《농촌사회변동과 농민운동》(민영사)

지수걸, 1993,《일제하 농민조합운동연구》(역사비평사)

한시준, 1993, 《한국 광복군 연구》(일조각)

김중섭, 1994, 《형평운동연구》(민영사)

小林英夫, 1994, 《植民地への企業進出-朝鮮會社令の分析》(柏書房)

이균영, 1994, 《신간회연구》(역사비평사)

천경화, 1994, 《한국인 민족교육운동사》(백산출판사)

김희곤, 1995, 《중국관내 한국독립운동단체연구》(지식산업사)

지복영, 1995, 《역사의 수레를 밀고 끌며-항일무장독립운동과 백산 지청천장군》(문학과지성사)

손정목, 1996, 《일제강점기 도시사회상 연구》(일지사)

유병용 외, 1997, 《한국 근대사와 민족주의》(집문당)

정재정, 1999, 《일제침략과 한국철도-1892~1945》(서울대 출판부)

권희영, 1999, 《한인 사회주의운동 연구》(국학자료원)

강만길 외, 2000, 《한국자본주의의 역사》(역사비평사)

서중석, 2000, 《우사 김규식》(한울)

이호룡, 2001, 《한국의 아나키즘(사상편)》(지식산업사)

서중석, 2001, 《신흥무관학교와 망명자들》(역사비평사)

신용하, 2001, 《3.1운동과 독립운동의 사회사》(서울대 출판부)

신용하, 2002, 《일제강점기 한국민족사(중)》(서울대 출판부)

윤대원, 2006, 《상해시기 대한민국임시정부 연구》(서울대 출판부)

윤해동, 2006, 《지배와 자치-식민지시기 촌락의 삼국면구조》(역사비평사)

박찬승, 2007, 《민족주의의 시대-일제하의 한국민족주의》(경인문화사)

14. 현대사(광복 이후)

김준엽, 김창순, 1967~1975, 《한국공산주의운동사》(고려대 아세아문제연구소)

고려대 아세아문제연구소, 1973, 《북한공산화과정연구》(아세아문제연구소)

Cummings, Bruce, 1981, The Origins of the Korean War (Princeton University Press, Princeton) [김주환 역, 1986, 《한국전쟁의 기원》(靑史)]

국사편찬위원회, 1982, 《한국현대사》(국사편찬위원회)

강만길, 1982, 《조소앙》(한길사)

편집부 편, 1982, 《한국현대사의 재조명》(돌베개)

김낙중, 1982, 《한국노동운동사-해방후편》(청사)

심지연, 1982, 《한국민주당연구 1》(풀빛)

Cummings, Bruce, ed., 1983, Child of Conflict: The Korean American Relationship, 1943-1953, (University of Washington Press, Seattle) [박의경 역, 1987, 《한국전쟁과 한미관계》(靑史)]

김낙중, 1983, 《한국노동운동사 2》(청사)

이재오, 1983, 《한일관계사의 인식 1》(학민사)

한승주, 1983, 《제2공화국과 한국의 민족주의》(종로서적)

강만길 외, 1983, 《4월혁명론》(한길사)

한완상 외, 1983, 《4·19혁명론》(일월서각)

편집부 편, 1984, 《분단전후의 현대사》(일월서각)

강덕상, 1984, 《朝鮮獨立運動の群像》(靑木書店)

강만길, 1984, 《한국현대사》(創作과 비평사) [고쳐쓴 한국현대사]

김남식, 1984, 《남로당연구》(돌베개)

송건호, 1984, 《한국현대인물사론》(한길사)

심지연, 1984, 《한국민주당연구 2》(창작과비평사)

이기형, 1984, 《몽양 여운형》(실천문학사)

中尾美知子, 1984, 《解放後 全平勞動運動》(春秋社)

James I. Matray, 1985, THE RELUCTANT CRUSADE: American Foreign Policy in KOREA, 1941 - 1950 (Honolulu University of Hawaii Press, 1985) [구대열 역, 1989, 《한반도의 분단과 미국》(을유문화사)]

권대복, 1985, 《진보당》(지양사)

김정원, 1985, 《분단한국사》(동녘)

송남헌, 1985, 《해방삼십년사》(까치)

최장집, 1985, 《한국현대사 1》(열음사)

한국사학회, 1986, 《한국현대사론》(을유문화사)

Peter Row, 1986, The Origins of the Korean War(London) [1989, 《한국전쟁의 기원》(인간사랑)]

권영민, 1986, 《해방직후의 민족문학운동연구》(서울대 출판부)

Bruce Cummings, 1986, 《한국전쟁의 기원》(일월서각)

小此木政夫, 1986, 《한국전쟁: 미국의 개입과정》(청계연구소)

송건호, 1986, 《한국현대사》(두레)

한국사학회, 1986, 《한국현대 인물론》(을유문화사)

최인학, 1986, 《북한의 민속》(민족통일중앙협의회)

한국사학회, 1986, 《한국현대사의 제문제》(을유문화사)

김학준, 1987, 《이동화평전》(민음사)

김태환 외, 1987, 《한국현대사를 어떻게 볼 것인가》(열음사)

심지연, 1987, 《조선혁명론연구》(실천문학사)

이기형, 1987, 《여운형》(창작과 비평사)

이대근, 1987, 《한국전쟁과 1950년대의 자본축적》(까치)

스칼라피노, 이정식, 1986~1987, 《한국공산주의운동사》 [1992, 한홍구 역, 돌베개]

박세길, 1988~1989, 《다시쓰는 한국현대사 1, 2》(돌베개)

D.W. Conde, 1988, An Untold History of Modern Korea

[1988, 사계절]

John Holliday and Bruce Cummings, 1988, Korea: The Unknown War(London : Viking) [1989,《한국전쟁의 전개과정》(태암)]

Suh, Dea-Sook, 1988, Kim Il Sung: The North Korean Leader(Columbia University Press, New York) [서주석 역, 1989,《김일성》(청계연구소)]

김형찬, 1988,《북한교육발달사》(한백사)

이상우 외, 1988,《북한 40년》(을유문화사)

데이비드 콩드 저, 최지원 역, 1988,《한국전쟁, 또하나의 시각》(과학과 사상사)

버쳇 저, 김남원 역, 1988,《북한현대사》(신학문사)

심지연, 1988,《조선신민당연구》(동녘)

정해구, 1988,《10월 인민항쟁연구》(열음사)

최상룡, 1988,《미군정과 한국민족주의》(나남)

대한민국사편찬위원회, 1988,《대한민국사》

한국사연구협의회, 1988,《한국현대사의 전개》(탐구당)

Eric van Ree, 1989, Socialism in One Zone: STalin's Policy in Korea, 1945~1947(Berg, Oxford)

김학준, 1989,《대한민국의 수립》(독립운동사연구소)

강정구, 1989,《좌절된 사회혁명: 미군정하의 남한·필리핀과 북한연구》(열음사)

김석영, 1989,《석오 이동녕연구》(서문당)

김성호·전경식·장상환·박석두, 1989,《한국농지개혁사연구》(한국농촌경제연구원)

김운근·이두순·조일환, 1989,《수복지구의 남북한 농지개혁에 관한 연구》(한국농촌경제연구원)

김학준, 1989,《대한민국의 수립》(독립기념관 한국독립운동사연구소)

김학준, 1989,《한국전쟁》(박영사)

한국정치외교사학회, 1989,《한국전쟁의 정치외교사적 고찰》(평민사)

노중선, 1989,《4·19와 통일논의》(사계절)

이병천 편, 1989,《북한학계의 한국근대사논쟁》(창작과 비평사)

서대숙, 1989,《북한의 지도자 김일성》(청계연구소)

심지연, 1989,《미·소공동위원회연구》(청계연구소)

이목, 1989,《한국교원노동조합운동사》(푸른나무)

동아일보사, 1988~1989,《현대사를 어떻게 볼 것인가》(동아일보사)

역사문제연구소, 1989,《해방 3년사 연구입문》(까치)

Bruce Cummings, 1990, The Origins of the Korean War: Volume 2, The Roaring of the Cataract 1947~1950 (Princeton University Press, Princeton)

김기원, 1990,《미군정기의 경제구조》(푸른산)

김학준, 1990,《한국정치론사전》(한길사)

최장집, 1990,《한국전쟁연구》(태암)

한국정치연구회, 1990,《북한정치론》(백산서당)

하영선, 1990,《한국전쟁의 새로운 접근: 전통주의와 수정주의를 넘어서》(나남)

4월혁명연구소, 1990,《한국사회변혁운동과 4월혁명》(한길사)

김철범 편, 1990,《한국전쟁을 보는 시각》(을유문화사)

한국정치연구회, 1990,《한국전쟁의 이해》(역사비평사)

안병우, 도진순 편, 1990,《북한의 한국사인식》(한길사)

서중석, 1991,《한국현대민족운동연구-해방후 민족국가 건설운동과 통일전선》(역사비평사)

심지연, 1991,《인민당연구》(경남대 출판부)

안종철, 1991,《광주·전남지방 현대사연구》(한울)

민족통일연구원 북한연구실, 1991,《북한연구의 현황과 과제》(민족통일연구원)

정태영, 1991,《조봉암과 진보당》(한길사)

한국역사연구회, 1991,《한국현대사 4》(풀빛)

홍성찬, 1992,《한국근대농촌사회의 변동과 지주층》(지식산업사)

공제욱, 1993,《1950년대 한국의 자본가연구》(백산서당)

김삼수, 1993,《한국자본주의국가의 성립과정: 1945~1953》(동경대 출판회)

염인호, 1993,《김원봉연구》(창작과비평사)

스즈키 마사유키 저, 유영구 역, 1994,《金正日과 首領制 사회주의》(중앙일보사)

이승희, 1994,《한국현대여성운동사》(백산서당)

김광운, 1995,《통일·독립의 현대사》(지성사)

박태균, 1995,《조봉암 연구》(창작과 비평사)

이종석, 1995,《조선노동당연구-지도사상과 구조변화를 중심으로》(역사비평사)

정병준, 1995,《몽양 여운형 평전》(한울)

한국정치외교사학회, 1997,《한국 현대정치사의 재조명》

도진순, 1997,《한국민족주의와 남북관계-이승만, 김구시대의 정치사》(서울대 출판부)

독도연구보전협회, 1997,《독도영유의 역사와 국제관계》(독도보전연구협회)

독도연구보전협회, 1998,《독도영유권과 영해와 해양주권》

한국정신문화연구원 현대사연구소, 1998,《한국현대사의 재인식-해방정국과 미소군정》(오름)

한국정신문화연구원 현대사연구소, 1998,《한국현대사연구》(6월호, 12월호)

김인걸 외, 1998,《한국현대사강의》(돌베개)

김동춘 저, 유석춘 역, 1998,《문화민족주의자 김성수》(일조각)

서중석, 1999,《조봉암과 1950년대》(역사비평사)

서중석, 2000, 《남북협상김규식의 길, 김구의 길》(한울)

강만길 외, 2000, 《통일지향 우리민족 해방운동사》(역사비평사)

홍석률, 2001, 《통일문제와 정치사회적 갈등−1953~1961》(서울대 출판부)

도진순, 2001, 《분단의 내일 통일의 역사》(당대)

한홍구, 2003~2006, 《대한민국사 1~4》(한겨레출판)

정용욱, 2003, 《해방전후 미국의 대한정책》(서울대학교출판부)

정용욱 외, 2004, 《1960년대 한국 근대화와 지식인》(선인)

정병준, 2006, 《한국전쟁−38선 충돌과 전쟁의 형성》(돌베개)

박지향 외, 2006, 《해방전후사의 재인식 1, 2》(책세상)

한영우 외, 2008, 《대한민국 60년: 성찰과 전망》(지식산업사)

정병준, 2010, 《독도, 1947》(돌베개)

차하순 외, 2013, 《한국현대사》(세종대학교 세종연구원)

찾아보기

사진목록

주요경력 서울대학교 문리과대학 사학과 졸업
서울대학교 석사·박사
서울대학교 한국문화연구소장
미국 하버드대학 객원교수
한국사연구회 회장
서울대학교 규장각 관장
서울대학교 인문대학장
한림대 특임교수
문화재위원회 사적분과위원장
이화여대 석좌교수 겸 이화학술원 원장
현 서울대 명예교수

주요수상 한국일보사 출판문화상 저작상
치암학술상
세종문화상 학술상 (대통령)
한국일보사 출판문화상 저작상
한국간행물윤리위원회 저술상
문화유산상 학술상 (대통령)
수당학술상
경암학술상
민세안재홍상 학술상

주요저서 정도전 사상연구(1973)
조선전기 사학사 연구(1981)
개정판 정도전 사상의 연구(1983)
조선전기 사회경제 연구(1983)
조선전기 사회사상 연구(1983)
한국의 문화전통(1988)
조선후기 사학사 연구(1989)
우리역사와의 대화(1991)
한국민족주의 역사학(1994)
조선시대 신분사 연구(1997)
미래를 위한 역사의식(1997)
정조의 화성행차, 그 8일(1998)
왕조의 설계자 정도전(1999)
우리 옛지도와 그 아름다움(1999)
명성황후와 대한제국(2001)
역사학의 역사(2002)
행촌 이암의 생애와 사상(2002)
창덕궁과 창경궁(2003)
조선왕조 의궤(2005)
역사를 아는 힘(2005)
21세기 한국학 어떻게 할 것인가(2005; 공저)
대한제국은 근대국가인가(2006; 공저)
조선의 집 동궐에 들다(2006)
명성황후, 제국을 일으키다(2006)
실학의 선구자 이수광(2007)
다시 실학이란 무엇인가(2007; 공저)
반차도로 따라가는 정조의 화성행차(2007)
동궐도(2007)
꿈과 반역의 실학자, 유수원(2007)
조선 수성기 제갈량 양성지(2008)
문화정치의 산실 규장각(2008)
한국선비지성사(2010)
간추린 한국사(2011)
율곡 이이 평전(2013)
과거, 출세의 사다리(2013)
　　1권 태조~선조 대　　2권 광해군~영조 대
　　3권 정조~철종 대　　4권 고종 대
미래와 만나는 한국 선비문화(2014)
조선경국전(2014; 역주)
미래를 여는 우리 근현대사(2016)
나라에 사람이 있구나 – 월탄 한효순 이야기
　　(2016)

우계 성혼 평전(2016)
정조평전; 성군의 길(2017) 상·하권
세종평전; 대왕의 진실과 비밀(2019)

외국어 번역본

韓國社會の 歴史, 2003, 日本 明石書店
　《다시찾는 우리역사》일본어판; 吉田光男 역
The Artistry of Early Korean Cartography,
　2008, 미국 Tamal Vista Publications
　《우리 옛지도와 그 아름다움》영어판; 최병현 역
A Review of Korean History, 2010, 경세원
　《다시찾는 우리역사》영어판; 함재봉 역
Korean History, 2010, 모스크바대학 한국학
　연구소
　《다시찾는 우리역사》러시아판; Pak Mihail
　외 역
朝鮮王朝儀軌 2012, 中國 浙江大學出版社
　《조선왕조 의궤》중국어판; 金宰民, 孟春玲 역
朝鮮王朝儀軌, 2014, 日本 明石書店
　《조선왕조 의궤》일본어판; 岩方久彦 역
An Intellectual History of Seonbi in Korea,
　2014, 지식산업사
　《한국선비지성사》영어판; 조윤정 역
*Mit einem Bild auf Reisen gehen--Der
achttagige Umzug nach Hwasong unter
König Chongjo(1776-1800)*, 2016, 독일
　Ostasien Verlag
　《반차도로 따라가는 정조의 화성행차》독일
　어판, Barbara Wall 역
*A Unique Banchado: the Documentary Painting
with Commentary of King Jeongjo's Royal
Procession to Hwaseong in 1795*, 2016, 영
　국 Renaissance Publishing company
　《반차도로 따라가는 정조의 화성행차》영어
　판, 정은선 역

다시찾는 **우리역사** — 조선시대(제2권)

1997년	3월	1일	초판	1쇄	발행
2003년	8월	15일	초판	17쇄	발행
2004년	3월	5일	전면개정판 2권	1쇄	발행
2016년	3월	8일	전면개정판 2권	9쇄	발행
2017년	10월	28일	제2전면개정판 2권	1쇄	발행
2018년	5월	3일	제2전면개정판 2권	2쇄	발행
2019년	2월	25일	제2전면개정판 2권	3쇄	발행
2020년	**10월**	**20일**	**제2전면개정판 2권**	**4쇄**	**발행**

지은이   **한 영 우**

발행인   김 영 준
발행처   경 세 원

등록일   1978. 12. 14. No.157
주 소   경기도 파주시 회동길 77-4
전 화   031) 955-7441~3
팩 스   031) 955-7444
홈페이지 www. kyongsaewon.co.kr
이메일   kyongsae@hanmail.net

ISBN 978-89-8341-114-3 04910
ISBN 978-89-8341-116-7(세트)

가격 17,000원

공포구성의 모양

- 봉투
- 출목
- 순각판
- 외목도리
- 첨차
- 소로
- 교두
- 주두
- 수서
- 쇠서
- 앙서
- 초가리

시

건축물 각 부분 명칭

- 종도리
- 단연
- 뜬보
- 중도리
- 보머리
- 순각판
- 장혀
- 창방
- 멍에창방
- 내목도리
- 외목도리
- 부연
- 연목
- 쇠서
- 평방
- 평주
- 청판
- 주춧돌
- 여장
- 공포
- 창방보
- 장혀
- 대량
- 뻘목
- 고주
- 퇴량
- 주두
- 보아지
- 주선
- 귀틀
- 종마루
  (일명 용마루)
- 마루적심
- 화반
- 소슬합장
- 기와등
- 막새와
- 첨차
- 소로
- 병연주
- 삼분두
- 쇠서
- 교두청지
- 초공
- 주장혀

탑 부분 명칭

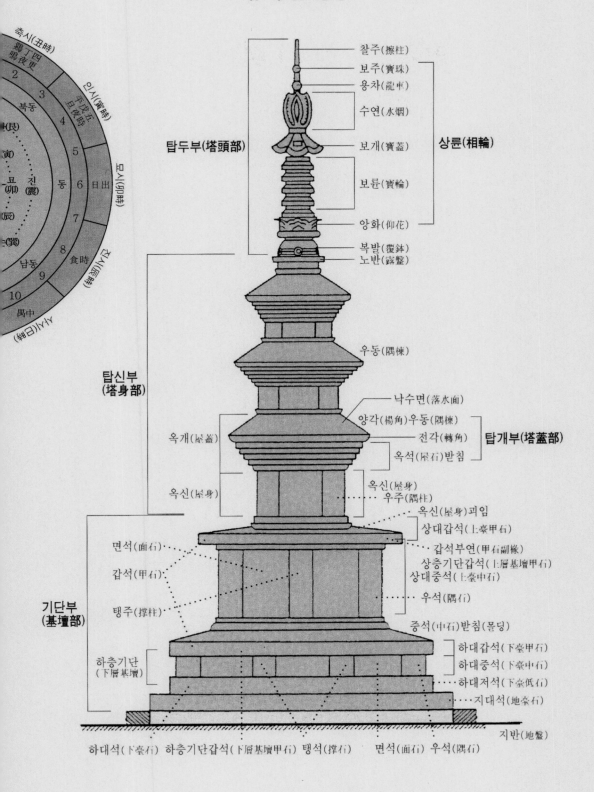

찰주(擦柱)
보주(寶珠)
용차(龍車)
수연(水烟)
보개(寶蓋)
보륜(寶輪)
앙화(仰花)
복발(覆鉢)
노반(露盤)

상륜(相輪)

탑두부(塔頭部)

우동(隅棟)

낙수면(落水面)
양각(楊角)우동(隅棟)
전각(轉角)
옥석(屋石)받침

탑개부(塔蓋部)

탑신부
(塔身部)

옥개(屋蓋)

옥신(屋身)

옥신(屋身)
우주(隅柱)
옥신(屋身)괴임
상대갑석(上臺甲石)
갑석부연(甲石副椽)
상층기단갑석(上層基壇甲石)
상대중석(上臺中石)
우석(隅石)
중석(中石)받침(몰딩)
하대갑석(下臺甲石)
하대중석(下臺中石)
하대저석(下臺低石)
지대석(地臺石)

면석(面石)
갑석(甲石)

기단부
(基壇部)

탱주(撑柱)

하층기단
(下層基壇)

지반(地盤)

하대석(下臺石) 하층기단갑석(下層基壇甲石) 탱석(撑石) 면석(面石) 우석(隅石)